21 世纪法学系列教材

煤炭法学

Coal Law

中国法学会能源法研究会 编

主　编｜周立涛　郗伟明

副主编｜代海军　周凤翱

撰稿人｜王丽艳　代海军　任　强
按姓氏笔画排序｜李　强　张其军　欧　俊
周凤翱　周立涛　胡德胜
郗伟明　詹瑜璞

法律出版社
——北　京——
始创于1954年

图书在版编目(CIP)数据

煤炭法学 / 中国法学会能源法研究会编. -- 北京 :
法律出版社, 2021
ISBN 978 - 7 - 5197 - 5865 - 3

Ⅰ. ①煤… Ⅱ. ①中… Ⅲ. ①煤炭工业 - 法规 - 中国
- 教材 Ⅳ. ①D922.292

中国版本图书馆 CIP 数据核字(2021)第 171705 号

煤炭法学
MEITAN FAXUE

中国法学会能源法研究会 编

责任编辑 郑怡萍
装帧设计 凌点工作室

出版发行 法律出版社
编辑统筹 法律教育出版分社
责任校对 王晓萍　王语童
责任印制 胡晓雅
经　　销 新华书店

开本 787 毫米 × 1092 毫米　1/16
印张 20.25　　**字数** 445 千
版本 2021 年 10 月第 1 版
印次 2021 年 10 月第 1 次印刷
印刷 唐山玺诚印务有限公司

地址:北京市丰台区莲花池西里 7 号(100073)
网址:www.lawpress.com.cn
投稿邮箱:info@lawpress.com.cn
举报盗版邮箱:jbwq@lawpress.com.cn
销售电话:010 - 83938349
客服电话:010 - 83938350
咨询电话:010 - 63939796

书号:ISBN 978 - 7 - 5197 - 5865 - 3　　**定价**:46.00 元
凡购买本社图书,如有印装错误,我社负责退换。电话:010 - 83938349

出 版 说 明

法律出版社作为中国历史最悠久、品牌积淀最深厚的法律专业出版社，素来重视法学教育图书之出版。

原“21 世纪法学规划教材”系列作为本社法学教育出版的重心，延续至今已有十余年。该系列一直以打造新世纪新经典教材为己任，遍揽名家新秀，因其卓越品质而颇受瞩目并广受肯定。当前，根据法学教育发展变化的客观需要，本社将原有教材系列调整重组，形成新编“21 世纪法学系列教材”，以便更好地为法学师生服务。

中国的法学教育正面临深刻变革，未来的法学教育势必以培养高素质法律人才为目标，以知识教育与应用教育相结合、职业教育与素质教育相结合、精英教育与大众教育相结合为导向，法学教育图书的编写与出版也将由此进入变革与创新的时代。

为顺应未来法学教育的改革方向和发展趋势，本社将应时而动，为不同学科、不同层次、不同阶段、不同需求的法学师生量身打造法学教材及教学辅助用书。在教材方面，将推出课堂教学系列、实训课程系列、通识课程系列、简明本系列、双语教学系列等；在教学辅助用书方面，将推出案例教程系列、法规教程系列、练习与测验系列、法学讲座系列、专业培训系列等。或革新，或全新，以厚基础、宽口径、多元化、开放性为基调，力求从品种、内容和形式上呈现崭新风采，为法学师生提供更好的教本与读本，同享规划教材之盛。

“好书，同好老师和好学生分享”。本社在法学教育图书出版上必将继往开来，以精益求精的专业态度，打造全新“21 世纪法学系列教材”，传播法学知识，传承法学理念，辅拂法律教育事业，积累法律教育财富，服务于万千法学师生和明日法治英才。

法律出版社

出版说明

作 者 简 介

周立涛 法学博士。中国中煤能源集团有限公司原总法律顾问，中国中煤能源股份有限公司监事。现任中国法学会能源法研究会常务副会长，中国煤炭工业协会法律专家委员会主任，国际商会中国国家委员会环境与能源委员会副主席，中国国际经济贸易仲裁委员会、中国海事仲裁委员会、北京仲裁委员会仲裁员。长期服务于企业重大决策、重大项目的合法合规性审查工作，牵头开展部分地区资源投资、并购项目法律服务，参与国内外重大诉讼及仲裁，两次荣获国务院国资委“中央企业十大优秀总法律顾问”称号。代表作品有《劳动法及配套规定新释新解》《破产法新释与例解》。

周凤翱 法学博士。现任中国法学会能源法研究会副会长，国家能源法专家；华北电力大学教授、博士生导师，校学术委员会委员，能源资源环境法律研究中心主任。曾任《原子能法》立法专家组副组长，《能源法》、《电力法》和《核电管理条例》等立法专家组常驻专家；北京市“北京能源发展研究基地”主任。主要从事中国能源法、国际能源法、外国能源法等教学与研究。主持国家社科基金及省部级课题 38 项，主编著作 15 部，发表论文 50 余篇，获国家能源局等省部级奖 6 项。

郗伟明 法学博士，中国社会科学院法学所博士后。现为山西财经大学法学院博士生导师、教授，校学术委员会委员，中国法学会能源法学研究会常务理事，山西省法学与公安学教指委副主任委员，山西省法学会环境资源和能源法学研究会会长，北京大成律师事务所高级律师。主要从事经济法基本理论（市场主体和能源法律制度）的教学、科研和社会服务工作，先后主持国家社科基金、中国社会科学院国情调研重大项目（第二主持人）等课题，在《法学家》《法商研究》《比较法研究》《环球法律评论》《清华法学》《南京大学学报》等学术期刊发表论文 30 余篇，著有《矿业权法律规制研究》《矿业权政策性整合法律问题研究》等学术专著 5 部，荣获多项省部级奖项。

张其军 法学硕士。现任中国中煤能源集团有限公司法律事务部副总经理。主要从事合同管理、并购重组、国企改革的企业法务工作。曾获中国煤炭经济研究会 2013 年度煤炭经济研究优秀论文一等奖。

代海军 博士，副研究员。现任应急管理部信息研究院法律研究所副所长，中国矿业大学（北京）文法学院兼职教授，原国家安全监管总局技术委员会委员，第五届国家安全生产专家组成员，中国煤炭学会科学传播专家。主要从事安全生产、应急管理、煤炭能源法律研究工作，参与《安全生产法》《矿山安全法》《煤炭法》等法律法规的修订起草工作，主持省部级以上课题50余项，主编、参编著作（教材）多部，在《清华法学》等刊物发表学术论文20余篇。

胡德胜　哲学博士、博士后。现任中国法学会能源法研究会常务理事、学术委员会副主任，重庆大学法学院教授、博士生导师。兼任致公党中央法治建设委员会委员，世界银行和亚洲开发银行项目咨询专家，重庆市巴渝学者特聘教授。主要从事跨法学、经济学和相关自然科学的交叉研究。出版《能源法学》《美国能源法律与政策》《能源与自然资源中的财产和法律》《矿业特许税费》等论著；发表中文和英文论文100多篇，荣获省部级奖8项。

詹瑜璞　法学博士、教授，高级工程师。现任华北科技学院安全法学研究所所长，原国家安全生产监督管理总局法律顾问、技术委员会委员、安全生产专家。研究方向是安全法学、法哲学、法制史等。主持完成多项课题，出版《安全生产法的实践和理论》《中外安全生产法比较研究》《安全法学》等著作教材，发表论文30余篇。

王丽艳　法学博士。现为中国地质大学（北京）副教授，法学硕士研究生导师。现任中国国土经济学会矿产资源法分会常务理事，中国环境科学学会环境法学分会常务委员会委员，中国法学教育研究会第四届理事会理事。研究领域为环境法、矿产资源法。主编《矿产资源法教程》教材一部，合作出版《北极地区油气资源国际合作战略研究》等专著。主持或参加省部级项目若干，发表学术论文若干。

欧　俊　法学博士。现任中国法学会能源法研究会会员、兰州理工大学法学院讲师。主要从事环境与资源保护法、能源法、国际法与比较法相关教学科研工作。参编著作和教材各一部，参与国家和省部级项目7项，发表中文和英文学术论文20余篇。

任　强　法学博士。现为山西财经大学法学院讲师。担任英国“一带一路”总商会首席法律顾问。主要从事国际经济法、国际投资法、比较投资法、比较能源法等教学与研究。出版英文专著一部，在国内外发表论文近十篇。

李　强　法律经济学博士研究生。山西省法学会经济法学研究会理事，能源政策与法律研究中心联络部秘书。参与撰写《民法总则案例疏议及条文解析》《公共资源交易法律规范系统的构建》等著作。

编写说明

中国法学会能源法研究会（以下简称研究会）是中国法学会直管的50多个研究会中，具有“产、学、研、政、律”五位一体特色的全国性能源法学术研究团体。研究会成立20多年来，逐步发展壮大研究队伍，发挥五位一体特色优势，团结引领全国能源领域的法学学者、法律工作者，紧密围绕党和国家的工作中心，深入研究能源立法以及相关法律法规实施过程中的重点、难点问题，积极参与国家有关立法活动，为能源法治建设建言献策，为完善能源法律制度体系、为繁荣能源法学研究交流做了大量工作，发挥了能源领域全国性法学社团的积极作用。

党的十八届四中全会做出了全面推进依法治国的重大决策，习近平总书记提出了加强能源法律法规“立改废”和能源法治建设的总体目标。研究会根据这一总体目标，确定了“三个服务”的办会宗旨：一是服务于国家能源立法，为国家立法献计献策，使能源法研究成果转化为国家能源政策、能源立法；二是服务于能源法的法理研究和学科建设，发挥相关高校院所和专业人才的作用，增强研究能力，拓展研究领域，延伸研究深度；三是服务于会员单位的法律实务，为能源行业、企业提供优质法律服务，为能源企业、会员单位排忧解难。

学科建设是能源法学研究和人才培养的基础工程，为了推动中国特色能源法学科体系建设，研究会将能源法学科建设列入工作重点，研究起草并审议通过了《能源法学科建设工作纲要》，强调能源法学科建设要“面向国家立法和能源产业部门发展需要，突出能源法学科主体地位，发挥能源法研究会‘产、学、研、政、律’融合的优势，科学规划、缜密部署、狠抓落实，开门办学、广纳资源、协同合作，力争在较短时间内，实现学科建设整体水平的提升，取得一批有影响力和显示度的学科建设成果，发挥潜力优势，实现后发式跨越发展，实现资源投入、政策支持、人才培养、学科建设的良性循环”。

《能源法学科建设工作纲要》要求研究会抓紧抓好能源法教材建设，会集研究会内外能源法理论与实务两方面的权威专家，在总结现有研究成果的基础上，组织《能源法学总论》《煤炭法学》《电力法学》等系列教材的编写出版。为了尽快打造能够代表近年来能源法学研究成果的通用权威教材，研究会于2018年5月正式启动了《能源法学总论》编写工作，并于2019年8月由法律出版社正式出版。

《能源法学总论》是由研究会牵头，组织能源行业专家及法学资深学者共同编写的一部集体智慧的结晶。全书主要内容立足于我国能源行业发展、能源革命实践的需要，通过总结能源立法、执法和司法经验，广泛吸收国内外能源法研究成果，提炼了能源法的基本范畴、基本原则和基本制度，厘清了能源法律关系及能源法与其他学科的关系，总结了能源法的概念体系和理论体系，进而构建了能源法的知识体系和理论体系。

在完成出版《能源法学总论》的基础上，研究会在2019年8月召开的一届六次理事会会议上，决定组织《煤炭法学》教材编写工作。编写组按照研究会的统一要求，凝聚学者之力、汇集专家之智，高效开展了组织编写《煤炭法学》工作。《煤炭法学》既要反映我国煤炭法学科建设的现状和水平，又要体现出高水平的理论性、实践性、专业性和前瞻性，使其成为我国煤炭法研究成果的代表作、煤炭法学科教学的范本和煤炭法研究的学理基础。

《煤炭法学》编写工作的指导思想为：以习近平新时代中国特色社会主义思想为指导，立足煤炭行业实际和转型升级改革需要，总结煤炭立法、执法和司法经验，广泛吸收国内外研究成果，提炼煤炭法的基本概念、基本原则和基本制度，构建煤炭法学理论体系，完善煤炭法学学科范式，为高等院校教学和煤炭企业培训提供权威教材，为立法部门完善煤炭立法提供理论支持，为实现煤炭法学科跨越发展奠定坚实基础。

《煤炭法学》编写工作的总体要求为：一是要注重煤炭与法学的交叉性和复合性，立足法学与煤炭的交叉特点，既要有煤炭专业知识，更要有法学理论提炼，着重契合跨界学科的交叉类知识传授与复合型人才培养；二是要注重国内与国外的借鉴性和互动性，既要体现国内煤炭改革文件精神，也要借鉴国外煤炭立法最新成果，更要促进煤炭领域"产、学、研、政、律"之间的立法支撑、法务支持、知识更新、学术创新的良性互动；三是要注重吸收与创新的广泛性和代表性，要集各家之长，集思广益，凝聚共识，既要有集成创新，也要有原始创新，既要体现广泛性，更要具有代表性。

《煤炭法学》编写工作的组织保障为：一是成立编委会，由研究会会长、副会长及在煤炭法立法、研究和教材编写等方面具有丰富经验的常务理事和专家组成，负责指导教材编写、审定教材内容等工作；二是成立编写组，由主编统筹谋划，副主编分工把关，主要高校能源法学科带头人承担撰稿任务；三是成立秘书组，由秘书分工负责，做好与作者联系、沟通协调，书稿校对、对接出版，相关会务、财务等服务工作。

《煤炭法学》编写工作于2019年11月正式启动，启动会审议通过了《煤炭法学》编写工作方案，包括撰写提纲、各章作者、书稿模板、体例参考范本、文风参考范本和编写工作进度等内容；研究会向编委会和参编人员颁发了聘书。2020年5月完成了《煤炭法学》初稿，召开了审稿会；2021年1月完成了副主编、主编及编委会统稿、审稿等工作；2021年4月完成了《煤炭法学》定稿工作并交由法律出版社出版。

本书由编委会指导，由编写组撰稿。石少华统筹、审定，周立涛、郗伟明组织、统稿，詹瑜璞协调、组稿，代海军、胡德胜、王丽艳、张其军、欧俊等分别审稿。

本书各章撰写分工如下：

第一章　导论　周立涛　周凤翱

第二章　煤炭法概述　代海军

第三章 煤炭规划、勘探与煤矿建设 郗伟明

第四章 煤炭开采与加工转换 任强

第五章 煤矿安全生产与监管 詹瑜璞

第六章 煤炭供应市场与经营 郗伟明

第七章 煤炭资源的综合利用 王丽艳

第八章 煤矿矿区与生态环境 胡德胜 欧俊

第九章 煤炭监督管理 代海军

第十章 煤炭法律责任 李强

第十一章 国外煤炭立法及趋势 张其军

值此本书出版之际,要特别感谢中国法学会、国家能源局及相关领导的关心和支持!感谢中国中煤能源集团有限公司、应急管理部信息研究院、华北电力大学、山西财经大学(能源政策与法律研究中心)、重庆大学、华北科技学院、中国地质大学(北京)、兰州理工大学等高校的大力支持!感谢法律出版社的周到服务!感谢司坡森、李显冬、罗丽等同志提出的宝贵意见和建议!感谢法律出版社,感谢张雪纯副总编辑总监和郑怡萍责任编辑的严谨、高效、勤勉、负责的职业精神!

对于本书的编写,虽然我们付出了努力,但是由于时间仓促、能力所限,疏漏在所难免,尚请广大读者提出宝贵意见。

中国法学会能源法研究会

二〇二一年四月十六日

目　　录

第一章 导 论

导读

为了加深对煤炭法律法规的理解，煤炭法学提炼煤炭法的基本理论，阐述主要煤炭法律制度，而且适当增加有关煤炭的专业知识，包括煤炭、煤炭资源、煤炭产业、能源战略、能源规划、煤炭规划等。本章介绍了煤炭相关知识以及煤炭资源、能源战略、煤炭战略、综合能源规划、煤炭领域规划、煤炭产业及其转型升级、主要国家煤业转型经验及启示。本章重点是煤炭的基础能源属性、能源革命和能源战略对煤炭立法的指导作用、煤炭产业的概念及转型升级的丰富内涵。本章难点是煤炭知识、煤炭的清洁化开发利用、煤炭污染及防治、煤炭产业转型升级的战略和措施。

煤炭是我国的主要能源和重要原料，煤炭产业是关系国家经济命脉和能源安全的重要基础产业。在我国一次能源结构中，煤炭将长期是主体能源。牢固树立创新、协调、绿色、开放、共享的发展理念，深入贯彻"四个革命、一个合作"能源发展战略思想，立足煤炭产业转型升级发展，应对由大到强的历史跨越所面临的困难和挑战，努力建设集约、安全、高效、绿色的现代煤炭工业体系，切实维护国家主体能源安全，是《煤炭法》及配套法律法规的修改、完善工作必须遵循的指导思想和基本原则。世界主要国家煤炭产业发展经验教训表明，必须将煤炭资源开采保护、煤炭发展战略及规划、煤炭产业转型升级、煤炭清洁化开发利用、煤炭企业及矿区绿色发展、煤炭企业职工劳动就业保障等纳入《煤炭法》立法宗旨及基本原则，并贯穿于相关及配套的法律法规中，才能保障煤炭产业高质量发展。要实现煤炭产业的法治现代化，必须注重能源立法及现行煤炭法律法规的修改和完善。能源立法及煤炭法律法规完善必须体现能源革命、能源战略、能源规划及其分别对煤炭战略、煤炭规划、煤炭政策的统领，并由立法机关和立法部门将其作为煤炭法律、行政法规、部门规章、地方性法规等立法工作的指引和导向，通过立法技术转化为具体的法条范式。为了加深对煤炭法律法规的理解，煤炭法学必须提炼煤炭法律法规的法学基本理论，总结煤炭执法、司法实践成果和煤炭企业法律实务经验，增加有关煤炭、煤炭资源、煤炭产业、煤炭战略、煤炭规划、煤炭政策等煤炭专业基础知识。

煤炭在国民经济中具有重要的战略地位。煤炭工业是关系国家经济命脉和能源安全的重要基础产业。当前，我国煤炭资源生产开发、经营消费、管理体制机制等正面临着国际和国内双重挑战。一方面，从国际形势来看，我国于 2016 年 4 月 22 日正式签署的《巴黎协定》,在展示我国应对气候变化的决心的同时,还承诺了实现二氧化碳排放 2030 年左右达到峰值的行动目标,给工业、能源、建筑、交通等重点领域低碳发展带来了挑战。正因如此,中共中央《关于制定国民经济和社会发展第十四个五年规划和 2035 年远景目标的建议》明确了“加快推动绿色低碳发展。强化国土空间规划和用途管控,落实生态保护、基本农田、城镇开发等空间管控边界,减少人类活动对自然空间的占用。强化绿色发展的法律和政策保障,发展绿色金融,支持绿色技术创新,推进清洁生产,发展环保产业,推进重点行业和重要领域绿色化改造。推动能源清洁低碳安全高效利用。发展绿色建筑。开展绿色生活创建活动。降低碳排放强度,支持有条件的地方率先达到碳排放峰值,制定 2030 年前碳排放达峰行动方案”。另一方面,从国内形势来看,大气污染防治、生态文明建设等对煤炭工业发展也提出了新要求。对此,我国提出了“加快调整能源结构,增加清洁能源供应”的行动目标;制定了“促进绿色发展、循环发展、低碳发展的生态文明法律制度”。概言之,在继续深入推进能源革命的过程中,“着力推动能源生产利用方式变革,优化能源供给结构,提高能源利用效率,建设清洁低碳、安全高效的现代能源体系”将是我国能源发展趋势。具体到煤炭工业领域,要“着力化解煤炭过剩产能,着力调整产业结构和优化布局,着力推进清洁高效低碳发展,着力加强科技创新,着力深化体制机制改革”。

第一节　煤炭与煤炭资源

我国《煤炭法》第一条规定其立法宗旨之一是“为了合理开发利用和保护煤炭资源”。在总则第三条明确了煤炭资源的所有权,即“煤炭资源属于国家所有。地表或者地下的煤炭资源的国家所有权,不因其依附的土地的所有权或者使用权的不同而改变”。第五条规定:“国家依法保护煤炭资源,禁止任何乱采、滥挖破坏煤炭资源的行为。”为了鼓励煤炭资源开发,第六条第一款进一步规定:“国家保护依法投资开发煤炭资源的投资者的合法权益。”第九条第一款规定:“国家鼓励和支持在开发利用煤炭资源过程中采用先进的科学技术和管理方法。”要正确理解煤炭资源的法律地位和相关制度安排,首先必须从煤炭科学方面精准掌握“煤炭”相关知识和“煤炭资源”的概念。

一、煤炭知识

煤炭作为燃料,对工业发展起了重要作用。20 世纪以来,煤炭主要用于电力生产和在钢铁工业中炼焦。部分发展中国家蒸汽机车用煤比例也很大。由煤炭加工、转化的液体和气体合成燃料,对补充石油和天然气的使用具有重要意义。

(一)煤炭及成煤过程

1. 煤的定义。煤是埋在地壳中亿万年以上的原始植物,经过复杂的生物化学作用和物理化学作用,转变而成的含碳量很高的可燃物质,又称原煤。在高倍显微镜下可清楚地看到,在泥煤和褐煤等年轻煤种的有机组分中,保留着高等植物的一些组织。此外,在层理发育的某些煤层中以及接近煤层的顶、底板岩层中，经常能找到保存完整的植物化石。在某些年轻褐煤中，有时还能找到外形保存颇为完整的树干——矿化木。所以，人们普遍认为，煤是由古代植物演变而来的。

2. 成煤条件。在地球的演变过程中，并不是每个地质时代、每个地区都可以成煤。煤田的形成必须具备一定的条件：(1)必须有繁茂的植物，以及植物死亡后大量残骸的堆积。(2)气候温暖潮湿，为植物的繁茂生长创造有利条件。(3)有适宜的植物残骸堆积地形，如广阔的滨海、湖泊、沼泽地、盆地和地堑等低洼地带。(4)必须有地壳运动。

3. 成煤过程。在古生代泥盆纪(距今约4亿年)以前，地球上只生长菌藻类低等植物，它是单细胞或多细胞构成的丝状和叶片状植物。菌藻类植物死亡以后，在缺氧的环境中经厌氧菌的作用，逐渐成为腐泥。地壳运动过程中，腐泥受其上部泥沙堆积层的压力和地下温度增高的作用，碳含量增加，氧含量减少，氢含量不断增加，形成不同变质阶段的腐泥煤。

古生代石炭纪(约3亿年前)以后，陆地面积增大，干旱气候带扩大，逐渐代替了前期的潮湿气候，菌藻类植物减少，高等植物发育繁茂。而高等植物死亡后，残骸堆积在泥炭沼泽带，由于被积水淹没，各种厌氧菌不断地分解破坏植物残骸，死亡植物中的有机质逐渐分解，产生硫化氢、二氧化碳和甲烷等气态产物，植物残骸中氧含量越来越少，碳含量逐渐增加，变成泥炭类物质。

随着地壳下沉，泥炭层的表面被粘土、泥沙等覆盖，逐渐形成上覆岩层。泥炭层在上覆岩层的压力下，逐渐失去水分而变得致密，细菌的生物化学作用消失，碳含量进一步增加，氧和腐植酸含量逐渐降低，从而变成水分较少、密度较大的褐煤。由泥炭变成褐煤的过程被称为成岩作用。随着地壳的继续下沉及上覆岩层不断加厚，褐煤在地壳深部受到高温、高压作用，进入了变质阶段，含氧量进一步降低，碳含量继续增高，外观色泽和硬度也发生较大变化，腐植酸开始消失，褐煤变成烟煤，还可以进一步变成无烟煤。

由此可见，高等植物经过成煤作用形成腐植煤，低等植物经过成煤作用形成腐泥煤。绝大多数煤为腐植煤。高等植物在地壳的上升和下降运动中被埋入地下，在一定的地理环境下，经过复杂的生物、化学和物理作用，最终变为煤。

(二)煤炭的元素组成

煤是由有机物质和无机物质混合组成的。煤中有机物质主要由碳(C)、氢(H)、氧(O)、氮(N)4种元素构成；还有一些元素则组成煤中的无机物质，主要有硫(S)、磷(P)以及稀有元素等。

1. 碳。碳是煤中有机物质的主导成分，也是最主要的可燃物质。一般来说，煤中碳含量越多，煤的发热量也越大。煤中碳含量随煤的变质过程的加深而增加。例如，泥炭中碳含量为50%～60%，褐煤中碳含量为60%～75%，而在烟煤中则增为75%～90%，在变质程度最高的无烟煤中碳含量则高达90%～98%。

2. 氢。氢也是煤中重要的可燃物质。氢的发热量最高，燃烧时每千克氢的低位发热量可高达120 370kJ，是纯碳发热量的4倍。煤中氢含量一般是随煤的变质程度加深而减少。正因如此，变质程度最深的无烟煤，其发热量还不如某些优质的烟煤。

3. 氧。氧是煤中不可燃的元素。煤的氧含量也随变质过程的加深而减少。例如，泥炭中氧含量高达30%～40%，褐煤中含量为10%～30%，而在烟煤中为2%～10%，无烟煤中则更少，小于2%。

4. 氮。煤中氮含量较少，仅为1%～3%。煤中氮主要来自成煤植物。在煤燃烧时氮常呈游离状态逸出，不产生热量。但在炼焦过程中，氮能转化成氨及其他含氮化合物。

5. 硫。硫是煤中的有害物质。煤中的硫可以分为无机硫和有机硫两大部分。前者多以矿物杂质的形式存在于煤中，可进一步按所属的化合物类型分为硫化物硫和硫酸盐硫。有机硫则是直接结合于有机母体中的硫。煤中有机硫主要由硫醇、硫化物以及二硫化物三部分组成。近年来，随着分析技术的进步，许多学者还在煤中检出了硫的另一种存在形态，即单质硫。

6. 磷。磷也是煤中有害成分。磷在煤中的含量一般不超过1%。炼焦时煤中的磷可全部转入焦炭之中，炼铁时焦炭中的磷又转入生铁中，这不仅增加溶剂和焦炭的消耗量，降低高炉生产率，还影响生铁的质量，使其发脆。因此，一般规定炼焦用煤中的磷含量不应超过0.01%。

7. 稀有元素。煤中含有的稀有元素有锗（Ge）、镓（Ga）、铍（Be）、锂（Li）、钒（V）以及放射性元素铀（U）等，一般含量甚微。[1]

（三）煤炭的主要类型

煤的科学分类为煤炭的合理开发和利用提供了基础，我国现行煤炭分类标准将煤炭分为十大类：

1. 褐煤。褐煤是煤中埋藏年代最短、碳化程度最低的一类，颜色大多呈褐色，因此称为褐煤。由于含水分较多，在空气中极易风化，碎裂成小块。褐煤碳含量低，挥发分含量高，氧、水分、灰分含量都较高，煤质松，发热量低，无黏结性，一般多作为化工、气化或民用煤。

2. 长焰煤。长焰煤的煤化程度仅稍高于褐煤，是最年轻的烟煤，常呈褐黑色，因燃烧时产生较长的火焰而得名。它的挥发分含量高，黏结性差，在低温干馏时能析出较多的焦油，所以除作动力用煤外，还常作气化及低温干馏用。

3. 不黏煤。不黏煤的煤化程度仅高于长焰煤，亦属年轻烟煤。煤质特征为几乎不具任何不黏结性，故称为不黏煤。不黏煤的化学反应活性好，煤灰熔点低，燃点也低，有的用火柴即可点燃，一般作气化、动力或民用煤。

4. 弱黏煤。弱黏煤是煤化程度较低，又具有弱黏性的烟煤。该煤种挥发分含量较高，灰分含量较低，煤灰熔点亦较低，主要作气化、动力和民用煤。

5. 贫煤。贫煤是煤化程度最高的烟煤。主要煤质特征是干燥无灰基挥发分仅高于无烟煤。我国贫煤含硫、含灰均较高。燃点高，燃烧时火焰短，但热值较高。一般经洗选加工后用作动力用煤。

6. 气煤。气煤属于煤化程度低的煤种，颜色黑，弱玻璃光泽，挥发分含量较高。加热时

---

〔1〕 黄素逸、高伟编著：《能源概论》，高等教育出版社2004年版，第131页。

产生大量气体和较多焦油，是制造城市用煤气和工业用煤气的良好原料，因此被称为气煤。气煤黏结性较强，是良好的炼焦配煤，也可作为低温干馏或动力用煤。

7. 肥煤。肥煤属于中等煤化程度的煤种，黑色，玻璃光泽，黏结性最强。加热时能产生比焦煤更多的胶质体，所以被称为肥煤。肥煤是炼焦配煤中的主要成分。

8. 焦煤。焦煤也属于中等煤化程度的煤种，黑色，玻璃光泽，是结焦性最好的煤种。由于以往单一煤种炼焦时用这种煤能炼出强度大、块度大的优质焦煤，是最好的炼焦用煤，因此被称为焦煤。

9. 瘦煤。瘦煤属于高煤化程度的煤种，黑色，玻璃光泽，黏结性较弱。与焦煤相比，在加热时仅能产生少量的胶质体，所以被称为瘦煤。瘦煤一般作为炼焦配煤。

10. 无烟煤。无烟煤是煤化程度最高的煤种，颜色呈带有银白或古铜色彩的灰黑色，似金属光泽，因其燃烧时无烟而得名。它的硬度和密度在煤中是最大的，干燥无灰基挥发分的含量最少，挥发分析出的温度也较高，因此着火困难，着火后也难以燃尽。无烟煤燃烧时出现的青蓝色火焰没有烟，可作民用煤和化工用煤。

我国煤炭分类中，各种煤的具体分类指标在中国煤炭分类国家标准（GB5751－86）中都有具体规定。

二、煤炭资源

（一）煤炭资源的储量

煤炭是世界上储量最多、分布最广的常规能源，也是重要的战略资源，目前在世界一次能源消费量中占25%。煤炭产品广泛应用于钢铁、电力、化工等工业生产及居民生活领域。

自然资源部编制发布的《中国矿产资源报告2019》显示，截至2018年年底，我国煤炭查明资源储量为17 085.73亿吨，煤层气查明资源储量为3046.30亿立方米。

（二）煤炭资源的分布

中国煤炭资源空间分布具有明显的区域特征，北富南贫、西多东少。据第三次全国煤炭预测资料，90%以上的煤炭资源主要分布于昆仑山—秦岭—大别山以北的地区，其中太行山—贺兰山之间的储量占北方地区的65%以上，以烟煤和无烟煤为主，形成了山西、陕西、宁夏、河南及内蒙古中南部的富煤地区；南方地区以无烟煤、贫煤为主，资源储量不足10%，而其中90%以上集中在贵州、四川、云南三省，形成以黔西、川南和滇东为主的富煤地区；在东西分带上，大兴安岭—太行山—雪峰山以西地区，资源储量占全国的89%，分布着各种变质程度的烟煤和无烟煤，而大兴安岭—太行山—雪峰山以东地区仅占11%，以褐煤和低变质烟煤为主。

（三）煤炭资源的特点

1. 煤炭资源丰富，但人均占有量低。中国煤炭资源虽丰富，但勘探程度较低，经济可采储量较少。中国人口众多，煤炭资源的人均占有量约为234.4吨，而世界人均的煤炭资源占有量为312.7吨，美国人均占有量更高达1045吨，远高于中国的人均水平。

2. 煤炭资源的地理分布极不平衡。如华东地区的煤炭资源储量的87%集中在安徽、山东,而工业主要在以上海为中心的长江三角洲地区;中南地区煤炭资源的72%集中在河南,而工业主要在武汉和珠江三角洲地区;西南煤炭资源的67%集中在贵州,而工业主要在四川;东北地区相对好一些,但也有52%的煤炭资源集中在北部黑龙江,而工业集中在辽宁。

3. 各地区煤炭品种和质量变化较大,分布也不理想。中国炼焦煤在地区上分布不平衡,四种主要炼焦煤种中,瘦煤、焦煤、肥煤有一半左右集中在山西,而拥有大型钢铁企业的华东、中南、东北地区,炼焦煤很少。在东北地区,钢铁工业在辽宁,炼焦煤大多在黑龙江;西南地区,钢铁工业在四川,而炼焦煤主要集中在贵州。

4. 适于露天开采的储量少露天开采效率高,投资省,建设周期短,但中国适于露天开采的煤炭储量少,仅占总储量的7%左右,其中70%是褐煤,主要分布在内蒙古、新疆和云南。

三、煤炭的能源属性

(一)煤炭是我国的基础能源

我国是能源生产和消费大国。我国能源资源富煤、缺油、少气的特点,及我国的经济发展水平和经济实力,决定了我国以煤为主的能源生产消费结构。尽管煤炭在多元化的能源结构中比重逐年下降,但在相当长的时期内煤炭在一次能源生产和消费中的主体地位不会改变。从我国能源资源和能源安全战略考虑,在可以预见的几十年内,我国能源仍将主要依靠煤炭。

(二)煤炭是我国的稳定能源

我国煤炭保有储量达1万亿吨,约占我国化石能源的95%,而且品种齐全,分布广泛。我国现有煤炭可采储量在1145亿吨以上,远远大于石油、天然气的比率。世界化石能源仍然以煤炭居多的事实没有改变。由于石油、天然气能源更加清洁和便于利用,石油率先大量消费,紧随其后的将是天然气。以现在的消耗水平计,石油将只有不足40年的可采年限,天然气尚有61年的可采年限,煤炭则仍然有227年的可采年限。正是这种情况,一些发达国家至今仍然重视开发洁净利用煤炭的新技术。

(三)煤炭是我国的经济能源

我国是一个富煤少油的国家,1997年我国已成为石油纯进口国。当今世界以石油为中心的能源竞争非常激烈。从我国的能源供应和安全考虑,既要积极开发利用国外的能源资源,又要注重开发利用国内的能源资源。而且煤炭开发利用成本低,在我国一次能源生产总量的比重中,煤炭是石油和天然气的3倍,国家以较小的投入获得较大的能源供应。煤炭又是廉价的能源,按同等发热量计算,北京市柴油的价格要比动力煤高4~6倍,天然气的价格要比动力煤高3~4倍。在国际上,天然气和石油的价格一般为动力煤的2倍和3倍。[2]

---

〔2〕 中国煤炭工业协会和中国煤炭经济研究会、《煤炭经济政策研究》课题组:《煤炭经济政策研究报告》,第2-6页。

第二节 能源战略与煤炭规划

我国《煤炭法》第一条规定要“促进和保障煤炭行业的发展”，具体手段包括：一是通过法律保障“合理开发利用和保护煤炭资源”；二是通过法律“规范煤炭生产、经营活动”；三是通过第四条规定的“国家对煤炭开发实行统一规划、合理布局、综合利用的方针”对煤炭产业的发展战略、规划及政策进行引领；四是通过第六条规定“国家保护依法投资开发煤炭资源的投资者的合法权益”“国家保障国有煤矿的健康发展”“国家对乡镇煤矿采取扶持、改造、整顿、联合、提高的方针，实行正规合理开发和有序发展”，对不同的投资主体权益统一保护合法权益，并对国有煤矿提供“保障”，对乡镇煤炭进行“扶持、改造、整顿、联合、提高”，要求煤炭产业“实行正规合理开发和有序发展”。

一、国家战略统领能源战略

2014 年 6 月 13 日，中央召开财经领导小组第六次会议，研究国家能源安全战略。习近平在会上系统阐述了我国能源安全发展的战略思想，并强调要“建立健全能源法治体系”，推动能源生产和消费革命，要“启动能源领域法律法规立改废工作”“推动能源生产和消费革命的组织实施”。

（一）推动能源生产和消费革命是长期战略

能源安全是关系国家经济社会发展的全局性、战略性问题，对国家繁荣发展、人民生活改善、社会长治久安至关重要。经过长期发展，我国已成为世界上最大的能源生产国和消费国，形成了煤炭、电力、石油、天然气、新能源、可再生能源全面发展的能源供给体系，技术装备水平明显提高，生产生活用能条件显著改善。尽管我国能源发展取得了巨大成绩，但也面临着能源需求压力巨大、能源供给制约较多、能源生产和消费对生态环境损害严重、能源技术水平总体落后等挑战。我们必须从国家发展和安全的战略高度，审时度势，借势而为，找到顺应能源大势之道。面对能源供需格局新变化、国际能源发展新趋势，保障国家能源安全必须推动能源生产和消费革命。推动能源生产和消费革命是长期战略，必须从当前做起，加快实施重点任务和重大举措。

（二）推动能源生产和消费革命的总体要求

推动能源生产和消费革命的总体要求是坚持“四个革命、一个合作”的能源战略思想。

1. 推动能源消费革命，抑制不合理能源消费。坚决控制能源消费总量，有效落实节能优先方针，把节能贯穿于经济社会发展全过程和各领域，坚定调整产业结构，高度重视城镇化节能，树立勤俭节约的消费观，加快形成能源节约型社会。

2. 推动能源供给革命，建立多元供应体系。立足国内多元供应保安全，大力推进煤炭清洁高效利用，着力发展非煤能源，形成煤、油、气、核、新能源、可再生能源多轮驱动的能源供应体系，同步加强能源输配网络和储备设施建设。

3. 推动能源技术革命，带动产业升级。立足我国国情，紧跟国际能源技术革命新趋势，以绿色低碳为方向，分类推动技术创新、产业创新、商业模式创新，并同其他领域高新技术紧密结合，把能源技术及其关联产业培育成带动我国产业升级的新增长点。

4. 推动能源体制革命，打通能源发展快车道。坚定不移推进改革，还原能源商品属性，构建有效竞争的市场结构和市场体系，形成主要由市场决定能源价格的机制，转变政府对能源的监管方式，建立健全能源法治体系。

5. 全方位加强国际合作，实现开放条件下能源安全。在主要立足国内的前提条件下，在能源生产和消费革命所涉及的各个方面加强国际合作，有效利用国际资源。

（三）推动能源生产和消费革命的组织实施

推动能源生产和消费革命的组织实施包括：

1. 抓紧制定2030年能源生产和消费革命战略，研究"十四五"能源规划。抓紧修订一批能效标准，只要是落后的都要加快修订，定期更新并真正执行。

2. 继续建设以电力外送为主的千万千瓦级大型煤电基地，提高煤电机组准入标准，对达不到节能减排标准的现役机组限期实施改造升级，继续发展远距离大容量输电技术。在采取国际最高安全标准、确保安全的前提下，抓紧启动东部沿海地区新的核电项目建设。

3. 务实推进"一带一路"能源合作，加大中亚、中东、美洲、非洲等油气的合作力度。加大油气资源勘探开发力度，加强油气管线、油气储备设施建设，完善能源应急体系和能力建设，完善能源统计制度。

4. 积极推进能源体制改革，抓紧制定电力体制改革和石油天然气体制改革总体方案，启动能源领域法律法规立改废工作。

二、战略方针指引能源战略

国家能源局于2020年4月10日发布《能源法（征求意见稿）》向社会公开征求意见，其中，第二十二条［能源战略的地位与内容］规定："国家能源战略是指导能源可持续发展、保障能源安全的总体方略，是制定能源规划、政策和措施的基本依据。国家能源战略根据基本国情、国防安全、经济和社会发展需要、环境保护需要以及国内外能源发展趋势等制定。涉及重大项目布局安排的能源战略在制定过程中应当进行环境影响论证，采用适当形式听取有关单位、专家和公众的意见。国家能源战略应当规定国家能源发展的战略思想、战略目标、战略布局和战略重点等内容。"

2014年6月7日，国务院办公厅印发《能源发展战略行动计划（2014—2020年）》，就推动能源革命、促进我国能源产业的长远发展作出了具体规定。

（一）能源发展的战略方针

《能源发展战略行动计划（2014—2020年）》指出，我国目前的能源战略总体上是坚持"节约、清洁、安全"的战略方针，加快构建清洁、高效、安全、可持续的现代能源体系，重点实施四大战略,即节约优先战略、立足国内战略、绿色低碳战略和创新驱动战略。

(二)能源发展战略的内涵

1. 节约优先战略。把节约优先贯穿于经济社会及能源发展的全过程,集约高效开发能源,科学合理使用能源,大力提高能源效率,加快调整和优化经济结构,推进重点领域和关键环节节能,合理控制能源消费总量,以较少的能源消费支撑经济社会较快发展。到2020年,要将一次能源消费总量控制在48亿吨标准煤左右,煤炭消费总量控制在42亿吨左右。

2. 立足国内战略。坚持立足国内,将国内供应作为保障能源安全的主渠道,牢牢掌握能源安全主动权。发挥国内资源、技术、装备和人才优势,加强国内能源资源勘探开发,完善能源替代和储备应急体系,着力增强能源供应能力。加强国际合作,提高优质能源保障水平,加快推进油气战略进口通道建设,在开放格局中维护能源安全。到2020年,基本形成比较完善的能源安全保障体系。国内一次能源生产总量达到42亿吨标准煤,能源自给能力保持在85%左右,能源储备应急体系基本建成。

3. 绿色低碳战略。着力优化能源结构,把发展清洁低碳能源作为调整能源结构的主攻方向。坚持发展非化石能源与化石能源高效清洁利用并举,逐步降低煤炭消费比重,提高天然气消费比重,大幅增加风电、太阳能、地热能等可再生能源和核电消费比重,形成与我国国情相适应、科学合理的能源消费结构,大幅减少能源消费排放,促进生态文明建设。到2020年,非化石能源占一次能源消费比重达到15%,天然气比重达到10%以上,煤炭消费比重控制在62%以内。

4. 创新驱动战略。深化能源体制改革,加快重点领域和关键环节改革步伐,完善能源科学发展体制机制,充分发挥市场在能源资源配置中的决定性作用。树立科技决定能源未来、科技创造未来能源的理念,坚持追赶与跨越并重,加强能源科技创新体系建设,依托重大工程推进科技自主创新,建设能源科技强国,能源科技总体接近世界先进水平。到2020年,基本形成统一开放竞争有序的现代能源市场体系。[3]

(三)煤炭产业的发展战略

1. 煤炭产业发展战略的含义

煤炭产业发展战略,是指为促进煤炭产业发展,满足社会对煤炭消费的需求,对一个较长时期内煤炭的地质评价、勘探、开发生产、储运、加工等的布局安排,甚至包括资金筹措、经济政策和法律环境等方面所制定的整体和全局上的谋略。它对煤炭工业的中长期规划起指导作用。作为能源发展战略的有机组成部分,其与石油、天然气以及电力产业的发展战略有着密切联系。与能源发展战略相似,煤炭产业发展战略有国家与地区(或区域性)之分,它们分别指导国家与地区煤炭产业发展规划的制订。制定煤炭产业发展战略,要依据国家(或地区)的煤炭资源、能源结构、技术水平、经济实力、节能技术以及环境保护要求等

[3] 中国法学会能源法研究会编:《能源法学总论》,法律出版社2019年版,第33-34页。

各方面情况综合考虑,从多种方案中择优确定。[4]

2. 煤炭产业发展的战略方针

(1)保证国民经济发展对煤炭的需求。长期以来,煤炭在中国一次能源消费量中一直占75%左右,据预测,未来30年或更长的一些时间内,中国以煤为主的一次能源结构将不会改变。尽管某个时期会出现煤炭供需缓和的现象,但按照中国提出的到21世纪中叶达到中等发达国家水平,基本实现现代化的国民经济发展战略目标,煤炭供应相对紧张的局面将会长期存在。因而,坚持煤炭增长速度与国民经济增长速度相适应,保证煤炭对国民经济发展安全、可靠、稳定的供应是煤炭工业发展的重要战略方针。

(2)坚持开发与节约并重,提高能源利用效率。目前,中国能源利用率低,单位国民生产总值能耗指标比世界先进国家高很多,节约潜力很大。能源效率比中国高得多的美国,仍把提高能源效率和节能作为其一次能源的重要组成部分,将节约的能源同其他能源资源同等对待,甚至把节约放在开发之前。为减少资源浪费,提高经济效益,减轻环境污染,中国要切实坚持开发与节约并重,并要把节能放在优先的地位。

(3)坚持煤炭资源的合理开发、利用和保护。煤炭资源是不可再生的资源,应当加以爱惜和保护,尤其是对开采条件好、煤炭质量优的资源更要加以保护。因此,要加强统一规划,改善开采技术和装备,严防滥采乱挖,提高资源回收率。对国民经济有重要意义的稀缺煤种,如优质主焦煤、肥煤、瘦煤等,应由国家有关部门监督,实行保护性开采,根据需要适当限制其开采规模。对已经采出的煤炭要合理利用,特别是对目前开采规模过大而入洗比重较低的优质炼焦煤,要加强洗选加工,促进其合理利用。

(4)在开发布局上稳住东部,积极发展中西部,逐步实现战略西移。中国煤炭资源西多东少,北富南贫,而工业基础及经济发展情况则又是东部发达,耗能多而能源不足,这两个基本特点造成了中国北煤南运、西煤东调的长远格局,因而开发布局要在东部煤炭生产长期稳定发展的基础上,发挥西部资源优势,在战略上逐步西移。

(5)大力发展煤炭就地转化、深度加工及资源的综合利用。变输煤为输电是解决中国国民经济瓶颈——运输问题的重要战略措施之一,因而要大力发展煤矿坑口电站。在有条件的矿区要发展成为以煤为主的煤、电、气、焦、煤化工等联合工业基地,以提高综合效益。另外,还要加强煤炭洗选加工,煤矸石利用以及与煤共伴生矿产资源的开发利用,提高资源利用率。

(6)坚持发展与环境保护并重。煤炭作为化石能源,在燃烧过程中产生大量的CO_2、SOx、NOx和烟尘,造成温室效应,加剧了酸雨的形成和环境污染,这已成为全球普遍关注的问题。同时,煤炭生产、建设过程中产生的废气、废水、废渣、噪声、塌陷及水资源的破坏等,都对环境产生严重的不良影响。因此,要在煤炭工业发展的同时,坚持保护大气环境质量和生态平衡,逐步改变能源结构,开发洁净能源,发展洁净煤技术,并且还要加强煤炭开发

---

〔4〕《能源百科全书》编辑委员会、中国大百科全书出版社编辑部编:《能源百科全书》,中国大百科全书出版社1997年版,第334-335页。

过程中矿区的造地复田、固体废弃物的整治等。

(7)依靠科技进步发展煤炭工业。科学技术是第一生产力,要使煤炭工业满足国民经济发展战略目标的要求,必须用先进的技术和科学的管理方式武装煤炭工业,要切实增加对科技的投入,重点抓好高产高效采煤技术、大型露天开采技术、深部开采技术、安全技术、煤炭转化、洁净煤技术、节能技术、环境污染防治和环保技术的研究和应用。同时要加强职工教育和培训,提高技术素质,以适应技术进步的要求。[5]

三、煤炭产业规划保障战略规划

为了保障对国家能源发展战略和国家综合能源规划的实施,2016 年 12 月 30 日,国家发展和改革委员会、国家能源局正式印发《煤炭工业发展"十三五"规划》。规划指出,煤炭是我国的基础能源和重要原料。煤炭工业是关系国家经济命脉和能源安全的重要基础产业。在我国一次能源结构中,煤炭将长期是主体能源。"十三五"时期是全面建成小康社会的决胜阶段,也是煤炭工业加快转型发展,实现由大到强历史跨越的重要机遇期。牢固树立创新、协调、绿色、开放、共享的发展理念,适应把握引领经济发展新常态,深入贯彻"四个革命、一个合作"能源发展战略思想,努力建设集约、安全、高效、绿色的现代煤炭工业体系,切实维护国家能源安全,是"十三五"时期煤炭行业肩负的重大历史使命。

(一)煤炭产业规划的法律定位

2020 年《能源法(征求意见稿)》第二十三条[规划体系]规定:"国家根据能源战略编制并实施能源规划,保障国家能源战略的实现。能源规划包括综合能源规划、分领域能源规划和区域能源规划等。分领域能源规划和区域能源规划应当服从综合能源规划。区域能源规划与分领域能源规划应当相互协调。"

《煤炭工业发展"十三五"规划》作为分领域能源规划,应当服从《能源发展"十三五"规划》这一综合能源规划。由于国家能源战略不仅是制订综合能源规划的基本依据,而且也是制订煤炭规划的依据;煤炭规划是在煤炭领域全面实施国家能源战略和综合能源规划,因此,《煤炭工业发展"十三五"规划》阐明其是根据《国民经济和社会发展第十三个五年规划纲要》和《能源发展"十三五"规划》编制,并在内容上规定了煤炭工业发展的指导思想、基本原则、发展目标、主要任务和保障措施,是指导煤炭工业科学发展的总体蓝图和行动纲领。

《煤炭工业发展"十三五"规划》为了保障其实施,在第十四章保障措施中规定的首条措施就是"健全煤炭法律法规",即研究修订《煤炭法》,健全煤炭法律法规体系。强化法律法规、政策标准等实施的监督检查。深入开展煤炭普法工作,增强全行业的法治意识。

(二)煤炭产业规划的基本原则

《煤炭工业发展"十三五"规划》确立了煤炭产业发展的指导思想和基本原则。指导思

---

〔5〕《能源百科全书》编辑委员会、中国大百科全书出版社编辑部编:《能源百科全书》,中国大百科全书出版社 1997 年版,第 334-335 页。

想是：全面贯彻党的十八大和十八届三中、四中、五中、六中全会精神，统筹推进“五位一体”总体布局和协调推进“四个全面”战略布局，牢固树立创新、协调、绿色、开放、共享的发展理念，适应把握引领经济发展新常态，遵循“四个革命，一个合作”的能源发展战略思想，以提高发展的质量和效益为中心，以供给侧结构性改革为主线，坚持市场在资源配置中的决定性作用，着力化解煤炭过剩产能，着力调整产业结构和优化布局，着力推进清洁高效低碳发展，着力加强科技创新，着力深化体制机制改革，努力建设集约、安全、高效、绿色的现代煤炭工业体系，实现煤炭工业由大到强的历史跨越。根据这一指导思想，煤炭工业发展要遵循以下基本原则：

1. 坚持深化改革与科技创新相结合，推动创新发展。理顺煤炭管理体制，完善煤炭税费体系，健全煤矿退出机制，深化国有企业改革，营造公平竞争、优胜劣汰的市场环境，增强企业发展的内生动力、活力和创造力。强化科技创新引领作用，加强基础研究、关键技术攻关、先进适用技术推广和科技示范工程建设，推动现代信息技术与煤炭产业深度融合发展，提高煤炭行业发展质量和效益。

2. 坚持优化布局与结构升级相结合以推动协调发展。依据能源发展战略和主体功能区战略，优化煤炭发展布局，加快煤炭开发战略西移步伐，强化大型煤炭基地、大型骨干企业集团、大型现代化煤矿的主体作用，促进煤炭集约协调发展。统筹把握化解过剩产能与保障长期稳定供应的关系，科学运用市场机制、经济手段和法治办法，大力化解过剩产能，严格控制煤炭总量；积极培育先进产能，提升煤炭有效供给能力，确保产能与需求基本平衡，促进结构调整和优化升级。

3. 坚持绿色开发与清洁利用相结合以推动绿色发展。以生态文明理念引领煤炭工业发展，将生态环境约束转变为煤炭绿色持续发展的推动力，从煤炭开发、转化、利用各环节着手，强化全产业链统筹衔接，加强引导和监管，推进煤炭安全绿色开发，促进清洁高效利用，加快煤炭由单一燃料向原料和燃料并重转变，推动高碳能源低碳发展，最大限度地减轻煤炭开发利用对生态环境的影响，实现与生态环境的和谐发展。

4. 坚持立足国内与国际合作相结合以推动开放发展。坚持立足国内的能源战略，增强国内煤炭保障能力和供应质量，牢牢掌握能源安全主动权。统筹国际国内两个大局，充分利用两个市场、两种资源，以“一带一路”建设为统领，遵循多元合作、互利共赢原则，稳步开展国际煤炭贸易，稳妥推进国际产能合作，增强全球煤炭资源配置能力，提升煤炭产业的国际竞争力。

5. 坚持以人为本与保障民生相结合以推动共享发展。坚持以人为本、生命至上理念，健全安全生产长效机制，深化煤矿灾害防治，加强职业健康监护，保障煤矿职工生命安全和身心健康。统筹做好化解过剩产能中的人员安置，加大政策资金支持力度，多渠道妥善安置煤矿职工，促进再就业和自主创业，完善困难职工帮扶体系，维护广大职工的合法权益。

（三）煤炭产业规划的五年目标

《煤炭工业发展“十三五”规划》，不仅阐明了煤炭产业发展的指导思想和基本原则，而且规定了煤炭产业发展的五年规划目标，即到2020年，煤炭开发布局科学合理，供需基本平衡,大型煤炭基地、大型骨干企业集团、大型现代化煤矿主体地位更加突出,生产效率和企业效益明显提高,安全生产形势根本好转,安全绿色开发和清洁高效利用水平显著提升,职工生活质量改善,国际合作迈上新台阶,煤炭治理体系和治理能力实现现代化,基本建成集约、安全、高效、绿色的现代煤炭工业体系。

1. 集约。集约的内涵是:化解淘汰过剩落后产能 8 亿吨/年左右,通过减量置换和优化布局增加先进产能 5 亿吨/年左右,到 2020 年,煤炭产量 39 亿吨。煤炭生产结构优化,煤矿数量控制在 6000 处左右,120 万吨/年及以上大型煤矿产量占 80% 以上,30 万吨/年及以下小型煤矿产量占 10% 以下。煤炭生产开发进一步向大型煤炭基地集中,大型煤炭基地产量占 95% 以上。产业集中度进一步提高,煤炭企业数量 3000 家以内,5000 万吨级以上大型企业产量占 60% 以上。

2. 安全。安全的内涵是:煤矿安全生产长效机制进一步健全,安全保障能力显著提高,重特大事故得到有效遏制,煤矿事故死亡人数下降 15% 以上,百万吨死亡率下降 15% 以上。煤矿职业病危害防治取得明显进展,煤矿职工健康状况显著改善。

3. 高效。高效的内涵是:煤矿采煤机械化程度达到 85%,掘进机械化程度达到 65%。科技创新对行业发展贡献率进一步提高,煤矿信息化、智能化建设取得新进展,建成一批先进高效的智慧煤矿。煤炭企业生产效率大幅提升,全员劳动工效达到 1300 吨/人·年以上。

4. 绿色。绿色的内涵是:生态文明矿区建设取得积极进展,最大限度减轻煤炭生产开发对环境的影响。资源综合利用水平提升,煤层气(煤矿瓦斯)产量 240 亿立方米,利用量 160 亿立方米;煤矸石综合利用率 75% 左右,矿井水利用率 80% 左右,土地复垦率 60% 左右。原煤入选率 75% 以上,煤炭产品质量显著提高,清洁煤电加快发展,煤炭深加工产业示范取得积极进展,煤炭清洁利用水平迈上新台阶。

(四)煤炭产业规划的重点工作

1. 优化生产开发布局。全国煤炭开发总体布局是:压缩东部、限制中部和东北、优化西部。东部地区煤炭资源枯竭,开采条件复杂,生产成本高,应逐步压缩生产规模;中部和东北地区现有开发强度大,接续资源多在深部,投资效益降低,应从严控制接续煤矿建设;西部地区资源丰富,开采条件好,生态环境脆弱,应加大资源开发与生态环境保护统筹协调力度,结合煤电和煤炭深加工项目用煤需要,配套建设一体化煤矿。

2. 加快煤炭结构优化升级。煤炭结构优化升级的总要求是:遵循煤炭行业特点和发展规律,发挥市场在资源配置中的决定性作用并更好发挥政府的作用,严格控制新增产能,有序退出过剩产能,积极发展先进产能,推进煤矿企业兼并重组,促进结构调整和优化升级,提升煤炭产业发展质量和效益。

3. 推进煤炭清洁生产。要求牢固树立绿色发展理念,推行煤炭绿色开采,发展煤炭洗选加工,发展矿区循环经济,加强矿区生态环境治理,推动煤炭供给革命。

4. 促进煤炭清洁高效利用。要求按照"清洁、低碳、高效、集中"的原则,加强商品煤质量管理,推进重点耗煤行业节能减排,推进煤炭深加工产业示范,加强散煤综合治理,推动煤炭消费革命。

5. 提升安全保障能力。要求坚持以人为本、生命至上理念,健全安全生产长效机制,深化煤矿灾害防治,加强职业健康监护,全面提升煤矿安全保障能力。

6. 加强煤炭科技创新。要求坚持创新发展理念,加强基础研究、关键技术攻关、先进适用技术推广和重大科技示范工程建设,完善煤炭科技创新体系,推动煤炭技术革命。

7. 加快煤层气产业发展。要求统筹煤炭、煤层气勘探开发布局和时序,坚持煤层气(煤矿瓦斯)先抽后采、抽采达标,加大勘查开发利用力度,保障煤矿安全生产,增加清洁能源供应,减少温室气体排放。

8. 深化煤炭行业改革。要求完善煤炭税费体系,健全煤矿关闭退出机制,深化国有煤炭企业改革,加快解决历史遗留问题,营造公平竞争、优胜劣汰的市场环境,最大限度激发企业活力、创造力和市场竞争力,推动煤炭体制革命。

9. 发展煤炭服务产业。要求围绕结构深度调整,积极推动煤炭转型发展,加快发展煤炭现代物流,健全煤炭市场交易体系,加强行业服务能力建设,繁荣发展煤炭行业文化。

10. 推进全方位国际合作,要求统筹国际国内两个大局,充分利用两个市场、两种资源,以"一带一路"建设为统领,遵循多元合作、互利共赢原则,通过稳步开展国际煤炭贸易,推进境外煤炭资源开发利用,扩大对外工程承包和技术服务,全方位加强煤炭国际合作,提升煤炭工业国际竞争力。

11. 实施环境影响评价和治理。由于煤炭开发对环境的影响主要是煤矸石、煤矿瓦斯和矿井水排放,以及采煤引起的地表沉陷和水土流失。各个地区的环境影响各不相同,要分别施策:一是要进行顶层设计,推进煤炭清洁高效开发利用。二是要加强科技创新,为减缓环境影响提供基础支撑。加强基础研究与科技攻关,健全政—产—学—研—用科技创新体系,完善扶持政策。三是要加强治理,改善矿区生态环境。四是要加强公众监督,完善公众参与机制。通过实施以上措施,到2020年基本实现规划提出的环境保护目标,基本建立煤炭清洁高效生产体系,使矿区生态环境得到显著改善。

(五)煤炭产业规划的保障措施

1. 健全煤炭法律法规。包括研究修订《煤炭法》,健全煤炭法律法规体系。修订煤炭产业政策,提高办矿标准,完善产业调控政策体系。制定和完善煤炭先进产能、矿区生态环境保护、煤矿建设、煤炭产品、煤炭清洁开发利用、煤炭物流等方面标准、规范。强化法律法规、政策标准等实施的监督检查。深入开展煤炭普法工作,增强全行业的法治意识。同时注重加强煤炭行业监管。

2. 理顺煤炭管理职能,健全集中统一、上下协调的管理体制,加强煤炭资源、开发、安全生产、经营全过程管理。完善煤炭工业发展规划、煤炭资源勘查规划、矿区总体规划等有机衔接、协调配合的机制,强化规划、产业政策、标准的引导和约束作用。做好简政放权、放管结合、优化服务,进一步转变煤炭管理部门职能。创新事中事后监管方式,综合运用现场和非现场监管等手段,及时查处未批先建、超能力生产等违法违规行为。全面实行煤炭产能登记公告制度,研究建立煤炭产能监测与预控体系,及时通报行业运行情况,引导企业合理安排建设进度、有序组织生产。

3. 加大金融支持力度。坚持区别对待、有控有扶的原则，不搞“一刀切”，引导金融机构对具备竞争力的优质骨干煤炭企业继续给予信贷支持，支持符合条件的煤炭企业以采矿权、应收账款等资产进行抵质押担保，通过发行债券等方式融资。积极稳妥推进煤炭企业债务重组，通过调整贷款期限、还款方式等措施，帮助符合国家产业政策，积极主动去产能、调结构、转型发展、有一定清偿能力的煤炭企业渡过难关。综合运用债务重组、破产重整或破产清算等手段，妥善处置煤炭企业债务和不良资产。

4. 强化政策资金保障。利用工业企业结构调整专项奖补资金，统筹对化解煤炭过剩产能中的人员分流安置给予奖补，引导地方加快处置“僵尸企业”，实现市场出清。研究安排中央预算内投资，支持符合条件的煤矿安全改造、采煤沉陷区综合治理、独立工矿区改造搬迁和棚户区改造。继续对煤层气开采利用给予财政支持，根据产业发展、抽采利用成本和市场销售价格适时调整补贴标准。完善煤炭行业产品成本核算制度，促进煤炭企业降本增效。

5. 加强行业诚信建设。加强煤炭行业信用建设和信用监管，在去产能、减量化生产、治理违法违规建设和超能力生产等工作中，建立煤矿信用记录，及时向社会公告，接受社会监督。建立黑名单制度，对列入失信黑名单的煤炭企业，有关部门按照规定实施联合惩戒。完善个人信用记录，将失信惩戒措施落实到人。充分发挥行业协会、金融机构、征信机构等作用，推进行业诚信体系建设，加强行业自律，形成诚实守信的良好行业氛围。

6. 做好规划实施管理。国务院各有关部门要加强沟通协调，密切配合，制定和完善各项配套政策措施，形成推动规划实施的合力。地方各级政府有关部门要按照各自职责，结合实际，明确责任主体，细化落实本规划提出的主要目标和重点任务，加强规划实施的组织领导。完善规划统筹协调机制，做好与相关规划实施的衔接，强化规划的引导和约束作用。建立规划实施监测和动态评估机制，强化对规划实施情况的跟踪分析，根据经济社会发展和规划实施情况，做好规划评估和调整，完善相关政策和措施。按照国家总体部署和政策导向，结合煤炭工业发展实际情况，制定年度实施方案，指导地方和企业，落实煤炭工业发展和改革任务，保证规划目标和任务顺利实现。

第三节　煤炭产业与转型升级

关于煤炭产业的有序发展与转型升级，我国《煤炭法》规定了两条路径：一是通过对煤矿企业总则性规定，确立了煤炭产业发展的基本原则，如第七条规定：“煤矿企业必须坚持安全第一、预防为主的安全生产方针，建立健全安全生产的责任制度和群防群治制度。”第九条第二款规定：“煤矿企业应当加强和改善经营管理，提高劳动生产率和经济效益。”第十一条规定：“开发利用煤炭资源，应当遵守有关环境保护的法律、法规，防治污染和其他公害，保护生态环境。”二是通过国家和政府对煤炭产业的统一监督和管理机制。如第十二条规定：“国务院煤炭管理部门依法负责全国煤炭行业的监督管理。国务院有关部门在各自的职责范围内负责煤炭行业的监督管理。县级以上地方人民政府煤炭管理部门和有关部门依法负责本行政区域内煤炭行业的监督管理。”第十条规定：“国家维护煤矿矿区的生产秩序、工作秩序，保护煤矿企业设施。”

一、煤炭产业

（一）煤炭产业的范围、地位及特点

1. 范围。根据《国民经济行业分类（GB/T 4754－2017）门类》中能源产业的具体分类，煤炭产业范围包括：（1）煤炭开采和洗选业，如烟煤和无烟煤开采洗选、褐煤开采洗选、其他煤炭采选；煤炭开采和洗选专业及辅助性活动。（2）煤炭加工，如炼焦、煤制合成气生产、煤制液体燃料生产、煤制品制造等。（3）煤炭专用设备制造业，如采矿、冶金、建筑专用设备制造、矿山机械制造。（4）煤炭及制品批发、煤气生产和供应。（5）煤炭矿产地质勘查。（6）煤炭污染治理与修复业，包括煤炭开发利用造成的水污染治理、大气污染治理、固体废物治理及土壤污染治理与修复服务。[6]

2. 地位。煤炭产业在我国国民经济分类中居于重要的基础产业地位。煤炭产业的首要任务就是保证国民经济安全，保证国内长期可靠的煤炭供应，为实现全面建设小康社会的奋斗目标提供基本能源保障。因此，只有用高新技术和先进适用技术改革煤炭产业，大力推进煤炭产业和产品结构的优化升级，才能适应全面建设小康社会，实施可持续发展战略和保护环境、保护资源基本国策的要求。

3. 特点。（1）煤炭是资源性产业。煤炭是不可再生的能源资源。煤矿的寿命取决于其所拥有的煤炭储量。我国大多数煤矿远离城市和经济发达地区、社会负担重、经济基础差，地区条件不一，煤炭企业发展不平衡性在产业中十分突出。（2）煤炭是高危产业。因煤矿生产条件所限，在各国工业部门中，煤矿的事故死亡率是最高的。我国煤矿95%生产能力是井工开采。高瓦斯和双突矿井占全国煤矿矿井总量的1/3，90%矿井有煤尘爆炸危险性。随着开采深度增加，影响安全生产的因素愈来愈多，条件愈来愈复杂。（3）煤炭是投资高风险产业。煤矿开采环节复杂，矿井建设投资大、周期长、见效慢，煤炭市场不确定因素多。因此，从建井到生产，经营风险大，多数煤炭企业产业结构上的问题影响了企业市场适应能力和抗灾能力。（4）煤炭开采的效益具有后续传递性。煤炭属于初级产品，煤矿的效益向后续加工工业传递。单一的产品结构下企业经济效益难以提高，我国煤炭开采的价值和效益体现在后续产业和对国民经济发展的支撑作用。

（二）煤炭产业发展历程及转型起点

煤炭产业是一种典型的资源产业，提高集约化和集中度是资源型企业“强身健体”的核心要义。煤炭产业的发展支撑了国民经济的快速发展。

1. 煤炭产业的发展历程。中华人民共和国成立初期，各级地方政府接收旧时期煤矿企业近40家，矿山近200家和为数不多的露天矿。这些煤矿企业大部分位于我国东北、华北

---

〔6〕 中国法学会能源法研究会编：《能源法学总论》，法律出版社2019年版，第27－28页。

和华东少数地区，除个别地方之外，大多数煤矿企业规模小，设备陈旧老化严重，技术水平更是落后，同时由于长期战乱的影响，也得不到健康持续的发展。1953 年，我国开始执行国民经济发展的首个五年计划。为保障东部地区煤炭供应和炼钢用煤的需求，这一时期国家重点对 15 个老矿区进行了扩建，并有 10 个新矿区开工建设。煤炭产量也增长了 4 倍多，从 1949 年的 3243 万吨增加至 1957 年的 13 073 万吨。此外，为满足煤矿建设的具体要求，国家逐步从地质勘查、矿井设计、煤矿施工等各个方面组建了一大批专业化的人才，为之后煤炭工业的发展奠定了牢固的基础。党的十一届三中全会，揭开了我们国家以经济建设为中心和改革开放的新篇章，我国煤炭产业也进入高速发展的轨道上。在这一时期里，我国逐步建立起正常的煤矿生产秩序，加大了煤矿机械设备的研发，改善了煤矿的安全生产条件，实现了煤炭的稳定生产。

20 世纪 80 年代至 90 年代，全国煤矿数量最多时达 8 万多个，30 万吨以下小煤矿产量占总产量的 70%，大中型煤矿产量由不足 30% 提高到 65% 以上。随着我国煤炭产业机械化、信息化、自动化、智能化程度不断提升，建设大基地、培育大集团，加快煤炭结构调整，建设安全高效大型煤矿成为煤炭工业发展的重点方向。“十二五”期间，我国着力推进 14 个大型煤炭基地建设，兼并重组形成了 10 个亿吨级和 10 个 5000 万吨级特大型煤炭企业，大型煤炭基地的煤炭产量占全国 60% 以上。“十三五”期间，煤炭行业深化供给侧结构性改革，淘汰落后产能累计达到 8.1 亿吨，年产 30 万吨以下煤矿产能减少到 2.2 亿吨以内，产能利用率上升为 70.6%，煤炭行业由总量性去产能转向结构性去产能、系统性优产能。到 2018 年年底，全国煤矿数量已经减少到 5800 处左右，平均产能提高到 92 万吨/年左右。前十强原煤产量 18.7 亿吨，占全国的 50.82%，较上年增长 10.34 个百分点；亿吨级煤炭企业达到 7 家，5000 万吨以上企业达到 17 家。同时，原煤生产继续向优势地区和企业集中，产业集中度继续提高。据统计，内蒙古、山西和陕西三省（自治区）原煤产量占全国的 69.6%，原煤生产企业户均产量 136.7 万吨，产业集中度创历史新高，煤炭产能结构进一步优化。[7]

2. 煤炭产业的转型起点。煤炭产业通过全面贯彻落实党中央、国务院重大决策部署，积极转变发展方式，加快推动结构调整，站到了转型变革的新起点。一是保障能力更加稳固。煤炭地质勘查取得积极进展，新增查明资源储量近 2300 亿吨。煤炭生产开发布局逐步优化，大型煤炭基地成为煤炭供应的主体和综合能源基地建设的重要依托。煤炭生产效率显著提升，煤炭输送通道长期“瓶颈”制约基本消除，有力保障了国民经济发展需要。二是产业结构显著优化。在大型煤炭基地内建成了一批大型、特大型现代化煤矿，包括一批安全高效煤矿、千万吨级煤矿；加快关闭淘汰和整合改造，淘汰了一批落后煤矿，实现去产能目标，煤炭生产集约化、规模化水平明显提升；积极推进煤矿企业兼并重组，产业集中度进一步提高；煤炭上下游产业融合发展加快，建成了一批煤、电、化一体化项目。三是安全生产形势持续好转。加大安全投入，推进安全基础建设，完善安全监管监察体制机制，强化安全生产责任落实，煤矿安全保障能力进一步提升。四是科技创新迈上新台阶。年产千万吨级综

〔7〕 张立宽：《我国煤炭工业面临转型升级关键阶段》，载《企业观察家》2019 年第 10 期。

采成套设备、年产2000万吨级大型露天矿成套设备实现国产化，智能工作面技术达到国际先进水平。大型选煤技术和装备国产化取得新进展。百万吨级煤制油和60万吨煤制烯烃等煤炭深加工示范项目实现商业化运行。低透气性煤层瓦斯抽采等技术取得突破，形成采煤采气一体化开发新模式。五是矿区生态环境逐步改善。推动采煤沉陷区和排矸场综合治理，矿区生态修复和环境治理成效明显。大力发展煤矿清洁生产和循环经济，煤矸石、矿井水、煤层气（煤矿瓦斯）等资源综合利用水平不断提高。棚户区改造加快推进，职工生产生活环境进一步改善。六是煤炭产业改革不断深化。取消重点电煤合同和电煤价格双轨制，煤炭市场化改革取得实质性进展。实施煤炭资源税从价计征改革，扩大煤炭企业增值税抵扣范围，清理涉煤收费基金，减轻了煤炭企业负担。取消煤炭生产许可证、煤炭经营许可证等一批行政审批事项。煤炭领域国际交流不断深化，对外合作取得积极进展。

（三）煤炭产业内部问题及外部挑战

1. 煤炭产业内部存在的问题。煤炭工业取得了长足进步，但发展过程中不平衡、不协调、不可持续问题依然突出。

（1）煤炭产能过剩。受经济增速放缓、能源结构调整等因素影响，煤炭需求下降，供给能力过剩。手续不齐全在建煤矿规模仍然较大，化解潜在产能尚需一个过程。

（2）结构性矛盾突出。煤炭生产效率低，人均工效与先进产煤国家差距大。煤矿发展水平不均衡，先进高效的大型现代化煤矿和技术装备落后、安全无保障、管理水平差的落后煤矿并存，年产30万吨及以下的小煤矿仍有6500多处。煤炭产业集中度低，企业竞争力弱，低效企业占据大量资源，市场出清任务艰巨。

（3）清洁发展水平亟待提高。煤炭开采引发土地沉陷、水资源破坏、瓦斯排放、煤矸石堆存等，破坏矿区生态环境，恢复治理滞后。煤炭利用方式粗放，大量煤炭分散燃烧，污染物排放严重，大气污染问题突出，应对气候变化压力大。

（4）安全生产形势依然严峻。煤矿地质条件复杂，水、火、瓦斯、地温、地压等灾害愈发严重。东中部地区部分矿井开采深度超过1000米，煤矿事故多发，百万吨死亡率在相当长一段时间内居高不下。受全球经济放缓等因素影响，煤炭经济下行，企业投入困难，安全生产风险加剧。

（5）科技创新能力不强。煤炭基础理论研究薄弱，共性关键技术研发能力不强，煤机成套装备及关键零部件的可靠性和稳定性不高。煤炭科技研发投入不足，企业创新主体地位和主导作用有待加强，科技创新对行业发展的贡献率低。

（6）体制机制有待完善。煤矿关闭退出机制不完善，人员安置和债务处理难度大，退出成本高。煤炭企业负担重，国有企业办社会等历史遗留问题突出。部分国有煤炭企业市场主体地位尚未真正确立，市场意识和投资决策水平亟待提高。

2. 煤炭产业外部面临的挑战。目前，煤炭产业发展面临的内外部环境更加错综复杂。

从国际看，世界经济在深度调整中曲折复苏、增长乏力，表现在煤炭产业的影响包括三个方面：一是能源格局发生重大调整。受能源需求增长放缓，油气产量持续增长，非化石能源快速发展等因素影响，能源供需宽松，价格低位运行。能源供给多极化，逐步形成中东、中亚—俄罗斯、非洲、美洲多极发展新格局。发达国家能源消费趋于稳定,发展中国家能源消费较快增长。能源结构调整步伐加快,清洁化、低碳化趋势明显,煤炭在一次能源消费中的比重呈下降趋势。能源科技创新日新月异,以信息化、智能化为特征的新一轮能源科技革命蓄势待发。二是煤炭消费重心加速向亚洲转移。主要煤炭消费地区分化,受日趋严格的环保要求、应对气候变化、廉价天然气替代等因素影响,美国和欧洲等发达地区煤炭消费持续下降;印度和东南亚地区经济较快增长,电力需求旺盛,煤炭消费保持较高增速,成为拉动世界煤炭需求的重要力量,为我国煤炭企业"走出去"带来了新的机遇。三是煤炭生产向集约高效方向发展。全球煤炭新建产能陆续释放,煤炭供应充足,市场竞争日趋激烈。为应对市场竞争,主要产煤国家提高生产技术水平、关停高成本煤矿、减少从业人员、压缩生产成本、提高产品质量,提升产业竞争力。世界煤炭生产结构进一步优化,煤矿数量持续减少,煤矿平均规模不断扩大,生产效率快速提升,煤炭生产规模化、集约化趋势明显。

从国内看,经济发展进入新常态,从高速增长转向中高速增长,向形态更高级、分工更优化、结构更合理的阶段演化,能源革命加快推进,油气替代煤炭、非化石能源替代化石能源双重更替步伐加快,生态环境约束不断强化,煤炭行业提质增效、转型升级的要求更加迫切,行业发展面临历史性拐点。一是煤炭的主体能源地位不会变化。我国仍处于工业化、城镇化加快发展的历史阶段,能源需求总量仍有增长空间,在相当长时期内,主体能源地位不会变化。因此,必须从我国能源资源禀赋和发展阶段出发,将煤炭作为保障能源安全的基石,不能分散对煤炭的注意力。二是能源需求增速放缓。在经济增速趋缓、经济转型升级加快、供给侧结构性改革力度加大等因素共同作用下,能源消费强度降低,能源消费增长开始换挡减速。三是清洁能源替代步伐加快。我国能源结构步入战略性调整期,能源革命加快推进,由主要依靠化石能源供应转向由非化石能源满足需求增量。天然气、核能和可再生能源快速发展,开发利用规模不断扩大,对煤炭等传统能源替代作用增强,预计到 2020 年,非化石能源消费比重达 15% 左右,天然气消费比重达 10% 左右,煤炭消费比重下降到 58% 左右。四是生态环保和应对气候变化压力增加。我国资源约束趋紧,环境污染严重,人民群众对清新空气、清澈水质、清洁环境等生态产品的需求迫切。我国是二氧化碳排放量最大的国家,已提出到 2030 年左右二氧化碳排放达到峰值的目标,国家将保护环境确定为基本国策,推进生态文明建设,煤炭发展的生态环境约束日益强化,必须走安全绿色开发与清洁高效利用的道路。五是煤炭产业发展迎来诸多历史机遇。"一带一路"建设、京津冀协同发展、长江经济带发展三大国家战略的实施,给经济增长注入了新动力。国家将煤炭清洁高效开发利用作为能源转型发展的立足点和首要任务,为煤炭行业转变发展方式、实现清洁高效发展创造了有利条件。国家大力化解过剩产能,为推进煤炭领域供给侧结构性改革、优化布局和结构创造了有利条件。现代信息技术与传统产业深度融合发展,为煤炭行业转换发展动力、提升竞争力带来了新的机遇。

综合判断,煤炭行业发展仍处于可以大有作为的重要战略机遇期,也面临诸多矛盾叠加、风险隐患增多的严峻挑战。因此,必须切实转变发展方式,加快推动煤炭领域供给侧结构性改革,着力在优化结构、增强动力、化解矛盾、补齐短板上取得突破,提高发展的质量和效益,破除体制机制障碍,不断开拓煤炭产业发展新境界。

(四)煤炭产业环境影响及应对措施

1. 煤炭产业环境影响的全流程性

(1)煤炭开采与加工环节的污染。首先,煤炭开采导致土地资源破坏及生态环境恶化。由于露天开采剥离排土,井工开采地表沉陷、裂缝,都将破坏土地资源和植物资源,影响土地耕作和植被生长,改变地貌并引发景观生态的变化。开采沉陷造成中国东部平原矿区土地大面积积水受淹或盐渍化,使西部矿区水土流失和土地荒漠化加剧。采煤塌陷还会引起山地、丘陵发生山体滑落或泥石流,并危及地面建筑物、水体及交通线路安全。其次,煤炭开采破坏地下水资源,加剧缺水地区的供水紧张。中国是世界上人均占有水资源量较低的国家,且水资源分布极不平衡。从含煤地区分布看,富煤地区往往也是贫水地区。据调查,全国96个国有重点矿区中,缺水矿区占71%,其中,严重缺水矿区占40%。随着煤炭开采强度和延伸速度的不断加大提高,矿区地下水位大面积下降,使缺水矿区供水更为紧张,以致影响当地居民的生产和生活。此外,大量地下水资源因煤系地层破坏而渗漏至矿井并被排出,这些矿井水被净化利用的不足20%,对矿区周边环境形成新的污染。再次,煤炭开采导致废气排放,危害大气环境。因煤炭开采形成的废气主要指矿井瓦斯和地面矸石山自燃释放的气体。矿井瓦斯中的主要成分甲烷是一种重要的温室气体,其温室效应为 CO_2 的21倍。据统计中国每年从矿井开采中排放甲烷70亿~90亿立方米,约占世界甲烷总排放量的30%,除5%左右的集中回收利用外,其余全部排放到大气中。最后,为满足社会对洁净煤的需求,中国原煤入洗比例连年提高。

(2)煤炭运输环节的污染。在中国,由于煤炭生产与消费之间巨大的空间差异,导致"北煤南运,西煤东输"的长距离运煤格局。运输中产生的煤尘飞扬,既损失大量的煤炭,又污染沿线周围的生态环境。

(3)煤炭利用与消费环节的污染。在世界能源总消费中煤炭约占30%,而煤炭的消费主要用于电厂和工业锅炉。随着经济的发展,电力需求不断增长,煤炭占发电能源的比重有上升的趋势。大量煤炭直接燃烧,对大气环境构成严重威胁。燃煤排放的烟气中对大气构成污染的成分主要是 SO_2、NOx 和颗粒物。这些物质不仅能形成以酸雨、二氧化硫和烟尘为主要危害的煤烟型大气污染,同时还是中国污染物排放量居世界第二的主要原因。

2. 预防和减轻环境影响的应对措施

(1)利用顶层设计推进煤炭清洁高效开发利用。优化煤炭产业结构、消费结构,支持和鼓励煤炭生产企业通过多种技术途径,从源头减少煤矸石、矿井水和煤矿瓦斯等排放,继续推进矿区节能减排,加强商品煤质量管控,大幅度提高煤炭集中转化、废弃资源和污染物集中治理的比重。扶持企业立足资源和区位特点,积极开拓煤炭使用新领域,推进煤炭清洁高效利用。

(2)加大科技创新,为减缓环境影响提供基础支撑。加强基础研究与科技攻关,健全"政—产—学—研—用"科技创新体系,完善扶持政策。加强碳减排、乏风瓦斯氧化利用、充填开采、保水开采等绿色开采技术和煤炭分级提质利用、煤炭深加工、高效燃煤发电等技术研发,推动创新成果的推广和产业化应用。

(3)加强治理,改善矿区生态环境。树立生态保护红线意识,严格执行国家有关环境治理和水土保持方面的法律法规及标准要求,全面落实环境保护和水土保持"三同时"制度。在环境敏感区和生态脆弱区,结合资源条件和环境容量,严格控制煤炭开发规模,合理安排开发时序。强化生产端废弃物源头减量,切实减少矿区各类污染物排放。建立多部门联动生态治理监管机制,有序推进煤田火区、采空区、沉陷区综合治理,防治地质灾害。将生态文明理念融入煤矿全生命周期建设,树立良好社会形象,使煤炭开发与当地社会和谐发展。

(4)加强公众监督,完善公众参与机制。发挥社会公众和新闻媒体的监督作用,完善公众参与机制,强化环保宣传,支持和鼓励企业定期发布社会责任报告,建立公众反馈意见的监督执行制度,切实保障社会公众有效行使监督权。

二、转型升级

2012 年至今,煤炭产业处于转型发展阶段。2012 年下半年宏观经济进入新常态,煤炭产业也从高速增长急速转入低速增长,进入了转型发展期。从 2012 年下半年开始,煤炭行业跌入低谷,产能严重过剩,库存积压、债务沉重、效益断崖式下滑,很多企业陷入了经营困难,欠发职工工资的困境。煤炭产业面临两大问题:一是煤炭企业生存问题,二是煤炭产业和企业转型发展问题。在保生存问题上,一方面,在国家能源局、中国煤炭产业协会政策指导下,煤炭企业全面落实中央要求的"去产能、去库存、去杠杆、降成本、补短板"五大任务;另一方面,进一步推进煤炭市场化改革,把煤炭企业推向市场中成长。近年来,我国煤炭产业取得了长足发展,为国民经济和社会发展提供了可靠能源保障,但自身存在的开发布局不合理、增长方式粗放、安全保障能力不足、效率低、污染严重等突出问题仍未得到根本性解决。

(一)煤炭产业转型升级的战略要求

党的十八大对能源产业发展提出了更高要求,中央财经领导小组第六次会议和国家能源委员会第一次会议明确了煤炭开发利用的发展方向。推进煤炭安全绿色开发和清洁高效利用,是煤炭产业可持续发展的必由之路,是改善民生和建设生态文明的必然要求。

习近平总书记在中央财经领导小组第十二次会议上强调:供给侧结构性改革要在适度扩大总需求的同时,去产能、去库存、去杠杆、降成本、补短板。国务院《关于煤炭行业化解过剩产能实现脱困发展的意见》提出:推动煤炭行业转型升级,有序退出过剩产能,从 2016 年开始,用 3 ~5 年时间,再退出产能 5 亿吨左右、减量重组 5 亿吨左右,较大幅度压缩煤炭产能。

在党的十九大报告中,习近平总书记提出:以供给侧结构性改革为主线,推动经济发展质量变革、效率变革、动力变革,提高全要素生产率。可见,在顶层设计的蓝图中,煤炭产业去产能、转型升级是符合国际发展大势和我国发展阶段性要求的。针对煤炭企业矿区转型发展、矿区生态修复、城乡统筹发展以及相关产业发展等多个焦点问题,中央及各地方政府近年来陆续出台了一系列相应的引导文件和扶持政策。这些文件和政策的制定,对于煤炭企业转型发展具有积极的推进作用。[8]

(二)煤炭产业转型升级的政策依据

2012年国务院办公厅发布《关于深化电煤市场化改革的指导意见》,取消电煤重点合同,实现电煤价格与市场煤价格并轨,全面放开煤炭市场,给煤炭企业腾出利益空间,让市场信息直接传导给煤炭企业和下游电力企业。同时,我国在2013年5月和9月分别让炼焦煤、动力煤期货成功上市。2014年国家发展和改革委员会下发《关于深入推进煤炭交易市场体系建设的指导意见》,进一步推进煤炭市场化改革,完善市场调节机制。

2014年12月26日,国家能源局、环境保护部、工业和信息化部联合印发《关于促进煤炭安全绿色开发和清洁高效利用的意见》。以贯彻中央财经领导小组第六次会议和国家能源委员会第一次会议精神,落实"节约、清洁、安全"的能源战略方针,促进能源生产和消费革命,进一步提升煤炭开发利用水平。

2015年4月27日,国家能源局制定并印发了《煤炭清洁高效利用行动计划(2015—2020年)》,以贯彻中央财经领导小组第六次会议和新一届国家能源委员会首次会议精神,落实国务院办公厅《关于印发能源发展战略行动计划(2014—2020年)的通知》(国办发〔2014〕31号)和国家能源局、环境保护部、工业信息化部《关于促进煤炭安全绿色开发和清洁高效利用的意见》(国能煤炭〔2014〕571号)要求,加快推动能源消费革命,进一步提高煤炭清洁高效利用水平,有效缓解资源环境压力。

2016年2月,国务院下发了《关于煤炭行业化解过剩产能实现脱困发展的意见》提出,从2016年开始,用3~5年的时间,再退出产能5亿吨左右,减量重组5亿吨左右,较大幅度压缩煤炭产能,适度减少煤矿数量,煤炭行业过剩产能得到有效化解,市场供需基本平衡,产业结构得到优化,转型升级取得实质性进展。其后,为贯彻落实文件精神,优化产能结构,化解过剩产能,促进企业转型,国家发展和改革委员会、国家能源局、国家煤矿安全监察局联合出台了《关于实施减量置换严控煤炭新增产能有关事项的通知》,就新建煤矿与关闭退出煤矿实施产能减量置换,通过一定比例的减量置换,淘汰落后产能,化解过剩产能。通过近3年的实施,我国已经化解了超过8亿吨的过剩产能,煤炭行业效益实现了恢复性增长。煤炭企业已摆脱困境、效益得到稳步提升,煤炭企业正在探索绿色、高效、低碳可持续发展道路,向着产业链的中下游、产业价值链的中高端实现转型发展,以实现未来高质量发展。[9]

(三)煤炭产业转型升级的总体目标

当前,我国煤炭产业面临转型升级的关键阶段,既面临机遇也面临挑战。煤炭产业的转型升级,必须实现系统性优化煤炭产能、全产业链实现绿色发展、全产业链实现清洁高效利用。

1. 实现产能结构性系统性优化。2019年4月30日,国家发展和改革委员会、工业和信

---

〔8〕 周宏轩、孙婧、常江等:《基于政策导向的煤炭企业转型发展策略研究》,载《中国煤炭》2019年第6期。

〔9〕 何增辉、何迎庆:《煤炭政策演变引导下的煤炭工业改革发展研究》,载《煤炭经济研究》2018年第11期。

息化部、国家能源局联合印发《关于做好2019年重点领域化解过剩产能工作的通知》,提出要巩固煤炭去产能成果,全面转入结构性去产能、系统性优产能的新阶段,加快推进企业改革重组和行业结构调整、布局优化和转型升级。同时,从产业集中度来看,煤炭产业的布局实现了与煤炭产能的布局高度一致,即产业重心西移至西部五省区,产业集中度明显提升,系统性优产能步伐明显加快。实践证明,系统性优产能为我国煤炭产业转型升级可以奠定坚实的物质基础,同时对于保障我国能源供给、能源安全具有重要意义。

2. 实现煤炭产业绿色安全发展。绿色发展是以安全、高效、和谐、持续为目标的经济增长和社会发展方式,突出绿色的理念和内涵,已经成为世界各国推动经济结构调整的重要举措。煤炭既是资源型行业,又是与自然灾害抗争的高危行业。煤炭产业的绿色发展要贯穿勘探、开发、利用的全产业链,归根结底就是要建设煤炭行业的"绿色矿山"。绿色矿山建设是指在矿产资源开发全过程,既要科学有序地开采,又要对矿区及周边环境的扰动加以控制。具体环节包括三个方面:一是要做好煤炭产业的绿色勘查;二是要做好煤炭产业的绿色开采;三是要做好煤炭产业安全生产。

3. 实现全产业链清洁高效利用。煤炭产业是人类与自然互动的资源型产业,因此从煤炭勘探、开发到消费利用都应该以绿色发展为前提。而煤炭作为一种高碳产品,其消费利用必须实现清洁高效,实现全产业链清洁高效利用是推动我国煤炭产业升级转型的终极目标。具体措施包括三个方面:一是要实现煤炭勘探开发过程中共伴生资源的高效利用,实现变废为宝;二是要实现对所有煤炭产品的清洁高效利用;三是要完成煤炭矿区的矿山环境修复和煤炭资源型城市的生态恢复。[10]

(四)煤炭结构优化升级与清洁发展

1. 煤炭结构优化升级。其总要求是:遵循煤炭行业特点和发展规律,发挥市场在资源配置中的决定性作用和更好发挥政府作用,严格控制新增产能,有序退出过剩产能,积极发展先进产能,推进煤矿企业兼并重组,促进结构调整和优化升级,提升煤炭产业发展质量和效益。

(1)严格控制新增产能。从2016年起,3年内原则上停止审批新建煤矿项目、新增产能的技术改造项目和产能核增项目。未经核准擅自开工的违规建设煤矿一律停建停产,承担资源枯竭矿区生产接续、人员转移安置等任务确需继续建设的,须关闭退出相应规模的煤矿进行减量置换。鼓励在建煤矿停建缓建,暂不释放产能,对不能停建缓建的,按一定比例关闭退出相应规模煤矿或核减生产能力进行产能置换。因结构调整、转型升级等原因确需在规划布局内新建煤矿的,应关闭退出相应规模的煤矿进行减量置换。新建煤矿建设规模不小于120万吨/年。在煤炭市场相对独立的边疆少数民族地区,对符合国家规划和产业政策的煤电、煤炭深加工等重点项目,按照有所区别的产能减量置换办法,有序安排配套煤矿建设,充分发挥一体化运营效益。

(2)有序退出过剩产能。加快依法关闭退出落后小煤矿,以及与保护区等生态环境敏

---

〔10〕 张立宽:《我国煤炭工业面临转型升级关键阶段》,载《企业观察家》2019年第10期。

感区域重叠、安全事故多发、采用国家明令禁止使用的采煤工艺的煤矿。综合运用安全、质量、环保、能耗、技术、资源规模等政策措施，引导灾害严重、安全无保障、煤质差、能耗不达标、非机械化开采的煤矿有序退出；引导长期亏损、资不抵债、长期停产停建、资源枯竭的煤矿有序退出。对依赖政府补贴和银行续贷生存，难以恢复竞争力的煤矿企业，停止各种不合理补贴，强化安全、质量、环保、能耗、技术等执法，倒逼企业退出。建立问责考核机制，督促地方和企业细化实施方案，加快实施进度，引导过剩产能加快退出。

（3）积极发展先进产能。以提高质量和效益为核心，发展工艺先进、生产效率高、资源利用率高、安全保障能力强、环境保护水平高、单位产品能源消耗低的先进产能，保障煤炭长期稳定供应。创新煤矿设计理念，采用高新技术和先进适用技术装备，重点建设露天煤矿、特大型和大型井工煤矿。优化开拓布局，简化生产系统，降低生产能耗，减少劳动用工，实现集约高效生产。依托大型煤炭企业集团，应用大数据、物联网等现代信息技术，建设智能高效的大型现代化煤矿，实现生产、管理调度、灾害防治、后勤保障等环节智能感知及快速处理，全面提升煤矿技术水平和经济效益。

（4）推进优势煤炭企业兼并重组。坚持市场主导、企业主体和政府支持相结合的原则，支持优势煤炭企业兼并重组，培育大型骨干企业集团，提高产业集中度，增强市场控制力和抗风险能力。按照一个矿区原则上由一个主体开发的要求，支持大型企业开发大型煤矿，整合矿区内分散的矿业权，提高资源勘查开发规模化、集约化程度。支持山西、内蒙古、陕西、新疆等重点地区煤矿企业强强联合，组建跨地区、跨行业、跨所有制的特大型煤矿企业集团，推动煤炭生产要素在全国范围内的优化配置。坚持煤电结合、煤运结合、煤化结合，鼓励煤炭、电力、运输、煤化工等产业链上下游企业进行重组或发展大比例交叉持股，打造全产业链竞争优势，更好发挥协同效应，实现互惠互利、风险共担。

2. 推进煤炭清洁生产。总要求是：牢固树立绿色发展理念，推行煤炭绿色开采，发展煤炭洗选加工，发展矿区循环经济，加强矿区生态环境治理，推动煤炭供给革命。

（1）推行煤炭绿色开采。研究制定矿区生态文明建设指导意见，建立清洁生产评价体系，建设一批生态文明示范矿区。在煤矿设计、建设、生产等环节，严格执行环保标准，采用先进环保理念和技术装备，减轻对生态环境影响。以煤矿掘进工作面和采煤工作面为重点，实施粉尘综合治理，降低粉尘排放。因地制宜推广充填开采、保水开采、煤与瓦斯共采、矸石不升井等绿色开采技术。限制开发高硫、高灰、高砷、高氟等对生态环境影响较大的煤炭资源。加强生产煤矿回采率管理，对特殊和稀缺煤类实行保护性开发。

（2）发展煤炭洗选加工。大中型煤矿应配套建设选煤厂或中心选煤厂，加快现有煤矿选煤设施升级改造，提高原煤入选比重。推进千万吨级先进洗选技术装备研发应用，降低洗选过程中的能耗、介耗和污染物排放。大力发展高精度煤炭洗选加工，实现煤炭深度提质和分质分级。鼓励井下选煤厂示范工程建设，发展井下排矸技术。支持开展选煤厂专业化运营维护，提升选煤厂整体效率，降低运营成本。

（3）发展矿区循环经济。以经济效益、社会效益、生态效益协同提高为目标，促进煤炭与共伴生资源的综合开发与循环利用。坚持统一规划和集中高效管理，统筹矿区综合利用项目及相关产业建设布局，提升循环经济园区建设水平。支持煤炭企业按等容量置换原则建设洗矸煤泥综合利用电厂，发挥综合利用发电在废弃物消纳处置、矿区供热、供暖、供冷等方面作用。发展煤矸石和粉煤灰制建材，提高煤矸石新型建材的市场竞争力。推进矿井排水产业化利用，提高矿井水资源利用率和利用水平。加强科研创新，探索与煤共伴生的铝、镓、锗等资源利用价值。

(4)加强矿区生态环境治理。按照不欠新账、快还旧账的原则，全面推进矿区损毁土地复垦和植被恢复。推进采煤沉陷区综合治理，探索利用采煤沉陷区、废弃煤矿工业场地及周边地区，发展风电、光伏、现代农业、林业等产业。加强统筹规划和资金支持，推进新疆等地区煤田火区治理。构建政府主导、政策扶持、社会参与、开发式治理、市场化运作的治理新模式，加大历史遗留矿山地质环境问题治理力度。

三、煤炭清洁利用行动计划

为贯彻中央财经领导小组第六次会议和新一届国家能源委员会首次会议精神，落实国务院办公厅《关于印发能源发展战略行动计划(2014—2020年)的通知》(国办发〔2014〕31号)和国家能源局、环境保护部、工业和信息化部《关于促进煤炭安全绿色开发和清洁高效利用的意见》(国能煤炭〔2014〕571号)要求，加快推动能源消费革命，进一步提高煤炭清洁高效利用水平，有效缓解资源环境压力，2015年4月27日，国家能源局印发了《煤炭清洁高效利用行动计划(2015—2020年)》。

(一)指导思想与主要任务

1. 指导思想是：高举中国特色社会主义伟大旗帜，全面贯彻党的十八大和十八届三中、四中全会精神，以邓小平理论、“三个代表”重要思想、科学发展观为指导，深入贯彻习近平总书记系列重要讲话精神，按照全面建成小康社会、全面深化改革、全面依法治国、全面从严治党的战略布局，坚持稳中求进工作总基调，落实《能源发展战略行动计划(2014—2020年)》，按照源头治理、突出重点、高效转化、清洁利用的发展方针，坚持政府引导、企业主体、市场驱动、科技支撑、法律规范、社会参与的原则，加快发展高效燃煤发电和升级改造，实施燃煤锅炉提升工程，着力推动煤炭分级分质梯级利用，推进废弃物资源化综合利用，实现煤炭清洁高效利用。

2. 主要任务是：加强煤炭质量管理，加快先进的煤炭优质化加工、燃煤发电技术装备攻关及产业化应用，稳步推进相关产业升级示范，建立政策引导与市场推动相结合的煤炭清洁高效利用推进机制，构建清洁、高效、低碳、安全、可持续的现代煤炭清洁利用体系。

(二)行动目标与保障措施

1. 主要目标是：全国新建燃煤发电机组平均供电煤耗低于300克标准煤/千瓦时；到2017年，全国原煤入选率达到70%以上；现代煤化工产业化示范取得初步成效，燃煤工业锅炉平均运行效率比2013年提高5个百分点。到2020年，原煤入选率达到80%以上；现役燃煤发电机组改造后平均供电煤耗低于310克/千瓦时，电煤占煤炭消费比重提高到60%以上;现代煤化工产业化示范取得阶段性成果,形成更加完整的自主技术和装备体系;燃煤工业锅炉平均运行效率比2013年提高8个百分点;稳步推进煤炭优质化加工、分质分级梯级利用、煤矿废弃物资源化利用等的示范,建设一批煤炭清洁高效利用示范工程项目。

2. 保障措施包括:完善标准体系、依靠科技驱动、加强国际合作、完善政策支持、强化监督管理、做好组织实施等六方面。

(1)完善标准体系。积极推进《产业结构调整指导目录》修订,明确限制类、淘汰类煤炭利用技术。加快制定煤炭清洁高效利用技术和装备标准。完善煤炭及转化产品质量标准。研究建立煤炭清洁高效利用先进技术遴选、评定、认证及推广机制。建立专家库,制定认证准则。根据相关标准对煤炭清洁利用技术进行评选,发布煤炭清洁高效利用先进技术目录。提高煤炭清洁高效利用项目建设标准。通过项目建设规模、能源转化效率、综合能耗、新鲜水耗、资源综合利用率、污废产排率等具体指标进行调控和引导,促进集约化发展,防止盲目投资和低水平重复建设。

(2)依靠科技驱动。加强基础研究和技术攻关,积极将煤炭清洁高效利用重大科学研究和关键技术攻关纳入国家科技重大专项计划,将示范技术列入国家重点研发计划。积极组建国家重点实验室、国家科技研发中心、产业技术创新战略联盟等创新平台,建立以企业为主体、市场为导向、产学研用相结合的创新体系,培育一批技术创新能力强、拥有自主知识产权和品牌,融研发、设计、制造、服务于一体,具备核心竞争力的煤炭清洁高效技术和装备研发企业。加快培育具有国际竞争力的专业人才队伍。

(3)加强国际合作。充分借鉴世界先进经验,高起点、高标准地引进先进技术与管理模式,并组织消化、吸收和再创新。支持优势企业积极参与境外资产并购和项目开发建设,加强与境外制造企业和研发机构合作,充分利用境外资源和市场,提高我国煤炭清洁高效利用技术、装备和产品的国际竞争力。鼓励在国外建设大型煤炭清洁高效利用商业化项目,带动我国技术服务、重大装备、人才劳务向国际市场输出,丰富合作层次,提升合作水平。

(4)完善政策支持。各有关方面要积极落实现行与煤炭清洁高效利用相关的税收优惠政策,并在此基础上,研究出台更加有力的支持政策。积极引导各类社会资本进入煤炭清洁高效利用相关领域,鼓励采用合同能源管理方式实施煤炭清洁高效技术的运行和改造。

(5)强化监督管理。强化煤炭利用项目的能效、污染物排放等运行指标实时监测和信息公开;加强煤炭经营监督管理及环保、质检、工商等部门的联合执法,建立商品煤质量标识系统,严厉打击配煤环节掺杂使假行为。加强煤炭利用项目的运行监督和管理,加大环保设施建设和运行监管力度,确保煤炭利用技术和装置污染物在线监测的真实、准确。

(6)做好组织实施。各地区要加大政策落实力度,在各自职责范围内进一步细化和分解年度目标任务,根据本地区本行业实际情况,研究出台相关实施细则和扶持政策,狠抓落实,强化监管,确保取得实效。

(三)涉及煤业的重点工作

1. 推进煤炭洗选和提质加工,提高煤炭产品质量。大力发展高精度煤炭洗选加工,实现煤炭深度提质和分质分级;开发高性能、高可靠性、智能化、大型(炼焦煤600万吨/年以上和动力煤1000万吨/年以上)选煤装备;新建煤矿均应配套建设高效的选煤厂或群矿选煤厂,现有煤矿实施选煤设施升级改造,组织开展井下选煤厂示范工程建设。严格落实《商品煤质量管理暂行办法》,积极推广先进的煤炭提质、洁净型煤和高浓度水煤浆技术。在矿区、港口等煤炭集散地以及用户集中区,建设和完善区域煤炭优质化配送中心、大型现代化煤炭物流园区和储配煤中心,合理规划建设全密闭煤炭优质化加工和配送中心,通过采用选煤、配煤、型煤、水煤浆、低阶煤提质等先进的煤炭优质化加工技术,提高、优化煤炭质量,形成分区域优质化、清洁化供应煤炭产品的格局,实现煤炭精细化加工配送。到2020年,重点建成海西等11个大型煤炭储配基地和30个年流通规模2000万吨级煤炭物流园区。

2. 开展煤炭分质分级梯级利用,提高煤炭资源综合利用效率。鼓励低阶煤提质技术研发和示范。开展单系统年处理原料煤百万吨级中低温干馏制气、制油为主要产品路线的大规模煤炭分质利用示范,促进我国煤炭分质利用和提质技术水平的提高。逐步实现"分质分级、能化结合、集成联产"的新型煤炭利用方式。鼓励煤—化—电—热一体化发展,加强各系统耦合集成。在具备条件的地区推进煤化工与发电、油气化工、钢铁、建材等产业间的耦合发展,实现物质的循环利用和能量的梯级利用,降低生产成本、资源消耗和污染排放。到2020年,建成一批百万吨级分级提质示范项目。

3. 加大民用散煤清洁化治理力度,减少煤炭分散直接燃烧。扩大城市高污染燃料禁燃区范围,逐步由城市建成区扩展到近郊,禁燃区内禁止使用散煤等高污染燃料,逐步实现无煤化。大力推广优质能源替代民用散煤,结合城市改造和城镇化建设,通过政策补偿和实施多类电价等措施,逐步推行天然气、电力及可再生能源等清洁能源替代散煤,形成多途径、多通道减少民用散煤使用的格局。农村地区综合推广使用生物质成型燃料、沼气、太阳能等清洁能源,减少散煤使用。京津冀及周边地区、长三角、珠三角限制销售和使用灰分大于16%、硫分大于1%的散煤。制定更严格的民用煤炭产品质量地方标准。加快修订优质散煤、低排放型煤等民用煤炭产品质量的地方标准,对硫分、灰分、挥发分、排放指标等进行更严格的限制,不符合标准的煤炭产品不允许销售。推行优质、低排放煤炭产品替代劣质散煤机制,全面禁止劣质散煤的销售。

4. 推进废弃物资源化利用,减少污染物排放。加大煤矸石、煤泥、煤矿瓦斯、矿井水等资源化利用的力度。推广矸石井下充填技术,推进井下模块式选煤系统开发及其示范工程建设,实现废弃物不出井;支持低热值煤(煤泥、煤矸石)循环流化床燃烧技术及锅炉的研发及应用;鼓励开展煤矿瓦斯防治利用重大技术攻关,实施瓦斯开发利用示范工程;有条件的矿区实施保水开采或煤水共采,实现矿井突水控制与水资源保护一体化;推进煤炭地下气化示范工程建设,探索适合我国国情的煤炭地下气化发展路线。开发脱硫石膏、粉煤灰大宗量规模化利用及精细化利用技术,积极推广粉煤灰和脱硫石膏在建筑材料、土壤改良等方面的综合利用。建设与煤共伴生的铝、锗等资源精细化利用示范工程,促进矿区循环经济发展。积极开展二氧化碳捕集、利用与封存技术研究和示范;鼓励现代煤化工企业与石油企业及相关行业合作,开展驱油、微藻吸收、地质封存等示范,为其他行业实施更大范围的碳减排积累经验。

思考练习题

1. 简述煤炭的定义及其主要类型。
2. 论述煤炭规划对国家能源战略和综合能源规划的保障。
3. 什么是煤炭产业？其转型升级的内外动因有哪些？
4. 简述煤炭产业转型升级的目标、要求及措施。
5. 主要国家煤业转型的经验中有哪些法律启示？

第二章　煤炭法概述

| 导读 |

党的十八大以来，以习近平同志为核心的党中央从坚持和发展中国特色社会主义的全局和战略高度定位法治、布局法治、厉行法治，形成了习近平法治思想。习近平法治思想是学习煤炭法学及其相关理论首先应当掌握的引领性、基础性内容。煤炭法学是能源法律科学中的一个分支学科。煤炭法学是研究煤炭法、煤炭法律现象及其内在发展规律的一门社会科学，是关于煤炭法律问题的知识和理论体系。本章从煤炭法的概念、调整对象和特征入手，详细介绍了煤炭法律关系、煤炭法的沿革及体系、煤炭法与能源法以及相邻法学之间的关系等内容，并重点介绍了我国现行煤炭基本法的内容及实施状况。本章的重点是理解和掌握煤炭法的概念、煤炭法的体系、煤炭法律关系等基础理论知识。本章的难点是煤炭法与能源法的关系，以及《煤炭法》修订涉及的相关问题。

第一节　煤炭法与煤炭法学

一、煤炭法的概念

对于煤炭法的定义，我们应当从以下几个方面进行理解和把握：(1)煤炭法作为能源法的重要分支，并不是指某一个法律规范或几个煤炭法规，而是有关煤炭资源保护、开发利用等方面的具有共同宗旨、性质相似、相互关联的一系列法律规范的总称。(2)煤炭法所调整的是一个特定领域的社会关系，即人类在生产、生活或其他活动中所产生的同保护环境、合理开发利用与保护煤炭资源有关的各种社会关系。(3)从煤炭法的宗旨和目的看，除重点解决煤炭资源的合理开发和保护问题，煤炭生产、经营活动的法制化和规范化问题，以及促进和保障煤炭行业的发展问题之外，还应防止自然环境破坏和环境污染以保护人类的生存环境，维护生态平衡，协调人类同自然的关系。

综上所述，煤炭法是调整人们在合理开发利用和保护煤炭资源活动中所产生的各种社会关系法律规范的总称，其目的是建立符合经济社会发展规律的煤炭法律秩序，保障煤炭行业安全、高效和绿色发展，促进人与自然和谐共生。

二、煤炭法的调整对象

“法律的实质是利益法，即安排各种利益的制度。不同时期的不同利益需求，造就了不同的法律部门，并决定着其特有的调整对象和调整方法。”[1]从通常意义上讲，法律调整的对象是社会关系参加者的意志行为，法律不调整孤立的、不与其他人有关的单个人的意志行为，而是调整在一定社会关系中人与人之间关系的意志行为，调整这种意志行为，实际上也就是调整了这种社会关系。煤炭法也有其特定的调整对象，煤炭法的调整对象是人们在开发、利用、保护煤炭资源活动过程中所产生的各种社会关系。从内容上看，煤炭法所调整的社会关系包括以下几个方面。

（一）煤炭资源开发利用的关系

煤炭开发利用关系，是指在煤炭开发利用过程中由煤炭法调整的各类社会关系。煤炭资源开发利用与人类关系密切，是人与自然进行物质和能量交换的主要形式，尤其对以煤炭作为主体能源的国家来说，煤炭资源开发利用关系着国民经济和社会整体健康发展。此外，煤炭开发利用活动，应当遵循市场经济规律，但市场机制本身固有的盲目性、冲动性等诸多问题，使煤炭开发利用如果缺乏规制的话，容易带来无序开采以及资源浪费等问题。比如一段时期，我国存在煤炭布局不合理，煤炭产能过剩，小煤矿盲目发展、过多过滥的问题，煤炭开采过程中普遍存在的“挑肥拣瘦”问题等。因此，煤炭资源开发利用过程中的各类社会关系自然会成为煤炭法所调整的重要内容之一。

（二）煤炭行业管理的关系

煤炭法是国家管理煤炭资源的法律依据和重要手段。煤炭行业管理关系，是在国家对煤炭资源的开发利用、保护和煤炭行业持续健康发展所实施的规划、组织、协调、监督管理和行政执法等综合行政管理活动中产生的社会关系。对煤炭行业实施监督管理，是国家行使保障煤炭资源的合理开展利用职能的主要方式，其目的在于建立正常的煤炭资源开发利用和保护秩序。煤炭行业管理关系以煤炭资源开发利用关系为前提，并为之服务；煤炭资源开发利用关系以煤炭行业管理关系为条件，并为之规范。从内容上看，煤炭行业管理关系可以分为煤炭资源规划、开办煤矿管理、煤矿安全监管监察、煤炭生产监督检查、煤炭市场监管、煤矿矿区保护、环境治理和行政执法等社会关系，涉及煤炭管理部门、煤矿安全监察部门、煤矿企业、矿工以及为煤炭生产开发提供技术支撑的中介机构等多方主体。比如煤炭法通过调整安全生产监督管理关系，建立和落实煤矿安全生产责任制，有助于构建良好的安全生产秩序，预防和减少煤矿事故，确保矿工的生命安全与身体健康。煤炭行业管理关系的健康发展，同时为煤炭法的不断完善提供了进步的空间和条件，形成法与行政管理的良性互动。

（三）煤炭资源保护的关系

煤炭资源的保护受对煤炭资源开发利用的手段及其规模、速度和深化、完善程度的制

---

[1] 孙国华主编：《法理学教程》，中国人民大学出版社1994年版，第57－58页。

约,同时它又给开发利用煤炭资源指出了合理化的方向,提出了科学的要求。煤炭法就是要保证人们在开发利用煤炭资源过程中采取合理化的对策和措施,不得采取破坏性手段开采,对已经受到破坏损害的要进行整治垦复,要防止对自然生态环境带来不良影响。煤炭法所调整的煤炭资源保护关系,是由煤炭资源的特点和国家关于煤炭资源的政策目标及任务所决定的。它主要包含三个方面的内容:

1. 合理开发利用煤炭资源,避免和减少资源浪费。煤炭是不能再生的重要矿产资源,是人类宝贵的财富。合理开采煤炭资源,提高资源回收率,减少煤炭资源的人为破坏和浪费,是世界各国煤炭工业一项重要政策。煤炭法通过采用经济手段和法律手段引导和监督煤炭开发利用,防止采取破坏性手段进行开采的活动,逐步避免和减少资源浪费。

2. 防止自然生态环境污染和破坏。煤炭资源开采并非规模越大越好,而是要坚持提高质量、避免和减少资源浪费等生态文明价值取向,严格限制产能过剩、耗能过大、污染过重的煤炭开发利用活动,防止煤炭资源开发利用过程中所造成的对生态环境的污染与破坏。

3. 整治、恢复被破坏损害的生态环境。随着人类社会的发展,环境问题表现形式越来越多样化,由煤炭开采引起的环境问题主要表现为空气污染,水资源的污染与破坏,土地资源的占用、污染和退化以及地质灾害。煤炭法在规范煤炭勘探、开发、生产、利用等各环节的活动中,不仅要保证煤炭资源的有序开发、合理利用,同时应当按照“谁开采、谁保护,谁损坏、谁恢复,谁污染、谁治理”的原则,加强矿区生态环境保护、污染治理和地质灾害防治,保护和改善自然生态环境。

三、煤炭法的特征

煤炭法作为能源法的一个重要分支,除了具有规范性、强制性、普遍性等法的一般特征外,还具有与其他法律规范所不同的固有的特征,主要表现为三个方面。

(一)调整对象的特殊性

煤炭是我国的主体能源,煤炭工业是国民经济重要的基础产业。世界主要产煤国家煤炭工业发展的经验教训表明,只有将煤炭资源开发利用纳入法治轨道,实现“依法治煤”,才能提高资源供给程度,保障煤炭工业的健康发展。煤炭法因人类合理获取和使用煤炭资源而立,既需要聚焦煤炭开发利用的规范性、制度化问题,又需要兼顾因煤炭资源的开发利用而引发的资源浪费、环境污染、生态破坏、权益补偿等其他衍生问题。由于其调整问题的复杂性和特殊性,所以相比较其他能源法律部门,《煤炭法》较早出台,施行的法律保护更为严格,法律管理程序更为复杂,管理机构的设置也更具特殊性,实际发挥着调整煤炭行业社会关系的综合法、基本法的重要作用。

(二)调整内容的综合性

煤炭法所调整的社会关系涉及勘探、建设、生产、流通等各个环境,并与资源保护、生产发展、生态环境等活动密切有关,既调整人与人的关系,又调整人与自然的关系,还调整更加复杂的区域生态关系;既保护有利于煤矿开发利用的社会秩序,又保护人类共享的自然环境、生态秩序，对煤炭领域多种社会关系具有普遍的约束力，对煤炭资源投资者、开发者、政府监管部门等多个主体反复适用。这就决定了需要以多种法律规范、方法，从多个方面对与煤炭资源相关的社会关系进行综合性调整。相关法律规范包括宪法、民法、刑法、经济法、行政法、诉讼法以及国际法等。煤炭问题的综合性、资源保护的广泛性，以及煤炭开发利用方法的多样性，决定了煤炭法是一个高度综合化的法律门类，是有关法律规范的集合体。

（三）法律规范的技术性

煤炭技术规范法律化是煤炭法的基本特征之一，煤炭技术规范在整个煤矿建设、煤炭开采、综合利用和煤矿安全等方面具有特殊作用。技术性法律规范在煤炭法律规范中占有重要地位，煤炭法中有许多技术性法律规范，同时煤炭法中的社会性法律规范的贯彻实施也要以技术性法律规范为基础。就其内容来说主要有两类性质的文件：一类是煤炭开采相关技术标准，另一类是煤炭监督管理规定。多年来，为遏制煤矿重特大安全事故的发生，我国相继颁布了大量煤矿安全生产的操作规程和技术标准，如《煤矿安全规程》《煤矿防治水细则》《防治煤与瓦斯突出规定》等。技术规范法律化的重要意义，就在于将原本用以解决人与自然关系的技术规范赋予了法律强制性，有利于以强制手段规范、解决涉及煤炭开发利用及煤矿安全方面的专业性、技术性问题。

四、煤炭法学的概念及研究对象

（一）煤炭法学的概念

随着煤炭法的产生与发展，研究煤炭法的人们日益增多，逐步出现和形成了以研究煤炭法为中心内容的煤炭法学。煤炭法学是能源法律科学中的一个分支学科。煤炭法学是研究煤炭法、煤炭法律现象及其内在发展规律的一门社会科学，是关于煤炭法律问题的知识和理论体系。

根据马克思主义关于经济基础和上层建筑相互关系的原理，法和法学都是属于上层建筑的范畴。法是属于上层建筑中的政治法律制度部分，而法学则属于上层建筑中的思想、文化部分。煤炭法和煤炭法学亦是有着紧密联系，又有着显著区别的两个不同概念。

1. 煤炭法是我国法律体系中的一个重要组成部分，从形式上看，煤炭法也存在广义和狭义之分。广义的煤炭法是指调整人们在合理开发利用和保护煤炭资源活动中所产生的各种社会关系法律规范的总称。狭义的煤炭法仅指由国家和地方立法机关制定的煤炭法律、法规。而煤炭法学则是我国法学体系中一个新兴学科，属于能源法学的子体系。

2. 煤炭法学的研究对象与煤炭法的调整对象是不同的。煤炭法的调整对象是人们在开发、利用、保护煤炭资源活动过程中所产生的各种社会关系，而煤炭法学则是以煤炭法及其发展规律作为研究对象，通过归纳和总结有关煤炭法学思想和学说，进而确立和阐明煤炭法的基本原则和制度。

3. 煤炭法学是以煤炭法的理论与实践及其发展规律为研究对象的法学学科。随着煤炭法律法规的完善，以此为核心的煤炭法学研究也将随之发展和变化。因此，煤炭法与煤炭法学在性质上是有区别的。煤炭法属于法律范畴，具有法律所应有的确定性、规范性和强制性，而煤炭法学则属于法学的范畴，具有法学所应有的系统性、理论性和指导性。

（二）煤炭法学的研究对象

我国煤炭法学的研究对象十分广泛，它除了研究煤炭法的基础理论知识、我国现行的各种煤炭法律制度、法律规范以外，还要研究我国煤炭法的产生和历史发展，煤炭法在实施过程中的情况以及遇到的问题，世界主要产煤国煤炭立法经验及启示等。具体包括以下三个方面：

1. 煤炭法的基础理论。包括煤炭法涉及的相关概念，如煤炭、煤层气、煤矿以及煤矿企业等的法律定义；煤炭法的本质、特点及作用；煤炭法调整对象及其体系构成以及煤炭法与能源法、资源法、环境法、劳动法等与其密切的相关法的关系。

2. 与煤炭法有关的法的现象。法是法的现象与本质的统一。法的现象是社会运动的一种特殊形态，是一定的社会关系在国家规范领域中的外部特征和联系。煤炭法学除了研究煤炭法的基础理论之外，还要研究与煤炭法产生、发展、实施和完善有关的法律现象。比如煤炭立法产生及历史沿革，煤炭基本法的类型及主要法律制度，煤炭地质调查、开采及加工、煤炭产品供应、煤炭污染治理与修复等具体产业的立法需求及法律规制，煤炭法实施中遇到的问题，煤炭行业法律秩序以及政府监管执法、煤炭诉讼及判决等法律现象。

3. 与煤炭法相关的重点问题。煤炭开发利用，是人类社会最古老的活动之一。煤炭法的发展与人类的生产生活始终是紧密相连的。煤炭法学理应关注和研究关系煤炭工业可持续发展以及健全煤炭法治的重点问题。进入新时代，能源革命正深刻地改变着人类的生产和生活样式甚至思维方式，改变着煤炭法的内容。因而，当前和今后一个时期，煤炭法应重点探讨能源革命和结构转型背景下，我国煤炭法对煤炭产业、组织结构、市场机制以及煤炭供应等法律调整机制、最佳法律形式，回应实践热点和难点问题，比如通过立法研究助推煤炭智能安全精准开采、清洁高效利用等，为推动和促进煤炭法治化发展提供理论支撑。

第二节　煤炭法与其他法的关系

2020 年 11 月中央全面依法治国工作会议在北京召开，习近平总书记出席会议并发表重要讲话，强调要加快形成完备的法律规范体系、高效的法治实施体系、严密的法治监督体系、有力的法治保障体系。煤炭法作为能源法乃至我国法律体系中的重要分支，起着保护煤炭资源，规范煤炭生产、经营活动，促进和保障煤炭行业健康发展的重要作用。《煤炭法》历经四次修改，立法技术已然趋于成熟，法律规范已然趋于完备。与诸如能源法、矿产资源法、环境法、安全生产法等其他部门法相互协调，共同保障我国煤炭安全。

一、煤炭法与能源法的关系

（一）煤炭法与能源法的界分

能源是包括煤炭、煤层气、石油、天然气、页岩气、核能、风能、太阳能、水能、生物质能、地热能、海洋能和电力、热力以及其他直接或者通过加工、转换而取得的有用能的各种资源。能源法是规范能源开发利用和管理,优化能源结构,提高能源效率,保障能源安全,促进经济和社会可持续发展的法律规范。[2] 从调整对象不难发现,能源法调整的是能源各领域、各方面普遍存在的共性问题、基本问题,而煤炭法作为重要的能源单行法,仅调整人们在开发、利用、保护煤炭资源活动过程中所产生的这一类特殊社会关系,侧重于解决中观、微观的法律问题。二者相互配合,在适用能源基本法的同时,并不排斥适用煤炭法等能源法单行法。但煤炭法与能源法的这种关系,并非我们通常理解的一般法与特别法的关系。定位于我国能源领域的基本性法律的能源法,其效力应高于作为一般法的煤炭法,否则无法发挥其对各单项能源法律的统领作用。当二者发生冲突时,应当优先适用作为基本法的能源法。

(二)煤炭法在能源法中的地位

煤炭在能源结构中的地位决定了煤炭法在能源法中的地位。中国能源结构的基本特点是富煤、贫油、少气,这就决定了中国是一个以煤为主要能源的国家。中国是目前世界上最大的煤炭生产国和消费国,煤炭资源总量远远超过石油和天然气,在中国能源结构中占有绝对优势地位。长期以来,煤炭在中国一次能源生产和消费结构中所占的比例都在60% ~70%。尽管近年来煤炭消费增速有所放缓,但从我国的能源发展现状来看,2050 年以前,以煤炭为主导的能源结构依旧难以改变。[3] 概言之,煤炭工业发展状况直接关系着能源工业的面貌,煤炭资源的立法状况在某种程度上决定着我国能源法律结构和重点内容。此外,我国能源法律体系,由能源基本法和能源单行法子体系组成。在这个体系中,煤炭法律体系占据重要地位。我国现已建立了以《煤炭法》为主体、煤炭法规规章和技术规范为支撑的煤炭法律体系,内容涉及建设开发、安全生产、资源监管、矿区保护、综合利用、煤炭市场和环境保护等各个方面。

(三)煤炭法与能源法的衔接与协调

为解决煤炭领域在发展过程中遇到的诸多问题,1996 年 8 月 29 日颁布的《煤炭法》的修订工作也在一直进行当中。为应对我国日益严峻的能源形势,保障能源和经济安全,实现构建资源节约型和环境友好型社会的战略目标,促进能源、环境和经济社会的协调、和谐、可持续发展,2006 年以来国家启动了"能源法"立法工作,并列入了全国人大立法工作计划。《煤炭法》修订与"能源法"制定的关键是实现两者在体系结构和制度内容方面的衔接。

1. 煤炭法与能源法在体系结构上的衔接

明确煤炭法与能源法各自在整个能源法律体系中的定位,理顺调整范围,做好两者在体系架构上的衔接与协调,对于规范和解决我国煤炭领域乃至整个能源领域存在的问题,保证我国能源工业健康发展具有重大和深远的意义。从能源法的定位来看,其应当立足于解决煤炭法等单项专门能源立法所无法或者不宜解决的能源领域中共性的、战略性的、根

---

〔2〕 中国法学会能源法研究会编:《能源法学总论》,法律出版社 2019 年版,第 16 - 17 页。

〔3〕 袁亮:《我国煤炭工业高质量发展面临的挑战与对策》,载《中国煤炭》2020 年第 1 期。

本性的、协调性的和长远性的问题，以及各能源部门之间、中央和地方之间的利益协调问题。[4] 一些个性的、特殊的和具体的能源问题则应由单行法如煤炭法等在制定或者修订时加以规定，这样有利于避免立法过程中的内容重复和利益冲突。因此就体系结构来看，两部法律在体系结构上有一定的相似性和对应性，但并非完全照搬。

2. 煤炭法与能源法在制度内容上的衔接

煤炭法与能源法在制度内容上的衔接主要体现在：一方面，从我国能源工业可持续发展的全局出发，一些具有协调性、综合性、平衡性和长远性的能源问题，如在我国能源供给体系中，煤炭作为主体能源的地位、煤炭能源转化、煤炭管理体制以及与相关产业协调发展等，应当在作为能源基本法的"能源法"中加以规定。此外，在对能源领域的共性问题进行调整规范时，能源法也可以涵盖煤炭行业的相关内容，如产业结构调整、共伴生矿物开采、安全生产等问题。[5] 另一方面，对于能源法无法统筹解决、需要通过单行法予以强调的内容，如煤炭发展规划、煤矿准入、煤矿安全监管监察体制、煤炭资源压覆、矿区保护和生态复垦、煤矿关闭与转型发展等特殊问题，宜在《煤炭法》中作出特殊的制度安排。此外，构建清洁低碳、安全高效的能源体系，要把推动煤炭清洁高效开发利用作为能源转型发展的立足点和首要任务。我国煤炭开采条件复杂，灾害威胁严重，环境负外部性凸显，推进煤炭智能安全精准开采是煤炭工业实现高质量发展的必由之路。[6] 对于矿山基础理论与关键技术研究等难点问题，包括煤炭教育和人才培养方面，煤炭法应重视并予以解决。

3. 煤炭法与能源法在立法过程中的衔接

煤炭法与能源法在立法过程中的衔接，主要是"能源法"制定与《煤炭法》修订立法过程中的统筹兼顾问题。由于立法资源有限，人为安排两法制定、修订的先后顺序毫无意义。我们认为，在做好体系结构和制度内容分配的前提下，这两部法律可齐头并进，在重点展开制定具有能源基本法性质的"能源法"的同时，应尽快修改《煤炭法》等法律，完善我国能源单行法的体系和内容。

二、煤炭法与矿产资源法的关系

（一）煤炭法与矿产资源法的界分

煤炭法与矿产资源法各有分工，两者之间的界分主要体现为调整对象和范围的差异。煤炭是固体能源矿产资源，煤炭法在煤炭资源勘查、开采和合理利用的监督管理方面与矿产资源法相衔接，但在煤炭资源开发利用和保护方面有不同于其他矿产资源的显著特点，它们在调整对象和立法宗旨上各有侧重。从调整对象来看，矿产资源法是调整人们在勘探、开采、利用、保护和管理矿产资源过程中所发生的社会关系的法律规范，它既适用于包括煤炭这类固体能源矿产，也适用于液体、气体状态的其他各类矿物资源。矿产资源法侧

---

〔4〕 乌荣康等：《关于〈能源法〉与〈煤炭法〉关系的调查研究报告》，载《中国煤炭经济研究（2005～2008）》（上册），煤炭工业出版社2009年版，第10－14页。

〔5〕 中国法学会能源法研究会编：《能源法学总论》，法律出版社2019年版，第21页。

〔6〕 袁亮：《我国煤炭工业高质量发展面临的挑战与对策》，载《中国煤炭》2020年第1期。

重于所有矿产资源的保护,重点解决矿产资源探矿权、采矿权和资源利用的监督管理,而煤炭法侧重于煤炭生产开发和煤炭工业健康发展及国家的行业管理。

(二)煤炭法与矿产资源法的衔接

煤炭法与矿产资源法的衔接,主要体现在:矿产资源法将所有矿产资源勘查、开采和合理利用活动中发生的共同的、基本的、普遍的社会关系加以规范,它的原则性规定和某些基本法律制度是煤炭法的依据。但矿产资源法不是完整意义上的矿业法,它不可能对矿产资源开发利用和保护方面的一切社会关系以及煤炭资源开发利用和保护方面的特殊的社会关系进行统一调整。虽然从广义上说,两者都是为了合理开发利用和保护矿产资源,但煤炭法主要是为了解决对煤炭资源进行工业性开发、煤炭综合加工利用、煤炭经营管理、煤炭权益保护,侧重调整煤炭资源的勘探、规划和生产、加工转换、调运、输送、供应和利用等方面的社会关系,从这个角度达到保护煤炭资源的目的。因此,可以说煤炭法既有与矿产资源法交叉的规范,又有大量的不同于后者的特殊规范,不能完全适用矿产资源法,两者互相联系但又不能替代。[7]

三、煤炭法与环境法的关系

(一)煤炭法与环境法的界分

煤炭法与环境法在价值目标上区别明显。环境法是以人类在保护和改善生活环境与生态环境,合理开发、利用、保护和改善自然资源、防治环境污染和其他公害过程中所产生的各类社会关系作为其调整的特定社会关系。[8] 如果说环境法旨在通过对环境要素的保护以实现环境价值目标的话,煤炭法则主要侧重于实现煤炭资源的社会经济价值。人类要生存和发展,就必须要对自然环境加以改造,对资源加以利用,这些活动是人类社会进步所不可缺少的。

(二)煤炭法与环境法的衔接

煤炭法与环境法又是密切相关的,两者的衔接主要源于煤炭资源开发利用与生态环境保护的关系。人类与环境相互作用的规律告诫我们:必须遵循自然规律,在维持生态平衡的基础上,谋求经济效益。[9] 煤炭法虽然更多地强调人类对煤炭资源的经济价值的开发和利用,但这种开发利用是建立在合理开发、利用,以及保护煤炭资源的前提下,其中蕴含了保护生态资源、防治环境污染等内在要求。煤炭属于不可再生的资源。我国煤炭资源虽然丰富,但若是私挖滥采,管理秩序混乱,不仅会直接带来资源浪费等问题,更严重的是会破坏自然环境和生态平衡,甚至导致煤炭资源趋向衰竭。因此,保护资源,合理开发,有效利用,不仅是环境法立法坚持的原则,同时也是煤炭法重点要解决的问题。在这一点上,煤炭法与环境法是一致的,两者存在密切联系,共同为保护我国资源合理开发进而维护生态平

---

〔7〕 石少华、蒋永年编著:《煤炭法概要》,法律出版社 1993 年版,第 104 - 105 页。

〔8〕 罗丽主编:《环境法教程》,中国法制出版社 2014 年版,第 19 页。

〔9〕 吕忠梅、高利红、余耀军编著:《环境资源法学》,科学出版社 2004 年版,第 15 - 16 页。

衡提供法律保障。

四、煤炭法与安全生产法的关系

(一)煤炭法与安全生产法的界分

煤炭法是煤炭领域的综合性法律,调整内容涉及煤炭资源勘查、煤矿建设、煤炭生产、煤炭综合利用、煤炭运销、煤矿关闭退出等煤炭的整个生命周期。煤炭法在规范煤矿企业安全生产的同时,更加侧重于煤炭资源的合理开发利用。安全生产法主要侧重于保护劳动者在生产过程中的人身与财产安全。煤矿安全仅是安全生产重点领域之一。就矿山而言,除了煤矿之外,国家还针对金属矿、非金属矿山以及尾矿库等各类矿山的安全管理制定了法律法规,《矿山安全法》就是关于专门规范矿山安全生产的法律规范。

(二)煤炭法与安全生产法的衔接

煤炭法与安全生产法的衔接,除了表现为两法在调整内容方面存在交叉,还表现为同我国煤矿安全生产现状紧密相关。与美国、澳大利亚等国的煤矿大多为露天矿且煤层赋存较好的情况相比,我国煤层赋存条件复杂,矿井各类灾害严重,尤其因瓦斯突出导致的重特大事故时有发生。因此,遏制煤矿生产安全事故,维护劳动者生命健康安全,一直是煤炭法重点调整的内容之一,如我国《煤炭法》规定的煤矿企业安全生产矿长负责制、安全生产教育培训制度、劳动防护制度、工伤保险制度以及紧急情况下现场撤离制度等,共同构成了煤矿安全生产制度体系,这同安全生产法的立法宗旨和主要内容是一致的。从安全生产的实践看,矿山、危险化学品、交通运输等领域,历来是安全生产的高危领域,也是安全生产法规制的重点。我国煤矿安全生产单行立法数量和发展速度说明煤矿安全生产在安全生产整体工作中占有重要地位。

五、煤炭法与其他部门法的关系

能源法是新兴的、具有交叉复合性特点的法律科学,作为能源法重要分支的煤炭法亦是如此,煤炭法除与上述法律部门发生联系外,与劳动法也密切相关。劳动法是调整劳动关系和与劳动关系密切相关的社会关系的法律,包括劳动报酬方面的关系、工作时间与休息休假方面的关系、劳动安全卫生方面的关系、职业培训方面的关系、社会保险和福利方面的关系、劳动争议解决方面的关系等,其主要职能在于组织劳动和保护劳动者的合法权益,偏重于社会利益的调整和保护。煤炭法虽侧重于规范市场经济运行中煤炭资源权属、收益等关系,但煤矿生产开发过程中劳动关系以及劳动力使用保护则是劳动法与煤炭法共同规制的对象。此外,煤炭法还与经济法、行政法、民法、刑法等有着密切联系,但煤炭法的适用并不排斥相关法的适用,而是它们的补充和完善。

第三节 煤炭法律关系

一、煤炭法律关系概述

（一）煤炭法律关系的概念

法律关系，最早由德国法学家萨维尼界定为“由法律规则所决定的人和人之间的关系”。我国学界对法律关系概念的理解基本上是一致的，即法律关系是指法律规范在调整社会关系的过程中所形成的人们之间的权利和义务关系。[10] 法律关系具有以下特征：法律关系是根据法律规范建立的一种社会关系，具有合法性。法律关系是意志性的特种社会关系。法律关系是特定法律关系主体之间的权利和义务关系。一般认为，法律关系的构成要素包括三个方面，即法律关系主体、法律关系内容和法律关系客体。

煤炭法律关系是社会关系的一部分，是煤炭法调整各类主体在开发、利用、保护煤炭资源活动过程中所形成的特殊的权利和义务关系。参与这类社会关系的主体十分广泛，包括国家、法人、非法人组织和自然人，如各类煤炭企业、煤炭行业协会、矿工等，煤炭法律关系是这类主体以煤炭为媒介产生的联系，这种联系的存在是以相应现行规则和制度为前提，并由国家强制力保证实施的社会关系。

（二）煤炭法律关系的分类

1. 纵向煤炭法律关系。纵向法律关系，又称“隶属法律关系”，指行政管理关系中上级机关与下级机关、管理部门与相对人在法律地位上存在管理与被管理、监督与被监督等关系。纵向煤炭法律关系是指煤炭管理部门的上下级之间、煤炭管理部门和煤炭企业与个人之间的管理与被管理的法律关系。纵向煤炭法律关系包括：国家立法机关或者煤炭管理部门制定的，与煤炭生产经营有关的法律规范和国家政策要求煤炭企业或个人遵守的行政管理关系；煤炭管理部门对煤炭生产活动监管和管理，如下达煤矿整顿关闭、停产停业等行政决定的管理关系；煤矿发生事故时的应急管理关系等。

2. 横向煤炭法律关系。横向法律关系是平等主体之间发生的权利与义务关系。在煤炭法中，横向法律关系主要指各平等煤炭管理部门之间的协调关系、煤炭企业及个人之间的合作关系、煤炭企业和用煤单位之间的交易关系等。如采煤沉陷区当地政府、煤矿企业与村民之间就村庄搬迁、补偿等方面产生的权利义务关系，还有煤矿发生事故之后，煤炭企业与受到损害的矿工及其家属之间产生的赔偿等法律关系。依照我国相关法律，因事故受到损害的矿工及其家属除依法享有工伤保险外，还有权依照有关民事法律向煤矿企业提出赔偿要求。

3. 涉外煤炭法律关系。近年来，随着国家能源发展战略的确定，特别是中国与“一带一

---

〔10〕 舒国滢：《法理学导论》（第2版），北京大学出版社2012年版，第147页。

路”沿线国家签署了一系列能源合作框架协议和谅解备忘录，我国越来越多的煤矿企业“走出去”，如兖矿集团、神华集团（现国家能源集团）等企业率先在全球范围内进行资源整合，开展国际产能合作，与国外政府、煤矿企业和自然人必将发生各种涉外煤炭法律关系。

二、煤炭法律关系主体

煤炭法律关系主体，是指在煤炭法律关系中，依法享有权利和承担义务的当事人或参加者，又称为权利义务主体，具体包括以下三种。

（一）国家

国家作为统一整体，是煤炭法律关系的特殊主体。由于各国的社会制度和国情不同，因此法律对煤炭资源所有权的规定也不尽相同。大陆法系国家一般也规定包括煤炭在内的矿产资源归国家所有，英美法系国家一般规定归土地所有者所有。例如，美国矿业法规定，除了法律规定美国公民可以购置的矿产土地外，矿产土地由美国政府保留，不准出售。[11] 根据我国《矿产资源法》《煤炭法》的规定，国家是煤炭资源所有权主体，有权确定我国煤炭资源合理开发利用和保护的基本方针、政策，决定国家对煤炭工业的管理体制。国家可以以法律授权形式，委托各级煤炭工业主管部门行使一定的管理职能，授予煤炭企业享有对煤炭资源的占有、使用和处分等权利。在涉外煤炭经贸关系中，国家也可以成为国际经济贸易法律关系的主体，对外签订有关国际公约、协议。

（二）法人

法人，主要指依法享有民事权利和承担民事义务的各类组织，包括煤矿企业法人、非法人组织和相关事业单位，其中最主要的是各类煤矿。后者是指以营利为目的、从事煤炭生产和煤矿建设的各类组织。随着煤炭工业管理体制改革以及市场经济的发展，煤矿类型趋于多元化，可以是法人单位，也可以是非法人单位，包括井工煤矿和露天煤矿。从性质上看，煤矿既包括国有煤矿，也包括集体煤矿和私营煤矿，以及外国投资者开办的煤矿。为加快推进煤炭领域供给侧结构性改革，推动煤炭工业转型发展，我国《煤炭工业发展“十三五”规划》明确以大型煤炭基地为重点，优化煤炭生产布局，加快大型煤炭基地外煤矿关闭退出，降低鲁西、冀中、河南、两淮大型煤炭基地生产规模，陕北、神东基地煤炭资源丰富、煤质好，煤层埋藏浅，地质构造简单，生产成本低，重点配套建设大型、特大型一体化煤矿。[12]

除了煤矿之外，还有一些煤炭学会、行业协会、科研机构等组织，按照煤炭法有关规定，它们在从事生产建设、科研以及社会事业等活动中，有权依法展开与煤炭资源开发利用有关的活动，为煤炭工业发展提供科技支撑和信息咨询服务，以实现其特定的经济、科学、文化等目的。

---

〔11〕 范声华等编著：《矿产资源法概论》，地质出版社 1990 年版，第 50 页。

〔12〕 参见国家发展和改革委员会、国家能源局《关于印发〈煤炭工业发展“十三五”规划〉的通知》（发改能源〔2016〕2714 号）。

(三)自然人

自然人是煤炭法律关系重要参加者之一。劳动者[13]与煤矿企业发生的劳动合同法律关系,与煤炭管理部门发生行政管理法律关系;公民进行个体采煤可与采矿登记主管部门、煤炭行业管理部门、工商行政主管部门发生行政管理法律关系;煤炭资源所有权人与煤炭开发商、煤矿建设者等发生的民事合同法律关系;压覆煤炭资源矿业权人与工程建设单位产生的侵权损害赔偿法律关系;采煤沉陷区居民与煤矿、投资商以及当地政府之间的安置补偿法律关系。此外,公民因不服煤炭管理部门或者其他机关作出的具体行政行为,可发生行政诉讼法律关系等。

三、煤炭法律关系的客体

煤炭法律关系的客体,是指煤炭法律关系主体的权利和义务所指向的对象,具体包括两种。

(一)煤炭

人们为了发展社会生产和生活消费,需要从煤炭资源中获取物质资料,并通过开发利用化为社会产品。人们通过法律规范对煤炭开发利用关系的调整而形成的煤炭法律关系,就在于保证煤炭资源向社会产品的转化,以满足人们生产和生活消费的需要,在此意义上煤炭就直接成为煤炭资源法律关系的客体,包括天然赋存于地下、尚未开发的煤炭资源,以及已被开发利用的煤炭产品。后者是指煤炭经过拣矸或筛选加工后所获取的煤炭产品,按其质量、用途、加工方法和技术要求,可以分为精煤、洗选煤、筛选煤、原煤及低质煤等五大类。

(二)与煤炭活动有关的行为

法学所指的"行为"是法律关系主体的行为,包括作为和不作为。作为煤炭法律关系客体的行为,按其功能和内容,可分为煤炭开发行为、煤炭利用行为以及煤炭管理行为等三大类。(1)煤炭开发行为,是指勘探煤炭资源、开采煤炭的一系列生产经营活动,如煤矿企业在矿山基本建设过程中,可以把建设任务发包给建筑公司;煤矿建设项目建成后竣工验收前,煤矿建设单位应当进行联合试运转等。(2)煤炭利用行为。煤炭不仅是一种重要的能源,而且还是重要的化工、冶金等原料。然而,煤炭利用率低、环境污染的问题也确实存在,为此,各国都在研究煤炭转换利用的新技术、新工艺,以达到安全、清洁、高效利用煤炭资源的目的。例如,我国《煤炭法》第二十九条明确规定:国家发展和推广洁净煤技术。国家采取措施取缔土法炼焦。禁止新建土法炼焦窑炉;现有的土法炼焦限期改造等。(3)煤炭管理行为,主要是指政府及其煤炭管理部门依法实施的监督管理活动,包括制定煤炭法规、政策与发展规划,对煤炭企业和相关人员执行煤炭法律法规、国家标准和行业标准的情况进

---

〔13〕 国外一般称"雇员"(employee),与雇主(employer)相对;我国《劳动法》称"劳动者",《安全生产法》称"从业人员",《煤炭法》称"职工",基本属于同一含义,在此不作区分。

行监督检查，依法整顿关闭不符合煤炭产业政策、安全条件差、环保不达标的煤矿企业，组织开展煤矿生产安全事故报告、调查和处理，鼓励和支持煤炭开展利用的先进技术、装备和工艺，开展煤炭相关统计分析等。

四、煤炭法律关系的内容

煤炭法律关系的内容，是指煤炭法律关系主体所享有的法律上的权利和义务的总和。煤炭法律关系的权利，是指煤炭法律关系主体依法享有的作为或者不作为的自由。煤炭法律关系的义务，是指煤炭法律规范中相关主体应当作为或者不作为的法律手段，这种手段表现为法律对有关主体必须作出一定的行为或不作出一定的行为的约束力。煤炭法律关系内容反映煤炭法律关系主体的具体要求，决定煤炭法律关系的实质，通过这种权利和义务的相互结合，把主体双方联系起来构成完整的煤炭法律关系。权利和义务的主体不同，煤炭法律关系的内容亦随之变化，大体可分为两大类。

（一）煤炭管理主体的职权和职责

对于行政机关而言，职权与职责构成一对基本法律范畴，是行政法上的“权利”和“义务”在行政主体及其行政人员身上的转化形式。对于公民、法人和其他组织来说，是权利和义务；对于行政主体来说，就是职权和职责，两者是同义的。[14] 按照权责统一的理念，行政职权与行政职责具有不可分割性和对应性，有行政职权必然同时有行政职责，这是权利义务统一性的具体体现。同样，煤炭管理主体的职权和职责也具有统一性。具体而言，我国煤炭管理主体的职权主要包括三个方面：一是制定与煤炭相关的法律规范。立法机关有权制定煤炭生产、经营活动的法律、法规和规章，煤炭管理部门有权制定与煤炭行业发展有关的各项政策、规划、意见等。二是编制煤炭发展规划。如资源勘查规划、矿区总体规划和生产开发规划等，能够促进煤炭工业可持续发展，实现煤炭行业转型升级。三是监督检查煤炭企事业单位和个人执行有关煤炭法律法规等情况，依法作出行政许可、行政处罚和行政强制等行政行为。如行政机关有权依照法定职权和程序对违反煤炭法规定的组织或个人给予行政制裁，以及做出对相对人的人身、财产和行为采取的行政强制措施。

煤炭管理主体义务包括三个方面：一是依法进行行政监督管理。煤炭监督管理机关在对煤炭企业的生产经营过程中进行监督管理时，必须严格依照法律、法规和规章，不得随意作出。二是保证行政服务高效便民。煤炭管理机关必须依法受理相关申请，颁发各项许可证，比如，采矿许可证、安全生产许可证、营业执照、矿长安全资格证等。[15] 三是必须遵守法定程序。煤炭管理部门针对煤炭企业实施行政执法，必须按照法律规定进行。

近年来，煤炭管理部门为规范和约束履职行为，根据中共中央《关于深化党和国家机构改革的决定》中关于全面推行政府部门权责清单制度，实现权责清单同“三定”（定职能、定机构、

---

〔14〕 胡建淼：《行政法学》（第2版），法律出版社2010年版，第115－116页。

〔15〕 2013年修订后的《煤炭法》取消了煤炭生产许可证和煤炭经营许可证要求，为减少煤矿生产环节行政审批事项，2013年国家矿山安全监察局决定取消作为煤炭生产许可证颁发前置条件的煤矿矿长资格证。

定编制)规定有机衔接的要求,相继制定并公布了部门权责清单,就职权事项、设定依据、履职程序、追责情形等作出规定,确保了“法无授权不可为,法定职权必须为”和“权力在阳光下运行”。

(二)煤炭企业及个人的权利和义务

煤炭企业和个人作为被管理的主体,在煤炭法律关系中属于弱势一方,其享有的权利便极为重要,包括三个方面:一是收益权。煤炭企业开展生产经营的首要目的便是获利,因此,收益权是煤炭企业的最基本的权利。二是救济权。煤炭企业有权对不公或违法的行为进行复议或申诉,也有权对侵害其权益的机关提起行政诉讼,以及可以对遭受的损害申请国家赔偿。三是批评建议权,对于煤炭管理部门或有关部门作出的决定以及采取的其他措施,煤炭企业有权给予批评或建议,目的在于加强管理者和被管理者之间的交流,完善煤炭行业机制。相对地,煤炭企业和个人也要履行必要的义务:一是遵守法律法规,煤炭企业和个人在生产经营过程中,应当遵守国家制定的法律法规以及其他强制性规范。二是服从煤炭管理部门和有关部门的监督管理,在正常情况下,煤炭企业和个人应当先服从管理,遵守监管部门的决定,若自身权益受到损害,再寻求救济。三是发现问题,依法及时报告。比如劳动者发现煤矿企业违法生产或者强令工人违章冒险作业,应当向负有监管职责的部门进行报告。

第四节 煤炭法的体系

一、煤炭立法历程回顾

中华人民共和国成立以来,我国煤炭立法的发展历程,大致可以划分为四个阶段。[16]

(一)萌芽阶段(1949~1978年)

中华人民共和国成立到改革开放前,是我国煤炭工业从起步恢复到动荡发展阶段。这一阶段还可划分为两个时期。

1949年至1957年,以提高煤炭产量为中心,推行矿井技术改造,全面恢复生产,煤炭产业开始步入起步发展阶段。1949年11月成立了燃料工业部,确定了煤炭产业“以全面恢复为主,部分新建则以东北为重点”生产方针;1950年为加强私营煤矿管理和小煤矿管理,颁布了《公私营煤矿暂行管理办法》《公私营煤矿安全生产管理要点》《土采煤窑暂行处理办法》,逐步改善了煤矿的生产条件。

1958年至1978年,从“大跃进”“十年内乱”到改革开放前的动荡发展阶段。为满足“全民大办钢铁”对煤炭的需要,1958年提出了“全民大办煤矿”,并实行“边勘探、边设计、边施工”的方针,煤炭工业部颁布了《关于矿井和露天矿开拓煤量、准备煤量和回采煤量划分范围、计算方法和矿井巷道划分范围的规定》《关于采掘工作面推行正规循环作业的若干规定》《生产矿井井巷开拓部署的若干规定》《生产矿井开拓准备规定》等规定,全国煤炭产

〔16〕 贺佑国、刘文革主编:《新时代中国煤炭法律体系》,应急管理出版社2019年版,第24-27页。

量实现了稳步增长。

(二)探索阶段(1979~1995年)

1979年至1995年是我国煤炭立法的初步探索阶段。这一时期,为推进我国煤矿机械化生产,制定了《采煤工作面质量标准》《采煤工作面正规循环作业管理办法》《生产矿井正规循环作业规定》等,按照"调整、改革、整顿、提高"的方针,开始进行了煤炭工业的第二次大调整。这一期间,原煤炭工业部先后通过了《煤炭工业技术政策》《矿务局总工程师责任制》《煤矿生产技术管理基础工作的若干规定》《关于加强乡镇煤矿安全工作的规定》《关于加快发展煤矿采掘机械化工作面的若干意见》《综合机械化采煤工作管理办法》等。

1994年12月20日,国务院同时发布了《煤炭生产许可证管理办法》和《乡镇煤矿管理条例》两部行政法规,实现了我国数千年采煤史上无专门煤炭立法的历史性突破。其后煤炭部配套制定了《乡镇煤矿生产矿井质量标准化标准及考核评级办法》,新的《小煤矿安全规程》和《乡镇煤矿防治瓦斯煤尘事故的规定》等,着力解决乡镇煤矿生产秩序混乱、安全状况恶化、资源浪费严重等突出问题。此外,1986年通过的《矿产资源法》、1989年通过的《环境保护法》、1992年通过的《矿山安全法》等,为煤炭统一立法奠定了重要的制度基础。

(三)发展阶段(1996~2012年)

1996年至2012年是煤炭立法体系基本建立阶段。1996年8月29日,第八届全国人大常委会第二十一次会议审议通过了《煤炭法》,于1996年12月1日起正式施行。《煤炭法》涉及煤炭生产开发规划与煤矿建设、煤炭生产与煤矿安全、煤炭经营、煤矿矿区保护和监督检查等内容,是我国第一部煤炭专门法律和唯一的单矿种法律,结束了我国没有煤炭法律的历史,标志着我国煤炭开发利用和煤炭生产、经营活动走上了法制化的轨道。1997年5月,煤炭部发布了《煤炭行政处罚办法》、《煤炭行政执法证管理办法》和《开办煤矿企业审批办法》,作为贯彻《煤炭法》的配套规章制度。至此,我国煤炭法律体系初步建立。

1998年1月24日,阜新矿务局王营煤矿北翼121采区2102综采放顶煤工作面发生特别重大瓦斯爆炸事故,造成78人死亡、7人受伤。为适应加强煤矿安全生产工作需要,国务院于2000年11月7日颁布《煤矿安全监察条例》。此后,我国又相继颁布实施了《职业病防治法》(2001年)和《安全生产法》(2002年),为煤矿安全生产以及职业病防治提供了强有力的法律支撑。

2005年9月3日,国务院《关于预防煤矿生产安全事故的特别规定》颁布实施,加大违法行为惩处力度,对煤矿安全进一步形成高压态势。2005年6月,国务院第九十二次常务会议审议通过了《关于促进煤炭工业健康发展的若干意见》,这是首次以国务院名义出台的关于煤炭工业发展的全面、系统性的指导性文件,对煤炭工业影响巨大。2006年7月,国务院办公厅下发《关于加强煤炭行业管理有关问题的意见》,就建立和完善煤炭行业管理工作协调机制,加强煤矿安全生产作出专门部署。同年9月,国务院批转了财政部等三部委《关于深化煤炭资源有偿使用制度改革试点的实施方案》,决定从2006年起,在山西省等8个煤炭主产省(区)进行煤炭资源有偿使用制度改革试点。2007年11月,《煤炭产业政策》正式发布实施。与此同时,《煤矿安全规程》(2004 年)、《煤炭出口配额管理办法》(2004 年)、《煤炭矿区总体规划管理暂行规定》(2012 年)、《特殊和稀缺煤类开发利用管理暂行规定》(2012 年)等一批与煤炭相关的部门规章相继颁布实施。这一时期,随着我国煤炭立法步伐的加快,煤炭市场化改革不断推进,煤炭企业逐渐拥有了更多的自主经营权,煤炭产业步入快速发展轨道。

(四)完善阶段(2013 年至今)

党的十八大以来,面对能源供需格局新变化、国际能源发展新趋势,习近平总书记从保障国家能源安全的全局高度,提出"四个革命、一个合作"能源安全新战略,引领我国煤炭行业发展进入新时代,政策引领立法,改革与法治互动加强,煤炭立法进入调整完善阶段。这一时期,《煤炭法》于 2013 年和 2016 年分别进行了两次修订,尤其是 2013 年修订以后,取消了煤炭生产许可证和煤炭经营许可证,简化了行政审批事项和过程,为煤炭市场化进一步松绑。

在资源税改革方面,经国务院批准,财政部、国家税务总局分别于 2014 年、2015 年下发《关于实施煤炭资源税改革的通知》(已失效)以及《关于煤炭资源税费有关政策的补充通知》,自 2014 年 12 月 1 日起在全国范围内实施煤炭资源税从价计征改革,同时清理相关收费基金;在化解产能过剩方面,国务院办公厅《关于促进煤炭行业平稳运行的意见》、国务院《关于煤炭行业化解过剩产能实现脱困发展的意见》等先后颁布实施,指导煤炭产业实现脱困发展;在安全生产方面,国务院办公厅下发《关于进一步加强煤矿安全生产工作的意见》。2021 年,《安全生产法》迎来了大修。在此之前,《煤矿安全培训规定》(2018 年)、《煤矿重大事故隐患判定标准》(2020 年)等一批部门规章相继修订和颁布;在智能化发展方面,国家发展和改革委员会、国家能源局、应急管理部等八部委于 2020 年 2 月下发了《关于加快煤矿智能化发展的指导意见》。

与此同时,《环境保护法》《大气污染防治法》分别于 2014 年、2018 年进行了修改,《资源税法》也于 2019 年颁布。国务院办公厅《关于进一步加快煤层气(煤矿瓦斯)抽采利用的意见》(2013 年)、《粉煤灰综合利用管理办法》(2013 年)、《生产矿井煤炭资源回采率暂行管理办法》(2013 年)(已失效)、《煤炭经营监管办法》(2014 年)(已失效)、《煤矸石综合利用管理办法》(2014 年)、《商品煤质量管理暂行办法》(2015 年)、《清洁生产审核办法》(2016 年)等一批部门规章和规范性文件相继颁布实施,地方立法也逐步完善,我国煤炭立法进入新的历史时期。

二、煤炭法的体系现状

(一)煤炭法的体系及分类

法的体系(legal system)也称"法律体系",是指由一国现行的全部法律规范按照不同的法的部门分类组合而形成的一个呈体系化的有机联系的统一整体。[17] 煤炭法的体系,顾名

---

〔17〕 周旺生主编:《法理学》,西安交通大学出版社 2006 年版,第 237 页。

思义，就是指全部现行的、由不同的煤炭相关法律规范，按照法律制定主体、效力等级等标准，遵循一定原则进行上下排列或平行并列所构成的有机系统。

与其他产煤国家的煤炭法体系一样，中国的煤炭法体系也十分复杂。从法律规范的形式和特点来说，既包括作为整个煤炭法律法规基础的宪法规范，也包括调整因实施国家煤炭管理而产生的行政关系的各种行政法律规范；既包括煤炭资源开发、交易、补偿以及环境资源关系中有关民事法律规范，也包括在开发、利用、保护、管理煤炭中有关犯罪和追究刑事责任的刑事法律规范；既包括有关合理开发、利用和保护煤炭资源、改善环境的技术性规范，也包括有关煤炭诉讼的程序性法律规范。此外，还包括与煤炭相关的国际公约与协定等国际法规范。

（二）煤炭法体系的内容

按照法律的效力等级，煤炭法体系的外部结构主要包括以下几个层次：

1. 宪法。宪法是我国的根本大法，规定国家与社会的基本制度，规定国家机关、社会组织、公民的基本权利和义务等根本性问题。宪法是我国煤炭法律制度的根本渊源，也是煤炭立法的最高法律依据，具有最高的法律效力。

2. 法律。法律是我国仅次于宪法的法源，规定社会生活基本的、主要的方面，是我国煤炭法体系的核心组成部分。可以分为两个层面：

（1）煤炭基本法律。这是我国煤炭法体系中的根基部分，发挥着煤炭基本法的作用。第八届全国人大常委会第二十一次会议于 1996 年 8 月 29 日审议通过的《煤炭法》，是规范我国在煤炭资源生产开发及其他相关社会关系的基础性、综合性法律，规定了煤炭法的指导思想、基本原则和主要法律制度，在我国煤炭法的体系中发挥着“主体法”的重要作用，是我国煤炭法体系的“母法”。

（2）与煤炭密切相关的法律。除《煤炭法》之外，还有一些与煤炭密切相关的法律，包括 1986 年通过的《矿产资源法》、1987 年通过的《大气污染防治法》、1989 年通过的《环境保护法》、1992 年通过的《矿山安全法》、2001 年通过的《职业病防治法》以及 2002 年通过的《安全生产法》等，是煤炭生产经营及监督管理过程中的重要法律依据。这些单行法律起着对《煤炭法》相关内容补充完善的作用。

其他与煤炭相关的法律，还包括已废止的《民法通则》（1986 年）、《民法总则》（2017 年）、《物权法》（2007 年）、《合同法》（1999 年）、《侵权责任法》（2009 年），这些法律现由 2021 年实施的《民法典》所替代，以及《行政处罚法》（2021 年修订）、《行政许可法》（2019 年修正）、《行政诉讼法》（2017 年修正）等。

3. 行政法规。行政法规，是指作为国家最高行政机关的国务院所制定的规范性文件，其法律地位和效力仅次于宪法和法律。

我国现行有效涉及煤炭的行政法规包括：《尘肺病防治条例》（1987 年）、《矿产资源监督管理暂行办法》（1987 年）、《矿产资源法实施细则》（1994 年）、《乡镇煤矿管理条例》（2013 年修订）、《矿产资源补偿费征收管理规定》（1997 年修订）、《矿山安全法实施条例》（1996 年）、《建设项目环境保护管理条例》（1998 年）、《矿产资源开采登记管理办法》（2014

年修订)、《探矿权采矿权转让管理办法》(2014 年修订)、《矿产资源勘查区块登记管理办法》(2014 年修订)、《煤矿安全监察条例》(2013 年修订)、《建设工程勘察设计管理条例》(2017 年修订)、《建设工程质量管理条例》(2019 年修订)、国务院《关于特大安全事故行政责任追究的规定》(2001 年)、《工伤保险条例》(2010 年修订)、《建设工程安全生产管理条例》(2003 年)、《安全生产许可证条例》(2014 年修订)、国务院《关于预防煤矿生产安全事故的特别规定》(2013 年修订)、《生产安全事故报告和调查处理条例》(2007 年)、《土地复垦条例》(2011 年)、《生产安全事故应急条例》(2019 年)等,相关配套法规的陆续颁布与实施,标志着我国煤炭法律制度及管理制度的基本建立。

4. 部门规章。现行涉及煤炭的部门规章,绝大多数是由原煤炭工业部、国家安全监管总局、国家煤矿安监局、国家发展和改革委员会发布。

主要有《煤炭行政处罚办法》(1997 年)、《煤矿安全监察行政处罚办法》(2015 年修正)、《煤矿建设项目安全设施监察规定》(2015 年修正)、《煤炭出口配额管理办法》(2004 年)、《煤矿安全培训规定》(2018 年)、《煤炭矿区总体规划管理暂行规定》(2012 年)、《粉煤灰综合利用管理办法》(2013 年)、《生产矿井煤炭资源回采率暂行管理办法》(2013 年)、《商品煤质量管理暂行办法》(2014 年)、《煤矿作业场所职业病危害防治规定》(2015 年)、《煤矿安全规程》(2016 年)、《煤矿企业安全生产许可证实施办法》(2016 年)、《清洁生产审核办法》(2016 年)等。

5. 地方性法规、规章及规范性文件。为贯彻实施《煤炭法》,我国主要产煤省区结合当地实际,制定了大量煤炭地方性法规、规章及规范性文件。其中有关煤炭及煤炭管理的条例,内容涉及煤炭管理、资源整合、事故伤亡赔偿等各个方面。

在地方性法规层面,如《山东省实施〈中华人民共和国煤炭法〉办法》(2017 年修正)、《辽宁省煤矿安全生产监督管理条例》(2020 年修正);在地方政府规章层面,如《黑龙江省地方煤矿管理办法》(1991 年)、《云南省煤矿安全事故伤亡赔偿暂行规定》(2005 年)和《呼和浩特市煤炭经营管理办法》(1999 年)等。

三、煤炭法体系的完善

(一)煤炭法体系的不足

中华人民共和国成立后,我国煤炭工业在百废待兴的基础上起步,经过 70 年的改革发展取得了举世瞩目的成就。相比较油气、核能等,煤炭立法较早,以《煤炭法》为引领的煤炭法律体系不断健全,及时解决了影响煤炭工业发展的突出矛盾和问题,为保障煤炭供需平衡提供了有力支撑,煤矿安全生产状况实现了明显好转,生态文明矿区建设取得显著成效,煤炭市场化改革稳步推进,为建设现代化煤炭产业体系奠定了坚实基础。我国煤炭法的体系建设虽然取得了显著的成效,但也应当看到,当前我国煤炭行业内外环境都发生了深刻的变化,煤炭法的体系在许多方面显得不够协调和适应。总体上看,主要存在以下几个方面的问题:

1. 煤炭法体系需要完善顶层设计。由于我国一直未制定煤炭立法的相关中长期规划,煤炭法体系建设的目标、主要内容及其考量因素不太明确。《煤炭法》实施20余年来,国务院机构多次改革、煤炭管理部门多变,难以形成一以贯之的法律体系建设总体思路。实践中,相关部门大多从履行部门职责和现实监管需要出发,对煤炭进行规范和管理,在部门规章尤其是规范性文件一级,应急性和临时性强,缺乏对整个煤炭法体系的总体规划和安排,致使现行煤炭法体系内部系统性和协调性有差距。

2."龙头法"的统领功能发挥不够。现行《煤炭法》于1996年8月29日颁布,就其性质而言,它规定了煤炭生产开发、煤矿建设、煤炭经营和矿区保护等基本法律制度,是一部从宏观方面调整煤炭行业发展的法律,是建构煤炭法律体系的核心和基础,也是煤炭领域行政法规、部门规章和相关规范性文件制定的基本依据。应当看到,随着我国经济体制的转型升级,煤炭管理体制、经营机制发生了深刻变革,《煤炭法》的许多规定和要求现已滞后,难以对煤炭工业健康可持续发展发挥引领作用,对整个煤炭法体系的完善构建亦有影响。

3.结构内容有待完善。(1)存在结构失衡问题。我国现行的煤炭立法带有典型的从计划经济向市场经济过渡的特征,政府强制包括准入、许可、监管、处罚等手段和措施运用较多,在整个法律法规和产业政策体系中占有绝对的比重;与之相比,发挥市场机制和第三方作用,综合运用信用、保险等手段的立法明显不足。(2)存在内容缺失问题。由于经济社会的迅速发展,煤炭行业体制机制改革,现行的煤炭法体系与新形势、新任务要求存在诸多不适应,许多应当制定的配套法规未出台,致使煤炭开发、生产、经营、综合利用等有关方面存在立法缺位。

4.体系内部协调性有待提升。在我国现行的煤炭法体系中,除全国人大常委会和国务院外,部门规章和规范性文件主要以国家发展和改革委员会(国家能源局)、自然资源部为主,此外还有原煤炭部、住建部、交通部、财政部、原国家安全监管总局(国家矿山安全监察局)等,主体繁多存在多头立法的问题。由于煤炭管理体制变革等深层次原因,煤炭工业管理体制没有完全理顺,行业管理弱化,各部门往往从自身角度出发出台政策,许多方面的立法缺乏统筹考虑和横向有效衔接,造成部分内容的重合以及资源的浪费,有的甚至存在抵触和冲突。

5.部分内容可操作性有待细化。(1)现有法规制度内容滞后。包括《煤炭法》在内,我国相当一部分法律法规制定历史久远,严重滞后于煤炭工业发展的实际,许多内容已经不适应当前矿山安全工作的需要,亟须进行系统性修订。(2)部分规定内容不够合理。如现行立法对煤矿安全监察体制和机构设置没有理顺、对地方煤矿安全监管和煤矿国家监察的职责划分不够明确、煤矿安全生产许可证和"三同时"审查部分条款有待进一步调整完善等。(3)部分规定内容比较原则。如法律规定国家保护煤炭资源的合理开采,但如何实行保护性开采,采取何种措施保护却未明确。比如哪些煤种属于特殊煤种或者稀缺煤种没有确定,缺乏可操作性强的措施,没有建立稀缺煤种资源储备制度等,以致保护乏力。

(二)煤炭法体系完善的方向

1.立法宗旨。我国是世界上最大的产煤国和耗煤国,随着煤炭开发不断增加,煤炭工业的新老问题交织叠加,表现在煤炭资源勘查开发、生产供应、加工转化、环境保护等各个方面,迫切需要构建与新时代煤炭工业发展相适应的煤炭法律体系。在立法宗旨上,坚持以习近平总书记关于“四个革命、一个合作”能源安全新战略为指导,以煤炭资源的可持续利用与煤炭产业低碳化发展为目标,坚持“节约、清洁、安全”的煤炭发展方针,以解决当前和今后一段时期煤炭行业发展的矛盾和问题为重点,健全完善以《煤炭法》为主体的我国煤炭法律体系,实现煤炭产业与生态环境和社会经济协调发展。

2. 完善重点法律制度。(1)完善煤炭规划制度,包括煤炭工业发展规划、煤炭资源勘查规划、煤炭生产开发规划和矿区总体规划,明确规划制定部门的职责和分工,做好规划之间的衔接,通过规划促进煤炭资源有序开发和合理利用。(2)完善煤炭准入制度。完善煤矿建设程序中核准、设计、建设、验收等各个环节,理顺煤矿安全生产许可证与煤矿建设项目安全设施“三同时”审批等之间关系,精简、合并相关行政审批事项,把更多行政资源从事前审批转到加强事中事后监管上来。(3)完善煤炭生产制度,包括回采率要求、生产能力核定、储量管理、煤质管理、“三下采煤”的特别规定、智能精准开采等内容。(4)健全煤炭储备制度,包括煤炭资源储备、煤炭产能储备和煤炭现货储备,对现有煤炭现货储备管理机制进行细化。(5)完善煤炭资源综合利用和环境保护制度,包括煤层气开发利用和排放、水资源利用、共伴生资源开发利用、环境补偿和土地复垦,构建循环经济等内容。同时强化煤炭产业条款与现有环境法律制度之间的衔接,细化生态恢复与补偿制度,明确法律责任。(6)完善关闭煤矿及报废矿井制度,明确规定关闭煤矿的对象、程序和补偿等基本内容,加强报废矿井安全管理,完善沉陷区居民搬迁及权利保障制度。(7)完善其他法律制度,包括煤炭资源税费、压覆煤炭管理、煤矿矿工权利保障、监督管理等制度。(8)完善安全生产制度,加强职业安全保障,提高职业病防治能力,保障煤矿职工的安全和健康。(9)完善煤炭市场制度,从事煤炭开发利用活动的市场主体依法经营、公平竞争的前提是建立统一开放、层次分明、功能齐全、竞争有序的煤炭市场体系,故建立和完善煤炭市场制度对煤炭行业尤为重要。

3. 立法计划安排与实施。完善煤炭法律体系,应统筹考虑政府机构、煤炭企业、从业人员以及市场等多种因素,按照轻重缓急合理安排立法计划并组织实施,努力建成符合我国国情和煤炭工业发展现实需要,分类齐全、层次合理、配套衔接、体系完整的法律体系。当前,应重点做好以下几项工作:(1)加快修订《煤炭法》《矿产资源法》《矿山安全法》等法律及相关法规规章,同时做好与正在制定的“能源法”之间的立法衔接;(2)合理吸收煤炭产业政策相关内容,加强煤炭行政法规立法,按照轻重缓急,对于制定行政法规调整时机尚不成熟的,抓紧制定部门规章;(3)充分发挥地方性法规、规章和一般规范性文件在贯彻和实施中央立法和上位阶立法中的作用。

第五节 我国煤炭法基本原则与内容

一、《煤炭法》的基本原则

我国《煤炭法》的基本原则,可以大体归纳为:集中统一的原则、合理利用的原则、安全发展的原则和保护环境的原则等四项。

（一）集中统一原则

我国《宪法》明确规定，煤炭资源所有权归国家所有。中华人民共和国成立后多年间，我国对煤炭资源一直采取集中统一的管理体制，这一体制也是世界其他一些采煤业较发达的国家大多采取的体制。

我国煤炭行业受传统的计划经济体制的影响较深，许多亟待解决的问题都由此产生。《煤炭法》是在国家放开办矿政策、大中小矿并举、行业管理弱化、资源严重破坏、安全事故高发的历史条件下制定出台的。针对以往煤炭工业多头管理产生的政出多门、争抢资源、利益冲突等问题和矛盾，我国在《煤炭法》总则中规定了煤炭管理部门实行行业管理，并在其他章节中就行业管理的具体内容和职责及管理手段作了明确规定，力图摆脱煤炭部门色彩和条块分割的体制；针对煤矿开办管理失控、浪费破坏煤炭资源严重等主要问题，《煤炭法》确立了煤炭开发规划制度，规定了设立煤炭企业和开办煤矿，都必须经煤炭部门按统一的法定条件进行审批；针对煤炭经营管理混乱，经营主体和中间环节过多过滥等问题，《煤炭法》确立了煤炭经营管理制度，规定了从事煤炭经营，必须具备相应资格，方可依法开展经营。可见，《煤炭法》坚持集中统一的原则，有其历史合理性，契合当时我国煤炭工业发展的实际，同时兼顾了煤炭生产的特点。

（二）合理利用原则

煤炭是在长期的地质过程中形成的自然资源，具有可枯竭性和不可再生性的特点。作为稀缺资源，随着经济社会发展和人口增长，煤炭资源短缺的矛盾将日益加剧。过去由于我国对煤炭资源实行无偿开采制度，造成了煤炭资源的快速消耗和巨大浪费，一些集体和个体采矿者乱采滥挖、吃肥丢瘦，煤炭资源开采、利用率极低。另外，煤炭开采不能只顾眼前利益和当今社会的需要，还要考虑未来社会经济发展对煤炭的需求。因此，《煤炭法》坚持保护与合理利用的原则，一方面，在总则中第五条明确规定："国家依法保护煤炭资源，禁止任何乱采、滥挖破坏煤炭资源的行为。"另一方面，在分则中规定对国民经济具有重要价值的特殊煤种或者稀缺煤种，国家实行保护性开采；同时，还要求开采煤炭资源必须符合煤矿开采规程，遵守合理的开采顺序，达到规定的煤炭资源回采率。

（三）安全发展原则

我国煤炭赋存条件较差，煤炭开采历来是一个高危行业。安全与否不仅制约着我国煤炭工业的持续健康发展，而且与人民群众的生命财产安全直接相关。中华人民共和国成立后，虽然我国煤炭工业取得长足进展，但并未实现对灾害事故的有效控制，安全生产形势依然十分严峻，经济损失巨大，社会和谐稳定遭到破坏。为此，《煤炭法》不仅在总则中明确规定："煤矿企业必须坚持安全第一、预防为主的安全生产方针，建立健全安全生产的责任制度和群防群治制度。"同时在第三章"煤炭生产与煤矿安全"中，对上述方针进行了制度细化，使之更具可操作性。此外，《煤炭法》还明确了矿区保护制度，为维护煤矿矿区的生产秩序、工作秩序以及保证矿工的生命财产的安全等提供了法律保障。从总体上看，《煤炭法》坚持安全发展的原则，不仅是煤矿安全生产的现实需要，更是煤炭工业自身发展的内在需求。

（四）保护环境原则

煤炭为人类提供巨大能量的同时，客观上也带来自然生态和环境破坏的问题，严重制约了对煤炭资源的开发利用。为此，世界各国对煤炭环境的污染问题都在积极寻求解决途径，采取各种方式将煤炭对环境的污染程度降到最低，特别是通过立法将煤炭的开采和环境保护相结合。我国《煤炭法》亦采取了这一思路，《煤炭法》第十一条关于"开发利用煤炭资源，应当遵守有关环境保护的法律、法规，防治污染和其他公害，保护生态环境"的总体要求，以及确立的煤炭开发与环境治理"三同时"制度等相关配套措施，其目的就是让煤炭生产者在煤炭开发阶段就为防止煤炭开采带来的环境问题采取相应的措施。尽管《煤炭法》在立法目的和条文设计中，倡导性条款居多，但立法者显然已经意识到环境保护的重要性。因此，我们认为，保护环境应作为《煤炭法》所倡导和坚持的一项基本原则。

二、《煤炭法》的结构与内容

（一）框架结构

我国现行《煤炭法》共八章六十七条，包括：总则、煤炭生产开发规划与煤矿建设、煤炭生产与煤矿安全、煤炭经营、煤矿矿区保护、监督检查、法律责任及附则。

《煤炭法》第一条对立法目的作了界定："为了合理开发利用和保护煤炭资源，规范煤炭生产、经营活动，促进和保障煤炭行业的发展，制定本法。"可见《煤炭法》的颁布与实施，首先是为了合理开发利用和保护煤炭资源，要解决煤炭开发利用方面存在的办矿失控、破坏浪费资源的问题；其次是为了规范煤炭生产和经营行为，要解决煤炭生产经营活动法制化和规范化问题；最后是为了促进煤炭行业的健康发展，要解决煤炭行业在发展中遇到的困难和问题。这三个方面的立法目的相辅相成，规范生产经营活动是手段，促进和保障煤炭行业的发展是关键和落脚点，合理开发利用煤炭资源是根本目的。

（二）主要法律制度

1996年创制的《煤炭法》，确立了开发规划、办矿管理、生产许可、安全管理、加工利用、经营管理、矿区保护、矿工特殊保护和行业监督管理等九项制度。这九项法律制度是《煤炭法》的主干与核心内容，以此为基础，我国构建起煤炭法律体系的框架。[18] 随着《煤炭法》2013年和2016年的两次修改，实施多年的煤炭生产许可制度、煤炭经营许可制度随之取消，煤矿企业开办亦不再实施行政审批，《煤炭法》的主要制度内容随之发生重大调整。其现行法律制度包括：

1. 开发规划制度。开发规划制度，是国家对煤炭资源开发利用和保护加强宏观调控、强化行业管理的重要法律制度，体现了煤炭资源的国家所有权，而且对解决煤炭开发无序状况，具有很强的针对性和可操作性。《煤炭法》对开发规划制度的规定，主要体现在以下几

---

〔18〕 张宝明：《关于〈中华人民共和国煤炭法〉的说明》，载《煤矿设计》1996年第11期。

个方面：(1)规定了国家对煤炭开发实行统一规划、合理布局、综合利用的方针；(2)明确了全国煤炭资源勘查规划和煤炭生产开发规划两项规划；(3)明确了编制和实施煤炭资源勘查规划和煤炭开发规划是煤炭管理部门的职权，规定该部门享有权力并承担相应责任；(4)制订开发规划，要根据国民经济和社会发展的需要，将其纳入国民经济和社会发展规划，这是最基本的依据，同时依据国家对煤炭资源的划分，制订开发规划要从资源的实际出发；(5)明确了两级规划制度，即全国的煤炭开发规划和省、自治区、直辖市的煤炭开发规划，地区开发规划必须与全国开发规划相一致，并报国务院煤炭管理部门备案；(6)任何煤矿建设项目，必须符合煤炭开发规划和煤炭产业政策。

2. 安全生产许可制度。1996年《煤炭法》颁布时，规定了煤炭生产许可和经营许可两项重要制度，明确规定从事煤炭生产，必须事先依法申请领取煤炭生产许可证。煤炭生产许可制度在实施近20年间发挥了重要的作用，后于2003年7月26日被国务院废止。2002年《安全生产法》出台后，国务院于2004年颁布了《安全生产许可证条例》，规定对包括煤矿在内的三类六种高危生产企业实施安全生产许可证制度，凸显了国家对煤矿安全实行准入制度的导向。

3. 煤矿安全管理制度。安全是煤矿生产中的一件大事，也是煤炭行业第一位的问题。安全管理制度是煤炭法中十分重要的制度。这一制度体现了党和国家安全生产方针，概括了煤矿安全生产的实践经验，不仅与《矿山安全法》的一般性法律规定相衔接，而且更加明确具体和系统，具有鲜明的行业特色。(1)在总则中明确了安全生产方针，即“安全第一、预防为主”的方针；(2)明确了煤矿安全生产工作的监督管理体制，即煤炭管理部门是煤矿安全生产的监督管理部门；(3)明确了地方人民政府对煤矿安全生产的责任；(4)明确了煤矿企业安全生产责任制度，安全生产管理实行矿务局长、矿长负责制；(5)对职工进行安全教育培训制度，未经教育培训的不得上岗作业；(6)特别规定了出现危及职工生命安全的情况并无法排除时，现场负责人或管理人员应当立即组织职工撤离现场，并及时报告，企业工会在发现上述情况时，有权提出建议，企业行政拒不处理的，工会有权提出批评、检举和控告；(7)在赋予职工在安全方面权利的同时，明确了职工有遵守安全法律、法规和企业规章制度的责任和义务；(8)特别规定采矿作业不得擅自开采保安煤柱，不得采用可能危及邻矿安全的危险方法；(9)为保证安全生产，规定煤矿使用的设备、器材、火工品、安全仪器必须符合国家标准或者行业标准；(10)安全生产方面的法律责任制度不仅规定了行政处罚，也规定了构成犯罪的由司法机关追究刑事责任。

4. 加工利用制度。针对我国煤炭开发利用中资源利用率低、损失浪费大、环境污染严重的问题，《煤炭法》中规定了加工利用制度，把国家关于煤炭产品开发、加工、转化和综合利用等方面的方针政策、管理措施用法律加以规范。(1)把综合利用作为煤炭开发的一条方针；(2)国家鼓励和支持在煤炭开发利用中采取先进的科学技术和管理方法；(3)国家提倡和支持煤矿企业和其他企业发展煤电联产、炼焦、煤化工、煤建材等，进行煤炭的深加工和精加工，鼓励煤矿企业发展煤炭洗选加工，综合开发利用煤层气、煤矸石、煤泥、石煤和泥炭；(4)国家鼓励和扶持煤矿企业发展多种经营；(5)国家发展和推广洁净煤技术，采取措施取缔土法炼焦。

5. 矿区保护制度。由于煤矿矿区面积大，其地理环境、社会环境、生产建设条件和作业场所都有很大的特殊性，加上矿区内利益主体多元化，煤矿与地方政府、与当地居民关系交织，矛盾错综复杂，有关主体侵害煤矿合法权益，破坏矿区正常生产、工作秩序的现象时有发生。为此，《煤炭法》专门设立了“煤矿矿区保护”专章，加大保护力度，使矿区保护规范化、法律化。(1)明确了“国家维护煤矿矿区的生产、工作秩序，保护煤矿企业设施”这一基本原则，同时禁止任何单位和个人扰乱矿区的生产、工作秩序；(2)规定了对煤矿电力、通信、水源、交通及其他设施的保护；(3)规定了对煤矿企业已取得使用权的土地的保护措施，未经煤矿企业同意，任何单位和个人不得在该土地上种植、养殖、取土或者修建建筑物、构筑物；(4)规定了对煤矿企业铁路专用线、专用道路、专用航道、专用码头、电力专用线、专用供水管路的保护措施；(5)规定了在采区范围内进行可能危及煤矿安全的作业时，必须征得煤矿的同意和煤炭管理部门批准；进行公用工程建设要达成协议后方可施工；(6)规定了一切单位和个人对盗窃或破坏矿区设施、器材及危及煤矿安全的行为，都有权检举控告；(7)规定了相应的法律责任，在相关法律责任中，加大了打击力度和执法手段。

6. 矿工保护制度。煤矿职工为煤炭工业和国民经济的发展做出了巨大牺牲和无私奉献。对煤矿职工，特别是井下作业工人给予优惠和照顾，是社会主义国家法律应有的责任，是保证煤炭工业发展和社会稳定的迫切需要，同时也是党和国家的一贯政策。为此，《煤炭法》确立了矿工特殊保护制度。(1)在总则中明确提出了国家对煤矿井下作业的职工采取特殊保护措施这一基本原则；(2)明确了矿工劳动保护方面的要求，煤矿企业必须为职工提供保障安全生产所需的劳动保护用品，各级人民政府及有关部门和煤矿企业，必须采取措施，加强劳动保护，保障煤矿职工的安全与健康；(3)规定煤矿企业必须为煤矿井下作业职工办理意外伤害保险，支付保险金；(4)规定了煤矿职工在安全生产中的权利，提出了保证安全的措施。然而，《煤炭法》对矿工特殊保护法律制度尚不健全，有的仅是原则性规定，还需要有其他配套法律制度予以完善。

7. 监督管理制度。监督管理是指国家对煤炭行业，包括煤矿企业和煤炭经营企业，进行宏观调控和监督管理的重要手段。《煤炭法》以“规划、监督、协调、服务”的政府职能为核心，明确了监督管理的体制、主管部门及其职权、义务和法律责任。(1)明确了煤炭监督管理的体制，即煤炭行业监督与专项监督相互结合的体制，煤炭管理部门与有关部门相互配合进行监督管理，并实行分级管理，国务院煤炭管理部门负责全国煤炭行业的监督管理，县级以上人民政府煤炭管理部门和有关部门负责本行政区域内煤炭行业的监督管理。(2)规定了煤炭监督管理部门的职权，依法赋予煤炭管理部门和有关部门的监督检查人员现场检查权，对煤炭企业和煤炭经营企业执行煤炭法律、法规的情况进行监督检查。(3)规定了煤炭监督管理人员相关义务。要求煤炭管理部门和有关部门的监督检查人员应当熟悉煤炭法律、法规，掌握有关煤炭专业技术，公正廉洁、秉公执法，进行监督检查时应当出示证件。(4)规定了煤炭监督管理的法律责任，包括行政处分和刑事处罚，以保证监督管理部门和有关部门的工作人员依法行政、尽职履职。

三、《煤炭法》修订重点与对策

（一）《煤炭法》的定位

每一部法律都有自己的历史使命，这一使命是在立法之初就被赋予的。《煤炭法》亦不例外。制定于20世纪90年代的《煤炭法》，立法目的首先是“合理开发利用和保护煤炭资源”，其次是“规范煤炭生产、经营活动”，最后落脚点在“促进和保障煤炭行业的发展”。在这一宗旨指引下，《煤炭法》从整体定位到具体法律制度的设计，都紧紧围绕解决煤炭资源开发利用问题展开。由于关注和调整的重点不同，立法导向十分明显，比如鼓励发展乡镇煤矿、对矿区的倾斜保护等立法措施。但从可持续发展的理念出发，《煤炭法》因受立法条件的制约，不能完全适应当前新的形势和需要，故必须与时俱进、修改完善。

《煤炭法》修改时，应当考虑煤炭所承载的多层次的价值需求，既要立足煤炭资源的安全、高效利用，又要兼顾生态环境保护。总体而言，应当还原其作为煤炭行业基本法的地位，革除主要通过运用行政手段来调整煤炭领域各类法律关系的弊端，以资源可持续发展和清洁高效利用产生的基本权利义务关系为调整对象，重点解决带有规律性、根本性、普遍性的问题。当然，《煤炭法》的价值追求是有顺序的，其最终的立法目的应当落脚到实现经济社会可持续发展。[19]

（二）煤炭监督管理体制

《煤炭法》第十二条关于“国务院煤炭管理部门依法负责全国煤炭行业的监督管理。国务院有关部门在各自的职责范围内负责煤炭行业的监督管理。县级以上地方人民政府煤炭管理部门和有关部门依法负责本行政区域内煤炭行业的监督管理”的规定，明确了我国对煤炭工业实行中央和地方煤炭工业主管部门分级管理的原则。随着煤炭主管部门的频繁调整、变革，管理体制不稳定、职能分散弱化、多头交叉执法等问题凸显，出现了“九龙治煤”这一煤炭领域的独特现象，地方煤炭管理机构设置更是五花八门。

目前我国煤炭领域“九龙治煤”以及由此带来的种种问题，机构改革不彻底仅为表面原因，政府职能定位偏差以及事权划分不清才是症结所在。《煤炭法》修改时，重点应厘清煤炭管理部门与自然资源、生态环境、安全生产等相关部门的具体职责，从立法上厘清各管理部门的事权。对于职能交叉和存在扯皮的事项，建议通过职能调整予以解决。以回采率管理为例，目前国家能源局和自然资源部从不同角度，分别行使煤炭回采率管理职能，造成职权交叉，管理错位等问题。《煤炭法》修改时对此类问题可予以重点关注。

（三）体系结构和主要法律制度

结合煤炭行业可持续发展的实际，同时借鉴国外相关立法经验，可考虑将现行《煤炭法》篇章进行调整，完善主要法律制度规定，具体内容如下：

1. 完善煤炭规划制度。现行《煤炭法》缺乏煤炭工业发展规划和矿区总体规划的规定，

---

〔19〕 罗丽、代海军：《我国〈煤炭法〉修改研究》，载《清华法学》2017年第3期。

在利益驱动下,企业跑马圈地、炒卖探矿权和采矿权、争抢资源现象严重。尽管《煤炭法》规定了煤炭资源勘查规划和煤炭生产开发规划,但由于内容过于原则和简单,可操作性差,且无对应的罚则,使得我国煤炭规划效力大打折扣。《煤炭法》修改时,有必要突出煤炭规划在煤炭工业发展中的地位,确立煤炭工业发展规划、煤炭资源勘察规划、煤炭生产开发规划和矿区总体规划这四类规划,明确四类规划之间的关系、效力和编制内容;要求煤炭行业管理部门和其他相关部门对煤炭工业进行宏观调控时须符合煤炭规划的要求,通过规划手段有效实施对煤炭工业的调控、规范、引导和管理;明确违反规划的法律责任和制裁措施,强调规划制定的科学性和合理性,赋予规划强制执行的法律效力,并在《煤炭法》中明确规定规划变更必须履行与批准同样的程序,在此基础上规定无论审批开办煤矿、设置矿业权、颁发煤炭生产许可证,还是国家煤炭行政主管部门和其他相关部门对煤炭工业进行宏观调控,都必须符合煤炭规划的要求,以防止乱勘乱建、盲目布点等行为对资源的无序开发以及浪费和破坏;增加违法煤炭工业发展规划的法律责任条款,进一步完善煤炭规划法律效力内容。

2. 完善煤矿安全与职业健康制度。煤矿安全生产关系,一直是《煤炭法》重点调整和规范的内容。《煤炭法》由于制定历史久远,涉及安全生产的条文相对粗简,个别要求及表述亦与新情况不符。从历史经验看,煤矿是我国生产安全事故和职业危害事故的高发领域。因此,可以考虑将“煤矿安全”作为专章从先前的“煤矿生产与煤矿安全”中独立出来,并将章名修改为“煤矿职业安全与健康”,重点规范煤矿企业建立和落实安全生产和职业健康机构设置、规则制度、资金投入、教育培训和应急救援等方面的内容,这既符合我国煤矿安全生产工作的实际,也与中共中央、国务院《关于推进安全生产领域改革发展的意见》提出的“企业对本单位安全生产和职业健康工作负全面责任”的要求相一致。[20]

3. 完善煤炭资源综合利用和清洁煤炭促进制度。目前,国家对于煤矸石、矿井瓦斯、矿井水等综合利用的措施仅限于政策文件层面,有必要通过修改《煤炭法》将其上升为法律,建议增加煤层气抽采利用、矿井水回收和综合利用、共伴生资源开发利用、矿区环境补偿等有关规定,通过明确具体的法律规定,促使企业采用科学方法,有效开发和利用煤炭资源及其共生伴生资源,提高资源综合利用效益。总结煤炭资源税相关立法经验,建立完善煤炭资源税制度。规定煤炭资源税按从价定率办法计算,实行差别化税率征收。同时,做好与《大气污染防治法》等立法衔接,建立完善煤炭清洁利用标准制度以及在大气污染防治重点地区实施煤炭消费减量替代等内容。

4. 调整煤矿矿区保护制度。《煤炭法》针对煤矿矿区屡遭非法小煤矿和不法群体骚扰破坏的突出问题,设置“煤矿矿区保护”专章,以维护煤矿正当、正常的生产秩序和工作秩序。“煤矿矿区保护”一章虽然仅有五个条文,但保护的对象是煤矿企业生产工作秩序和煤矿生产设施设备,实属必要。实际上,煤矿矿区包括煤矿企业、政府、当地居民以及其他单位等多个主体,涵盖经济发展、人民生活、安全生产、环境保护等多种要素,涉及不同类型的法

---

〔20〕 罗丽、代海军:《我国〈煤炭法〉修改研究》,载《清华法学》2017 年第 3 期。

律关系。要统筹考虑煤矿矿区内外的各种社会关系，通过立法调整利益平衡，建议在依法保护煤矿企业的同时，将矿区内居民以及其他单位合法权益纳入《煤炭法》的调整范围，如建立完善采煤沉陷区居民搬迁及权利保障制度等。在绿色发展的时代背景下，有必要强化煤矿矿区生态环境保护功能，明确煤矿企业环境保护的法律责任。可在“监督检查”和“法律责任”等章节中，进一步明确矿区环境保护的相关法律责任，强化监督管理的措施，例如，规定对造成矿区环境污染和破坏的煤矿企业，根据实际可以采取责令停止生产、行政处罚、关闭等行政措施，并依法追究直接责任人员和分管领导的责任。

5. 建立矿区生态环境恢复补偿制度。在《煤炭法》的修订中，加入对矿区生态环境保护、恢复和治理的相关条款，按照“谁开发、谁保护，谁受益、谁补偿”的原则，从法律上明确行为主体的义务和所要承担的生态补偿责任，并对补偿方式、标准、资金来源及管理、矿区环境恢复治理效果评估办法、环境污染者责任追究等内容进行明确规定，其目的就在于通过法律的强制性为生态补偿机制的顺利运行提供法律保障，真正发挥法律在促进环境保护、创造生态文明方面的价值和作用。

思考练习题

1. 什么是煤炭法？有何特点？
2. 什么是煤炭法律关系？煤炭法律关系包含哪些内容？
3. 什么是煤炭法的体系？我国煤炭法的效力体系包含哪些内容？
4. 简述煤炭法与煤炭法学的关系。
5. 煤炭法与能源法的联系与区别是什么？
6. 我国《煤炭法》的基本原则及主要法律制度有哪些？
7. 结合能源革命，试述我国《煤炭法》修订的重点与对策。

第三章 煤炭规划、勘探与煤矿建设

| 导读 |

煤炭是我国的主体能源，是经济社会发展的可靠和必须资源，煤炭工业是国民经济与社会发展的基础产业。为了落实习近平总书记提出绿色发展“五个追求”，贯彻中央关于人口、资源、环境的基本国策及对煤炭资源开发利用的有关精神，合理开发利用和保护煤炭资源，需要对我国煤炭资源勘查、开发利用与保护以及矿山生态环境保护等方面进行总体安排和布局。因此，煤炭规划、煤炭勘探和煤矿建设是煤炭资源开发利用的重要环节，也是煤炭法与煤炭法学研究的重要内容。煤炭开发会导致各种环境问题，因而如何处理煤炭开采与环境污染之间的关系成为煤炭法与煤炭法学需要关注的问题。本章的重点是理解和掌握煤炭规划、煤炭勘探、煤矿建设和环境影响评价的相关内涵与相关立法及法律制度。本章的难点是把握如何在制度设计方面做到开发与保护并举。既要开发煤炭资源，保障社会经济发展；又要保护环境，减少环境污染与煤炭资源浪费。

煤炭资源是生活之要、生产之基，是人类活动重要的物质基础。煤炭是不可再生资源，所以，煤炭的勘探开采以及煤矿矿区的分布建设需要进行科学规划、合理布局、统筹安排。煤炭产业的发展不仅关系到社会经济的可持续发展，还与环境发展密切相关。无论是煤炭排放的硫化物，还是煤炭开采过程中的废弃物都会对地球环境造成极大的负面影响。所以在当今工业化时代和生态文明背景下，煤炭开发的核心目标仍是在确保煤炭供给安全的前提下，实现经济、社会和环境的协调发展，力求做到在保护中开发，在开发中保护。

第一节 煤炭规划

煤炭规划是根据国家和地区的煤炭状况和社会经济发展需求，对一定时期和一定范围煤炭的开发、利用、节约、保护和管理工作所做的总体安排。作为一项重要的行政管理制度，煤炭规划也是煤炭发展项目立项的基本依据。在我国煤炭立法和管理实践中，煤炭规划起着举足轻重的作用。

一、煤炭规划概述

(一)煤炭规划的分类

煤炭规划是根据国民经济发展规划及国家产业政策编制的阶段性方案,是国民经济发展规划的重要组成部分。广义的煤炭规划,是指国家和地区煤炭工业发展的指导思想、基本原则、发展目标、主要任务和保障措施,是指导煤炭工业科学发展的总体蓝图和行动纲领。如国家或某一地区的煤炭发展“五年规划”。狭义的煤炭规划,是指煤炭开发项目实施的具体计划与安排,包括煤炭工业发展规划、煤炭资源勘查规划、煤炭生产开发规划、煤炭矿区总体规划。

1. 煤炭工业发展规划,是指由国务院煤炭管理部门根据国民经济和社会发展计划,结合煤炭工业实际,对煤炭工业各系统、各环节配套发展和各地区协调发展,保持煤炭供需总量平衡,促进煤炭工业健康发展的规划。

2. 煤炭资源勘查规划,是指以煤炭工业发展规划和煤炭生产开发规划为依据,对全国煤炭资源勘查进行统筹安排的规划。

3. 煤炭生产开发规划,是指在煤炭开发方面的具体规划和统筹安排,其主要内容包括合理划分煤炭资源,合理划定各类煤矿开采煤炭资源范围等。

4. 煤炭矿区总体规划,是指对矿区建设规模、井田划分、煤矿生产能力、建设顺序、地面配套设施以及矿区环境保护和其他外部关系等进行的全面规划。[1]

(二)煤炭工业发展规划与其他规划之间的关系

煤炭工业发展规划属于中长期规划,是对煤炭工业发展的顶层设计,涉及煤炭行业发展的方方面面,包括这一行业各系统、各环节配套发展以及各涉煤地区协调发展的全局性的安排。具体而言,煤炭工业发展规划需要考虑行业内部和外部两个方面的发展规划。

1. 内部发展规划包括三类:(1)煤炭生产总体规划,包括对煤炭工业现状进行分析,对煤炭勘查、基本建设、开发和生产作出统筹安排;(2)生产经营销售规划,对煤炭多种经营、综合利用、煤炭运输与销售、煤炭进出口、煤炭价格和税收、煤炭投融资等方面进行全面安排;(3)与行业相关管理与社会责任规划,包括对煤炭工业相关体制及其改革事项、职工生活福利、报废矿井职工的安置、文化教育、卫生和环境保护等社会事业的各环节和各地区均衡与协调发展作出统筹安排。

2. 外部发展规划需要对煤炭工业与相关行业之间以及与国民经济和社会发展需求之间作出统筹安排,与其协调发展,达到促进国民经济有序、健康、持续发展的目的。

相较而言,煤炭生产开发规划、资源勘查规划和矿区总体规划,仅是在煤炭开发某一方面的具体规划和统筹安排。其主要内容包括:合理划分煤炭资源、合理划定各类煤矿开采煤炭资源范围、确定煤炭工业开发布局、安排煤矿矿区建设与煤炭开发的接续、明确煤炭总量的调控政策和煤炭投融资政策等,并对国家实行保护性开采的稀缺煤种和对国民经济具

---

[1] 郭俊生:《煤炭矿区总体规划编制和管理若干问题探讨》,载《煤炭工程》2014 年第 7 期。

有重要价值的煤炭资源范围作出统筹规划。因此,煤炭工业发展规划与其他规划在范围、对象、内容和解决问题等方面都有很大的不同,但也有紧密的联系。煤炭工业发展规划是根据国民经济和社会发展计划/规划编制的,是煤炭工业发展的总规划。煤炭生产开发规划、资源勘查规划、矿区总体规划是根据煤炭工业发展规划确认的原则而制定的确定煤炭生产开发布局和规模,选定办矿主体,划定矿区范围,落实开发建设资金等方面的具体规划,是煤炭行业的专门规划。这几个规划各有各的内容、作用和侧重点,相辅相成,不能相互替代。〔2〕

二、我国煤炭规划的发展历程

(一)初创时期(中华人民共和国成立至20世纪70年代)

中华人民共和国成立以后,我国很长时期内都是通过政策来对煤炭行业发展规划的重大问题进行调整,虽然也制定过若干行政法规和规章,但是数量并不多。早期如1951年由政务院(政务院是1949年10月21日至1954年9月中华人民共和国国家政务的最高执行机构)发布的《矿业暂行条例》(已失效)第一章总则第二条规定:"煤矿、石油矿、油页岩矿、天然气矿,由中央人民政府燃料工业部主管,其他各矿,由中央人民政府重工业部主管。"中华人民共和国成立初期煤炭行业发展程度低,国家需要统一管理煤炭行业,于是设立了燃料工业部,下设煤炭管理总局、电力管理总局和水力发电建设总局,其中煤炭管理总局负责对煤炭资源的开发规划作出统筹规划。1955年7月,第一届全国人民代表大会第二次会议审议通过了我国第一个五年计划(1953—1957年),简称"一五"计划。同年将燃料工业部分拆成煤炭工业部、石油工业部、电力工业部。

1975年在经历了"大跃进""文化大革命"之后第四届全国人民代表大会第一次会议召开,全国经济形势开始好转,即着手研究编制了1976—1985年发展国民经济十年规划纲要草案,其中包含了第五、第六两个五年计划的设想。但是,由于一些原因十年规划纲要草案实际未能执行。一直到1977年12月1日,中共中央国务院批准并下达了国家计委《关于1976—1985年国民经济发展十年规划纲要(修订草案)》,规划才正式开始施行。"五五"计划中完成煤炭产量6.2亿吨,超额完成10%。

(二)发展时期(20世纪80年代至90年代)

1983年,国务院着手组织"七五"计划的起草工作,1985年上半年拟订了中共中央《关于制定国民经济和社会发展第七个五年计划的建议》,这个建议经党的十二届四中全会原则通过后,提交1985年9月的党代会审议通过。1986年3月,《国民经济和社会发展第七个五年计划》提交第六届全国人民代表大会第四次会议审议批准。在一个新的五年计划刚刚起步的时候,国家就制订出了完整的经济和社会发展计划,这在我国社会主义计划经济史上是第一次。

20世纪80年代以后,随着改革开放以及有中国特色的社会主义市场经济体制和运行

---

〔2〕 卞耀武、张宝明等主编:《〈中华人民共和国煤炭法〉释义》,法律出版社1997年版,第48-49页。

机制的逐步确定,1996 年 8 月 29 日由煤炭部主持起草的《煤炭法》获得通过,同年正值我国执行"九五"计划时期,"九五"计划(1996~2000 年)是实行社会主义市场经济体制以后的第一个五年计划,《煤炭法》的实施进一步促进了我国煤炭生产、经营活动的法制化和规范化,也为制定煤炭规划的主体以及规划的内容提供了法律依据。

(三)完善时期(21 世纪至今的煤炭规划)

2006 年 3 月,第十届全国人民代表大会第四次会议审议通过了《国民经济和社会发展第十一个五年规划纲要》,并且从"十一五"起,"五年计划"改为"五年规划"。2008 年,国家政治体制改革,在国家发展和改革委员会下设国家能源局,整合了煤炭、电力、石油、天然气等部门的管理职能。国家能源局下设煤炭司,具体负责拟订煤炭开发、煤层气、煤炭加工转化为清洁能源产品的发展规划、计划和政策并组织实施,承担煤炭体制改革有关工作,协调有关方面开展煤层气开发、淘汰煤炭落后产能、煤矿瓦斯治理和利用工作。

2016 年 12 月 22 日,国家发展和改革委员会、国家能源局联合发出通知,公布了《煤炭工业发展"十三五"规划》。该规划提出,到 2020 年,力争实现我国煤炭生产开发进一步向大型煤炭基地集中,大型煤炭基地产量占 95% 以上;产业集中度进一步提高,煤炭企业数量 3000 家以内,5000 万吨级以上大型企业产量占 60% 以上。

2020 年 7 月 30 日,中共中央政治局召开会议,决定 2020 年 10 月在北京召开中国共产党第十九届中央委员会第五次全体会议,研究关于制定国民经济和社会发展第十四个五年规划。同日,中国煤炭工业协会发布的关于征求《煤炭工业"十四五"高质量发展指导意见(征求意见稿)》中提出煤炭工业在"十四五"规划期间的地位和发展趋势:一是煤炭在我国能源体系中的主体地位和"压舱石"作用不会改变;二是煤炭在一次能源消费结构中的比重还将下降;三是煤矿智能化和煤炭智慧物流将成为行业发展亮点;四是生态环境保护的压力进一步加大;五是传统能源、新能源与可再生能源互为支撑,共同发展。可见"十四五"时期,我国经济结构将进一步调整优化,能源技术革命加速演进,非化石能源替代步伐加快,生态环境约束不断强化,煤炭行业加快向生产智能化、管理信息化、产业分工专业化、煤炭利用洁净化转变,煤炭行业转型升级与高质量发展的要求更加迫切。

纵观我国十四个"五年规划",我国煤炭生产逐步向规模化、集约化、高效化方向发展。我国煤矿数量持续减少,煤炭产业集中度大幅提高,生产效率快速提升,煤炭生产规模化、集约化趋势明显。同时我们也看到,从"十一五"规划到"十四五"规划,煤炭作为主体能源、基础产业地位并没有发生根本性改变,煤炭仍然是我国能源供给的"压舱石"。煤炭占我国化石能源资源量的 90% 以上,是稳定的、经济的、自主保障程度最高的能源。尽管近年来煤炭在一次能源消费中的比重逐步降低,但在相当长时期内,主体能源地位不会变化,所以不能分散对煤炭的注意力。[3]

---

〔3〕 李好管:《"十三五"规划关于中国能源、煤炭工业、煤炭深加工产业发展的政策导向》,载《煤化工》2017 年第 3 期。

三、煤炭规划立法现状与主要法律制度

（一）立法现状

有关煤炭规划的法律主要有《矿产资源法》和《煤炭法》。现行《矿产资源法》第七条规定："国家对矿产资源的勘查、开发实行统一规划、合理布局、综合勘查、合理开采和综合利用的方针。"目前，国务院矿产资源行政主管部门已经相继制定了《全国矿产资源规划（2008—2015年）》和《全国矿产资源规划（2016—2020年）》，《全国矿产资源规划（2021—2025年）》的制定正在积极推进过程中。这些规划中均包含了包括煤炭在内的矿产资源的勘探开发方面的内容。

现行《煤炭法》是具体调整煤炭规划的专项法律，其中涉及煤炭规划的内容共有五条，包括第一章"总则"的第四条，第二章"煤炭生产开发规划和煤矿建设"的第十四条、第十五条、第十六条和第十七条，涉及的规划种类包括煤炭资源勘查规划和煤炭生产开发规划等。从现行《煤炭法》的规定来看，煤炭资源勘查规划和煤炭生产开发规划是由国家煤炭管理部门和矿产资源管理部门共同管理的。该法关于规划管理突出强调的一点就是煤炭资源勘查规划要根据全国矿产资源勘查规划来编制，强调了矿产资源管理部门在编制勘查规划中的主导地位。《煤炭法》明确煤炭规划由煤炭管理部门组织编制和实施。目前，国家层面的规划由国家发展和改革委员会（国家能源局）组织编制和实施，省级层面的规划由省级能源主管部门[4]拟定并组织实施，并报国务院煤炭管理部门备案，但煤炭资源勘查规划一般是省级矿产资源管理部门编制并组织实施。

涉及煤炭规划的行政法规主要是《乡镇煤矿管理条例》（2013年修订），其中第二章"资源与规划"第八条规定：国务院煤炭工业主管部门和省、自治区、直辖市人民政府根据全国矿产资源规划编制行业开发规划和地区开发规划时，应当合理划定乡镇煤矿开采的煤炭资源范围。该条法规也是回应了《煤炭法》第十五条的内容，主要是对乡镇煤矿开发规划和地区规划主体作出的规定。

涉及煤炭规范的部门规章主要包括：2005年9月国家发展和改革委员会、原国土资源部联合发布的《关于做好煤炭资源开发规划管理工作的通知》，提出煤炭勘查开发规划包括煤炭勘查规划、煤炭生产开发规划、矿区总体规划和矿业权（探矿权、采矿权）设置方案。为推进国家级专项规划编制工作的规范化、制度化，依据国务院《关于加强国民经济和社会发展规划编制工作的若干意见》，2007年国家发展和改革委员会出台《国家级专项规划管理暂行办法》，对专项规划的立项、起草、衔接，论证、报批、备案，公布和实施等作出了规定。2004年，国家发展和改革委员会下发《关于规范煤炭矿区总体规划审批管理工作的通知》（已

---

〔4〕 根据2018年3月中共中央印发的《深化党和国家机构改革方案》，多个省份为适应能源转型的新形势，将能源管理部门规格大幅提升。有的从省级发展改革委下属处室或者内设能源局，经重新组建后跃升为"部门管理机构"（副厅级）身份，成为省本级政府机构之一。例如，山西省能源局是由山西省煤炭工业厅的职责以及山西省发展和改革委员会的能源管理职责和山西省经济和信息化委员会的节能降耗、能源管理职责等整合组建的，作为山西省人民政府直属机构。还有的省份仍将能源局定位为发展和改革委员会的内设机构。

失效),专门对矿区总体规划的作用、编制依据、编制内容、审批权限等方面作出了规定。2012年,国家发展和改革委员会发布《煤炭矿区总体规划管理暂行规定》,细化了煤炭矿区总体规划的编制程序、内容及相关法律责任。如该规定第五条"煤炭矿区总体规划由省级发展和改革委员会委托具有甲级煤炭工程咨询资质的单位编制",明确了煤炭矿区总体规划的编制主体。

涉及煤炭规划的地方性法规主要包括:中共山西省委、山西省人民政府《关于深化煤炭管理体制改革的意见》(2015年)、黑龙江省人民政府办公厅《关于做好"十三五"控制温室气体排放工作的意见》(2017年)、安顺市人民政府《关于煤炭工业淘汰落后产能加快转型升级的实施意见》(2017年)等。这些法律规范对各地的煤炭有序开发起到了重要作用。

(二)煤炭开发规划制度

煤炭开发规划制度是关于煤炭资源开发的总体布局要求,《煤炭法》规定了煤炭开发规划的种类、规划级别以及内容要求。如该法第十四条至第十七条规定,我国的煤炭开发规划包括国家煤炭资源勘查规划、国家煤炭生产开发规划和省级煤炭生产开发规划。由国务院煤炭管理部门负责编制全国煤炭资源勘查规划、编制和实施煤炭生产开发规划;由省级煤炭管理部门组织编制和实施本地区煤炭生产开发规划,并报国务院煤炭管理部门备案。煤炭生产开发规划应当根据国民经济和社会发展的需要制定,并纳入国民经济和社会发展规划,煤矿建设项目应当符合煤炭生产开发规划和煤炭产业政策。

总体而言,我国《煤炭法》中关于煤炭资源开发规划的规定十分原则,加之配套法规迟迟不能出台,因此对煤炭相关规划之间的关系以及煤炭生产开发规划与其他规划的关系规定过于简单,缺乏对违反规划行为的法律责任和惩罚措施的规定,容易导致现有勘查和生产开发规划形同虚设。为此,2005年6月7日,国务院发布《关于促进煤炭工业健康发展的若干意见》,要求做好煤炭开发规划与资源管理的衔接、配合工作,促进煤炭资源的合理开发、科学布局。2005年9月,国家发展和改革委员会、原国土资源部下发《关于做好煤炭资源开发规划管理工作的通知》,进一步明确了各种煤炭规划间的区别、相互关系以及与国民经济和社会发展规划的关系。该通知规定:煤炭勘查开发规划包括煤炭勘查规划、煤炭生产开发规划、矿区总体规划和矿业权(探矿权、采矿权)设置方案。国民经济和社会发展规划是编制煤炭勘查开发规划的依据。煤炭勘查规划确定煤炭资源勘查方向及工作区域。煤炭生产开发规划确定煤炭生产开发布局、煤矿建设规模和建设时序。矿区总体规划确定井田划分、煤矿井型和矿区内外部配套设施。矿业权设置方案确定探矿权、采矿权设置布局、规模及投放速度。煤炭资源勘查成果是编制矿区总体规划的重要依据,煤炭生产开发规划以矿区总体规划为基础,煤炭生产开发规划、矿区总体规划是编制矿业权设置方案的重要依据。以上规定在很大程度上弥补了《煤炭法》相关规定的不足,加强了规划的可操作性。

未来我国应当进一步完善煤炭规划制度,突出规划在煤炭工业发展中的地位,确立煤炭工业发展规划、煤炭资源勘查规划、煤炭生产开发规划和矿区总体规划等四类规划,重点厘清各类规划之间的关系、效力、编制内容和审批程序,明确违反规划的法律责任。[5]

---

〔5〕 中国法学会能源法学研究会编:《能源法学总论》,法律出版社2019年版,第116页。

（三）煤炭开发规划重点

关于规划的内容，应当规定规划期内煤炭发展的指导思想、基本原则、发展目标和指标、阶段性任务、产业布局、重点项目、政策措施及其他重要事项。例如，根据国家能源局2016年《省级能源发展规划管理办法》，省级能源发展规划是指对一个省级行政区各类能源的发展思路、发展目标、建设布局、重点任务、重大项目、政策措施等进行统筹安排的综合性、总体性能源规划。2001年发布的《国民经济和社会发展第十个五年计划能源发展重点专项规划》在内容上包括能源发展现状和未来形势的分析，"十五"期间发展战略和目标、发展重点以及政策措施；在保障能源安全的前提下，它把优化能源结构作为能源工作的重中之重，努力提高能源效率、保护生态环境，加快西部开发。2007年发布的《能源发展"十一五"规划》提出要贯彻落实节约优先、立足国内、多元发展、保护环境，加强国际互利合作的能源战略，努力构筑稳定、经济、清洁的能源体系，以能源的可持续发展支持我国经济社会可持续发展的指导思想和发展目标。2013年发布的《能源发展"十二五"规划》提出的发展重点是：节约优先；立足国内；多元发展；坚持保护环境；坚持深化改革；坚持科技创新；坚持国际合作；坚持改善民生。2017年发布的《能源发展"十三五"规划》提出将深入推进能源革命，着力推动能源生产利用方式变革，优化能源供给结构，提高能源利用效率，建设清洁低碳、安全高效的现代能源体系的发展目标。

关于规划的编制程序应当由国务院能源主管部门组织编制，报国务院批准后公布并实施。国家能源规划应当在同期国民经济和社会发展五年规划纲要经全国人大批准后一年内编制完成。按照《省级能源发展规划管理办法》及现行国务院行政审批事项目录，省级能源规划需上报国家能源局审批，涉及全国布局、总量控制及跨省输送的区域能源规划也要报国家能源局审批。

第二节　煤 炭 勘 探

煤炭资源是人类生产和生活的必需原料，在科学技术发达的现代，煤炭资源更加成为各国发展工农业生产不可缺少的重要原料。矿产资源的勘查和它的勘查进度，资源供应的保证程度，是合理地分布生产力，建立新的工业基地，正确地规定工业建设计划的先决条件。因此，煤炭勘查事业的兴旺发达程度成为衡量一个国家和地区工农业发展水平的标志之一。煤炭勘查所服务的方向及涉及的内容极为广泛，它既为基础产业服务又为基础设施建设服务，既为工业、农业服务也为高新技术产业服务。它是基础产业的基础，是基础设施建设的先行。故我国《煤炭法》在总则和分则部分均有相关法条对煤炭勘查作出规定。

一、煤炭勘探概述

煤炭勘探是以煤田地质学为理论指导，使用多种勘查手段发现煤田和评价煤炭资源的开发远景，并为矿井开发设计提供地质资源依据的地质勘查工作。其工作程序包括普查、详查和勘探（精查）三个主要阶段，其勘查范围一般是从煤田开始，逐步到对井田的勘探（也称精查）结束。煤炭勘探的任务包括对含煤地层、煤层和可采煤层、煤质和煤类、构造、水文地质条件及其他开采技术条件（煤层顶底板工程地质条件、煤层瓦斯成分及含量、煤尘爆炸、煤自燃倾向、地温及梯度变化等）进行了解。

（一）煤炭勘探阶段划分

煤炭勘探阶段划分。勘探阶段是根据地质工作探索性的特点以及煤田地质勘探与煤炭工业建设程序相适应的原则而划分的。通常分为找煤、普查、详查、精查四个阶段。

1. 找煤是在煤田预测或区域地质调查的基础上进行，主要任务是寻找煤炭资源，并对工作地区有无进一步工作价值作出评价。

2. 普查是在找煤的基础上或在已知有勘探价值的地区进行，主要任务是对工作地区有无开发建设的价值作出评价，为煤炭工业的远景规划和下一步的勘探工作提供资料。

3. 详查是在普查基础上，根据煤炭工业规划的需要，选择资源条件较好，开发比较有利的地区进行，主要任务是为矿区总体设计提供地质资料，其成果要保证矿区规模、井田划分不致因地质情况不准而发生重大变化，并要对影响矿区开发的水文地质条件和其他开采技术条件作出评价。

4. 精查一般在矿区开发总体设计的基础上进行，主要任务是为矿区初步设计提供地质资料，其成果要满足选择井筒、水平运输巷、总回风巷的位置和划分首采区的需要，保证井田境界和矿井设计能力不致因地质情况不准而发生重大变化，保证不致因煤质资料不准而影响煤的既定工业用途。

（二）煤炭勘探方法与技术

煤炭勘探的工作方法是以地质填图为基础，普查阶段的比例尺为1/50。除槽、井探和小窑调查以及钻探工程外，还采用航磁、航电、遥感、地面电法、磁法、地震等物探方法。如今，我国的勘探技术相较从前已经有了很大的进步，目前主要勘查技术有以下四种：

1. 综合勘探方法。依照地形以及物性、地质等条件对勘探手段方式进行选择，对共层进行严密的部署和统筹，合理安排工程顺序并进行高质量的报告，通过对各种地质信息进行整合研究以此全面了解煤矿开采区域，这就是综合勘探方式，其在近年来的应用较广并不断地得到完善发展。[6]

2. 地震勘探技术。地震勘探就是对地震信号进行获得以及处理并从数据上予以显示的技术，而当前使用最多的即数字方式的地震勘探。无论在分辨率还是对噪声的衰减、子波长度的压缩以及子波精确度的便宜、压缩上都具有较高的优势，最终获得的高频信号在带宽以及信噪比上都具有良好的性能，从而凸显小型煤田的异常以及构造。在最近几十年的发展中，该项技术不断地发展和创新，在地质勘探以及地震勘探工作中不断地被完善。

3. 重磁电及地质雷达勘查技术与测井勘查技术。重磁电及地质雷达勘查技术采用瞬

---

〔6〕 孙培轩：《煤炭地质勘查技术解析》，载《能源环境》2014年第5期。

变电磁法勘探,高精度磁法勘探,高精度重力勘探直流电法勘探(含高密度电法勘探),地质雷达探测频率域电磁法勘探等方法进行勘探。[7] 该技术广泛应用于煤田地质勘探、石油地质勘探和地下水勘探等资源勘探领域进行断裂褶曲、沉积盆地和陷落柱等地质构造的探测。

4. 煤炭遥感技术。煤炭遥感技术是一项将空间遥感应用于探测与煤田地质和煤炭工业有关方面的高新技术,具有实时、准实时、快速、客观整体性强的特征,近年来随着计算机软硬件的飞跃有了突破性的进展逐步形成了较为完整的煤炭遥感科学体系。

二、我国煤炭勘探的发展历程

(一)20 世纪 50 年代

中华人民共和国初期,我国还没有煤炭资源勘探规范,煤炭资源勘查主要参考苏联的相关文本。当时煤炭勘查按概查、普查找矿、初步勘探(普查勘探)、详细勘探、检查勘探作为阶段划分,勘探阶段的划分不十分明确。勘探类型划分为 3 类 9 型。矿产储量分为平衡表内、平衡表外 2 大类,又依据研究程度划分 5 级:A1 级:已经坑巷或开发钻孔圈定,水文、煤质及加工利用条件已查清,其可视为开采储量;A2 级:经详细勘探,煤层产状、品质、水文及开采条件已查明,可为矿井设计依据;B 级:已经勘探但未详细了解一般水文及开采利用条件、煤炭质量已查明;C1 级:已经稀疏勘探工程控制,属 A1、A2、B 级储量的外围储量,或经勘探和研究证实特别复杂地质条件的块段储量;C2 级:上述各级外围或勘探资料推测的储量。

1958 年之后,煤炭工业部制定的《煤田地质勘探规程(草案)》对原有的规程制度作了重大的修改。普查分为 2 个阶段:(1)普查找矿阶段:须搞清煤系分布情况,提出包括部分 C2 级在内的地质储量;(2)普查勘探阶段:获得 C1 + C2 级储量,为满足矿井规划设计的要求,C1 级储量依据不同的地质条件分别达到 10% ~30% 的比例要求。1959 年 7 月,全国矿产储量委员会《矿区地质勘探基本原则(草案)》和《金属、非金属、煤矿储量分类暂行规范(总则)》将储量分为 A1(开采储量)、A2、B、C1 和 C2 共 5 个级别,拟订的《煤矿地质勘探报告编制提纲》和其他相关规定也同时纳入《煤田地质勘探规程(草案)》中,在全国统一了矿区地质勘探程度:要求各矿区在提交最终勘探报告时,应在名称后注明勘探程度,有 A2 级及 B 级储量的称"精查",仅有 B + C1 级储量的称"详查",仅有 C1 + C2 级储量的则称"普查"。

(二)20 世纪 60 年代

1962 年 9 月,煤炭工业部颁布《煤炭工业基本建设程序暂行规定》。[8] 对建设年产 10 万以上煤矿地质报告的编制和审批做了进一步的规定:普查包括普查找煤和普查勘探(相当于原地质部的初步普查和详细普查),普查阶段 C1 级储量应达到 20%,普查报告是划分

---

〔7〕 陈敬明:《矿产勘查方法》,哈尔滨工程大学出版社 2010 年版,第 109 - 113 页。

〔8〕 李献水、陈平:《煤炭资源勘查规范的进步与发展——新型煤炭资源地质勘查法规体系的构建思维》,载《中国煤田地质》2007 年第 1 期。

矿区和远景规划的依据。详查阶段B级储量不低于30%，是编制矿区总体设计的依据。精查按井田进行，获得A2+B+C1级储量，依据不同煤田类型和井型，对全井田A2，A2+B级储量比率做了具体规定。高级储量范围内探明落差大于30m的断层有了定量的要求。

1965年4月，原煤炭工业部出台了《地质工作若干技术规定》。该文件中规定了“勘探方法的十五条技术原则”和“精查勘探程度的质量标准”。勘探阶段按煤田普查、矿区详查、井田精查3个阶段顺序进行。“勘探方法的十五条技术原则”中还对勘探程度、勘探设计、钻孔布置、工作顺序、资料与研究、地质报告、储量及审批等做了规定。精查勘探程度从地质构造、煤层及对比、煤质及利用、水文地质、开采技术条件、顶底板岩性、有益矿产等方面提出了十六条质量标准，当时为执行精查勘探地质任务的基本依据。

（三）20世纪70年代

1972年原燃料化学工业部的《煤炭地质勘探规范》《煤田水文地质工作及供水水源勘探规范》等规程讨论稿陆续印发。《煤炭地质勘探规范》将1965年《地质工作若干技术规定》归纳为五章十五节。阶段划分及其要求与20世纪60年代的规范基本相同。结合我国多年来的勘探实践，将煤炭资源勘探类型划分为3类9型，提出了A、B、C1、C2 4个级别储量划分的勘探工程密度。1978年3月，原煤炭工业部印发了《煤炭资源地质勘探规范（讨论稿）》，从普查找煤开始至煤层采完、矿井报废为止的全部地质勘探工作中，将提交建井勘探地质报告为止的勘查工作列为资源勘探阶段；为保证矿井正常生产和生产接续所进行的地质勘探工作列为生产勘探阶段。1979年9月，煤炭工业部颁发的《煤炭工业技术政策（试行）》进一步明确了普查、详查、精查煤炭资源勘探程序，提出了地质条件特别复杂的地区，在普查或详查终了时可结束钻探，提出普终或详终报告。在此期间，储量计算指标、各类井型高级储量比例、综合勘探、基本建设程序、煤炭资源开发与管理、煤炭工业设计规范等技术政策文件也先后出台。

（四）20世纪80年代的规范

原煤炭工业部会同原地质部颁布的《煤炭资源地质适宜勘探规范》，自1980年1月起在煤炭系统试行。应该说这是中华人民共和国成立以来一部比较完整的煤炭资源地质勘探规范文本。该规范遵循了1979年9月原煤炭工业部的有关技术政策，煤炭资源勘探储量分为2类4级。文本中对我国这个幅员辽阔、地质情况复杂的煤炭资源大国，如何执行规范中的有关技术规定做了说明。1986年12月，原全国矿产储量委员会在1980年1月规范版本基础上，经修改审定，颁发了《煤炭资源地质勘探规范》；1987年3月原全国矿产储量委员会、原国家计划委员会、原国家经济委员会又发布了《矿产勘查工作阶段划分的暂行规定》在全国执行，直至现行新规范产生。

（五）现行煤炭勘查规范

20世纪90年代，以中国煤炭地质总局为主制定了《煤炭资源地质勘探规范》，并几经讨论、修改。在《固体矿产资源储量分类》和《固体矿产地质勘查规范总则》两个国家标准颁发后，原国土资源部于2002年12月发布了现行《煤、泥炭地质勘查规范》（地质行业标准）。

新世纪的这个煤炭资源勘查规范保持了1986年《煤炭资源地质勘探规范》和1983年《泥炭地质普查勘探规定》的基本技术要求，将煤炭勘查对应于地质勘查规范总则划分为预查、普查、详查、勘探4个阶段。煤炭地质勘查的目的任务、基本原则、控制程度、工作要求等与以往的规范基本相同。

《固体矿产资源储量分类》考虑与国际市场的进一步接轨，把可行性评价和矿产资源的经济意义作为一个重要因素引入新规范，打破了以往规范主要依据地质勘探程度和当前工业技术条件下的开采利用情况，划分为能利用（表内）和尚难利用（表外）两大类；并将A、B、C、D的4级的储量级别划分为16级。新的矿产资源储量分类标准将勘探与开采分别求算的储量融为一体，不仅适用于煤炭资源勘查阶段工作，更重要的还在于把煤矿规划设计、开发建设、开采利用等不同阶段的储量计算也纳入了煤炭勘查规范的范围。也可理解为在新规范中，煤炭资源储量分类及类型条件的规定，解决了矿山勘查和矿山开采完全分离的问题，将矿床技术经济评价或地质技术经济研究贯穿于整个勘查工作之中，适宜勘探投资主体多元化、探采一体化等社会主义市场经济新体制的建立。新规范对矿床可行性评价作为储量分类的关键，增大了地质工作研究程度的分量对新时期如何做好地质勘探工作提出了更高的要求。

三、煤炭勘查立法现状与主要法律制度

关于煤炭勘查立法，《煤炭法》以及《矿产资源法》作出了规定。另有部门规章以及地方性法规对煤炭勘察作出了规定。

（一）立法现状

《矿产资源法》第七条规定："国家对矿产资源的勘查、开发实行统一规划、合理布局、综合勘查、合理开采和综合利用的方针。"《煤炭法》第四条回应了《矿产资源法》要求国家对煤炭开发实行统一规划、合理布局、综合利用的方针，即根据我国社会主义市场经济规律，将一切煤炭开发利用活动纳入国家和地方政府的宏观管理之中，通过统一规划，规范各类煤矿企业的资源划分、资源管理、资源利用和保护等煤炭生产开发利用活动，使有限的煤炭资源得到合理开发利用和保护。为此，国务院煤炭管理部门要根据全国矿产资源勘查规划编制全国煤炭资源勘查规划，并根据全国矿产资源规划规定的煤炭资源，组织编制和实施本地区的煤炭生产开发规划，报国务院煤炭管理部门备案。煤炭生产开发规划应当根据国民经济和社会发展的需要制定，纳入国民经济和社会发展计划。

涉及煤炭勘查的部门规章有2007年4月17日原国土资源部发布的《关于加强煤炭和煤层气资源综合勘查开采管理的通知》，其中就解决煤炭、煤层气矿业权重叠问题，促进煤炭、煤层气资源综合开发利用的问题作出了规定。例如，支持和鼓励煤炭矿业权人综合勘查开采煤层气资源，进一步加强煤层气矿业权管理，妥善解决煤炭、煤层气矿业权重叠问题等规定。又如，国家发展和改革委员会、原国土资源部、原建设部、原国家安全生产监督管理总局、国家矿山安全监察局《关于加强煤炭建设项目管理的通知》对地质勘查管理做出了规定，要求煤炭地质勘查工作的主体要由具有相应资质的地质勘查单位承担，并规定根据

《煤、泥炭地质勘查规范》开展地质勘查工作。该通知还规定了对单位的资质管理，“各有关部门要加强对从事煤炭行业的地质勘查、评审、咨询、设计、施工、监理、安全评价等单位的资质管理。对取得资质的单位，要加强日常监督管理，建立业绩考核档案，对违规单位依情节轻重，分别给予通报批评、降级或取消资质的处罚。各有关单位对煤矿建设工程的质量实行终身负责制，发生事故的，要依据调查情况和责任划分，分别予以追究和处理”。

涉及煤炭勘查的地方性法规有2001年四川省发布的《四川省鼓励外商投资勘查开采矿产资源条例》；2015年吉林省发布的《吉林省矿产资源勘查开采管理条例》；宁夏回族自治区于2016年修订并发布的《宁夏回族自治区煤炭资源勘查开发与保护条例》；2017年湖北省发布的《湖北省地质矿产勘查管理条例》等。涉及煤炭勘查的地方性规章主要有2013年西藏自治区发布的《西藏自治区矿产资源勘查开发监督管理办法》等。涉及煤炭勘查的地方规范性文件有2017年浙江省国土资源厅发布的《关于进一步加强矿产资源勘查开采监督管理工作的通知》；同年陕西省国土资源厅发布的《关于进一步加强探矿权监督管理实施绿色勘查的通知》；2020年广西壮族自治区自然资源厅发布的《关于改进矿产资源勘查开采监督管理有关事项的通知》等。

（二）勘查许可制度

勘查许可制度亦称探矿权制度，是指在一定的区域范围内获得勘查矿产资源许可的权利，是矿业权的其中一种权利。我国《矿产资源法》第三条规定：“矿产资源属于国家所有，由国务院行使国家对矿产资源的所有权……各级人民政府必须加强矿产资源的保护工作。勘查、开采矿产资源，必须依法分别申请、经批准取得探矿权、采矿权，并办理登记……”该条确定了探矿权制度。此外，《矿产资源法实施细则》进一步规定了探矿权制度和探矿权人的优先权。《矿产资源法实施细则》第五条规定：“国家对矿产资源的勘查、开采实行许可证制度。勘查矿产资源，必须依法申请登记，领取勘查许可证，取得探矿权；开采矿产资源，必须依法申请登记，领取采矿许可证，取得采矿权。”探矿权人指取得勘查许可证的单位或者个人。《矿产资源法实施细则》第十六条第一款规定探矿权人享有下列权利：“……（五）优先取得勘查作业区内新发现矿种的探矿权；（六）优先取得勘查作业区内矿产资源的采矿权。”

关于探矿权的性质，原国土资源部颁布的《矿业权出让转让管理暂行规定》中明确定义，矿业权是探矿权、采矿权的统称，其权利性质为财产权，按照不动产的法律规范原则予以调整。我国《民法典》也明确规定了探矿权属于用益物权的范畴。既然属于用益物权，那么就涉及探矿权转让的问题，我国《矿产资源法》第六条第一款规定，除按下列规定可以转让外，探矿权、采矿权不得转让：（1）探矿权人有权在划定的勘查作业区内进行规定的勘查作业，有权优先取得勘查作业区内矿产资源的采矿权。探矿权人在完成规定的最低勘查投入后，经依法批准，可以将探矿权转让他人。（2）已取得采矿权的矿山企业，因企业合并、分立，与他人合资、合作经营，或者因企业资产出售以及有其他变更企业资产产权的情形而需要变更采矿权主体的，经依法批准可以将采矿权转让他人采矿。

（三）鼓励先进勘查技术制度

我国《煤炭法》第九条规定：“国家鼓励和支持在开发利用煤炭资源过程中采用先进的

科学技术和管理方法。煤矿企业应当加强和改善经营管理,提高劳动生产率和经济效益。”《矿产资源法》第八条也对提高勘查技术作出原则性规定,国家鼓励矿产资源勘查、开发的科学技术研究,推广先进技术,提高矿产资源勘查、开发的科学技术水平。并进一步规定在勘查、开发、保护矿产资源和进行科学技术研究等方面成绩显著的单位和个人,由各级人民政府给予奖励。科学技术是第一生产力,先进的科学技术一旦应用于生产实践,便将改变生产的物质技术基础,造成更高的生产率,有效地促进生产地发展,而且影响和改变劳动者的技术、智力素质,以及整个社会经济面貌。只有把煤炭的开发利用建立在高度现代化的技术基础上,用先进技术手段和科学方法来装备煤炭工业,煤炭工业水平才能进一步提高。

为发展勘查技术和方法,我国制定了一批鼓励支持发展勘查技术的政策与行政法规,例如,2007 年发布的《煤炭产业政策》第二十一条、第二十五条规定,鼓励发展地球物理勘探、高精度三维地震勘探技术。鼓励发展厚冲积层钻井法、冻结法和深井快速建井技术。鼓励煤炭企业实施以产业升级为目的的技术改造。鼓励通过多种方式进行煤炭勘探、开采、洗选加工、转化等关键技术和重大装备的研发、集成和自主化生产。2005 年国务院发布的《关于促进煤炭工业健康发展的若干意见》,提出要加大煤炭资源勘探力度,严格执行勘查技术规程,进一步完善储量评估制度,依靠科技进步,提高地质勘探精度,保障地质勘查质量,为合理规划和开发煤炭资源奠定基础。同年国务院在印发关于《国家中长期科学和技术发展规划纲要(2006 - 2020 年)》的通知中再次强调发展航空地球物理勘查技术,开发三维高分辨率地震、高精度地磁以及地球化学等快速、综合和大深度勘探技术。可见,我国非常重视并鼓励和支持在煤炭勘查和开采过程中采用先进的科学技术。

(四)勘查监督制度

我国《矿产资源法》第十一条规定:“国务院地质矿产主管部门主管全国矿产资源勘查、开采的监督管理工作。国务院有关主管部门协助国务院地质矿产主管部门进行矿产资源勘查、开采的监督管理工作。省、自治区、直辖市人民政府地质矿产主管部门主管本行政区域内矿产资源勘查、开采的监督管理工作。省、自治区、直辖市人民政府有关主管部门协助同级地质矿产主管部门进行矿产资源勘查、开采的监督管理工作。”该条对矿产资源的勘查和开采的监管作出了原则上的规定,但是在操作中的基层执法、监督检查等环节中存在众多困难和问题,有待于通过进一步完善相关立法,对相关规定进行细化和补充。为此,2003 年原国土资源部颁布了《市(地)县(市)级国土资源主管部门矿产资源监督管理暂行办法》,主要目的是加强市(地)县(市)级国土资源主管部门对矿产资源勘查、开采的监督管理,进一步明确矿产勘查的监督管理职责,规范其监督管理行为,维护矿产资源的国家所有权益和探矿权人、采矿权人的合法权益。

为进一步加强对矿产勘查的管理,各地方相继出台了相关规范性文件。如 2013 年陕西省人民政府办公厅《关于加强地质找矿促进经济持续发展的意见》为破解当年地质勘查监管不到位、勘查质量普遍下滑的问题,提出构建三级质量监管体系,强化地质勘查项目承担单位,上级业务主管部门和国土资源行政主管部门三方面的质量保证和监管责任,建立行政、经济处罚和资格淘汰制度,强化责任追究。长沙市人民政府在 2015 年关于印发《长沙市人民政府有关部门及有关单位（机构）安全生产工作职责分工暂行规定》的通知中，明确市国土资源局为责任主体，负责矿产资源勘查监管，开采登记审批和转让审批工作；依法查处无证勘查开采、持勘查许可证开采、超越批准的矿区范围采矿等违法违规行为，规范矿业开采秩序等规定。

（五）勘查责任制度

我国在矿产勘查方面有相对完善的责任制度，涵盖对于监督管理人员的监管以及对于探矿人的违规处罚。《煤炭法》《矿产资源法》都对监督管理人员的违法行为作出了追究责任的规定。如《煤炭法》第六十六条规定煤炭管理部门和有关部门的工作人员玩忽职守、徇私舞弊、滥用职权的，依法给予行政处分；构成犯罪的，由司法机关依法追究刑事责任。该条回应了《矿产资源法》第四十七条的规定，即负责矿产资源勘查、开采监督管理工作的国家工作人员和其他有关国家工作人员徇私舞弊、滥用职权或者玩忽职守，违反本法规定批准勘查、开采矿产资源和颁发勘查许可证、采矿许可证，或者对违法采矿行为不依法予以制止、处罚，构成犯罪的，依法追究刑事责任；不构成犯罪的，给予行政处分。违法颁发的勘查许可证、采矿许可证，上级人民政府地质矿产主管部门有权予以撤销。《矿产资源法》第四十八条还为实行监督管理工作的人员提供了法律的保障：以暴力、威胁方法阻碍从事矿产资源勘查、开采监督管理工作的国家工作人员依法执行职务的，依照刑法有关规定追究刑事责任；拒绝、阻碍从事矿产资源勘查、开采监督管理工作的国家工作人员依法执行职务未使用暴力、威胁方法的，由公安机关依照治安管理处罚法的规定处罚。

在《市（地）县（市）级国土资源主管部门矿产资源监督管理暂行办法》中第六条明确规定了下列违法勘查行为：(1)未取得勘查许可证擅自进行勘查工作的，超越批准的勘查区块范围进行勘查工作的；(2)擅自进行滚动勘探开发、边探边采或者试采的；(3)擅自印制或者伪造、冒用勘查许可证的；(4)不依法备案、报告有关情况、拒绝接受监督检查或者弄虚作假的；(5)未完成最低勘查投入的；(6)变更勘查单位未向登记机关备案的；(7)已领取勘查许可证的勘查项目，满6个月未开始施工，或者施工后无故停止勘查工作满6个月的；(8)不依法办理勘查许可证变更登记或者注销登记手续的。对于上述行为，情节严重依法应予吊销勘查许可证、采矿许可证的，应当向原发证机关提出建议，由原发证机关作出决定。该办法第九条规定：市（地）县（市）级国土资源主管部门应按照省级国土资源主管部门的统一规定建立年检制度，并对探矿权人勘查实施方案和采矿权人矿产资源开发利用方案的执行情况实施年度检查，对违法行为依法进行查处。

第三节　煤矿建设

煤矿建设与煤炭的开采与发展和环境治理息息相关。煤炭工业持续发展并适应国民经济建设和社会发展的需要，就必须建设新矿井，改造老矿井。新旧矿井的正常接续，才能增加煤炭工业的发展后劲。随着中国工业化、城市化建设的快速推进，国民经济建设对煤炭资源的需求正在迅速增长,资源开发与环境保护的矛盾日显突出,必须提高对煤矿建设项目环境管理的认识,防止煤矿建设造成新的环境污染和生态破坏。坚持开发建设与环境保护协调发展的原则,坚持预防为主,防治结合的原则,树立循环经济理念,积极推行清洁生产,建设绿色矿山,促进资源的循环利用和永久利用。

一、煤矿建设概述

煤矿建设是实现煤炭工业固定资产扩大再生产的经济活动,主要包括固定资产的建筑和安装。建设现代化煤炭经济体系,是贯彻落实能源革命的战略要求和实现煤炭工业高质量发展的必要条件。所以煤矿建设行业将以习近平新时代中国特色社会主义思想为指导,积极推进能源革命,深化煤炭供给侧结构性改革,以优化煤炭开发结构、拓展先进技术应用、促进商业模式创新、推动国际交流合作为重点任务,坚持"质量第一、效益优先"的发展原则,推动煤矿建设行业转型升级,以促进煤矿工业高质量发展。具体包括施工组织设计和建设工程管理等两大方面。

(一)施工组织设计

矿井建设施工组织设计是矿井建设前期准备工作和工程开工前各项准备工作的依据,是申请建设资金和安排逐年投资计划的依据,也是工程施工安排、材料供应、工程协调和工程考核的依据。因此,施工组织设计在矿井建设工作中的作用巨大。矿井建设施工组织设计的种类主要有矿区建设组织设计、单项工程施工组织设计、单位工程施工组织设计和施工技术措施(作业规程)。

1. 施工组织设计编制的依据和原则。矿井建设施工组织设计编制主要包括根据国家批准的矿区总体设计编制矿区建设组织设计,根据国家批准的矿井单项工程初步设计编制矿井单项工程和单位工程的施工组织设计。矿井建设单项工程施工组织设计编制的依据包括:经过批准的矿区总体设计,单项工程初步设计,施工图,总概算,设备及主要材料清册,地质报告,井筒检查孔资料,工程地质资料,邻近矿井的有关地质资料;国家颁发的有关技术经济政策,各种规范、规程、规定、标准;现行的各类工程概算指标、预算定额、工期定额、技术经济指标以及劳动保护、环境保护、工业卫生、消防安全等文件;国家和建设单位对该项工程的具体要求等。矿井建设组织设计编制应当本着投资省、质量好、工期短、出煤快的目的进行。

2. 施工组织设计的内容。矿井建设施工组织设计的内容一般由说明书、附表和附图三部分组成,具体内容随施工组织设计类型的不同而异。矿区建设组织设计主要内容包括矿区概况、矿区建设准备、矿井建设、选煤厂建设、矿区配套工程建设、矿区建设工程顺序优化、矿区建设组织与管理、经济效果分析等。单项工程(矿井)施工组织设计主要内容包括矿井设计概况、矿井地质及水文地质条件、施工准备工作、施工方案及施工方法、工业场地总平面布置及永久工程的利用、矿井建设三类工程排队及建井工期、施工质量及安全技术措施、施工技术管理等。单位工程施工组织设计主要内容包括工程概况、工程地质及水文地质、施工方式及方法、施工质量及安全技术措施、施工组织管理等。施工技术组织措施(作业规程）主要内容包括工程概况、工程地质及水文地质条件、施工方式及施工方法、新技术推广的措施、施工质量及安全技术措施、施工组织管理及技术经济指标、必要的附表和附图等。

3. 矿井建设施工组织设计的编制与审批程序。矿区建设组织设计由建设单位或委托有资格的设计单位进行编制，要在国家正式立项后和施工准备大规模开展之前一年进行编制，并预审查完毕。

（二）建设工程管理

矿井建设规模庞大，内部分工精细，各工序各工种之间关系非常密切，必须加强施工管理才能建立正常的生产秩序，有效地组织快速施工。矿井建设的工程管理包括建设单位的工程管理、设计和施工单位的工程管理，以及工程建设监理。

1. 建设单位的工程管理。矿井建设单位的工程管理是站在投资主体的立场上对工程建设进行的综合性管理工作。矿井建设工程管理通过一定的组织形式，采取各种措施、方法，对矿井的所有的建设过程进行计划、协调、监督、控制和总结评价，以达到保证工程建设的质量、缩短工期、提高投资效益的目的。

2. 设计单位的工程管理。矿井建设的设计单位工程管理是由设计单位自身对参与的建设矿井工程设计阶段的工作进行自我管理。设计单位通过设计管理，进行质量控制、进度控制、投资控制，对拟建工程的实施在技术上和经济上进行全面详尽的安排，引进先进技术和科研成果，形成设计图纸和说明书，并在实施的过程中进行监督和验收。设计单位工程管理包括设计投标、设计合同签订、设计条件准备、设计计划、设计实施目标控制、设计文件验收与归档、设计工作总结、工程实施中的设计控制与监督、竣工验收。设计工程管理不仅仅局限于设计阶段，更延伸到了施工阶段和竣工验收阶段。

3. 施工单位的工程管理。矿井建设施工单位的工程管理是施工单位通过建立施工项目的管理组织机构，对工程项目进行管理规划，进行工程项目的目标控制，实施生产要素管理和施工现场管理，对工程项目进行组织协调、合同管理、信息管理以及工程项目的管理总结。矿井建设施工单位的工程管理贯穿于矿井施工的全工程，是矿井建设质量、投资、进度三大目标控制的具体体现。

4. 工程建设监理。工程建设监理是指建设监理单位受建设单位的委托，依据国家批准的矿井建设工程项目建设文件，有关工程建设的法律、法规和工程建设监理合同及其他工程建设合同，对矿井工程项目实施的监督管理。

二、我国煤矿建设的发展概况

（一）中华人民共和国成立初期至改革开放前我国煤矿建设

中华人民共和国建立初期，国家成立了燃料工业部，确定了“以全面恢复为主，部分新建则以东北为重点”的煤炭开发部署，提出了“把基本建设放在首位”。1955 年 7 月国家撤销燃料工业部，设立煤炭工业部，煤炭建设战线自力更生、艰苦奋斗，把中华人民共和国成立以前遗留下来的煤矿进行恢复改造，社会主义煤炭工业的初步基础逐步建成。“大跃进”时期，为满足“全民大办钢铁”的需要，国家提出了“全民大办煤矿”，并实行“边勘探、边设计、边施工”的方针，由于违背煤矿建设程序和超能力生产，煤炭产量大起大落，中共中央提出了“调整、巩固、充实、提高”的建设方针。“大三线”建设时期，在“备战、备荒、为人民”和“立足战争，争取时间建设战略后方”的思想指导下，大批施工队伍从华北、东北和沿海地区转移到内地，开始了煤炭工业建设队伍的第一次大转移，随后又进行了为“扭转北煤南运”建设江南煤矿的煤炭工业建设队伍的第二次大转移。“文化大革命”期间，政府合并成立燃料化学工业部，先后从西南和江南调出6万多人的基建队伍，开始了煤炭工业建设队伍第三次大转移。1975年1月，国家重新组建煤炭工业部后，树立了煤炭战线“十面红旗”单位，通过加强江南、云贵、华北、东北、蒙东、两淮和中南等地煤田勘探和开发建设，优化了煤炭生产布局，全国煤炭产量平均增长3000万吨/年。

（二）改革开放至20世纪90年代我国煤矿建设

改革开放初期，邓小平同志批准引进了100套综采装备和综掘设备，建设了中国煤炭工业首次外资投建的当时世界最大的露天煤矿——平朔安太堡煤矿。1982年，煤炭工业部提出生产、基建并重的指导方针，实施“稳住东部、战略西移”的布局，重建资源勘探、设计和施工专业队伍，加强了新矿区建设。1985年，全国煤炭产量达8.7亿吨/年，超过美国成为世界第一煤炭生产大国。同年，国务院批准了煤炭工业部提出的全国统配煤矿投入产出总承包方案，标志着煤炭工业经济体制改革开始。“七五”后期，国家实行“有水快流”的能源政策，鼓励国有、地方和个体私营煤矿一起上，改变了多年煤炭供应紧张的局面。20世纪90年代以《煤炭法》为基础的煤炭法律体系开始建立，原煤炭工业部管理的94个国有重点煤矿及为其服务的176个企事业单位下放地方管理，中国煤炭工业进入了由计划分配向市场配置资源的过渡阶段，推进煤矿质量标准化，加快高产高效矿井建设，具备了设计、施工、装备及管理千万吨级露天煤矿和大中型矿区的能力，建成了开滦、大同、平顶山、淮南等21个千万吨级以上的大型矿区。

（三）21世纪至今我国煤矿建设

进入21世纪以来，国家取消了对煤矿建设的直接投资，煤炭企业真正成为煤炭投资、经营的主体，以市场为导向的多元投资机制已经形成。“十五”到“十二五”时期，我国建成了晋北、晋中、晋东、神东、陕北、宁东、河南、内蒙古东部、新疆等14个大型煤炭基地和锡林郭勒、鄂尔多斯、晋北、晋中、晋东、陕北、哈密、准东、宁东9个千万千瓦级大型煤电基地，保障了国民经济和社会发展对煤炭的需要，促进了煤炭工业健康发展。目前，全国煤炭建设战线深入贯彻落实能源工作“四个革命、一个合作”的战略部署，努力推进煤炭工业高质量发展。中华人民共和国成立以来，煤炭经济体制由计划经济转变为市场经济，市场化程度和运行质量稳步提高。煤炭建设行业管理由单纯的计划管理转变为市场引导、依法管理，煤炭法制建设步伐加快。煤炭建设企业由数量速度型向质量效益型转变力度加大，以设计院和施工企业（基建公司）为基础，逐渐发展为一批智力密集型的工程公司。据不完全统计，全国现有具备资质的各类煤炭设计企业约260余家，其中，矿井甲级资质企业46家，露天煤矿甲级资质企业3家，选煤甲级资质企业31家；有资质的煤炭施工企业85家，其中具有矿山工程施工总承包特级资质3家，一级资质64家。同时，我国严格规范了基本建设程序，建立健全了煤炭建设工程质量监督机制，实施了建设、勘察、设计、施工、监理五方责任主体管理。

三、煤矿建设技术标准

由于全国煤矿地质条件千差万别，各大集团、公司、煤矿的资金、技术力量和装备水平参差不齐，而且思想认识也不统一，煤炭行业各单位合作编制一部矿井建设的国家标准或者行业标准存在较大难度。[9] 作为承担原煤炭工业部大部分功能的中煤能源集团针对本集团五大基地建设，站在行业的高度，率先编制一部安全高效矿井建设技术标准，以其可操作性和先进性引领煤炭行业发展方向，为将来行业标准和国家标准的编制奠定了基础。

（一）地质保障系统

在地质保障系统方面，标准的核心要求是"一个模型，两个功能，三个阶段"，即建立高精度三维地质模型，实现数字化、可视化功能，满足设计、建设、生产三个阶段。主要要求有三点：一是井田勘探由单元向钻探、物探、水文专勘、地质调查等多元提升，形成综合地质报告；二是以满足建立高精度三维地质模型的需求，进行钻探、物探、水文专勘等标准设计和施工；三是静态地质与动态地质相结合，依据生产建设中揭露的地质信息和数据，通过探采对比，及时准确更新数据库，并运用模型，实时动态预测预报，指导安全高效生产。

（二）煤矿开采及地面布置

在煤矿开采及地面布置方面，标准的核心要求是"一个保障，二个优化，三个提高"，即建成安全技术保障型矿井，规模大型化、生产集中化，提高保障力、提高防灾力、提高抗灾力。主要要求有三点：一是坚持"四化"方向和"五高"原则，[10] 依据精细地质、高精模型，充分利用地质保障先导作用，确保矿井设计科学合理；二是充分考虑资源等条件，合理放大井田、水平、采区、工作面几何尺寸，加大可采储量，延长服务年限，提升采场能力，减少采区、工作面个数，为实现规模大型化、生产集中化提供技术保证；三是依据资源条件，本着大型化、集中化的原则，开拓方式优选平（斜）、斜立混合和分区开拓。

（三）煤矿主要系统

在煤矿主要系统方面，标准的核心要求是"一个提升，二个控制，三个减少"，即提升自动化水平，实现自动控制、远程控制，减少用人、减少环节、减少事故。主要要求有五点：一是矿井综合机械化、自动化，这是矿井技术进步的集中体现，也是建设安全高效矿井的根本手段；二是简化是基础，优化是保障，匹配是关键；三是新建矿井、生产矿井按标准规定，力求系统简化、优化、自动化，确保系统安全、可靠，运转高效；四是煤流系统要集中运输，实现集中

---

〔9〕 孙继平：《煤矿安全生产理念研究》，载《煤炭学报》2011年第2期。

〔10〕 "四化"即生产规模化、技术装备现代化、队伍专业化、管理手段信息化；"五高"即高起点、高目标、高质量、高效率、高效益。

控制;五是辅助运输依据技术条件,优选无轨胶轮车、单轨吊车和无极牵引车,根据大倾角等特殊条件选用卡轨和齿轨车,逐步由多级提升向单级运输转变。

(四)煤矿信息化

在煤矿信息化方面,标准的核心要求是"一个目标,二个系统,三个实现",即实现安全高效生产,建立和完善综合自动化系统、管理信息化系统,实现综合自动化、数字化和智能化。主要要求有三点:一是对矿井安全监控、生产集控、调度通信三网合一,实现矿井数据采集、生产调度、决策指挥一体化;二是矿井综合自动化要满足安全性、可靠性、适用性、先进性和可扩性五项原则;三是利用智能集成技术,形成采、掘、机、运、通、地质保障、隐患预警等专家系统,变信息孤岛为群岛,实现信息共享,科学决策。

(五)煤矿安全

在煤矿安全方面,标准的核心要求是完善安全技术保障系统,提高安全保障能力,提升防灾抗灾标准。主要要求有两点:一是要做好矿井水、火、瓦斯、顶板等灾害评价,依据标准编制灾害预防技术措施,提高防灾抗灾能力;二是依据《煤矿井下紧急避险系统建设管理暂行规定》,建设完善井下紧急避险系统,并符合相关要求,提高抗灾避灾能力。

四、煤矿建设立法现状与主要法律制度

关于煤矿建设方面的立法,我国《煤炭法》第二章第十七条至第十八条均作出了规定,相关部门也出台规章对煤矿的建设作出规定。

(一)立法现状

《煤炭法》第十七条规定:"国家制定优惠政策,支持煤炭工业发展,促进煤矿建设。煤矿建设项目应当符合煤炭生产开发规划和煤炭产业政策。"该条第一款首先规定了国家对煤矿建设的政策,这主要体现在两个方面。一方面,国家要促进煤矿建设。另一方面,由于煤矿建设投资大、建设周期长、资金周转慢等,同时由于基本建设投融资体制的改革使煤矿建设规模不同程度地受到一定影响,而且整个煤炭行业还存在不少待解决的问题亟需由国家在投融资、信贷、财政税收、税费、价格和运输等方面对煤矿的建设实行优惠政策,支持煤炭工业的健康、持续发展。实际上,自中华人民共和国成立以来,国家对煤矿建设一直实行许多行之有效的优惠政策,促进和保障了煤炭工业的发展。今后,还应该结合煤炭工业改革的实际,用足、用好国家对煤矿建设的优惠政策。

该条第二款规定了国家对煤矿建设项目的要求。根据规定,煤矿建设之前,必须要依法经有关主管部门立项,而立项除了要具备法律规定的基本条件外,还必须要符合煤炭生产开发规划和煤炭产业政策。煤炭生产开发规划主要是关于煤炭资源开采范围的划定、采矿主体的选定、煤矿布局、煤矿建设与生产、开发的衔接和协调的规划。如果煤矿建设项目不符合煤炭生产开发规划,必然会产生一系列的配套失控等严重后果,打乱国家的总体规划和煤炭生产开发部署,影响煤炭行业的宏观管理,破坏煤炭资源的合理开发利用和有效保护。因此,煤矿建设项目是否能依法审批,首先必须要符合煤炭生产开发规划,将其纳入

规划体系之中加以全面考虑和审查。此外，煤矿建设项目还必须符合煤炭产业政策。煤炭产业政策明确了国家对煤炭工业发展需加强的方面、鼓励发展的方向、限制或禁止发展的特殊方面或领域等，对煤炭工业的发展具有导向作用。煤矿建设项目必须要与煤炭产业政策一致，符合国家的总体安排和部署，才能依法立项。所以，煤矿建设项目必须符合煤炭生产开发规划和煤炭产业政策，这既是煤矿建设的基本要求，又是开办煤矿企业的一个基本条件。

涉及煤矿开发的行政法规主要包括《煤矿安全监察条例》(2000 年制定，2013 年修订)，规定了煤矿建设工程安全方面的内容。此外，国务院还发布了一些涉及煤矿建设的规范性文件，如国务院《关于第三批清理规范国务院部门行政审批中介服务事项的决定》(国发〔2017〕8 号)、国务院办公厅《关于促进煤炭行业平稳运行的意见》(国办发〔2013〕104 号)、国务院办公厅《关于进一步加强煤矿安全生产工作的意见》(国办发〔2013〕99 号)等。

涉及煤矿建设的部门规章和其他规范性文件主要包括：原国家安全生产监督管理总局发布的《煤矿建设项目安全设施监察规定》(2015 年修订)；原国家煤矿安全监察局发布的《关于开展煤矿安全生产综合督查工作的通知》《关于进一步深化依法打击和重点整治煤矿安全生产违法违规行为专项行动的通知》；国家能源局发布的《煤矿建设项目竣工验收管理办法》(修订版)(2019 年修正)；原国家安全监管总局发布的《煤矿安全监察行政处罚办法》(2015 年修正)和原国家安全监管总局与原国家煤矿安监局发布的《煤矿建设项目安全设施竣工验收监督核查暂行办法》等。

涉及煤矿建设的较有代表性的地方性法规及地方政府规章包括：《山西省煤炭管理条例》(2016 年修正)、《江西省实施〈中华人民共和国煤炭法〉办法》(2018 年修正)和《大同市煤矿安全生产监督管理条例》(2015 年修订)等。

(二)煤矿建设核准制度

2016 年修订之前的《煤炭法》第十八条规定了开办煤矿企业应当具备的条件。但是 2016 年修订后的《煤炭法》已经删除了第十八条。其主要原因在于党的十八大以来，党中央、国务院大力推进简政放权、放管结合、优化服务的改革，投资项目审批范围大幅度缩减。在党的号召下，国家发展和改革委员会、国家能源局精简了煤矿项目核准审批前置条件，并为部分符合条件的煤矿建设项目开辟了煤矿项目核准工作绿色通道，大大缩减了项目核准时间，确保了煤炭市场供应的持续稳定。[11] 而且，修改后的《煤炭法》也更加符合第十七条“国家制定优惠政策，支持煤炭工业发展，促进煤矿建设”这一关于煤矿建设的规定。

现行煤矿的建设项目核准的一般程序有以下几个步骤：(1)煤矿根据企业需求，对前期项目内容进行考察，根据地质报告的具体情况，寻找有资质的企业单位对其进行编制项目可行性研究报告；(2)项目可行性报告通过省部级相关单位审查后，报国家发展和改革委员会并申请开展前期相关工作；(3)国家发展和改革委员会相关部门经过讨论研究后，对符合要求的项目出具前期相关工作要求的函；(4)企业根据国家发展和改革委员会出具的函进

〔11〕 屈倩倩：《现行政策下煤矿建设项目核准工作的探讨与思考》，载《内蒙古煤炭经济》2019 年第 10 期。

行开展工作,并委托具有同等资质的相关单位。近年来,按照国务院深化简政放权、优化服务要求,国家能源局规定能源投资项目核准不再发放同意开展项目前期工作的"路条"性文件。因此,获取"路条"已不作为煤矿项目核准的前期工作。项目建设单位在取齐项目核准所需各项文件后,可向国家发展和改革委员会、国家能源局申请项目核准。

(三)煤矿建设土地使用制度

《煤炭法》第十八条对于煤矿建设的使用土地作出规定。根据《土地管理法》《城镇国有土地使用权出让和转让暂行条例》等法律、法规的规定,建设用地的取得方式主要有两种,即通过行政划拨方式无偿取得和通过出让、转让等方式依法办理。[12] 此外,还有乡(镇)村建设使用本集体单位所有的土地等情况。每一种方式的建设用地的取得都有其取得的条件、申请和批准程序、使用和管理办法等。煤矿建设无论以哪种方式使用土地,都应遵守这些规定,依法办理。

为保障被征用土地单位的生产和居民的生活,《土地管理法》规定征用集体所有的土地应依法支付土地补偿费和安置补助费,《煤炭法》对此也做了原则性规定。土地补偿费是由于土地被征用而给予被征地单位的一种补偿,针对的是土地。安置补助费是由于土地被征用造成被征地单位劳动力多余等情况而给予的一种补助,针对的是多余劳动力的安置和不能就业人员的生活补助等。煤矿建设单位应依法做好安置工作,除向迁移居民所在的被征地单位支付土地补偿费和安置补助费外,还应依法向被迁移居民个人支付青苗补偿费,补偿被征用土地上属于居民个人的地上附着物,如树木、房屋等不动产,为居民迁移搬迁提供方便等。地方人民政府也要对煤矿建设依法使用土地和迁移居民,应当给予支持和协助。

煤矿建设要贯彻保护耕地、合理利用土地的原则,该原则是法律、法规有关保护、开发土地资源,合理利用土地、切实保护耕地等规定在煤矿建设用地上的必然要求。土地资源,尤其是耕地,在我国是十分宝贵和有限的。这就要求煤矿建设可以使用荒山、荒地的,不得占用耕地;可以使用劣地的,不得占用好地;能少用土地的,尽量少占土地;依法搞好煤矿建设用地的规划和布局,提高煤矿建设用地的利用率,禁止征了不用,少征多用现象;严格按批准的用途使用土地等。煤矿建设单位应依照法律、法规的要求,做好这方面的工作。

第四节 环境影响评价

我国是煤炭资源大国但是也是消耗煤炭资源的大国。煤炭资源的开发、利用以及环境问题一直以来都是我国政府以及相关领域重点关注的问题。我国相关领域虽然在煤炭资源的开发与利用方面进行了一定的研究,其管理方法、开发技术虽然比以往有了很大进步,但是相比于发达国家而言,我国的开发、利用以及环境治理策略仍处于初级阶段。因此,推动我国煤炭资源的开发、利用以及环境治理方面的共同发展是十分有必要的。

---

〔12〕 卞耀武、张宝明等主编:《〈中华人民共和国煤炭法〉释义》,法律出版社1997年版,第59-60页。

一、环境影响评价概述

环境影响评价一般指决策者在作出可能带来环境影响的意思决定之前，事先对环境的现状进行调查，在此基础上提出各种不同的替代方案，并就各种方案可能造成的环境影响进行预测、评价和比较，从而选择最有利于保护环境的意思决定。依照我国《环境影响评价法》(2018 年)第二条和第四条规定，环境影响评价是指对规划和建设项目实施后可能造成的环境影响进行分析、预测和评估，提出预防或者减轻不良环境影响的对策和措施，进行跟踪监测的方法与制度。环境影响评价必须客观、公开、公正，综合考虑规划或者建设项目实施后对各种环境因素及其所构成的生态系统可能造成的影响，为决策提供科学依据。

(一)环境影响评价的基本原则

《环境影响评价法》第四条规定，“环境影响评价必须客观、公开、公正，综合考虑规划或者建设项目实施后对各种环境因素及其所构成的生态系统可能造成的影响，为决策提供科学依据”。

“客观”原则要求在进行环境影响评价活动时，有关单位和个人应当实事求是，一切从实际出发，严格按照评价的规则、规范对客观的各种环境因素进行评价；“公开”原则是指除了国家规定需要保密的情形之外，环境影响评价的有关情况和环境影响评价文件的摘要应当依法向社会公开，征求有关单位、专家和公众的意见；“公正”原则是指有关单位和个人在进行环境影响评价活动时，不得带有任何主观偏见，不得掺杂任何个人利益、部门利益、地方利益或者其他可能影响公正评价的因素，对所有的评价对象一视同仁，严格按照有关法律、法规、规章规定的程序和方法进行调查、分析、预测、评估，编写和审批环境影响评价文件。

(二)环境影响评价的类型

环境影响评价按照评价对象可分为规划环境影响评价和建设项目环境影响评价；按照环境要素可分为大气环境影响评价、地表水环境影响评价、生态环境影响评价、声环境影响评价、固体废物环境影响评价等；按照时间顺序可分为环境质量现状评价、环境影响预测评价、建设项目环境影响后评价(或规划环境影响跟踪评价)。

1. 大气环境影响评价。大气环境影响评价工作内容与深度取决于环境影响评价工作等级，而评价工作等级的确定主要依据建设项目的排放情况、环境因素以及环境管理要求，目前主要是通过估算模式计算的占标率、占标率为 10% 出现的远端距离的结果并综合考虑污染源与厂界的距离而确定。

2. 地表水环境影响评价。地表水环境影响评价是我国许多环境影响评价报告文件中的重要部分和评价重点。评价的主要任务有六点：(1)明确工程项目的性质；(2)划分评价工作等级；(3)建设项目工程分析；(4)地表水环境现状调查和评价；(5)地表水环境影响预测与评价；(6)提出控制方案和环境保护措施。

3. 声环境影响评价。声环境影响评价是按照我国有关法律法规的要求，对建设项目和规划实施过程中产生的声环境影响进行分析、预测和评价，并提出相应的噪声污染防治对策和措施。评价的基本任务有四点：(1)评价建设项目实施所引起的声环境质量变化以及外界噪声对需要安静建设项目的影响程度；(2)提出合理可行的防治措施，把噪声污染降低到允许水平；(3)从声环境影响角度评价建设项目实施的可行性；(4)为建设项目的优化选址、选线、合理布局以及城市规划提供科学依据。

4. 固体废物环境影响评价。固体废物环境影响评价是确定拟开发行动或建设项目建设和运行阶段、生产经营和日常生活中固体废物的种类、产生量和形态、对人群和生态环境影响的范围和程度，提出处理处置方法以及避免、消除和减少其影响的措施。

5. 生态环境影响评价。生态环境影响评价的基本内容有六点：(1)生态环境影响识别与评价因子筛选；(2)确定生态环境影响评价等级和范围；(3)生态环境现状调查与评价；(4)生态环境影响预测评价或分析，需特别关注对敏感保护目标的影响评价；(5)提出生态保护措施，研究消除或减缓影响的对策措施，包括环境监理和生态监测，并进行技术经济论证；(6)得出结论。

二、煤炭开发对环境的影响

(一)地质损害

煤炭的开采活动能够破坏地壳内部原有的力学平衡状态，容易引起地表塌陷。地表塌陷后，地面构筑物、民用建筑物、农田灌溉设施以及桥梁、铁路、输电线路等将受到不同程度影响，使原有生态系统受到破坏。

(二)煤矸石

煤矸石是煤炭生产过程中产生的废弃物，目前一部分矸石被用于井下充填，而大部分矸石则被运输到地面堆积，形成矸石山。煤矸石中含有碳和大量的硫等有害物质，长期堆积往往会引起自燃，排放大量有害气体，对矿区环境造成严重污染。并且矸石山淋溶水含较强的酸性，个别地区矸石中还含有重金属以及放射性元素，将会污染周围土壤和地表水系及地下水。此外，矸石山侵占耕地良田。有些地区因暴雨导致矸石山滑坡，甚至矸石山爆炸等事故，危害生命财产安全，造成环境污染，矿区生态系统破坏严重。[13]

(三)矿井水

在煤矿建设和开采过程中地表渗透水、岩溶水、矿坑水以及生产防尘用水等会通过不同的途径进入巷道和工作面。为了保证采矿安全，防止水害的发生，需将矿井水排出。矿井水是煤矿排放量最大的一种废水，矿井水排出后，破坏了地下水的自然平衡状态，从而引起地下水水位下降、地表沉降等一系列问题。矿井水由于受开采、运输过程中散落的煤粉、岩粉、支架乳化液等杂物的混入以及煤中伴生矿物的分解氧化等导致水体混浊，大多数水体呈灰褐色、伴有悬浮物、色度高、水面浮有油膜，并散发出少量的腥臭、油腥味，细菌和大肠杆

---

〔13〕 王颖、郭惟嘉：《煤炭开采对环境的影响及对策》，载《煤炭技术》2007年第5期。

菌群数超标。这些废水若没有经过净化处理直接外排,会污染附近地表水体,引起环境污染,并对养殖业产生不良影响。而且,有些矿井水属于酸性水,会腐蚀设备及管路,污染地表水体和土壤,破坏自然景观和动植物的生长。废水渗入地下,将对地下水资源造成严重污染,危害人类用水和身体健康。

(四)废气污染

煤炭生产过程中释放的煤层气(瓦斯)和用炸药落矿、用柴油机为动力的设备而产生的CO和NOx等有毒气体以及煤炭自燃产生的CO、CO_2等造成了矿井废气污染。为了井下生产安全,通常采用通风方式将井下的有害气体排入大气中。我国每年排入大气中的CH_4达100亿立方米,约占世界总排放量的1/3。CH_4及CO、CO_2、NOx、H_2S等废气污染导致气候条件发生变化,破坏臭氧层产生"温室效应",还会形成酸雨,严重影响了生态环境。另外,排出的废气还是煤矿井下开采的灾害因素,由它引起的事故造成人员伤亡数占矿井事故的1/3左右。因此,无论是从环境保护方面还是从煤矿安全生产的角度,都迫切需要解决井下有害气体的治理问题。

(五)噪声污染

我国矿井生产中普遍使用矿井主通风机、地面空气压缩机、主副井提升设备、风动或电动凿岩机等,这些设备都是矿山的主要噪声源。其噪声级达90dB(A)以上,有的高达120dB(A),远远超过国家工业卫生标准。在煤炭生产过程中,噪声污染已成为矿区主要的环境污染之一。长期的噪声能使人的听力受损,能引起失眠、疲劳、头晕、记忆力衰退等不良症状,影响人们的睡眠和休息,同时也危害人们的身心健康。

三、煤炭开发环境影响评价立法现状与主要法律制度

关于煤炭开发环境保护,我国《煤炭法》《大气污染防治法》《水土保持法》均作出相关规定。

(一)关于煤炭建设环境保护的立法

《煤炭法》第十一条规定:"开发利用煤炭资源,应当遵守有关环境保护的法律、法规,防治污染和其他公害,保护生态环境。"该条是《煤炭法》关于开发煤炭资源应当保护环境的规定,是立法原则之一。《大气污染防治法》对开发煤炭资源作出规定,限制高硫分、高灰分煤炭的开采,禁止开采含放射性和砷等有毒有害物质超过规定标准的煤炭,并采取有利于煤炭清洁高效利用的经济、技术政策和措施,鼓励和支持洁净煤技术的开发和推广。鼓励煤矿企业等采用合理、可行的技术措施,对煤层气进行开采利用,对煤矸石进行综合利用。《水土保持法》也对矿产资源开发有可能造成的水土流失问题作出相应规定。

涉及煤矿建设环境保护的行政法规及其他规范性文件主要包括:国务院《关于煤炭行业化解过剩产能实现脱困发展的意见》(国发〔2016〕7号)、国务院办公厅《关于促进煤炭行业平稳运行的意见》(国办发〔2013〕104号)、国务院《关于同意深化煤炭资源有偿使用制度改革试点实施方案的批复》(国函〔2006〕102号)和国务院《关于促进煤炭工业健康发展的

若干意见》(国发〔2005〕18 号)等。

涉及煤矿建设环境问题的部门规章和其他规范性文件主要包括:海关总署发布的《进出口煤炭检验管理办法》(2018 年修正);国家能源局发布的《煤炭清洁高效利用行动计划(2015—2020 年)》(国能煤炭〔2015〕141 号);国家能源局、原环境保护部、工业和信息化部发布的《关于促进煤炭安全绿色开发和清洁高效利用的意见》(国能煤炭〔2014〕571 号)等。

涉及煤矿建设环境保护的地方性法规及地方性规章主要包括:《陕西省煤炭石油天然气开发生态环境保护条例》(2019 年修订)、《新疆维吾尔自治区煤炭石油天然气开发环境保护条例》(2018 年修正)、《山西省煤炭管理条例》(2016 年修正)、《吉林省矿产资源开发利用保护条例》(2015 年修正)和《陕西省煤炭石油天然气开发环境保护条例》(2007 年修订)等。

(二)煤炭开发生态补偿制度

煤炭开发生态补偿是为保护和恢复矿区生态环境,采用广义矿产资源开发生态补偿的概念,对煤炭开发造成的破坏、污染,修复资金投入不足以及矿区发展机会成本进行补偿,从而更好地实现人与自然和谐发展。

2011 年 3 月 14 日发布的《国民经济和社会发展第十二个五年规划纲要》第二十五章第三节规定:按照谁开发谁保护、谁受益谁补偿的原则,加快建立生态补偿机制;推行资源型企业可持续发展准备金制度;鼓励、引导和探索实施下游地区对上游地区、开发地区对保护地区、生态受益地区对生态保护地区的生态补偿;加快制定实施生态补偿条例。随后我国展开了生态补偿制度的试点工作,并逐步扩大生态补偿制度试点范围,建立多元化生态补偿制度,将煤炭资源开发所造成的自然环境、生态资源的污染和破坏的补偿作为试点工作的重要组成部分。

2020 年 4 月 3 日国家能源局发布的《能源法(征求意见稿)》加入了能源开发利用生态补偿制度,其中第三十五条规定了各级人民政府应当制定能源开发和加工转换重大建设项目的污染治理、生态恢复和土地复垦等规划和措施,完善相关生态保护补偿机制。这对于煤炭资源开发对环境的破坏和污染具有事前防范与事后补偿的效果。

生态补偿制度在我国仍处于探索阶段,还未制定相应的法律法规,散见于法规规章等规范性文件的具体条文之中,鉴于此,我国应与时俱进,加强生态补偿的顶层及配套法律法规设计,提高生态补偿机制效力,增强约束力,促进生态文明的建设。

(三)环境损害赔偿制度

环境损害赔偿制度是煤炭开发所造成的环境侵害的主要救济方式,目的是填补平权主体间因煤炭开发环境侵害而造成环境权益所受的损害。因此,煤炭开发环境损害赔偿制度主要着眼于煤炭开发环境侵权责任的实现,寻求煤炭开发环境侵权中加害人和受害人之间利益的平衡。环境损害赔偿制度作为一种法律制度,是法律确认的关于环境损害赔偿成立基础、赔偿原则、赔偿范围、赔偿方法等构成的各项制度的综合。环境损害赔偿制度是维护环境公平正义、公众环境权益与社会和谐稳定的重要保证。2015 年 12 月出台的《生态环境损害赔偿制度改革试点方案》(已失效)规定了在全国试行环境损害赔偿制度,主张对环境损害的救济采用损害赔偿这种手段,肯定了环境损害可以参考侵权法的救济规定。为进一步在全国范围内加快构建生态环境损害赔偿制度,在总结各地区改革试点实践经验基础上,中央办公厅、国务院办公厅于 2017 年 12 月 17 日发布了《生态环境损害赔偿制度改革方案》,同试点方案相比进一步扩大了赔偿权利人范围,细化了启动生态环境损害赔偿的具体情形,健全了磋商机制。该方案提出自 2018 年 1 月 1 日起(同时废止《生态环境损害赔偿改革试点方案》),在全国试行生态环境损害赔偿制度。到 2020 年,力争在全国范围内初步构建责任明确、途径畅通、技术规范、保障有力、赔偿到位、修复有效的生态环境损害赔偿制度。

煤炭开发过程中实行环境损害赔偿制度有现实的必要性和合理性。首先,实行环境损害赔偿制度有利于促进煤炭资源开发利用者重视环境保护,积极防治和治理污染。煤炭资源开发者污染或破坏的是全社会的环境,一般对其本身的利益无多大的直接影响,如果没有制约和激励机制,就很难使其自觉地去保护环境。因此,要想使其重视环境保护,就必须把煤炭开发环境保护的好坏与他人的人身财产利益联系起来。实行环境损害赔偿制度就是把煤炭开发环境保护与人民利益联系的途径之一。其次,实行环境损害赔偿制度有利于社会公平与公正。如果不实行环境损害赔偿制度,煤炭开发的环境损害后果就只能由个人及国家和社会来承担,这样少数人从开发活动中获取经济利益,而造成的环境损害后果却转嫁于全社会,违背了公平和公正的原则,因此,煤炭开发实行环境损害赔偿制度也是公平与合理的。

(四)煤矿环境影响评价制度

依照我国开发利用自然资源的法律规定,环境利用行为人实施各种开发建设活动必须依据相应的开发利用规划。然而,由国务院有关部门、设区的市级以上地方人民政府及其有关部门组织编制的规划范围很广、种类繁多,如果各类规划的编制过程只考虑开发利用的经济价值,忽视预防环境问题,就无法从源头上保护环境,也不能指导政策或规划的发展方向。在这个背景下,产生了规划环境影响评价制度。依照《环境影响评价法》第二章关于"规划的环境影响评价"的规定,我国主要对综合性规划和专项规划实行环境影响评价。综合性规划是就国家或地方有关宏观、长远发展提出的具有指导性、预测性、参考性的指标,包括国务院有关部门、设区的市级以上地方人民政府及其有关部门组织编制的土地利用的有关规划和区域、流域、海域的建设、开发利用规划。专项规划是对有关的指标、要求作出具体的执行安排的规划。专项规划涉及几乎所有的经济活动领域,包括国务院有关部门、设区的市级以上地方人民政府及其有关部门组织编制的工业、农业、畜牧业、林业、能源、水利、交通、城市建设、旅游、自然资源开发的有关专项规划。

煤炭规划环境影响评价制度旨在从可持续发展的理念出发,针对矿区资源的开发利用和环境保护中存在的主要问题,通过对矿区规划的全面分析,综合评价规划是否与矿区内的资源和环境承载力相一致,分析预测规划可能产生的环境与社会影响,并提出完善规划的战略措施与对策,以进一步促进资源的合理利用、产业结构与布局的优化和调整,并为促进整个矿区全面、协调和可持续发展奠定科学基础。矿区总体规划环境影响评价是从宏观上重点解决规划的规模、结构和布局的合理性，从决策源头控制污染、协调社会发展之间的各种矛盾。规划环境影响评价真正实现了从微观到宏观，从尾部到源头，从枝节到主干，从操作到决策的转变和飞跃。现行以煤炭行业为重点的战略环境影响评价的主要内容包括国家或地区煤炭能源规划、煤炭计划、提高煤炭资源生产力的项目、煤炭开采战略、煤炭开发活动以及煤炭废物管理项目等。这些环境影响评价结合行业特点及煤矿生产的具体情况，收集、梳理环境数据，对数据合理性进行筛选和甄别，将环境约束纳入该行业决策，综合权衡，设法降低决策破坏环境的程度。

（五）煤炭“四同时”制度

《煤炭法》第十九条规定：煤矿建设应当坚持煤炭开发与环境治理同步进行。煤矿建设项目的环境保护设施必须与主体工程同时设计、同时施工、同时验收、同时投入使用。这是对《煤炭法》第十一条规定的开发利用煤炭资源的环保责任在煤矿建设阶段的具体落实。它包括两方面的内容：一是煤矿建设和建设活动本身对环境造成的污染和其他危害应予治理。煤矿建设和建设活动对环境产生影响，产生工业“三废”和其他污染源，对这些环境问题进行治理属于同步进行的内容之一。虽然环保法律、法规对此作出了一些规定，但将建设项目和建设活动产生的环境问题作为一个整体处理，制定综合性的有关治理的法律、法规，自有其必要性和紧迫性。二是煤炭开发建设应与环境保护设施建设同步进行，保证能够治理煤矿主体工程建成投入使用后产生的污染问题。该条所强调的“四同时”制度集中体现了这方面的要求，“四同时”制度的具体要求为以下几点：

1. 同时设计。其要求煤矿建设单位在经批准的建设项目环境影响报告书和项目设计任务书的基础上，在编制建设项目初步设计文件时，同时设计其中的环境保护设施设计文件部分，保证环境影响报告书及其审批意见所规定的各项措施得到落实。对初步设计文件进行审查时，应由环境保护部门审查其中的环境保护设计内容，审查通过后，才能形成环境保护设施设计文件。根据有关规定，环境保护设计未经审查批准的，有关部门不得办理施工执照。

2. 同时施工。其要求施工煤矿建设主体工程，必须同时施工环境保护设施。环境保护部门有权对环境保护设施的施工情况进行检查。对于资源综合利用项目，若不执行同时施工的规定，有关部门不得批准开工，施工中有意减掉有关综合利用工程的，有关部门有权令其补建后再继续施工。

3. 同时验收。其是指在验收煤矿建设主体工程时，应同时对环境保护设施进行验收。环境保护设施的竣工验收由环境保护部门负责。对环境保护设施未建成的煤矿建设项目，有关部门不得组织对主体工程的验收。对经验收合格的项目，由环保部门发给环境保护设施验收合格证。凡没有取得环境保护设施验收合格证的建设项目，工商行政管理部门不办理营业执照。

4. 同时投入使用。其要求在投入使用煤矿建设主体工程时，必须同时投入使用环境保护设施。环境保护设施没有投入使用或不能投入使用的，不得投入使用煤矿主体工程。环境保护设施一经投入使用，不得擅自闲置或者拆除，确有必要闲置或拆除的，必须征得所在地环境保护主管部门的同意。

思考练习题

1. 什么是煤炭勘查？我国主要的煤炭勘查方法有哪些？煤炭勘查涉及的责任制度有哪些？
2. 为什么要进行煤炭规划？煤炭规划对于煤炭整体发展有什么意义？
3. 煤矿建设的土地是怎样取得的？
4. 试论我国煤炭建设的土地利用制度。
5. 什么是煤矿环境影响评价？试述煤炭开发中环境损坏赔偿制度，并结合现行制度谈谈你的看法。
6. 试述煤炭“四同时”制度，并谈谈它与环保法上的“三同时”制度的异同。

第四章　煤炭开采与加工转换

| 导读 |

“习近平总书记在十八届中央政治局第六次集体学习中指出，节约资源是保护环境的根本之策；要大力节约集约利用资源，推动资源利用方式根本转变，加强全过程节约管理，大幅降低能源、水、土地消耗强度；大部分对生态环境造成破坏的原因是来自对资源的过度开发、粗放型使用。”为此，必须从资源使用这个源头抓起，推进传统煤化工结构调整，促进其向现代煤化工、煤炭深加工升级。煤炭的开采和加工转换是煤炭行业的上游，对整个行业的安全、消费、环保都有举足轻重的影响。在我国仍以煤炭为基础能源的今天，煤炭的清洁利用水平同煤炭行业的低碳发展画上了等号。本章重点是煤炭开采历史发展中的政策法律演变以及权属制度、特殊稀缺煤种保护开采制度。本章难点是煤炭转换中焦化、气化以及液化法律规范以及煤炭转换的新动向和未来趋势。

煤炭资源从矿产形态到经济价值的实现，需要经过勘探、开采、加工、转换等环节，而各环节构成了煤炭工业的有机整体。政策、法律、法规、规范等使煤炭产业各环节的有序进展和科学协调成为可能，也为煤炭资源的开发与环境保护和可持续发展等目标的结合提供了依据。此外，煤炭开采、加工与转换中的法律规范有助于促进作为天然原料的煤炭资源更加充分、有效、可持续性地发挥经济作用和社会作用，并促进伴随煤炭资源开采和加工而生的科研、技术、标准等的持续性发展。

第一节　煤 炭 开 采

煤炭开采包括了露天开采和地下开采及建筑物下、铁路下、水体下（“三下”）开采等，我国大部分煤炭资源的开采均通过地下（井工）开采进行。煤炭开采古已有之，从古代的手工开采、采掘不分、以掘代采，到现代的机械化开采，煤炭开采已从低回收率的开发性资源获取时代进入高回收率的持续性资源获取时代，促进了如支护、通风、排水、顶板建设等采煤技术和双摇臂采煤机、电牵引采煤机等采煤设备的发展。与此同时，该领域法律规范的完善也在不断提升开采安全、生态保护、环境保护、污染排放、污染治理、开采节约等在新时代煤炭开采中的重要性。

一、煤炭开采概述

煤炭开采,是指对煤田的挖掘和采取,主要分为向地下开掘井巷采出煤矿的地下开采与直接从地表揭露并采出煤炭的露天开采。在传统的煤矿生产过程中,一般都在建筑物下、铁路下、水体下保留煤柱不采,这不仅造成大量煤炭资源的积压,而且造成矿井不能合理进行开采,尤其是埋藏深、煤层层数多的矿区,压煤量相当惊人。随着煤炭资源的不断开发和开采技术的不断提高,“三下”采煤技术得到了迅速的发展,已由在个别建筑物及小型水体下开采,发展到能在大片建筑群和大面积水体下开采;由只能用充填法开采,发展到能用陷落法开采;由用条带法、房柱法开采,发展到全面开采;由建筑物下单个“T”作面的小块回采,发展到阶梯状多个工作面的大面积全柱回采;由按上下层顺序开采,发展到择优开采。

二、我国煤炭开采的历史沿革

(一)中国古代及近代煤炭开采

我国是世界上最早开发和利用煤炭的国家,距今2500年前的《山海经》最早记载了煤并称为“石湼”。辽宁省沈阳市发掘的新乐遗址内,发现多种煤雕制品,证实了中国先民早在6000~7000年前的新石器时代已认识并利用了煤炭。河南文物工作队1960年在鹤壁矿区发现的宋元时代煤矿遗址,包括1个井口、4条巷道、10个采区和1处排水井,说明当时已经有了很完整的采矿技术。

中国正式建成的第一个近代煤矿是中国台湾地区基隆煤矿,1878年建成投产出煤,1895年关闭,该煤矿开矿期间最高年产量为54 000吨。1931年,日军发动侵华战争后对中国华北及东北地区的煤矿资源进行了大规模掠夺。据不完全统计,侵华期间日本累计从我国掠夺煤炭约10亿吨。1949年中华人民共和国成立后,我国的煤炭开采进入恢复期。

(二)中华人民共和国成立至改革开放时期的煤炭开采

经过1949年到1952年的恢复,我国的煤炭开采在1953年迎来采煤方法的改革,相对于短壁采煤法的新型长壁式采煤法成为主流。传统的采煤由多人为一组集中在一起操作,小组成员为避免危险相互协作、团结战斗,形成了很强的团体意识。1958年开始,受“大跃进”运动影响,煤炭作为“全民炼钢”必备的燃料,需求量大幅提高,我国原煤产量也因此迎来一个高峰期。但随着1966年“文化大革命”的爆发,煤矿工业发展受到限制,煤炭供应的短缺促使中央政府放宽开采政策。此外,地方政府也在保护煤矿生产,因此1966年到1976年的原煤产量总体上保持稳步上升的趋势,为我国煤炭工业发展奠定了初步基础。

(三)改革开放至“十三五”规划期间的煤炭开采

1978年,中共中央十一届三中全会召开,为我国的改革开放拉开了序幕,煤炭工业也随之进入转型发展期,煤炭产业体制从完全的计划经济体制过渡到初步的市场经济体制。值得注意的是,我国原煤产量结构中,国有重点矿的产量相较于地方煤矿而言在中华人民共和国成立后很长一段时间内都保持优势，但这一情况在 1984 年发生了变化。1984 年地方煤矿产量首次超过国有重点煤矿，并保持了十余年的领先优势。地方煤矿的崛起与十一届三中全会确定的工作重点转移与“发挥中央和地方两个积极性，大中小一起上”的精神指引是分不开的。

此外，1985 年起国家上划主要产煤省（区）一批骨干煤炭企业，全行业实施 6 年投入产出总承包和两年延续承包，同时赋予煤炭企业部分自主经营权。1987 年，原煤炭工业部制定了《统配煤矿和其他骨干企业深化改革的几点补充办法》，[1] 进一步落实了之后 3 年承包任务和责任；增加了保证正常接续和固定资产完好的承包内容；规定企业内部可以实现多种承包形式；同时把竞争机制引入承包，并且将承包者的收入与经营效果挂钩等。一系列的政策激发了各煤矿的生产积极性，使原煤产量继续稳步提升。1998 年，为帮助煤炭企业彻底实现市场化，国务院改革了煤炭管理体制，下放原煤炭工业部直属的国有重点煤矿，推进政企分开。与此同时，全国小煤矿数量骤减。上述举措在提高产业集中度的同时也导致了地方和全国原煤产量下降，在一定程度上缓解了煤炭供大于求的矛盾。

2000 年 1 月，国家煤矿安全监督管理局正式成立。同年 3 月，我国撤销了国家煤炭工业局，其政治职能并入国家经贸委。2003 年 3 月，我国撤销了国家经贸委，在国家发展和改革委员会下设置能源局，负责制定我国煤炭工业中长期发展政策。2003 年十六届三中全会以后，国家进一步改革煤炭投资体制，将煤矿审批制改为核准制，建立和完善国有资产监管体制，推行资源有偿使用制度，改革煤炭订货制度，实施煤电价格联动，市场配置资源的基础性作用逐步发挥。得益于上述措施，我国的煤炭开采也进入快速发展阶段。然而，这一增长态势在 2014 年发生了变化。随着我国进入“经济新常态”，主要耗煤行业产品产量增幅下降，能源结构不断优化和能源消耗强度降低。随着电力、钢铁、建材这三个“用煤大户”的耗煤量下降，能源消费的“去煤化”趋势开始显现。

煤炭工业发展“十三五”规划更加注重开发布局的科学合理，强调绿色、安全、集约、高效。2019 年，在山西省会太原市召开了能源革命综合改革试点动员部署大会，并提出深入推进煤炭开采利用方式变革的要求。据统计，安全高效的煤矿普遍采用了较高程度的机械化生产，因此煤炭新技术与新装备的发展正在成为新时期煤炭安全、绿色、高效开采的重要内容之一。例如，原国家煤监局发布的《煤矿机器人重点研发目录》，明确重点研发应用掘进、采煤、运输、安控和救援五大类 38 种煤矿机器人，并对每种机器人的功能提出具体要求。截至 2020 年 7 月，全国已建成的智能化采煤工作面超过 200 个，采煤的智能化和机械化稳步推进，为安全高效煤炭开发打开了局面。

（四）“十四五”规划对于煤炭开采的展望

党的十九届五中全会提出：坚持创新在我国现代化建设全局中的核心地位。煤炭在“十四五”乃至更长一段期间内将持续占到我国一次能源消费的 50% 以上。在此背景下，煤炭开采的重点除了技术的继续革新之外，还包括制度的改革与优化。例如，我国煤炭开采

---

[1] 参见沈季良：《祝贺〈中州煤炭〉创刊十年——建议适应改革勇于创新》，载《能源与环境》1989 年第 1 期。

正在与煤炭供给、煤矿开发、煤炭消费等环节联动发展，并通过供给侧结构性改革与统筹规划，实现煤炭的集约化开发和生产。2020 年 6 月由国家发展和改革委员会等六部委发布的《2020 年煤炭化解过剩产能工作要点》就提出了做好煤炭工业发展"十三五"规划实施情况评估和"十四五"规划研究的要求，通过优化存量资源等方式实现供需的动态平衡。具体而言，在现有煤炭开采领域淘汰不具备安全环保条件、不符合产业政策的落后产能，并且引导低效无效产能有序退出。

三、煤炭开采立法现状及主要法律制度

（一）立法现状

自 1996 年《煤炭法》出台以来，我国逐步形成了以煤炭领域法律为核心，配合相关法规、规章的煤炭立法体系，具体来说包括《煤炭法》《安全生产法》《矿产资源法》《环境保护法》《资源税法》等法律，以及《矿产资源开采登记管理办法》（2014 年修订）、《特殊和稀缺煤类开发利用管理暂行规定》、《产业结构调整指导目录》（2019 年本）等法规规章。我国形成了涵盖煤炭开采的准入、规划、实施、复采等各个环节的较为完备的煤炭开采法律制度，主要包括煤炭安全生产许可制度，矿业权制度，煤炭开采税费制度，保护性开采制度，煤炭资源回采率制度，煤炭开采的节约资源、保护环境制度，煤层气开采制度，排污许可制度，标准化生产制度以及落后产能限制与淘汰制度。

（二）煤炭开采立法

《煤炭法》的出台，在一定程度上遏制了煤炭开采中的种种乱象，促进了煤炭资源的合理开发利用。2016 年《煤炭法》修订版对煤炭开采的规定集中在第二章"煤炭生产开发规划与煤矿建设"及第三章"煤炭生产与煤矿安全"。第一章"总则"第十一条还规定，开发利用煤炭资源，应当遵守有关环境保护的法律、法规，防治污染和其他公害，保护生态环境。该条确立了我国煤炭开采的环保基调，也表明了我国拒绝走"先污染，后治理"老路的坚定决心。

（三）煤矿安全生产许可制度

《煤炭法》第二十条规定："煤矿投入生产前，煤矿企业应当依照有关安全生产的法律、行政法规的规定取得安全生产许可证。未取得安全生产许可证的，不得从事煤炭生产。"这项制度是《安全生产法》和《安全生产许可证条例》在煤矿生产方面的具体适用。如《安全生产法》第六十三条规定，负有安全生产监督管理职责的部门对涉及安全生产的事项的审查批准，必须严格依照有关法律、法规和国家标准或者行业标准规定的安全生产条件和程序进行审查；不符合有关法律、法规和国家标准或者行业标准规定的安全生产条件的，不得批准或者验收通过。对未依法取得批准或者验收合格的单位擅自从事有关活动的，负责行政审批的部门发现或者接到举报后应当立即予以取缔，并依法予以处理。对已经依法取得批准的单位，负责行政审批的部门发现其不再具备安全生产条件的，应当撤销原批准。

（四）矿业权有偿使用制度

我国《煤炭法》第三条规定："煤炭资源属于国家所有。地表或者地下的煤炭资源的国

家所有权,不因其依附的土地的所有权或者使用权的不同而改变。"煤炭作为矿产资源的一种,其当然属于国家所有,且煤炭资源所有权与所依附土地的所有权及使用权相分离,禁止土地所有权集体及使用权人私挖乱采。另据《宪法》[2]及《矿产资源法》[3]的规定,矿产资源属于国家所有,由国务院行使国家对矿产资源的所有权,地表或者地下的矿产资源的国家所有权,不因其所依附的土地的所有权或者使用权的不同而改变。矿业权是所有权的派生权利,属于《民法典》物权编中规定的用益物权。广义的矿业权包括探矿权、采矿权和开发管理权,与煤炭资源的勘探、开采和开发息息相关。与本节相关的矿业权则主要为采矿权。

《矿产资源法》确立了采矿权有偿取得制度,采矿权使用费按照矿区范围的面积逐年缴纳,但是采矿权使用费可以根据不同情况予以减缴、免缴。国务院于 2014 年颁布了《矿产资源开采登记管理办法》[4],该办法规定了采矿权的申请、采矿权使用费、采矿费用减免、采矿权有效期、采矿招投标、外商投资及中外合作开采事宜、违反办法规定的法律责任等问题。该办法规定,煤是由国务院地质矿产主管部门审批登记,颁发采矿许可证的矿产资源采矿许可证存在有效期,按照矿山建设规模确定:针对大型以上的矿山,采矿许可证有效期最长为 30 年;针对中型、小型矿山的,依次最长有效期为 20 年、10 年。有效期满后,需要继续采矿的,采矿权人应当在采矿许可证有效期届满的 30 日前,到登记管理机关办理延续登记手续。逾期不办理延续登记手续的,采矿许可证自行废止。

就采矿权使用费或价款减免政策而言,减免情形有四种:(1)开采边远贫困地区的矿产资源的;(2)开采国家紧缺的矿种的;(3)因自然灾害等不可抗力的原因,造成矿山企业严重亏损或者停产的;(4)国务院地质矿产主管部门和国务院财政部门规定的其他情形。减免须由采矿权人提出申请,经省级以上人民政府登记管理机关按照国务院地质矿产主管部门会同国务院财政部门制定的采矿权使用费和采矿权价款的减免办法审查批准。

根据《探矿权采矿权转让管理办法》[5]的规定,探矿权和采矿权可以依法转让,由国务院地质矿产主管部门和省、自治区、直辖市人民政府地质矿产主管部门进行审批管理。转让采矿权应当具备下列条件:(1)矿山企业投入采矿生产满 1 年;(2)采矿权属无争议;(3)按照国家有关规定已经缴纳采矿权使用费、采矿权价款、矿产资源补偿费和资源税;(4)国务院地质矿产主管部门规定的其他条件。国有矿山企业在申请转让采矿权前,应当征得矿山企业主管部门的同意。

(五)煤炭开采税费制度

1. 资源税制度。《矿产资源法》规定,开采矿产资源必须按照国家有关规定缴纳资源税和资源补偿费。《资源税法》[6]规定了资源税的相关内容,煤和煤层气是该法明确列于附

---

〔2〕《宪法》(2018 年修正),全国人民代表大会公告第 1 号。
〔3〕《矿产资源法》(2009 年修正),中华人民共和国主席令第 18 号。
〔4〕《矿产资源开采登记管理办法》(2014 年修订),中华人民共和国国务院令第 653 号。
〔5〕《探矿权采矿权转让管理办法》(2014 年修订),中华人民共和国国务院令第 653 号。
〔6〕《资源税法》,中华人民共和国主席令第 33 号。

录部分的应税资源，最高税率可达 10%。但该法第六条规定，煤炭开采企业因安全生产需要抽采的煤成(层)气为免征资源税项目，且从衰竭期矿山开采的矿产品，减征 30% 资源税。该条鼓励煤矿先采气后采煤，从而有效避免煤矿瓦斯爆炸事故，同时鼓励对衰竭期煤矿的开采，节约矿产资源。值得注意的是，在 2019 年减税降费工作中，国务院实施小微企业普惠性减税，对增值税小规模纳税人在 50% 的税额幅度内减征包括资源税在内的“六税两费”。[7]

2. 矿产资源补偿费制度。根据《矿产资源补偿费征收管理规定》[8]，矿产资源补偿费由采矿权人缴纳，按照矿产品销售收入的一定比例计征，企业缴纳的矿产资源补偿费列入管理费用。采矿权人对矿产品自行加工的，按照国家规定价格计算销售收入；国家没有规定价格的，按照征收时矿产品的当地市场平均价格计算销售收入。采矿权人向境外销售矿产品的，按照国际市场销售价格计算销售收入。但从废石(矸石)中回收矿产品可免缴资源补偿费，从而鼓励煤矸石的综合利用。

3. 矿区生态修复资金制度。除资源税和资源补偿费以外，根据 2019 年《矿产资源法(修订草案)》(送审稿)的规定，采矿权人应当依据国家有关规定，按照销售收入的一定比例等方式提取矿区生态修复资金，专项用于矿区生态修复，并计入企业成本。此虽为草案内容，但生态修复资金制度在我国实务中已有应用。例如，在 2016 年山东省聊城市人民检察院诉路某民事公益诉讼案中，法院判令被告路某支付生态修复资金 3 万余元，用于对涉案地的生态环境进行修复及补偿。

(六)保护性开采制度

《煤炭法》第二十一条规定：“对国民经济具有重要价值的特殊煤种或者稀缺煤种，国家实行保护性开采。”该条是一条特殊法律规定，只适用于特殊煤种和稀缺煤种，即对国民经济具有重要价值的特殊煤种和稀缺煤种，对国计民生具有重要经济价值的、储量较少的主焦煤、肥煤等较为稀少和缺乏的煤炭品种，如著名的太西煤等。具体而言，对该类煤种的列举集中于《特殊和稀缺煤类开发利用管理暂行规定》[9]的附录部分。

我国《刑法》[10]第三百四十三条也将擅自开采国家规定实行保护性开采的特定矿种的行为(情节严重)规定为非法采矿罪，最高可处 7 年有期徒刑及罚金。根据《特殊和稀缺煤类开发利用管理暂行规定》的规定，保护性开采应满足以下条件：控制生产总量，并加强规划管理，优化开发布局；开发须由中方控股；优先采用露天开采；投产后 10 年内，原则上不得通过改扩建、技术改造(产业升级)、资源整合(兼并重组)和生产能力核定等方式提高生产能力；矿区范围内不得建设公用工程或者其他工程，如确需压覆煤炭资源建设的，应当与煤

---

〔7〕 详见 2019 年 1 月 17 日，财政部、税务总局联合发布的《关于实施小微企业普惠性税收减免政策的通知》(部分失效)。

〔8〕 《矿产资源补偿费征收管理规定》(1997 年修订)，中华人民共和国国务院令第 222 号。

〔9〕 《特殊和稀缺煤类开发利用管理暂行规定》(2013 年修正)，中华人民共和国国家发展和改革委员会令第 5 号修正。

〔10〕 《刑法》(2017 年修正)。

矿企业充分协商，由省级煤炭行业管理部门报国务院煤炭行业管理部门同意方可批准建设，建设单位须依法对压占资源及其他损失予以补偿。此外该规定的附录部分对特殊和稀缺煤种及其主要矿区进行了列举，其中特殊和稀缺煤种包括焦煤、肥煤、瘦煤及无烟煤，主要分布于山西、山东、河南、新疆等18个省区市的共计47个矿区之中。

（七）煤炭资源回采率制度

煤炭资源回采率是考核资源回收和开采技术，以及煤矿管理水平的主要技术经济指标之一。《煤炭法》第二十二条第一款规定，开采煤炭资源必须达到规定的煤炭资源回采率。煤炭资源回采率由国务院煤炭管理部门根据不同的资源和开采条件确定。国家鼓励煤矿企业进行复采或者开采边角残煤和极薄煤。煤炭资源回采率是指在工业储量中设计或实际采出的煤量占设计工业储量或实际动用储量的比例。

根据《循环经济促进法》[11]的规定，采矿许可证颁发机关应当对申请人提交的开发利用方案中的开采回采率依法进行审查；审查不合格的，不予颁发采矿许可证。矿山企业未达到经依法审查确定的开采回采率的，由县级以上人民政府地质矿产主管部门责令限期改正，处5万元以上50万元以下的罚款；逾期不改正的，由采矿许可证颁发机关依法吊销采矿许可证。自然资源部也将矿山未达到规定的开采回采率的行为列入《自然资源部行政处罚事项清单》。

《生产煤矿回采率管理暂行规定》[12]对煤炭回采率做了详细规定。《特殊和稀缺煤类开发利用管理暂行规定》对特殊和稀缺煤种的回采率有特别规定，薄煤层不低于88%，中厚煤层不低于83%，厚煤层不低于78%。

（八）煤炭开采的节约资源、保护环境与生态制度

《煤炭法》总则有关环境保护条文及其他法律的规定，形成了总体上的节约资源、保护环境与生态制度。《煤炭法》的立法目的，强调合理开发利用和保护煤炭资源，规范煤炭生产、经营活动，促进和保障煤炭行业发展；第五条规定，国家依法保护煤炭资源，禁止任何乱采、滥挖破坏煤炭资源的行为；第十一条规定，开发利用煤炭资源，应当遵守有关环境[13]保护的法律、法规，防治污染和其他公害，保护生态环境。

根据《大气污染防治法》[14]的有关规定，我国禁止开采含放射性和砷等有毒有害物质超过规定标准的煤炭，开采含放射性和砷等有毒有害物质超过规定标准的煤炭的，由县级以上人民政府按照国务院规定的权限责令停业、关闭。国家环境保护"十五"计划明确规定限制开采高硫煤，对煤炭利用中可能产生超过标准的有害物质的煤炭资源采取禁止开采的措施。此外，《特殊和稀缺煤类开发利用管理暂行规定》强调了对特殊稀缺煤种的保护，对

〔11〕《循环经济促进法》（2018年修正），中华人民共和国主席令第16号。

〔12〕《生产煤矿回采率管理暂行规定》（2013年修正），中华人民共和国国家发展和改革委员会令第5号修正。

〔13〕《煤炭法（修订草案）》（征求意见稿）第十三条规定，开发利用煤炭资源，应当遵守有关生态环境保护的法律、法规。这一规定增加了"生态"的内容，将"环境"无法涵盖的对象纳入保护。

〔14〕《大气污染防治法》（2018年修正），中华人民共和国主席令第16号。

特殊和稀缺煤类实行保护性开发利用，坚持统一规划、有序开发、总量控制、高效利用的原则，禁止乱采滥挖和浪费行为。

（九）煤层气开采制度

煤层气是赋存在煤层中以甲烷为主要成分、以吸附在煤基质颗粒表面为主、部分游离于煤孔隙中或者溶解于煤层水中的烃类气体。煤层气是煤的伴生矿产资源，属非常规天然气，是近一二十年在国际上崛起的清洁、优质能源和化工原料。《煤炭法》第二十八条第二款规定，国家鼓励煤矿企业发展煤炭洗选加工，综合开发利用煤层气、煤矸石、煤泥、石煤和泥炭。《煤炭法（修订草案）》（征求意见稿）第六十一条将对煤层气的开采作更加细化的规定，国家采取扶持政策，鼓励煤层气（煤矿瓦斯）勘查开发利用，促进煤层气产业化发展。煤矿企业应当按照先抽后采、治理与利用并举的原则，积极采取各种措施，充分利用煤层气（煤矿瓦斯）资源。这一规定不但体现国家对煤层气开采的鼓励，而且在国家政策扶持、如何兼顾采煤与采气的关系等问题上，提供了明确的法律支持。

2020年1月1日实施的《产业结构调整指导目录》[15]将“煤层气勘探、开发、利用和煤矿瓦斯抽采、利用”列入鼓励类项目，并作为“对经济社会发展有重要促进作用，有利于满足人民美好生活需要和推动高质量发展”的领域进行推广。该目录是引导投资方向、政府管理投资项目，制定实施财税、信贷、土地、进出口等政策的重要依据，所以这一规定体现了我国对煤层气资源开发利用的重视。在外商投资领域，煤层气开发也通过《鼓励外商投资产业目录》《中西部地区外商投资优势产业目录》等法律文件的形式，被纳入享受优惠条件的投资项目。早在2000年国家商务部首次颁布的《中西部地区外商投资优势产业目录》（已失效）就将“煤层气资源勘探、开发利用”列入山西省、黑龙江省、陕西省等六省的优势产业目录。在经历了2008年、2013年与2017年等历次修订后，《中西部地区外商投资优势产业目录》被纳入了2019年版的《鼓励外商投资产业目录》[16]中。而“煤层气和煤炭伴生资源综合开发利用”属于山西省和内蒙古自治区的优势产业目录，“煤层气（煤矿瓦斯）抽采和利用技术产品开发、生产”被纳入河南省优势产业目录。上述规范体现了在煤层气开发领域，我国加大了对中西部地区吸引外资的政策支持力度，使上述企业在关税、土地使用和企业所得税等方面获得国家的政策支持。

（十）排污许可制度

根据《固定污染源排污许可分类管理名录》[17]的规定，烟煤、无烟煤和褐煤的开采均需要申请排污许可证，排污单位应当在生态环境部规定的实施时限内申请取得排污许可证或者填报排污登记表。新建排污单位应当在启动生产设施或者发生实际排污之前申请取得排污许可证或者填报排污登记表。其中排污登记仅适用于污染较小的排污单位，上述煤种

---

〔15〕《产业结构调整指导目录》（2019年本），中华人民共和国国家发展和改革委员会令第29号。

〔16〕《鼓励外商投资产业目录》（2019年版），中华人民共和国国家发展和改革委员会、中华人民共和国商务部令第27号，现已失效。

〔17〕《固定污染源排污许可分类管理名录》（2019年版），中华人民共和国生态环境部令第11号。

的开采属于名录中明文规定的需要排污许可证的行业,因此并不适用排污登记制度。

(十一)标准化生产制度

《煤炭法(修订草案)》(征求意见稿)第二十九条规定,国家制定煤炭规范和标准,完善煤炭标准体系,推动标准国际化。煤炭企业应贯彻执行国家有关技术政策和行业标准、规范,建立健全企业内部技术管理制度,规范安全生产与开发利用行为。根据该条的规定,煤炭的开采需要遵守规范、标准与技术政策等的约束,而这些约束并不仅仅是界定煤炭产品质量和煤炭等级的依据,更重要的是评价煤炭开采是否符合安全生产、开采中的技术标准是否达标等的标尺。

(十二)落后产能限制与淘汰制度

随着我国迈入发展新时代,部分效率低下且占用资源的落后产能不再适合经济社会发展的需要,需要对其采取一定的限制措施。《煤炭法(修订草案)》第七条规定,国家调整和优化煤炭产业结构,发展优质先进产能,淘汰落后产能,提高煤炭供给体系质量。这一规定与我国煤炭开采趋势相吻合,其综合考虑了煤炭开采、煤炭生产与煤炭消费的综合体系,并将煤炭开采与产能优化建立在煤炭供给体系之上,形成了需求与开发的良性互动。具体而言,我国目前的落后产能集中规定在《产业结构调整指导目录》之中,煤炭开采行业的落后产能主要包括低于30万吨/年的煤矿(其中山西省、内蒙古自治区、陕西省低于120万吨/年,宁夏回族自治区低于60万吨/年),低于90万吨/年的煤与瓦斯突出矿井、采用非机械化开采工艺的煤矿项目、煤炭资源回收率达不到国家规定要求的煤矿项目、井下回采工作面超过2个的煤矿项目、开采深度超过《煤矿安全规程》[18]规定的煤矿、产品质量达不到《商品煤质量管理暂行办法》[19]要求的煤矿、开采技术和装备列入《煤炭生产技术与装备政策导向》限制目录且无法实施技术改造的煤矿。与大型煤矿井田平面投影重叠的小煤矿、"僵尸企业"煤矿、既无降硫措施又无达标排放用户的高硫煤炭(含硫高于3%)生产矿井,不能就地使用的高灰煤炭(灰分高于40%)生产矿井以及高砷煤炭(动力用煤中砷含量超过80μg/g,炼焦用煤中砷含量超过35μg/g)生产煤矿被列入淘汰目录之中。

第二节 煤炭加工

不同煤炭的品质不同,气煤、肥煤、瘦煤、焦煤、气肥煤、贫瘦煤等各类煤炭资源的构成存在差异,从而影响了煤炭的终端使用。因此,煤炭加工作为煤炭采出之后的一个环节,架起了煤炭开采与使用之间的桥梁。煤炭可以通过筛分、破碎、选煤和粉煤成型等方法进行加

[18] 《煤矿安全规程》(2016年修订),中华人民共和国国家安全生产监督管理总局令第87号。

[19] 《商品煤质量管理暂行办法》,中华人民共和国国家发展和改革委员会、中华人民共和国环境保护部、中华人民共和国商务部、中华人民共和国海关总署、中华人民共和国国家工商行政管理总局、中华人民共和国国家质量监督检验检疫总局令第16号。

工,以扩大煤炭资源的用途。该领域的法律规范旨在规范各种煤炭加工行为、促进加工标准的统一和完善、防治煤炭加工中的环境与生态问题,从而为煤炭的高效综合利用保驾护航。

一、煤炭加工概述

(一)煤炭加工概念

煤炭加工,是指应用物理、化学或物理化学方法排除煤中的矿物杂质和有害元素,生产出不同质量的适应使用部门不同需求的煤炭品种,为有效地综合利用煤炭创造条件。煤炭加工按加工深度分为粗加工、细加工与精加工。粗加工主要指毛煤(煤矿生产出来未经任何加工处理的煤)的拣矸与筛选;细加工主要指煤炭的湿法或干法分选;精加工主要指煤的转化,如气化、液化、流态化(水煤浆)以及超纯煤的提取。国外煤炭深加工的主要技术包括化学煤技术、流化床锅炉、煤水混合、煤的液化、塑料煤炭等。在煤炭洗选方面,我国已经跻身世界先进行列。

(二)煤炭加工技术类型

我国煤炭燃烧前的净化加工技术主要包括选煤、型煤、配煤以及水煤浆。

1. 选煤。煤炭洗选是利用煤和杂质、矸石的密度、硬度等性质差异,通过机械筛分、人工拣矸、物理化学选煤、微生物选煤等方法,使煤和杂质有效分离,加工成质量均匀的煤炭产品。目前我国的大型浮选床技术、离心力复合立场选煤技术、微细介质重介质旋流器等均可有效地降低硫分和灰分的含量,优化产品结构,提高产品的综合竞争力。

2. 型煤。型煤加工是指一种或数种散煤或低品位煤与一定比例的石灰固硫剂、黏结剂、助燃剂、节能减排增效剂等通过加压等过程加工成为具有一定形状、尺寸和强度的煤制品。型煤按照用途主要分为民用型煤和工业型煤,民用型煤主要以黄土为黏结剂,加工工艺比较简单,热量稳定性较强。工业型煤是原煤通过添加煤焦油沥青作为黏结剂,添加石灰作为固硫剂来减少热量的流失。

3. 配煤。配煤是将不同品质的煤经过筛选、破碎、按比例配合等过程,改变煤的岩相组成、物理特性、燃烧性能,从而达到优化产品结构、提高燃烧率、降低污染物排放的目的。动力配煤目前已经成为适合中国国情的清洁煤技术,有效地调整煤炭中硫分,灰分,含氮、氯、氟等有害元素的含量,减少污染物排放。

本节所讨论的煤炭加工属狭义的煤炭加工,煤炭转换及煤炭清洁会在第三节和第四节重点介绍。

二、我国煤炭加工的历史沿革

(一)我国古代及近代煤炭加工

我国早在公元前约1000年的西周时期就已经开始使用煤炭作为燃料,1975年在河南省荥阳市发掘的西汉炼铁遗址中挖出了大量煤饼,说明我国早在2000年前就已有了加工利用煤炭的技术。我国明代以前就有土法炼焦并用焦炭冶铁。上海市于1865年最先使用城市煤气。我国近代焦炉业始于1919年鞍山钢铁厂。

（二）中华人民共和国成立至改革开放时期的煤炭加工

1949年中华人民共和国成立后，根据中国同苏联签订的《中苏友好同盟互助条约》，苏联分期分批帮助设计、提供成套设备和主要物资建设一些重大项目，包括援建选煤厂6座。后由于种种原因，选煤厂实际只建成4座。“文化大革命”对选煤业的冲击和破坏极其严重，选煤厂停工、停产现象时有发生，全国洗精煤年产量也受到很大影响。

（三）改革开放至“十三五”规划期间的煤炭加工

1978年党的十一届三中全会召开，标志着我国经济社会发展进入新时期。我国选煤业也进入由小变大、由弱变强、由点到面的全新发展时期。1978年，我国第一部完整的《选煤厂设计手册》（工艺部分）完成。该手册汇编了选煤厂各种资料、设计方法与计算选型布置等内容，对我国后续选煤厂设计影响深远。

20世纪90年代，随着全国改革开放的深入发展，我国经济体制从计划经济进入市场经济，国民经济蓬勃发展，推动煤炭洗选业快速增长，选煤能力大增，结构发生改变，体制创新，效益显著。

进入新世纪我国选煤进入大发展时期。自“十一五”实行所有新建大中型煤矿，必须配套建设选煤厂，所有在役大中型煤矿必须配套建设选煤厂的政策措施以来，大大推动了选煤厂的建设，特别是动力煤选煤厂的建设速度大大加快。这一阶段，我国国民经济发展进入快车道。冶金工业的快速发展拉动了炼焦煤洗选和高炉喷吹煤的洗选。此外，随着煤炭消费量的快速增加，对资源、能源、运输、环境的压力加大，国家制定了一系列防治大气污染，控制污染物排放政策措施，出台了控制煤炭灰分、硫分的标准，各行业、各部门对煤质的严格更加要求，这些都推动了选煤业的发展步伐。

2007年7月3日，国家发展和改革委员会、原国家环保总局联合印发《煤炭工业节能减排工作意见》（发改能源〔2007〕1456号）（已失效），其中第二十三条规定“煤矿应就近配套建设选煤厂或集中选煤厂”。从此大中型煤矿配套建设选煤厂成为项目核准、环评批复及验收的必要条件之一。

2012年煤炭行业印发《关于推进煤炭工业“十二五”洗选加工发展的指导意见》《关于加快推进大型现代化选煤厂建设的指导意见》两个行业性指导文件，确定了“十二五”时期我国煤炭洗选加工和大型选煤厂建设的发展方向、主要目标和重点工作任务。

2016年2月，郭家湾煤矿选煤厂建成投产，该厂是我国选煤厂中一次建成的工艺最先进、生产方式最灵活、产品结构最丰富的选煤厂，是目前国内动力煤分选工艺及自动化监测监控最高技术水平的典型代表之一。

2016年3月16日，第十二届全国人民代表大会第四次会议通过了中华人民共和国国民经济和社会发展第十三个五年规划，简称“十三五”规划，对于煤炭加工有了进一步要求，更加注重煤炭的加工转换利用，主张绿色加工。

2018年，随着煤炭供需形势进一步向好，化解落后过剩产能工作逐步到位，先进产能逐步得到释放。我国煤炭产量、入选能力、入选量小幅上升,入选率有所提高。

(四)"十四五"规划对于煤炭加工的展望

党的十九届五中全会对于"十四五"期间经济发展做出了明确目标,即经济发展取得新成效,在质量效益明显提升的基础上实现经济持续健康发展,增长潜力充分发挥,国内市场更加强大,经济结构更加优化,创新能力显著提升,产业基础高效化、产业链现代化水平明显提高。

"十四五"期间给予煤炭加工这一步骤以更重的使命和任务——提高煤炭利用率,做好煤炭资源综合利用、煤炭加工转化项目管理,提高节能减排水平。要求相关主体不断加大煤制油、煤气化等项目的研发力度,尽量降低煤炭作为终端能源使用的比例,推动煤炭资源清洁化利用,减少对生态环境的污染,实现经济、社会可持续发展。

三、煤炭加工主要法律制度及相关法条索引

(一)立法现状

《煤炭法》第九条和第十一条规定国家鼓励和支持在开发利用煤炭资源过程中采用先进的科学技术和管理方法,并且规定开发利用煤炭资源应当遵守有关环境保护的法律、法规,防治污染和其他公害,保护生态环境。《煤炭法》第二十八条规定国家鼓励炼焦、煤化工等煤炭深加工和精加工以及洗选加工等具体的煤炭加工行为,为我国煤炭加工提供了法律依据。

在煤炭加工规范方面,《煤炭法(修订草案)》第三十四条对煤炭选洗加工做了规定,并鼓励配套建设选煤厂,提升其标准化水平;第六十条规定了在煤炭综合利用中的一体化原则,即支持煤炭开采和煤炭深加工一体化发展,有序推进煤炭深加工产业示范,提升煤炭清洁高效利用水平;第六十六条规定了煤炭加工中的质量保证与质量档案制度,规定煤炭生产、加工、储运、销售、进口、使用企业均应当制定必要的煤炭质量保证制度,建立商品煤质量档案;第七十一条规定了监督检查机制,并将该机制适用于煤炭加工之中。由此可见,随着技术的进步,煤炭加工领域会产生新的社会现象,从而促进法律法规的不断完善。

(二)支持煤炭洗选加工制度

《煤炭法》第二十八条第二款规定:"国家鼓励煤矿企业发展煤炭洗选加工……"《煤炭法(修订草案)》第三十四条进一步规定,国家鼓励配套建设选煤厂,提升其标准化水平,促进煤炭清洁化利用。上述规定明确了我国支持的对象不仅仅是煤矿企业内部的煤炭选洗加工,而且纳入了独立的选煤厂,与现代煤炭开发加工中的分工化一脉相承。这一规定有利于促进煤炭加工行业的分工化与精细化,提高能源利用效率,减少浪费和污染。《大气污染防治法》规定,国家推行煤炭洗选加工,降低煤炭的硫分和灰分,限制高硫分、高灰分煤炭的开采。新建煤矿应当同步建设配套的煤炭洗选设施,使煤炭的硫分、灰分含量达到规定标准;已建成的煤矿除所采煤炭属于低硫分、低灰分或者根据已达标排放的燃煤电厂要求不需要洗选的以外,应当限期建成配套的煤炭洗选设施。煤矿未按照规定建设配套煤炭洗

选设施的，由县级以上人民政府能源主管部门责令改正，处10万元以上100万元以下的罚款；拒不改正的，报经有批准权的人民政府批准，责令停业、关闭。该条从大气污染防治的角度指出，洗选加工可以有效降低煤炭中污染物质的含量，并对违反规定不配套洗选设施行为的法律责任作了明确规定。

根据《特殊和稀缺煤类开发利用管理暂行规定》的规定，国家鼓励开展选煤技术研发，提高精煤产率。特殊和稀缺煤类应当全部洗选。经洗选加工的优质特殊和稀缺煤类应当优先用于冶金、化工、材料等行业。限制特殊和稀缺煤类作为燃料直接利用。本规定贯彻了对特殊稀缺煤种的保护态度，对这类煤种的洗选加工做出了更为严格的规定。《产业结构调整指导目录》也将煤炭清洁高效洗选技术开发与应用列入鼓励类项目，但将不能实现洗煤废水闭路循环的选煤工艺、不能实现粉尘达标排放的干法选煤设备列为淘汰项目。国务院《关于煤炭行业化解过剩产能实现脱困发展的意见》也明确指出要鼓励发展煤炭洗选加工转化，提高产品附加值。

山西省作为我国的煤炭大省，制定了山西省人民政府《关于大力发展煤炭加工转化有关问题的规定》（晋政发〔1987〕34号），比较详细地规定了煤炭加工的相关问题，其中第三条明确规定对于煤炭的加工按照行为主体的差异给予不同程度的税收优惠；第四条、第五条、第七条、第八条则从铁路运输部门、环境保护部门、科委、经委、计委、企业主管部门及有关高等学校和科研机构的层面具体规定了包括保证运输、排污费返还、组建研究所在内的各项具体措施鼓励煤炭加工。

（三）排污许可制度

与煤炭开采一样，根据我国《固定污染源排污许可分类管理名录》，各类煤炭的洗选均需要申请排污许可证，排污单位应当在生态环境部规定的实施时限内申请取得排污许可证或者填报排污登记表。新建排污单位应当在启动生产设施或者发生实际排污之前申请取得排污许可证或者填报排污登记表。与特定煤种的开采相同，各类煤炭的洗选也属于名录中明文规定的需要排污许可证的行业，不适用排污登记制度。

（四）国家标准制度

我国《煤炭法》第二十三条规定："煤矿企业应当加强煤炭产品质量的监督检查和管理。煤炭产品质量应当按照国家标准或者行业标准分等论级。"《煤炭法（修订草案）》（征求意见稿）第二十九条则为煤炭开采与开发的整体环节提出了"国家制定煤炭规范和标准，完善煤炭标准体系，推动标准国际化"的要求，将开采、加工等方面的标准纳入国家行为的范畴，并且将国内标准与国际标准相结合，为我国煤炭行业的对内发展与对外发展提供了具有前瞻性的指导。就质量等级而言，第三十条进一步规定，煤炭产品质量应当按照国家标准或者行业标准分等论级。煤炭生产和经营企业应当加强煤炭产品质量管理，严格遵守煤炭产品质量标准，严禁销售灰分、硫分等不满足标准的商品煤。就煤炭选洗而言，第三十四条规定，国家鼓励煤矿企业发展煤炭洗选加工，配套建设选煤厂，提升其标准化水平，促进煤炭清洁化利用。这一规定将煤炭清洁化利用的保障机制，从单一维度的鼓励洗选加工，扩展到鼓励建立专业选煤厂，以及鼓励提升标准化水平，从而形成三层维度的煤炭选洗鼓励机制。

以煤炭选洗为例，我国采取国家标准制度进行规范。《煤炭洗选工程设计规范》《煤炭洗选工程节能设计规范》等，对煤炭加工环节中的相关工程进行了技术层面的规范。就其中的强制性规范而言，煤炭选洗工程设计中要求：选煤厂必须实现洗水闭路循环、破碎机入料口前必须设置除铁装置、选煤厂必须设置事故煤泥水处理环节、干燥后的产品运输及转载处必须设置密闭罩，并应采取相应的除尘措施等；在煤炭洗选工程节能设计方面，国家强制标准要求选煤厂生产用水应达到零排放标准。

(五)综合利用制度

《煤炭法》第二十八条规定："国家提倡和支持煤矿企业和其他企业发展煤电联产、炼焦、煤化工、煤建材等，进行煤炭的深加工和精加工……综合开发利用煤层气、煤矸石、煤泥、石煤和泥炭。"该条规定确立了煤炭综合加工利用法律制度，规定了煤炭综合加工利用的发展方向及其扶持政策。集中体现了国家对煤炭联产、洗选以及综合利用的支持，旨在以法律的规定来促进煤炭加工环节的效益。

此外根据《矿产资源法》第七条以及第三十条的规定，国家对矿产资源采取"综合利用"的方针，并在开采时对可以综合利用地的资源实行"综合开采"，暂时无法综合利用也应有效保护、防止损坏。《环境保护法》与《矿产资源法》的规定类似，在第二十一条规定国家采取财政、税收、价格、政府采购等方面的政策和措施，鼓励和支持资源综合利用。上述两法明确点出了"保护利用""财政税收""价格优惠""政府采购"等措施，有利于主体遵守法律，从而发挥法律规范社会行为的功能。

行政规范性文件层面，国家发展和改革委员会等十部委联合制定、发布了《煤矸石综合利用管理办法》[20]。该办法主要规定了煤矸石利用的综合管理、对煤矸石大宗利用和高附加值利用的鼓励措施以及综合利用中的监督管理。根据《煤矸石综合利用管理办法》和《粉煤灰综合利用管理办法》的规定，我国对以煤矸石及粉煤灰为代表的煤炭生产中产生的废弃物需进行综合利用。煤矸石，是指煤矿在开拓掘进、采煤和煤炭洗选等生产过程中排出的含碳岩石，是煤矿生产过程中的废弃物。粉煤灰是煤炭燃烧有机物后形成的灰渣，主要成分为硅、铝、铁氧化物以及一定量的钙、镁、硫的氧化物[21]。我国立法中的粉煤灰的概念为"燃煤电厂以及煤矸石、煤泥资源综合利用电厂(以下称产灰单位)锅炉烟气经除尘器收集后获得的细小飞灰和炉底渣"。我国规定煤矸石综合利用应当坚持减少排放和扩大利用相结合，实行就近利用、分类利用、大宗利用、高附加值利用，提升技术水平，实现经济效益、社会效益和环境效益有机统一，加强全过程管理，提高煤矸石利用量和利用率；粉煤灰综合

[20] 《煤矸石综合利用管理办法》(2014 年修订)，中华人民共和国国家发展和改革委员会、中华人民共和国科学技术部、中华人民共和国工业和信息化部、中华人民共和国财政部、中华人民共和国国土资源部、中华人民共和国环境保护部、中华人民共和国住房和城乡建设部、中华人民共和国国家税务总局、中华人民共和国国家质量监督检验检疫总局、中华人民共和国国家安全生产监督管理总局令第 18 号。

[21] 任瑞晨、徐志强主编：《煤炭资源综合开发与利用》，中国矿业大学出版社 2008 年版，第 653 页。

利用应遵循“谁产生、谁治理，谁利用、谁受益”的原则，减少粉煤灰堆存，不断扩大粉煤灰综合利用规模，提高技术水平和产品附加值。此外，国家发展和改革委员会制定有《特殊和稀缺煤类开发利用管理暂行规定》，规定国家鼓励开展选煤技术研发，提高精煤产率，特殊和稀缺煤类应当全部洗选；经洗选加工的优质特殊和稀缺煤类应当优先用于冶金、化工、材料等行业，限制特殊和稀缺煤类作为燃料直接利用。

我国《产业结构调整指导目录》中将数种综合利用项目规定为鼓励类项目，包括煤炭共伴生资源加工与综合利用，煤矸石、煤泥、洗中煤等低热值燃料综合利用，矿井采空区、建筑物下、铁路等基础设施下、水体下采用煤矸石等物质填充采煤技术开发与应用。此外我国《鼓励外商投资产业目录》也将煤炭洗选及粉煤灰（包括脱硫石膏）、煤矸石等综合利用、煤层气和煤炭伴生资源综合开发利用、洗中煤、焦炉煤气余热发电、供热等综合利用列为鼓励外商投资类的产业。

第三节　煤 炭 转 换

煤炭可以通过焦化、气化、液化等化学方式进行转换，成为气态、液态等形式被加以利用。煤炭可以通过焦化过程产生获得诸如焦炭、煤气、煤焦油等多种高附加值的化学产品，用于铸造、有色金属冶炼、制取碳化钙等产业中；煤炭液化后可以形成乙醇等燃料，并进一步合成燃油，可以作为石油的替代品，为一些石油资源匮乏国家所依赖；煤炭气化后产生的气体可以作为工业燃气、民用燃气、冶金还原气等用于工业生产和居民生活。该领域的法律规范旨在规范转换行业行为，并成为促进技术发展的政策与法律保障。

一、煤炭转换概述

（一）煤炭转换概念

煤炭转换，是指利用物理或化学的方法，将煤炭转变为热、电、化工品的过程。煤炭转换实际上属于煤炭深加工。煤炭转换是一个集合概念，主要包括煤炭气化（“煤的气化”或“煤气化”）、煤炭液化（“煤的液化”或“煤液化”）、煤炭焦化（“煤的焦化”或“煤焦化”）、水煤浆以及各类煤制化学品。

（二）煤炭转换的具体类型

1. 煤炭气化，是指在常压或者加压下，通过空气、蒸汽和氧气等气化剂与煤炭发生反应，从而生成热值低或热值高的煤气。在煤炭气化过程中，可以有效地脱除硫分、氮、灰分等，形成清洁的气体燃料。目前完全气化技术已经日益完备，并广泛应用于农用化肥和城市民用煤气等领域。

2. 煤炭液化，是指在一定条件下，将固体煤炭转化为清洁的液体燃料。目前煤炭的液化技术主要有直接液化和间接液化两种方式，两种方式对于煤炭的质量和品质要求各不相同。直接液化是直接将煤炭转化为液体清洁燃料或原料，而间接液化是指先将煤炭气化，然后再将煤气液化。我国在煤炭间接液化方面已经完成 MFT 合成汽油新工艺的工业试验。

3. 煤炭焦化又称为煤炭高温干馏,其属于一种煤转化工艺,以煤炭为基础,将原料加热到950℃的高温,并隔绝空气,从而产生焦炭、煤气、煤焦油和其他化学产品等。这些产品以焦炭为主,焦炭主要用于高炉炼铁、铸造、有色金属冶炼、制备水煤气、制取二硫化碳、制取元素磷等;煤炭焦化中产生的煤焦油属于焦化产业中的重要产品,可以广泛用于制造燃料或药物;煤炭焦化中产生的煤气和其他化学产品用途也十分广泛,例如,煤气是钢铁企业的重要气体燃料,其中的氢和甲烷可以单独分离出,独立作为氢气和甲烷气使用,而后者是天然气的一种替代品。从发展速度和规模上看,中国煤制合成氨、甲醇等化学品工业装置的数量和规模已是世界第一。

4. 水煤浆是 20 世纪 70 年代兴起的煤基液态燃料,可作为炉窑燃料或合成气原料,具有燃烧稳定、污染排放少等优点。水煤浆是由大约 65% 的煤、34% 的水和 1% 的添加剂通过物理加工得到的一种低污染、高效率、可管道输送的代油煤基流体燃料。它改变了煤的传统燃烧方式,显示出了巨大的环保节能优势。尤其是近几年来,采用废物资源化的技术路线后,研制成功的环保水煤浆,可以在不增加费用的前提下,大大提高环保效益。在我国丰富煤炭资源的保障下,水煤浆也已成为替代油、气等能源的最基础、最经济的清洁能源。

此外,燃料电池也是煤炭转换的另一种重要形式。燃料电池以煤炭等固体碳为燃料,通过化学氧化反应输出电能。因此,其不仅可以有效控制温室效应、保护生态环境,还可以解决严峻的能源枯竭问题,成为 21 世纪的理想技术。燃料电池的推广会促进经济的发展,特别在汽车产业和公共汽车领域具有广泛应用场景。

二、我国煤炭转换的历史沿革

由于煤炭转换概念内元素众多,本部分主要介绍煤焦化、煤气化及煤液化的历史。

(一)中华人民共和国成立前的煤炭转换

焦化行业是以煤炭为原料进行能源转换的产业。早在 1898 年,我国在江西省萍乡煤矿和河北省唐山市开滦煤矿已有工业规模的焦炉生产,仅比 1881 年德国建设投产的世界第一座回收化学产品的焦炉晚 17 年。第一次世界大战后,我国在鞍山、本溪、石家庄等地开始建设可回收化工产品的现代焦炉。

20 世纪三四十年代,在我国东北的鞍山、吉林、大连和本溪,华北的北平石景山铁厂,山西省太原市西北炼钢厂,上海吴淞煤气厂,重庆大渡口钢铁厂,山西长治枣臻村,陕北延安等地建成一批不同规模的炼焦炉并先后投产。我国于 1949 年 10 月前曾先后建成各种现代焦炉共 28 座,但由于长期战争的破坏,只有鞍山、太原、石家庄等地区少数企业的部分焦炉维持生产。

(二)中华人民共和国成立至改革开放时期的煤炭转换

中华人民共和国成立时,百业待兴,随着钢铁工业的大力发展,我国炼焦工业开始加快发展,引进了苏联的炼焦技术与焦炉管理经验。1952 年,我国在北京钢铁工业试验所(冶金工业部钢铁研究总院前身)成立煤焦研究室,并在鞍山黑色冶金设计院内设置炼焦专业设计室;1955 年,我国成立冶金工业部焦化工业热工站,负责焦炉砌筑施工的技术监督、焦炉烘炉、焦炉开工和焦炉热工调整工作;1958 年我国建立鞍山焦化耐火材料设计研究院。1965 年,我国自行设计的 5.5m 大容积焦炉首先在攀钢开始建设;1970 年 6 月 1# 焦炉顺利投产,2#、3#、4# 焦炉也相继投产,为中国焦炉大型化建设生产迈出了可喜的第一步。

煤气化方面,国内煤气化技术的研究和开发始于 20 世纪 50 年代,20 世纪 70 年代我国曾以 KT 炉为基础,在新疆芦草沟和山东黄县等地开展两次粉煤气化的工业试验,均以失败告终,但也为后来者积累了丰富的经验。

煤液化方面,我国从 20 世纪 50 年代初即开始进行煤炭间接液化技术的研究,曾在锦州市进行过 4500 吨/年的煤间接液化试验,后因发现大庆油田而中止。

（三）改革开放至“十二五”规划期间的煤炭转换

1978 年 12 月,党的十一届三中全会的胜利召开,开启了中国改革开放发展的新时期。随着国民经济的持续快速发展,钢铁冶金、化工、有色、机械制造等行业的巨大市场需求,强力地推动了我国焦化行业的快速发展。改革开放以来,我国焦化行业与钢铁行业发展紧密相连,大体经历了“平稳、加快、高速”三个发展阶段。1979～1993 年的 15 年中,钢铁生产基本处于平稳增长阶段,从而相应使我国焦炭生产处于平稳发展时期。1993～2002 年,中国加入 WTO,扩大了机电产品等外贸出口,申办奥运成功等加快了基础设施建设,我国钢铁和焦化行业经历了 1990～1992 年的调整后进入加快发展时期。2003～2012 年的 10 年中,焦化行业经历了两次资产投资高峰期,成为我国焦化行业创历史的高速增长时期。

1. 煤气化方面。从“六五”计划开始,国家对煤气化技术研究开发的力度不断增加。1996 年 10 月,华东理工大学、兖矿鲁南化肥厂、原化工部第一设计院联合承担了国家“九五”重点科技攻关项目“新型(多喷嘴对置式)水煤浆气化炉开发研究”;2000 年 6 月在兖矿鲁南化肥厂建成我国第一套具有自主知识产权,日处理 22 吨煤的新型(多喷嘴对置式)水煤浆气化中试装置;2000 年 10 月,中试装置顺利通过了 72 小时工艺技术考核,各项经济技术指标均达到国际领先水平;2006 年 1 月 8 日新型水煤浆气化炉通过了中国石油和化学工业协会组织的专家技术鉴定,专家委员会认为该技术打破了国外的技术垄断,具备了与国外气化技术竞争的实力;2006 年 5 月 31 日,列为国家 863 项目的“新型水煤浆气化技术”通过了科技部组织的国家验收。

2. 煤液化方面。由于 20 世纪 70 年代的两次石油危机,以及“富煤少油”的能源结构带来的一系列问题,我国自 80 年代初又恢复对煤间接液化合成汽油技术的研究,由中科院山西煤化所组织实施。“七五”期间,山西煤化所开的煤基合成汽油技术被列为国家重点科技攻关项目。“八五”期间,国家和山西省人民政府投资 2000 多万元,在晋城市化肥厂建立了年产 2000 吨汽油的工业试验装置,生产出了 90 号汽油。在此基础上,我国提出了年产 10 万吨合成汽油装置的技术方案。2001 年,国家 863 计划和中科院联合启动了“煤变油”重大科技项目。中科院山西煤化所承担了这一项目的研究,经过一年多攻关,千吨级浆态床中试平台在2002年9月实现了第一次试运转,并合成出第一批粗油品。经过20年的开发和研究,我国已经具备建设万吨级规模生产装置的技术储备,在关键技术、催化剂的研究开发方面已拥有了自主知识产权,我国自己研发的煤炭液化技术已达到世界先进水平。

3. 水煤浆方面。国际社会因20世纪70年代的石油危机而逐步大力发展水煤浆技术,我国在1983年将水煤浆制备与燃烧技术正式列入国家"六五"攻关项目。1984年8月,由中国矿业大学科研团队研发制备出的80吨水煤浆成功在北京造纸一厂燃烧,标志我国水煤浆工业燃烧的开始。此后,水煤浆制备与燃烧技术获得了"六五"国家科技攻关成绩显著表彰奖,并顺利通过了"七五"鉴定,为水煤浆的工业化试验奠定了基础。

此后我国在大同、抚顺、枣庄等地建立了5座水煤浆制造厂,截至1990年实现了总生产能力达每年35万吨的目标。在此后的"八五"期间,我国建立了大规模的水煤浆制作与电站燃用水煤浆工业示范,并将技术和装备全部立足国产,开发出了大型专用设备以及添加剂生产技术。

(四)"十三五"规划以来的煤炭转换

1. 煤气化方面。煤气化技术的发展成为此时期的重点。在大型现代煤化工项目的驱动下,煤气化技术正在向高能效、大型化和宽煤种适应性方向发展。这一发展与世界能源正在往煤炭清洁化、低碳化、非碳化发展的趋势吻合,也降低了传统煤炭开发中的安全与生态环境问题。诸多技术中,煤炭地下气化技术已成为世界各国在该领域实力的风向标。我国在2019年11月成功应用了拥有自主知识产权的"第四代地下煤炭气化技术",做出了世界上煤炭地下气化技术100多年研发历史上的重大突破,该技术也缓解了我国"富煤少气"的问题。根据中国科学院院士邹才能在2020年7月的估算,我国埋深1000~3000米的可气化煤炭储量是我国常规天然气储量的3倍,与其他所有非常规天然气资源储量的总和相当。因此该技术未来很有潜力引领我国天然气革命,实现天然气产量的飞跃增长,改变我国能源生产与消费结构。

2. 煤液化方面。生态环境友好是煤制油项目的重要特点之一。由于煤液化制油技术可以将污染较重的煤与劣质重油转化为液体燃料,所以煤液化具备了生态友好型煤炭开发的基本条件。环保政策下,煤液化中越来越关注降低能耗、水耗和"三废"排放。我国拥有完全自主知识产权的煤直接液化工艺已实现了接近零的污水排放,而且可以直接利用矿井井水作为煤液化生产水源。由于煤液化生产出的柴油相比原油加工出来的柴油具有比重大、稳定性高、低凝固点、含硫量极低等特点,上述技术的突破将煤液化的大规模化推广成为可能,促进了我国优质环保燃料的发展。

3. 煤焦化方面。"十三五"以来我国已逐步成为煤炭焦化产品生产与消费大国,煤炭焦化产品已达数百种,产品广泛应用在冶金、化学、医药、耐火材料等领域。2017年形成了以山西、河北、山东三省为主的焦炭供应,大量用于我国的钢铁行业,为钢铁行业的发展提供了有力保障。在"十三五"规划中,我国焦炭行业以淘汰产能为主要目标之一,山西和山东等地通过市场和环保等方式倒逼落后产能淘汰。在全国的产能优化努力之下,焦炭总产量与总需求趋于平衡。

4. 水煤浆方面。经过多年发展，我国已建立多个水煤浆科研实验基地和生产应用示范基地，并完成了动力锅炉、电厂锅炉、轧钢加热炉、热处理炉、干燥窑等炉窑燃用水煤浆的工程试验。国家能源局已经通过《煤炭清洁高效利用行动计划(2015—2020 年)》等文件明确了水煤浆技术的优势，[22] 并鼓励发展水煤浆技术。水煤浆的制备和应用一体化技术也被列为中国节能重点发展技术中的洁净煤技术项目。在此背景下，随着技术的不断更新升级，我国已在济南、鄂尔多斯等地开始将水煤浆技术运用在传统项目中。

三、煤炭转换立法现状及主要法律制度

(一)立法现状

《煤炭法》对煤炭转换的规定主要是对土法炼焦的取缔。《水污染防治法》[23] 和《大气污染防治法》[24] 也从水污染防治以及大气污染防治的角度对煤炭焦化进行了规范。此外，行政法规以及部门规章对焦化行业的准入和规范也做出了规定。煤炭的气化和液化方面情况大致同焦化类似，通过行政法规和部门规章体现国家对煤炭转换给予全方位的支持和鼓励。

(二)焦化行业的法律规范

在行业准入方面，《煤炭法》第二十九条第二款规定："国家采取措施取缔土法炼焦。禁止新建土法炼焦窑炉；现有的土法炼焦限期改造。"该条侧重从煤炭开发对资源利用和环境影响的角度，对土法炼焦作了明确的禁止性规定。土法炼焦是一种初级炼焦方式，大规模发展是在 20 世纪 80 年代以后，一些贫困产煤地区的农民、乡镇煤矿将土法炼焦作为致富门路。土法炼焦带来了暂时、有限的利益，但浪费了大量优质煤炭资源。20 世纪 80 年代中期我国即发布了取缔土法炼焦的通知，但因无法可依而屡禁不止。该条规定的取缔土法炼焦，包括三项措施：严禁建造新的土法炼焦窑炉、对现已生产的限期改造、制定政策措施鼓励发展机械化炼焦或正规炼焦。此外，《固定资产投资方向调节税暂行条例》(已失效)的附录部分同样将土法炼焦列入国家禁止发展项目；《产业结构调整指导目录》中将独立焦化企业未同步配套建设装煤、推焦除尘装置的炼焦项目列为限制项目，将土法炼焦列为淘汰项目。

2020 年工业和信息化部公布了《焦化行业规范条件》[25]，规定有关部门在对焦化生产建设项目进行投资管理、土地供应、环评审批、节能评估、信贷融资管理等工作中要以该准入条件为依据。该准入条件的制定目的为促进焦化行业结构调整和转型升级，引导和规范焦化企业投资和生产经营，对焦化行业的准入问题作了规定，全面适用于新(改、扩)建焦化企业，包括炼焦、焦炉煤气制甲醇、煤焦油加工、苯精制生产企业。而对产品质量的要求则是通过引用国家标准来实现的，包括冶金焦执行 GB/T 1996—2003 标准、城市民用煤气执行

---

[22] 《煤炭清洁高效利用行动计划(2015—2020 年)》(国能煤炭〔2015〕141 号)。
[23] 《水污染防治法》(2017 年修正)，中华人民共和国主席令第 70 号。
[24] 《大气污染防治法》(2018 年修正)，中华人民共和国主席令第 16 号。
[25] 《焦化行业规范条件》，中华人民共和国工业和信息化部公告 2020 年第 28 号。

GB 13612—2006 标准、煤沥青执行 GB/T 2290—2012 标准等。从宏观准入制度来看，焦化行业不涉及特别许可或其他行政许可，对其准入条件的限制更多体现在规划、环境保护、生产工艺、产品质量、能源消耗和安全卫生等方面，专业性和技术性较强。此外，《鼓励外商投资产业目录》[26]将煤炭气化、液化、水煤浆、工业型煤列为鼓励外商投资产业，从行业准入的角度为外资参与该领域的投资提供了指引。

在行业行为规范方面，《水污染防治法》规定禁止新建不符合国家产业政策的炼焦项目，如有违反，由本市、县人民政府责令关闭。此规定同《煤炭法》对土法炼焦的规定类似，但规定了更为明确的法律责任。《大气污染防治法》规定燃煤焦化过程中如排放含有硫化气体，应当配备脱硫装置或采取其他脱硫措施，从防治大气污染的角度对煤炭的焦化环节进行规制。可见我国法律对焦化行业有明确的破旧立新态度，通过禁止土法炼焦和规范行业准入齐头并进，促进我国焦化行业健康发展，进而优化产业结构、厉行资源节约和环境保护。同时，上述规定也从生产安全的角度，严格把关焦化产品的质量。

在上下游行业的关系规范上，国务院《关于促进煤炭工业健康发展的若干意见》规定煤焦化工要优先安排依托煤炭矿区的项目，促进能源及相关产业布局的优化和煤炭产业与下游产业协调发展。行政法规对焦化行业的规范强化对协调布局的重视，焦化行业作为煤炭产业中游之一，与上游保持协调的同时和下游联系也十分密切，这种联系使焦化行业既要依托矿区又要保证与下游用煤企业的协调。

（三）煤气化、煤液化与水煤浆领域的法律规范

在煤气化、煤液化与水煤浆领域，我国的法律规范主要包括提供行业支持与设定行业标准等。在行业支持上，我国制定了不同的行政规范，例如，国务院《关于加强节能工作的决定》[27]规定逐步减少原煤直接使用，提高煤炭用于发电的比重，发展煤炭气化和液化，提高转换效率。国务院《关于矿产资源合理利用、保护和管理工作的报告》[28]规定发展煤基多联产，鼓励煤电联营、煤化联营和煤炭与其他相关产业联营，推进煤炭液化、气化工程建设，积极替代石油燃料。此外，煤炭的气化和液化也名列于《鼓励外商投资产业目录》以及《西部地区鼓励类产业目录》[29]中，从而在规定的范围内享受免征关税和进口环节增值税。此外，对煤炭气化和液化的支持还通过各类部门规章体现在信贷支持、技术创新基金、反垄断审查、自主知识产权等方面。在水煤浆领域，国家能源局发布的《煤炭清洁高效利用行动计划(2015—2020 年)》将低氮燃烧的水煤浆技术列为积极发展和推广的技术，肯定了水煤浆技术的低氮氧化物燃烧优势。国家能源局、原环境保护部、工业和信息化部三部委联合发布的《促进煤炭安全绿色开发和清洁高效利用的意见》也将水煤浆技术列为鼓励推广类

---

〔26〕《鼓励外商投资产业目录》(2020 年版)，中华人民共和国国家发展和改革委员会、中华人民共和国商务部令第 38 号。

〔27〕国务院《关于加强节能工作的决定》(国发〔2006〕28 号)。

〔28〕国务院《关于矿产资源合理利用、保护和管理工作的报告》，2006 年 12 月 26 日第十届全国人民代表大会常务委员会第二十五次会议报告。

〔29〕《西部地区鼓励类产业目录》(2020 年本)，中华人民共和国国家发展和改革委员会令第 40 号。

技术,为水煤浆技术的不断升级提供了法律依据。此外,工业和信息化部发布的《国家工业节能技术装备推荐目录(2018)》[30]《国家工业节能技术装备推荐目录(2019)》[31]将高效大型水煤浆气化技术与水煤浆高效洁净燃烧技术、水煤浆气化节能技术等纳入高效清洁利用技术目录,以加快高效节能技术装备的推广。

在行业标准上,我国通过行政法规和行业标准等方式,规范上述领域各环节的行为。例如,原建设部发布的《水煤浆工程设计规范》(已失效)[32],专门就水煤浆厂和水煤浆燃烧应用工程设定了规范与标准,涵盖了厂址选择、原料煤、制浆、水煤浆储存运输、水煤浆供应系统、水煤浆燃烧系统、排水、通风、劳动安全、消防等领域。该规范内容详尽,例如,将水煤浆厂区出入口主干道、次干道的宽度予以明确规定,体现了规范在水煤浆工程标准设计上的全面性。生态环境部颁布的《排污许可证申请与核发技术规范　煤炭加工—合成气和液体燃料生产》[33]规范了煤气化和煤液化生产中的许可排放限值、实际排放量、合规判定、自行监测、环境管理台账、排污报告等与环境保护相关的规范和标准,涵盖了大气保护和水保护两大领域。

第四节　煤 炭 洁 净

煤炭的洁净旨在减少污染和提高煤炭使用效率,对于包括洁净生产技术、洁净加工技术、洁净转化技术、洁净燃烧技术等煤炭洁净技术的依赖程度较高。煤炭洁净既是一国技术竞争力的一个重要指标,也是解决国际环境问题的技术之一。洁净技术广泛应用于煤炭的选洗、煤炭发电、煤炭转化等领域,涵盖了从开采到使用等环节。该领域的法律规范以鼓励和促进煤炭洁净技术为主体,并对诸如水煤浆等洁净煤炭技术的鼓励机制和技术标准予以明确,对于发展洁净煤炭产业具有长远意义。

一、煤炭洁净概述

(一)煤炭清洁概念

煤炭洁净指洁净煤技术,洁净煤技术是指煤炭从开采到利用的全过程中,减少污染物排放和提高利用效率的加工、转化、燃烧及污染控制等新技术,主要包括洁净生产技术、洁净加工技术、高效洁净转化技术、高效洁净燃烧与发电技术和燃煤污染排放治理技术等。煤炭洁净同煤炭的加工和转换息息相关,可以说煤炭洁净与加工转换是目的与手段的关系。"洁净煤"(Clean Coal)一词是20世纪80年代初期美国和加拿大关于解决两国边境酸雨问题谈判的特使德鲁·刘易斯(Drew Lewis)和威廉姆·戴维斯(William Davis)提出的,

[30] 《国家工业节能技术装备推荐目录(2018)》,中华人民共和国工业和信息化部公告2018年第55号。
[31] 《国家工业节能技术装备推荐目录(2019)》,中华人民共和国工业和信息化部公告2019年第55号。
[32] 原建设部《关于发布国家标准〈水煤浆工程设计规范〉的公告》,中华人民共和国建设部公告2005年第370号。
[33] 《排污许可证申请与核发技术规范　煤炭加工—合成气和液体燃料生产》(HJ 1101－2020)。

当前已成为世界各国解决环境问题主导技术之一，也是高技术国际竞争的一个重要领域。与国外洁净煤技术领域重点放在燃烧发电技术上有所不同，中国洁净煤技术领域涵盖从煤炭开采到利用全过程，是煤炭开发和利用中旨在减少污染和提高效率的煤炭加工、燃烧、转化和污染控制等新技术的总称。

煤炭洁净利用技术对我国具有特殊的意义，我国是世界上少数几个以煤为主的国家，煤炭在一次能源消费构成中占60% ~70%。煤炭的洁净高效利用决定我国低碳经济的水平。由于历史的原因，中国还有大量高能耗、高污染的落后产能存在，整体技术和装备水平较低，煤炭加工与转化核心技术与装备国产化水平较低，基本依靠进口。不仅如此，我国洁净煤产业的发展还面临来自技术和制度的双重障碍，部分尖端洁净煤技术仍然落后于发达国家，相关制度建设仍不够健全。无论从国家层面还是企业层面，对洁净煤的重视都还不够，公众也对此缺乏足够认识，导致中国洁净煤发展既无完善制度的支持，亦无民间足够的自觉，上述因素使中国洁净煤技术的发展状况不容乐观。

（二）煤炭清洁技术概述

《煤炭法》规定，国家发展和推广洁净煤技术。十八大以来，党中央对生态文明建设的重视有目共睹，这对我国煤炭的洁净利用既是机遇又是挑战。从环境保护的角度讲，煤炭作为我国基础能源，其洁净利用水平直接决定我国的大气环境状况；从煤炭产业发展的角度讲，如何完成转型，强化洁净利用是煤炭产业扭转颓势，在新时期谋求新发展的必要举措。二者是对立统一的，如何抓住新机遇，迎接新挑战，是每一个煤炭行业从业者必须思考的问题。

美国、德国、日本是先进洁净煤技术的代表，从他们对煤炭洁净体系的规制可以窥见世界煤炭洁净的趋势，也为我国煤炭洁净提供了先进经验。美国制定有《清洁空气法》，严格控制煤炭污染种类，另外环保署提出《清洁电力法》以及各州空气法规定最低空气等级只能与联邦空气法平级或者更高。德国法律鼓励企业转型升级，促进产能优化配置。以鲁尔工业区为例，鲁尔重工业区是煤炭燃烧造成重大污染的重灾区，在为德国带来高度工业化进程的同时也使德国在环境污染中付出不小的代价。为改变现状，德国政府将环境污染的强制限制措施编入《德国基本法》第二十条A款，使得大量德国产业从重工业慢慢转移到以知识产能为主的高端电子精密研发之中，将必须消耗的煤炭燃料用到必须运转的企业，通过产能优化配置的方式来间接地减少煤炭的滥用，降低对煤炭的高度依赖。日本制定了煤炭洁净长远发展战略，法律鼓励维护煤炭洁净化技术研发创新。日本政府制订“新阳光计划”，促进日本国内节能减排、煤炭洁净。日本政府大量投资重点研究煤气化和煤液化等技术，成立“洁净煤技术中心”，推动研发21世纪煤炭利用关键技术。此外，日本的《21世纪煤炭技术战略》提出到2030年实现煤炭资源循环利用，实现煤炭利用零排放，并制定了三个阶段的技术研发和推广战略，如高效燃烧、脱硫脱氮等。

二、我国煤炭洁净历史沿革

（一）国内外煤炭洁净的起源

与煤炭的开采、加工及转换相比，煤炭洁净是一个年轻的概念。自20世纪70年代爆发两次石油危机以来，世界各国都在致力于寻找石油的代用品。煤炭作为储量丰富、价格便宜、分布广泛的化石能源，成为石油代用品的首选。而我国“富煤、缺油、少气”的能源赋存特征决定了我国必须把“以煤带油”作为战略选择。煤浆技术是将煤炭粉碎到足够的细度后和流动介质混合搅拌制成浆体燃料以代替石油等液体燃料的一种新型煤基洁净流体燃料制备技术，由于水既是良好的流动介质，又廉价易得，用来制备煤浆最具前景，所以近年来得到了更多的关注和发展。

我国从20世纪80年代开始进行水煤浆技术的研究和开发，现已形成了一套完整的研究开发体系，取得了大量研究成果和可以推广的成套技术。从最初的小型燃油锅炉和燃煤锅炉改造到目前工业窑炉的成功应用和大型水煤浆电站锅炉的投产使用，水煤浆技术已经进入了全面推广时期。从国际视野看，1984年10月美国率先提出“洁净煤技术示范计划”，并围绕未来能源结构、能源环境问题确定了一系列未来洁净煤技术研究推广计划，在洁净煤技术研究和发展方面始终走在世界前列。1990年欧共体制定“兆卡计划”，投入数十亿美元来控制煤炭燃烧的排污问题。1993年，日本政府提出“新阳光计划”，并在新能源综合开发机构内组建了“洁净煤技术中心”，其目标是在21世纪大幅提高燃煤发电的比重的同时，不使排污超标。20世纪90年代末期以后，人们越来越深刻意识到，全球的油气资源正在大量消耗而逐渐枯竭，且臭氧层空洞逐渐扩大，温室效应不断凸显。于是，新一代洁净煤技术的开发和运用得到了进一步重视，热解多联产和能量梯级利用技术越来越受到人们的重视。

我国政府在很早就重视洁净煤技术的发展，原煤炭工业部“八五”计划就将洁净煤技术列为战略工程。此外，我国于1994年成立了煤炭工业洁净煤工程技术研究中心，于1995年成立了由国务院13个有关部、委、局组成的国家洁净煤技术推广规划领导小组。

（二）我国“九五”至“十二五”规划期间的煤炭洁净

1997年，国务院批准出台《中国洁净煤技术“九五”计划和2010年发展纲要》，成为促进中国洁净煤技术发展的指导性文件。该文件指出，根据中国能源以及煤炭的基本状况，中国建立了特有的洁净煤技术架构，制定了以煤炭洗选为源头、以煤炭气化为先导、以煤炭洁净燃烧和发电为核心的技术体系，包括煤炭开采加工利用的全过程。

“九五”期间，我国洁净煤技术取得重大进展，主要进展包括四个方面：（1）煤炭加工：先进重介选煤、干法选煤和浮选柱脱硫降灰实现工业化，高强度造气工业型煤技术取得突破，水煤浆在锅炉内试烧成功。（2）煤炭转化：地下气化工业性试验取得成功，煤炭直接液化工业示范厂完成了可行性研究，燃料电池处于起步阶段。（3）煤炭高效洁净燃烧：CFBC和PFBC技术引进和消化取得较大进展，国内开发也进入示范工程阶段，IGCC关键技术研究已启动。（4）污染控制：完成了4个中外合作烟气脱硫示范项目，开始实施中国煤层气资源评价项目，煤矸石、粉煤灰综合利用及土地复垦等成熟技术正在推广应用。

中国在“十五”（2001年至2005年）期间将大力推广洁净煤技术，全面提高煤炭质量，减少污染。煤炭工业“十五”期间发展洁净煤技术要达到的目标包括：建设初具规模的动力煤生产、加工、销售、配售示范基地；全国原煤入选量达到5.5亿吨，入选率达到50%，初步实现95%以上的煤炭经加工处理后进入市场;建成一批配煤中心,初步形成配煤产业,全国配煤能力达4000万吨以上;建成煤炭液化示范厂;建立大型煤气化示范工程;改造一批劣质煤综合利用电站;建成1~2个煤层气开发示范基地等。“十五”期间,洁净煤技术被列入国家“863计划”,成为能源技术领域主题之一。

“十一五”期间实行所有新建大中型煤矿必须配套建设选煤厂的政策,把节能减排作为约束性指标。“十一五”期间相关新技术应用较多,示范项目的比选与推广应当统筹考虑,增强政府审批权限、建立有效的技术论证和推广体系刻不容缓;应循序渐进地开展低阶煤与高硫煤加工利用的研发与示范,根据不同煤质特性选择不同的加工方法;鼓励以中国部分特有的煤炭资源研发制备活性焦、压块活性炭和碳分子筛等高性能吸附保炭材料,限制稀缺煤种的无序开采与出口;煤炭助燃剂、固硫剂、粘结剂等评价方法尚不完善,亟须开发评价装置,制定相应的标准,规范无序竞争和无效投入。中国煤矿区低浓度瓦斯释放量大且尚未加以有效利用,造成了较为严重的温室效应,其除氧浓缩资源化利用相关技术与装备的工业化示范迫在眉睫。十八大以来,煤炭行业积极落实生态文明建设战略部署,推进“生态矿山”“花园矿山”的建设。

(三)“十三五”规划以来的煤炭洁净

2016年,煤炭洁净高效利用被列入“十三五”规划纲要草案中的100个重大工程及项目中。中国煤炭企业在新历史时期的转型发展战略总方针应是“安全、高效、清洁、可持续发展”。国家能源局称将进一步加强不同部门和不同计划间的统筹协调,加大对煤炭洁净高效利用相关领域所需的基础研究、关键共性技术的支持力度;加大对科技人才和创新团队的支持力度,鼓励企业充分发挥在技术创新中的主体作用,促进产学研用的紧密结合;积极支持煤炭洁净高效利用相关项目的技术、装备研发、标准制定和推广力度;针对煤炭洁净高效利用关键共性瓶颈技术,积极协调引进国外先进技术,加快相关技术的消化吸收再创新,推动煤炭洁净高效利用技术成果转化力度,加快技术成果的商业化和产业化。

三、煤炭洁净立法现状及主要法律制度

(一)立法现状

我国关于煤炭洁净的法律规定始于1996年《煤炭法》,其他相关法律也对洁净煤技术作出了鼓励性的规定。此外,许多行政规范性文件及部门规章,均明确了对研发、推广、应用洁净煤技术的支持。

(二)洁净煤技术鼓励制度

《煤炭法》第二十九条第一款规定:“国家发展和推广洁净煤技术。”在修订历程中均未对此进行修改或拓展。该条蕴含了法的效益价值,通过推广先进技术、淘汰落后产能来提高煤炭产业综合效益,优化产能结构。《大气污染防治法》《节约能源法》[34]《循环经济促进

---

〔34〕《节约能源法》(2018年修正),中华人民共和国主席令第16号。

法》《清洁生产促进法》[35]的有关规定，均表明国家采取有利于煤炭洁净高效利用的经济、技术政策和措施，鼓励和支持洁净煤技术的开发和推广，鼓励工业企业采用洁净煤技术。在科技成果转化领域，《科学技术进步法》[36]《促进科技成果转化法》[37]等法律和《国家中长期科学和技术发展规划纲要(2006—2020年)》、《国家"十二五"科学和技术发展规划》(已失效)等政策文件都对洁净煤技术的开发利用提供了很好的发展环境，洁净煤技术的规划、发展已经纳入国家科技进步的战略当中。

洁净煤相关的行政法规，仅有一部已失效的《当前国家重点鼓励发展的产业、产品和技术目录》及其各修订版。但在国务院规范性文件中多有规定，如国务院《关于印发打赢蓝天保卫战三年行动计划的通知》《关于印发"十三五"节能减排综合工作方案的通知》《关于印发"十三五"生态环境保护规划的通知》等规范性文件中，均提到推广洁净煤、建立洁净煤供应网络及生产配送体系、推进洁净煤技术产业化等。2016年以前的诸多文件也对洁净煤技术有所提及，可见洁净煤技术自诞生以来就受到国家的广泛关注和支持。

部门规章方面，洁净煤技术名列《产业结构调整指导目录》中的鼓励类项目、《鼓励外商投资产业目录》以及《西部地区鼓励类产业目录》，从外商投资和西部开发等方面规定了对洁净煤技术的支持，使法律的规定更加具有可执行性和确定性。

(三)水煤浆技术鼓励制度

水煤浆是20世纪70年代兴起的煤基液态燃料，可作为炉窑燃料或合成气原料，具有燃烧稳定、污染排放少等优点。作为一种新型的清洁燃料，水煤浆技术同样名列《产业结构调整指导目录》《鼓励外商投资产业目录》，同时也配套有《煤炭工业矿区水煤浆工程建设项目设计文件编制标准》作为规范。

《增强制造业核心竞争力三年行动计划(2018 — 2020年)》也提及了8.7兆帕以上大型水煤浆气化装备，对其给予了提供拓宽产品市场应用、加大资源整合力度、创新项目支持方式、强化组织协调管理以及建立动态监管机制的保障措施。此外，水煤浆技术还名列《现代煤化工产业创新发展布局方案》《产业技术创新能力发展规划(2016 - 2020年)》《石化和化学工业发展规划(2016 - 2020年)》《水污染防治重点行业清洁生产技术推行方案》《煤炭清洁高效利用行动计划(2015 — 2020年)》等文件。

(四)水煤浆国家标准制度

涉及水煤浆技术的重要国家标准为《水煤浆工程设计规范》，涵盖了厂址选择，原料煤，制浆，水煤浆的储运、供应、燃烧，环境保护，安全卫生，消防等各个环节。与《煤炭工业矿区水煤浆工程建设项目设计文件编制标准》不同，该标准聚焦工程设计，且存在强制性条文，如"稀缺煤类不应用于制浆""水煤浆生产和应用过程中产生的废浆和废水不得直接外排，应设置完善的储存、处理和回收复用设施""水煤浆工程储浆罐数量不应少于2座"等。

---

〔35〕《清洁生产促进法》(2012年修正)，中华人民共和国主席令第54号。

〔36〕《科学技术进步法》(2007年修订)，中华人民共和国主席令第82号。

〔37〕《促进科技成果转化法》(2015年修正)，中华人民共和国主席令第32号。

(五)型煤使用鼓励制度

型煤是以粉煤为主要原料,按具体用途所要求的配比、机械强度和形状大小经机械加工压制成型的,具有一定强度和尺寸及形状各异的煤成品。我国《大气污染防治法》明确规定鼓励居民燃用优质煤炭和洁净型煤,推广节能环保型炉灶。在农业供给侧结构性改革中,清洁型煤供给也是关键一环。"十三五"节能减排综合工作方案也提到了对清洁型煤的推广。

思考练习题

1. 什么是煤炭开采?煤炭开采是否需要安全许可?
2. 什么是煤炭加工?煤炭转换包括哪些?
3. 什么是洁净煤技术?简述域外洁净煤技术的发展情况。
4. 试述煤炭矿业权属制度。
5. 我国现行煤炭法的许多规定都仅具有概括性,你认为原因是什么?

第五章　煤矿安全生产与监管

| 导读 |

煤矿安全生产是煤炭法调整的重要内容，相关安全生产法也对此有系统规范。本章阐释了煤矿安全生产法概念、主要特点和形式渊源，指出了现行主要的煤矿安全生产法律规范、煤矿安全生产的基本原则，介绍煤矿安全监察监管体制特别是国家煤矿安全监察体制以及煤矿安全生产许可、日常监督检查。党中央、国务院对煤炭工业的发展始终非常重视。就煤炭工业而言，依法治理煤矿安全生产秩序，已经成为必须尽快解决的重大问题，成为关系合理开发利用我国有限的煤炭资源，保证国民经济持续稳定发展的大事。本章在煤矿安全生产合规治理方面的重点是煤矿安全生产责任制、煤矿安全生产标准化建设、煤矿安全隐患排查治理和风险管控。在煤矿安全事故赔偿和保险方面，本章重点关注事故赔偿方式、赔偿标准和工伤认定、劳动能力鉴定、工伤保险待遇，本章难点是煤矿安全生产责任保险以及民事赔偿与保险赔偿的协调关系。

第一节　煤矿安全生产法概述

煤矿安全生产法，是调整现实存在的煤矿生产安全关系的立法，表现形式是煤矿安全生产法律文件和法律条文。其中，煤矿生产安全关系也称为调整对象，是指煤矿生产过程中的人身安全关系、财产安全关系。煤矿安全生产法内容是多方面的，存在于《安全生产法》《矿山安全法》《煤炭法》《突发事件应对法》等法律法规之中。同时，要特别关注煤矿安全生产标准及其体系。

一、我国煤矿安全生产概况

我国是煤矿资源储量大国，位居世界前三，也是煤炭资源消耗大国，煤在我国的一次性能源结构中一直占据70%左右。同时，我国也是世界产煤大国，已位居世界原煤产量之首。煤炭行业是工矿商贸各行业领域中安全风险最高的行业，煤矿安全生产问题必须予以充分重视。

20世纪80年代至90年代，我国煤炭行业企业经营困难，严重缺乏安全资金投入，煤矿安全条件较差。进入21世纪以来，我国经济持续高速发展，能源需求急剧增加，煤矿行业迎来扩大发展的黄金时期，产量年年创新高。但因历史上安全欠账过多，不安全因素逐渐暴露，事故隐患增多，以致矿难频发，中国成为世界上煤矿安全事故高发的国家之一。严峻的煤矿安全形势引起了社会广泛关注，党中央、国务院予以高度重视。20多年来，国家制定了有关煤矿安全的法律法规，设立了专门的煤矿安全监察机构，强化了地方煤矿安全监管，采取一系列有力治理措施，加大了监管执法力度，查处重特大事故责任者，煤矿安全形势明显好转。

二、煤矿安全生产法内涵属性

煤矿安全生产法，是国家制定的调整人们在煤矿生产过程中人身安全关系、财产安全关系的法律规范之总称。它主要是指国家制定法，此外还有经司法审判实践认可、采用的风俗习惯。煤矿安全生产法律规范是煤矿安全生产法的基本单元，符合一般法律规范的构成要件。

（一）煤矿安全生产关系的内涵

煤矿安全生产法调整的对象，是煤矿生产过程中的人身安全关系、财产安全关系。这一调整对象决定了该法与其他法的区别和联系。人身安全关系，是指人们在保护人身安全活动中发生的社会关系，包括生命安全关系、身体安全关系、身体健康安全关系。财产安全关系，是指人们在保护财产安全活动中发生的社会关系，包括财产保存安全关系、财产价值安全关系、财产供给安全关系。煤矿生产过程中的人身安全关系、财产安全关系统称为煤矿安全生产关系。

（二）煤矿安全生产关系的外延

煤矿安全生产关系，可以分为煤矿安全行政关系、煤矿安全民事关系、煤矿安全经济关系、煤矿安全劳动关系、煤矿安全刑事关系、煤矿安全诉讼关系等。煤矿安全法则是从安全的角度或在安全的视野内，将调整煤矿安全生产关系的具体法律规范综合而成的法。

（三）煤矿安全生产法的内容

煤矿安全生产法的内容，包括煤矿安全生产行政监管体制、行政执法、行业安全管理、地区安全管理、基层安全管理、企业安全管理、从业人员安全保障、安全标准化建设、安全科学技术开发与应用、安全评价评估、安全设备设施检测检验技术服务、安全事故应急救援、安全事故调查处理、职业健康与职业病防治、安全损害救治赔偿与纠纷解决、安全刑罚等。这些内容都是不同阶段、不同方面的煤矿安全生产关系在法律上的存在。

（四）煤矿安全生产法的性质

1. 具有特别法的性质。煤矿安全生产法相对于安全生产法而言具有特别法的性质。它对煤矿安全生产关系的个别问题或事情做出规定，即适用于煤矿特别人、特别事情，或特别时间、特别空间。

2. 具有实体法和程序法的性质。煤矿安全生产法具有实体法性质，比如会规定保障从业人员安全、防止职业危害、办理工伤保险等内容。同时也具有程序法性质，比如会规定生产事故报告和调查处理的程序。

3. 具有公法和私法的性质。煤矿安全生产法具有公法性质，比如会规定国家行政权力干预煤矿的安全管理，要求保护从业人员生命、健康等。同时也具有私法性质，比如会规定从业人员有获得民事损害赔偿和工伤保险赔偿的权利等。

4. 具有国家法和地方法的性质。比如，《煤炭法》的安全生产规定和《煤矿安全监察条例》具有国家法性质，《山西省煤矿安全生产监督管理规定》（已失效）具有地方法性质，它们是煤矿安全生产法的构成部分。

5. 具有行业法和专业法的性质。煤矿安全生产法要解决煤矿行业问题，如《煤矿安全生产基本条件规定》（已失效）。也解决个别专业问题，如《煤矿顶板安全管理规定》。因此，具有行业法和专业法的性质。

（五）煤矿安全生产法律文件

我国煤矿安全生产的现行基础性法律，包括《安全生产法》《矿山安全法》《煤炭法》《突发事件应对法》《职业病防治法》等；煤矿安全监管方面的主要规定，有《生产安全事故报告和调查处理条例》《地方党政领导干部安全生产责任制规定》《关于预防煤矿生产安全事故的特别规定》《安全生产许可证条例》《矿山安全法实施条例》《尾矿库安全监督管理规定》《安全生产违法行为行政处罚办法》《注册安全工程师管理规定》等；安全事故方面的规定，包括《安全生产事故隐患排查治理暂行规定》《安全生产责任保险实施办法》《煤矿防治水细则》《防治煤与瓦斯突出细则》等；国家监察方面的法律规定，有《煤矿企业安全生产许可证实施办法》《煤矿安全监察行政处罚办法》《煤矿安全监察员管理办法》《煤矿安全监察条例》[1]等。

三、煤矿安全生产法的基本原则

（一）安全第一，保护人权

“安全第一”表达的是安全与生产的关系。当生产与安全矛盾或冲突时，要停止相应的生产行为，或采取措施消除危险情况以使生产达到安全状态。这是保护人权的宪法原则在煤矿安全生产法中的贯彻和体现。安全权利是人权的组成部分。

该原则在《煤炭法》和《安全生产法》中也有多处体现，比如，煤矿应当具备安全生产条件所必需的资金投入，矿山建设项目应当进行安全评价，从业人员发现直接危及人身安全的紧急情况时，有权停止作业或者在采取可能的应急措施后撤离作业场所，体现安全第一，保护人权原则。

（二）预防为主，综合治理

这一原则被《安全生产法》引为安全生产方针，同时也是《煤炭法》第七条的要求。从法

---

〔1〕 国务院《〈煤矿安全条例〉（征求意见稿）》正在征求意见中。该条例意图把《关于预防煤矿生产安全事故的特别规定》《煤矿安全监察条例》进行整合，修订颁布。

律角度看,预防为主、综合治理也是煤矿安全生产法的原则。它旨在加强煤矿安全设备设施、安全科技、安全管理、人员安全素质等方面的建设,排查、治理隐患,控制危险源,避免事故发生,避免造成人员伤亡、健康损害和财产损失。

（三）加强救援,减少损害

体现这一原则的规定在《安全生产法》第七十九条至第八十条中:组织制定生产安全事故应急救援预案、建立应急救援体系;建立应急救援组织或指定兼职应急救援人员;配备必要的应急救援器材、设备;发生安全事故后立即报告、迅速组织抢救,防止事故扩大、减少伤亡和财产损失。

（四）政府主导,企业负责

这项原则用于解决政府与煤矿的职责或责任关系。《安全生产法》规定,县级以上地方各级人民政府应当对生产经营单位进行检查,发现隐患及时处理,取缔并处理未经安全审批或验收而擅自生产的单位,撤销不再具备安全条件的原审批,建立举报制度,受理举报,调查处理,督促落实整改措施,接到安全事故报告应当组织抢救,调查事故、处理责任人等,都体现了政府领导安全工作的原则。

《安全生产法》规定,生产经营单位应当完善安全生产条件,确保安全生产,对安全资金投入不足导致的后果承担责任,对安全设备进行维护、保养、检测,对安全设施的工程质量负责,对从业人员进行安全教育培训,定期检测、评估、监控重大危险源并建立安全措施、应急措施,发生安全事故应当立即组织抢救,为从业人员缴纳工伤保险费,赔偿受害者,承担法律责任等,都体现了企业负责的原则。

（五）国家监察,属地监管

这是处理国家与地方关系、上下级关系、部门关系的煤矿监察监管原则。《煤矿安全监察条例》规定设立煤矿安全监察机构对煤矿实施安全监察,地方各级人民政府应当加强煤矿安全管理工作,支持和协助煤矿安全监察机构依法对煤矿实施安全监察。《安全生产法》规定县级以上地方各级人民政府负责安全生产监管的部门对本行政区域内安全生产工作实施综合监管,其他有关部门在职责范围内对有关的安全生产工作实施监督管理。

（六）教育为主,奖罚赔并重

《安全生产法》规定对各类负责人及从业人员进行安全教育,媒体单位有进行安全宣传教育的义务,对防止安全事故、参加抢险救护等方面取得显著成绩的单位、个人给予奖励,还规定了各种行政处罚措施、事故赔偿责任,说明了首先以教育为主,其次是鼓励、奖励,最后是处罚和赔偿。法律责任是权利义务得以履行的最后保证,但也应注意教育、奖励等措施的积极作用。

（七）全面建设,整体提高

这是一项政府安全建设和企业安全建设方面的原则,旨在全面发展安全能力,提高整体安全水平。在政府主导安全工作时期,政府承担更多的任务和职责,以确保企业安全发展。《安全生产法》规定,鼓励和支持安全科学技术研究,推广应用先进的安全技术,根据科技进步和经济发展适时修订国家安全标准和行业安全标准,对严重危及生产安全的工艺、设备实行淘汰制度,从业人员应当提高安全技能、增强事故预防和应急处理能力等,都体现了全面建设、整体提高的原则。

上列原则构成了完整的煤矿安全生产法基本原则体系,体现了安全理念和安全行为,体现了安全规律的原理。

第二节 煤矿安全生产标准

一、煤矿安全生产标准概念

煤矿安全生产标准,是指由特定主体依法制定并颁布实施的有关煤矿安全生产的技术、管理、方法等方面的统一规则,具有规范性、技术性、合法性、细微性、制定主体特定性等特征。煤矿安全生产标准可分为国家标准、行业标准、地方标准、企业标准,强制性标准和推荐性标准,技术标准、管理标准、工作标准。

二、煤矿安全生产标准体系

1. 基础标准:标准编写的基本规定、安全卫生标准编写的基本规定、标准综合体系规划编制方法、标准体系表编制原则和要求、企业标准体系表编制指南、安全卫生名词术语、生产过程危险和有害因素分类代码。

2. 安全标志与报警信号:安全色、安全色卡、安全色使用导则、安全标志、安全标志使用导则、工业管路的基本识别色和识别符号、报警信号通则、紧急撤离信号、有害气体检测报警通则。

3. 管理标准:特种作业人员考核标准、重大事故隐患评价方法及分级标准、事故统计分析标准、职业病统计分析标准、安全系统工程标准、人机工程标准。

4. 安全技术及工程标准:机械安全标准、电气安全标准、防爆安全标准、储运安全标准、爆破安全标准、燃气安全标准、建筑安全标准、焊接与切割安全标准、涂装作业安全标准、个人防护用品安全标准、压力容器与管道安全标准。

5. 卫生标准:作业场所有害因素分类分级标准、作业环境影响评价及分类标准、防尘标准、防毒标准、噪声与振动控制标准、其他物理因素分级及控制标准、电磁辐射防护标准。

6. 其他综合类标准:安全生产网络化监测系统技术规范。

煤矿生产系统(包括矿井通风系统、露天矿坡阶系统、矿井供电系统、提升与运输系统、防水排水系统、防火灭火系统、防瓦斯系统、防尘系统等子系统)必须达到国家规定的安全标准。

煤矿安全生产标准是煤矿安全生产科学的外在表示,是煤矿安全生产的规范保障,是煤矿市场准入的重要条件,煤矿安全生产立法要以此为基础并加以确认,作为煤矿安全生产执法的重要依据。同时，煤矿安全生产标准也在与时俱进，不断修订。

第三节　煤矿安全生产监管体制

我国煤矿安全监管体制经历了一个复杂的历程，形成了目前的监察监管体制。1999 年 12 月国务院批准了煤矿安全监督管理体制改革方案，决定设立国家煤矿安全监察局、25 个省级煤矿安全监察局和 64 个煤矿安全监察办事处（设在重点产煤地区，后改为监察分局），实行由国家垂直管理、派驻地方的三级煤矿安全监察机构，行使国家煤矿安全监察权。2020 年国务院将原国家煤矿安全监察局改为国家矿山安全监察局，由应急管理部管理。三级矿山安全监察机构行使国家矿山安全监察权，负责 170 余个矿种的矿山安全监察职责。

国家矿山安全监察局通过派驻在省、地区的两级分支机构对全国煤矿安全实行国家监察，各地方政府应急（安监）部门对辖区内煤矿安全实行监督管理，各地方政府煤炭管理部门对辖区内煤矿安全实行行业管理。三者之间需要密切配合，认真履行职责，共同完成安全监管任务。煤矿安全监察监管的主要任务是实施安全许可和监管执法。

一、我国煤矿安全监管体制的发展历程

（一）初创阶段：中华人民共和国成立初期到改革开放前

中华人民共和国成立后至 1978 年以前，我国的煤矿安全监管与煤矿行业管理是合二为一的。当时的煤矿安全监管体制基本上是政企不分、生产职能与安全监管职能不分、安全监察与安全管理不分，煤炭部门既管生产抓经济效益又管安全，体现出一种“全能主义”的治理模式。

（二）发展阶段：改革开放到《煤炭法》颁布前

改革开放至 1996 年《煤炭法》颁布前，国内经济发展对能源需求量逐年增长，受当时加速经济大发展思想的影响，1983 年 4～11 月，煤炭部先后发布《关于加快发展小煤矿八项措施的报告》《关于进一步放宽政策、放手发展地方煤矿的通知》《关于积极支持群众办矿的通知》等三项政策。一时全民办矿，家家起炉、村村冒烟，煤矿遍地开花。至 1985 年，乡镇煤矿的产量较 1983 年增加 66.5%。但随之而来的是生产安全事故居高不下的现象。这一时期的安全监管工作较前一时期有所重视、有所进步，出台了很多安全生产方面的文件和规程。当时煤矿生产呈现一种“放任”状态，只是由于煤炭资源的战略性特点，煤炭价格还没有完全放开（1994 年才适度放开煤价），依然由国家控制定购销售，因而煤矿领域具有“准放任”经济的特征。也因此，煤矿监管体制反复变革、时紧时松，呈现从“全能主义”向“监管主义”转变的过渡性特征。

（三）完善阶段：《煤炭法》颁布后

1996 年出台的《煤炭法》虽对煤矿安全做出了诸多法律规定，但因其后煤矿安全监管执

法主体被弱化而未能得以有效实施。1998年开始,我国现代煤矿安全监管体制逐步建立健全。1998年国务院体制改革,原煤炭工业部被撤销,设立国家煤炭工业局。1999年12月30日,国家煤矿安全监察局成立,与国家煤炭工业局合署办公。2000年全国主要产煤省区市和重点产煤地区分别设立煤矿安全监察局和煤矿安全监察办事处。国家对煤矿安全实行国家监察的重大改革,为2000年以来全国煤矿安全状况持续向好奠定了体制保证。

(四)成熟阶段:《安全生产法》颁布后

2000年12月国务院设立国家安全生产管理局,与国家煤矿安全监察局是"一套人马、两块牌子"(由原国家经济贸易委员会管理),进一步推行煤矿安全三级监察的国家垂直管理体制。2002年6月29日,具有标志性意义的《安全生产法》颁布,明确了政府安全监管体制,国家安全生产综合监管与各级政府有关职能部门专项监管相结合。2003年撤销国家经济贸易委员会的同时,成立国务院安全生产委员会办公室,国家安全生产监督管理局(国家煤矿安全监察局)成为国务院直属机构。

鉴于2004年年底和2005年年初发生6起一次性死亡100人以上的特别重大矿难,2005年2月国务院决定将国家安全生产监督管理局升格为总局(正部级),并负责管理国家煤矿安全监察局。2018年3月13日,第十三届全国人民代表大会第一次会议审议通过国务院机构改革方案,组建应急管理部。2020年国务院又将原国家煤矿安全监察局并入新组建的国家矿山安全监察局,对包括煤矿安全在内的所有矿山安全实行国家监察。至此,我国现阶段煤矿安全监管体制基本形成,即国家煤矿安全监察与地方各级政府煤矿安全监管相结合的体制。

二、煤矿安全监管体制之国家监察

(一)国家煤矿安全监察机构工作职责

根据国务院批准的"三定方案",国家矿山安全监察局(副部级)是由应急管理部管理的国家局,其工作职责包括以下几点:

1. 拟订煤矿安全生产政策,参与起草有关煤矿安全生产的法律法规草案,拟订相关规章、规程、安全标准,按规定拟订煤炭行业规范和标准,提出煤矿安全生产规划。

2. 承担国家煤矿安全监察责任,检查指导地方政府煤矿安全监督管理工作。对地方政府贯彻落实煤矿安全生产法律法规、标准,煤矿整顿关闭,煤矿安全监督检查执法,煤矿安全生产专项整治、事故隐患整改及复查,煤矿事故责任人的责任追究落实等情况进行监督检查,并向地方政府及其有关部门提出意见和建议。

3. 承担煤矿安全生产准入监督管理责任,依法组织实施煤矿安全生产准入制度,指导和管理煤矿有关资格证的考核颁发工作并监督检查,指导和监督相关安全培训工作。

4. 承担煤矿作业场所职业卫生监督检查责任,负责职业卫生安全许可证的颁发管理工作,监督检查煤矿作业场所职业卫生情况,组织查处煤矿职业危害事故和违法违规行为。

5. 负责对煤矿企业安全生产实施重点监察、专项监察和定期监察,依法监察煤矿企业贯彻执行安全生产法律法规情况及其安全生产条件、设备设施安全情况,对煤矿违法违规行为依法做出现场处理或实施行政处罚。

6. 负责发布全国煤矿安全生产信息，统计分析全国煤矿生产安全事故与职业危害情况，组织或参与煤矿生产安全事故调查处理，监督事故查处的落实情况。

7. 负责煤炭重大建设项目安全核准工作，组织煤矿建设工程安全设施的设计审查和竣工验收，查处不符合安全生产标准的煤矿企业。

8. 负责组织指导和协调煤矿事故应急救援工作。

9. 指导煤矿安全生产科研工作，组织对煤矿使用的设备、材料、仪器仪表的安全监察工作。

10. 指导煤炭企业安全基础管理工作，会同有关部门指导和监督煤矿生产能力核定和煤矿整顿关闭工作，对煤矿安全技术改造和瓦斯综合治理与利用项目提出审核意见。

11. 承办国务院及应急管理部交办的其他事项。

省级矿山安全监察局和地区矿山安全监察分局的各自职责，由应急管理部、国家矿山安全监察局征得有关地方政府意见后确定。

（二）煤矿安全监察内容

三级煤矿安全监察机构实施煤矿安全监察的内容，主要依据《煤矿安全监察条例》，包括以下几点：

1. 对煤矿执行，《煤炭法》《矿山安全法》和其他有关煤矿安全的法律、法规以及国家安全标准、行业安全标准、煤矿安全规程和行业技术规范的情况实施监察。

2. 煤矿建设工程设计必须符合煤矿安全规程和行业技术规范的要求。煤矿建设工程安全设施设计必须经煤矿安全监察机构审查同意；未经审查同意的，不得施工。煤矿安全监察机构审查煤矿建设工程安全设施设计，应当自收到申请审查的设计资料之日起30日内审查完毕，签署同意或者不同意的意见，并书面答复。

3. 煤矿建设工程竣工后或者投产前，应当对安全设施和条件进行验收；煤矿安全监察机构对验收进行监督核查。

4. 监督煤矿制定事故预防和应急计划，并检查煤矿制定的发现和消除事故隐患的措施及其落实情况。

5. 发现煤矿矿井通风、防火、防水、防瓦斯、防毒、防尘等安全设施和条件不符合国家安全标准、行业安全标准、煤矿安全规程和行业技术规范要求的，应当责令立即停止作业或者责令限期达到要求。

6. 发现煤矿进行独眼井开采的，应当责令关闭。

7. 发现煤矿作业场所有下列情形之一的，应当责令立即停止作业，限期改正；有关煤矿或其作业场所经复查合格的，方可恢复作业：（1）未使用专用防爆电器设备的；（2）未使用专用放炮器的；（3）未使用人员专用升降容器的；（4）使用明火明电照明的。

8. 对煤矿安全技术措施专项费用的提取和使用情况进行监督，对未依法提取或者使用的，应当责令限期改正。

9. 发现煤矿矿井使用的设备、器材、仪器、仪表、防护用品不符合国家安全标准或者行业安全标准的，应当责令立即停止使用。

10. 发现煤矿有下列情形之一的，应当责令限期改正：(1)未依法建立安全生产责任制的；(2)未设置安全生产机构或者配备安全生产人员的；(3)矿长不具备安全专业知识的；(4)特种作业人员未取得资格证书上岗作业的；(5)分配职工上岗作业前，未进行安全教育、培训的；(6)未向职工发放保障安全生产所需的劳动防护用品的。

11. 发现煤矿作业场所的瓦斯、粉尘或者其他有毒有害气体的浓度超过国家安全标准或者行业安全标准的，煤矿擅自开采保安煤柱的，或者采用危及相邻煤矿生产安全的决水、爆破、贯通巷道等危险方法进行采矿作业的，应当责令立即停止作业。

12. 发现煤矿矿长或者其他主管人员违章指挥工人或者强令工人违章、冒险作业，或者发现工人违章作业的，应当立即纠正或者责令立即停止作业。

13. 向煤矿有关人员了解情况。有关人员应当如实反映情况，不得提供虚假情况，不得隐瞒本煤矿存在的事故隐患以及其他安全问题。

14. 责令煤矿限期解决事故隐患、限期改正影响煤矿安全的违法行为或者限期使安全设施和条件达到要求的，应当在限期届满时及时对煤矿的执行情况进行复查并签署复查意见；经有关煤矿申请，也可以在限期内进行复查并签署复查意见。

责令煤矿立即停止作业，责令立即停止使用不符合国家安全标准或者行业安全标准的设备、器材、仪器、仪表、防护用品，或者责令关闭矿井的，应当对煤矿的执行情况随时进行检查。

15. 履行安全监察职责应当出示安全监察证件。发出安全监察指令，应当采用书面通知形式；紧急情况下需要采取紧急处置措施，来不及书面通知的，应当随后补充书面通知。

(三)煤矿安全生产许可证

依照《安全生产许可证条例》制定的《煤矿企业安全生产许可证实施办法》，对煤矿企业的安全管理制度、安全投入、安全技术人员的配备、高层管理人员与安全管理人员的考核、安全培训等与煤矿安全密切相关的内容作出了明确规定。

1. 煤矿安全生产许可概念

煤矿安全生产许可，是指煤矿安全监察机构根据公民、法人或者其他组织的申请，经依法审查，准予其从事煤矿生产的行政行为。它是行政机关依法对煤矿安全生产实行事前监管的重要手段，是国家为了严格煤矿安全生产准入条件，规范安全行为，防止和减少不具备安全生产条件的煤矿企业进入市场所采取的行政管理措施。它的核心是实施煤矿安全生产准入。

2. 煤矿安全生产许可申领条件

(1)煤矿企业必须建立相应的安全管理系统，建立安全生产责任制，完善安全生产规章制度和操作规程，设置安全生产管理机构和配备专职安全生产管理人员。

(2)要完善安全生产设施与系统，矿井的提升、运输、通风、排水、供电等生产系统要符合《煤矿安全规程》和有关技术规范的规定并经依法验收合格，井上下、矿内外调度通信畅通，井下采煤工作面及其他主要作业地点、要害部门必须安设与井上调度部门直接联系的电话，要有符合国务院煤炭工业主管部门规定的井田地形地质图、采掘工程平面图、井上下对照图等基本矿图及通风系统图、排水系统图、供电系统图、井下避灾路线图等。

（3）必须配备足够的安全保护用品，应制定职业危害防治措施、综合防尘措施，建立粉尘检测制度，为从业人员配备符合国家标准或者行业标准的劳动防护用品。对于煤矿生产过程中涉及的特种工作，包括爆破作业、登高架设作业、矿山排水作业、矿山提升运输作业等需要进行各种特殊机器的操作的工作，根据国家安全生产监督管理局相关文件规定，这些特种作业人员必须接受与本工种相适应的、专门的安全技术培训、经安全技术理论考核和实际操作技能考核合格，取得特种作业操作证后，方可上岗作业；未经培训，或培训考核不合格者，不得上岗作业。同时，作为对整个煤矿企业的安全负有全部责任的矿长，不仅要拥有行政管理上的能力，也需要对煤炭行业相关专业知识有所了解，能对各种安全事故处理有一定应对能力，并取得矿长安全资格证。

（4）必须建立安全事故预防与处理制度，即要有重大危险源检测、评估、监控措施和应急预案、事故应急救援预案和设立矿山救护队的文件或与专业救护队签订的救护协议、矿井灾害预防和处理计划等。

3. 煤矿安全生产许可申请程序

（1）公开申请事项和要求。安全许可证颁发管理机关（煤矿安全监察机构）应当将有关申请领取安全生产许可证的时间、地点、机关和应当提交的文件、资料向社会公布，使申请人能够知道、了解有关申办事项及其具体要求，以便能够及时申请取得许可。

（2）申请人依法提出申请。申请人必须依法向安全许可证颁发管理机关提出申请，即不申请不发证。申请人应当提交相关文件、资料。需要提交的相关文件、资料应由安全许可证颁发管理机关作出具体规定。提交的相关文件、资料必须能够满足对煤矿安全生产条件审查的需要。

（3）受理申请和审查。接到申请人的申请书、相关文件和资料后，安全许可证颁发管理机关决定是否受理和审查。

（4）作出决定。经审查或者核实后，安全许可证颁发管理机关可以依法作出两种决定：企业具备法定安全生产条件的，决定颁发煤矿安全生产许可证；不具备法定安全生产条件的，决定不予颁发煤矿安全生产许可证，书面通知企业并说明理由。

（5）公告。将煤矿安全许可证颁发的情况向社会公告。公布的具体形式可以多样但须规范，公布的时间由安全许可证颁发管理机关决定。

（6）补办与变更。煤矿企业持有的安全生产许可证如遇损毁、丢失等情况，就需要向原颁发管理机关申请补办。企业经过审核，应当重新向其颁发煤矿安全生产许可证。有关事项发生变化的，需要及时办理安全生产许可证变更手续。

（7）延期。许可期限届满前，煤矿企业需要继续办理延期手续的，应当于法定期限内向原许可机关提出延期申请，经批准延期的可以继续从事煤矿生产经营活动。未批准延期的，不得从事相关生产经营活动。

（四）煤矿安全监管执法

1. 执法计划和检查方案

安全审批和安全许可主要是解决安全准入的前置性行政管理，但是煤矿在其生产经营活动中不一定始终保持安全条件，这就需要通过煤矿安全监察监管部门不间断地监督检查，及时发现和查处安全隐患和违法行为，防止事故发生。这是一项日常工作，需要制订相应的行政执法工作计划，有计划、有组织、有重点地实施。

（1）煤矿安全行政执法工作计划。这是煤矿安全执法部门制定并实施的一定期间内行政执法的工作安排。鉴于各地方煤矿安全状态不同，其企业数量、安全风险、安全隐患和事故频率不同，执法的人力、装备、经费也不同，因此要因时、因地而宜，组织制定年度、半年度、季度、月度的执法计划。

行政执法工作计划应当确定一定期间内煤矿安全监察执法的总体目标、任务，安全检查的重点地区、企业和事项，现场安全检查的人员配备及其职责，安全检查的频次和时段，安全检查的方式方法，违法行为的处置，组织领导和考核奖惩等。

（2）现场检查工作方案。为落实安全行政执法工作计划，实施现场检查所制定的具体的、可操作的工作安排，可以是重点检查方案、专项检查方案、定期检查方案或者联合检查方案等。现场检查工作方案应当包括检查的对象、事项、方法步骤、人员配备、时间安排、处置措施和复查等内容。

2. 现场执法检查

实施安全执法计划和现场检查方案的行之有效方式，是对煤矿生产作业进行现场检查。实施现场检查应当是不间断的、反复的，每次检查的对象、事项和方法步骤各不相同。现场检查主要是根据现场检查方案和检查对象的现场安全状况而实施的，其具体检查方式也可以是多样的，比如单项检查、多项检查、重点检查、定期检查、随机抽查、跟踪检查、联合检查和责令企业自查等。

3. 现场处理措施

在实施现场检查过程中发现的安全隐患和违法行为，煤矿安全执法部门可以依法采取现场处理措施，制止停止违法行为，消除安全隐患。具体的现场处理措施以及现场处理措施的实施对象、权限，都应当有明确的安全法律规范。发现安全违法行为，可以当场决定采用相关的现场处理措施，主要有以下几个方面：

（1）责令改正。责令改正可以分为责令立即改正和责令限期改正两种情况。第一，责令立即改正。这项措施主要是针对检查中发现的一般的、轻微的并且能够即时纠正的违法行为。比如，发现从业人员未戴安全帽，即可责令立即改正。第二，责令限期改正。这项措施主要是针对检查中发现的需要一定时间方可纠正的较大的安全隐患或者较严重的违法行为。法律未对改正期限作出具体规定，这要由现场检查人员根据对纠正安全隐患或者违法行为的情况来具体判断改正期限的长短。

（2）责令暂时停产停业或者停止使用。这项措施主要是针对现场检查发现的重大事故隐患排除前或者排除过程中无法保证安全的，应当责令暂时停产停业或者停止使用。暂时的期限由现场检查人员根据事故隐患的大小和排除的难易程度,视情况决定。第一,责令暂时停止生产。这项措施是针对生产经营单位存在重大事故隐患所采用的。对一般事故隐患,应当责令立即排除。第二,责令暂时停止经营。这项措施是针对经营单位存在重大事故隐患所采用的。比如,发现宾馆、商厦存在房屋主体开裂、电器设施设备严重老化等重大事故隐患,行政执法人员可以当场决定该企业暂时停止营业。第三,责令暂时停止使用。这项措施是针对生产经营单位违法使用安全设施、设备、器械、工具或者其存在重大安全缺陷、隐患所采用的。

(3)责令停止施工。这项措施是针对建筑施工过程中存在的事故隐患和违法行为所采用的。

(4)责令立即排除隐患。煤矿执法部门对检查中发现的事故隐患,应当责令立即排除。

(5)责令撤出作业人员。这项措施主要是针对现场检查发现的重大事故隐患排除前或者排除过程中无法保证安全的,应当责令从危险区域撤出作业人员。

4. 事故调查处理

煤矿事故调查处理是煤矿执法部门一种特殊的行政执法方式。《安全生产法》、《生产安全事故报告和调查处理条例》、《煤矿安全监察条例》、《煤矿生产安全事故报告和调查处理规定》(已失效)已有明确规定,由三级矿山安全监察机构依职权牵头组织调查处理。

三、煤矿安全监管体制之地方监管

(一)地方煤矿安全监管概述

地方各级政府的煤矿安全监管主要体现为两方面,一方面是作为地方政府组成机构的地方各级安全生产监督管理(应急管理)部门对属地煤矿的综合安全监管,另一方面是地方各级政府的煤炭行业主管部门或其他相关部门对属地煤矿的行业安全管理。地方各级安全生产监督管理(应急管理)部门在产煤地方大都设有专门的煤矿监管科室,履行对煤矿的安全监管职责,形成了对国家煤矿安全监察力量的有益补充。有些地方政府仍然保留了煤炭工业主管部门,这些部门的行业管理职责中也包括煤矿安全监管的内容。

(二)代表性地方政府的煤矿安全监管

1. 山西省。山西省作为我国的采煤大省,于2008年11月3日实施《山西省煤矿安全联合执法制度》,明确由省煤炭局牵头,省公安厅、省监察厅、省劳动保障厅、省国土厅、省工商局、省安监局、山西煤监局、省总工会、省电力公司共同参与,组成山西省煤矿安全联合执法领导组,在跨部门等重大场合中实行多部门联合执法。

2. 安徽省。安徽省能源局、安徽煤矿安监局于2020年4月27日发布《关于建立煤矿安全监管监察协作机制的通知》,确立了省能源局和安徽煤矿安监局"六联合一加强"的煤矿安全监管监察工作协作机制,在宣教、转发办理文件、组织会议、执法等工作中联动配合,加强监管协作。

3. 江西省。江西省在2015年5月4日发布了江西矿山安全监察局《关于印发煤矿安全生产专家库及专家管理办法(试行)》,结合江西煤矿安全的实际,充分发挥煤矿安全专家作用，健全完善本级煤矿安全专家库。

4. 四川省。四川省同步实施了《四川省煤矿安全评价管理办法》和《四川省煤矿安全培训管理办法》，加强对煤矿安全评价机构的管理，规范煤矿安全评价工作，保证煤矿安全评价质量，同时加强全省煤矿安全培训工作。

四、煤矿安全监管体制与企业责任

煤矿企业是安全生产主体，也是政府安全监管执法的行政相对人。《煤炭法》、《安全生产法》和国务院《关于预防煤矿生产安全事故的特别规定》等法律法规明确规定，煤矿企业必须依法履行其安全生产主体责任，确保安全生产。

1. 安全生产管理团队建设。建立安全生产管理机构，配齐安全生产管理人员。建立安全技术团队，提升安全管理科学化、专业化、规范化水平。

2. 安全办公会议。明确安全办公会议的召开周期、内容、主持人和参加人员。安全办公会议必须由安全生产第一责任人主持。会议应当有完整的记录，载明议定的事项、决定以及落实的人员、措施和期限。会议记录、纪要应纳入档案管理。

3. 安全目标管理。制定安全指标，结合实际制定年度或阶段安全生产目标，并将指标逐级分解，明确责任、保证措施、考核和奖惩办法。

4. 安全投入保障。按国家有关规定建立稳定的安全投入资金渠道，保证新增、改善和更新安全设备设施，改善安全生产条件，开展安全生产宣传教育培训，进行安全奖励，推广应用先进安全技术措施和管理方法，确保抢险救灾等均有可靠的资金来源。安全投入应能充分保证安全生产需要，安全投入资金要专款专用。编制年度安全技术措施计划，确定项目，落实资金、完成时间和责任人。严格遵守安全生产费用提取管理使用制度，内部审计与外部审计相结合，确保足额提取、使用到位。更新推广应用先进适用安全生产工艺和技术装备。配齐并督促从业人员正确佩戴和使用符合国家或行业标准的安全防护用品。

5. 安全教育与培训。要保证煤矿企业职工掌握本职工作应具备的法律法规知识、安全知识、专业技术知识和操作技能；明确企业职工教育与培训的周期、内容、方式、标准和考核办法；明确相关部门安全教育与培训的职责和考核办法；明确年度安全生产教育与培训计划，确定任务，落实费用。未取得特种作业操作证和未经安全生产教育培训合格的从业人员，不得上岗作业。

6. 安全监督检查。监督安全生产规章制度、规程标准的执行。重点检查矿井“一通三防”的装备、管理情况；明确安全检查的周期、内容、检查标准、检查方式、负责组织检查的部门和人员、对检查结果的处理办法。

7. 安全技术审批。要确定各类工程设计、作业规程、安全措施和方案等安全技术审批的内容、程序、标准、时限、审批级别，审批人员职别和资格，编制、审核、审批人员的职责、权限和义务。安全技术审批应保证依据充分、正确、内容全面、具体、安全措施可靠，能够有效指导生产施工、作业和操作。

8. 矿用设备、器材使用管理。保证在用设备、器材符合相关标准，保持完好状态；明确矿用设备、器材使用前的检测标准、程序、方法和检验单位、人员的资质；明确使用过程中的检验标准、周期、方法和校验单位、人员的资质；明确维修、更新和报废的标准、程序和方法。

9. 矿井主要灾害预防管理。煤矿企业应当明确可能导致重大事故的“一通三防”、防治水、冲击地压、职业危害等主要危险，有针对性地分别制定专门制度，强化管理，加强监控，制定预防措施。

10. 煤矿事故应急救援。要制定事故应急救援预案，明确发生事故后的上报时限、上报部门、上报内容、应采取的应急救援措施等。

11. 安全奖罚。煤矿安全管理应当兼顾责任、权利、义务，奖罚对应。明确奖罚的项目、标准和考核办法。

12. 入井检身与出入井人员清点。要建立相关制度，明确入井人员禁止带入井下的物品和检查方法；明确人员入井、升井登记、清点和统计、报告办法，保证准确掌握井下作业人数和人员名单，及时发现未能正常升井的人员并查明原因。

13. 安全操作规程管理。安全操作规程应当涵盖从进入操作现场、操作准备到操作结束和离开操作现场全过程的各个操作环节。分别制定各工种的岗位操作规程，明确各工种、岗位对操作人员的基本要求、操作程序和标准，明确违反操作程序和标准可能导致的危险和危害。

第四节　煤矿安全生产合规治理

煤矿安全生产合规治理，就是要使煤矿生产符合安全法律法规和标准规范，排查治理隐患，建立安全生产长效机制，避免事故发生，保持安全生产长期健康发展。做好这项工作，应建立健全并落实有关制度。

一、煤矿建设项目各项安全制度

（一）煤矿建设项目安全评价

1. 煤矿新建、改建和扩建工程项目应当进行安全评价，其初步设计应当按规定编制安全专篇。安全专篇应当包括安全条件的论证、安全设施的设计等内容。

2. 煤矿建设项目的安全评价包括安全预评价和安全验收评价。煤矿建设项目在可行性研究阶段，应当进行安全预评价；在投入生产或者使用前，应当进行安全验收评价。安全评价是安全许可的前置条件。

3. 煤矿建设项目的安全评价应由具有国家规定资质的安全技术服务机构承担。承担煤矿建设项目安全评价的安全技术服务机构对其作出的安全评价结果负责。

4. 煤矿企业应与安全技术服务机构签订书面委托合同，明确双方各自的权利和义务。

5. 安全技术服务机构应当按照规定的标准和程序进行评价，提出评价报告，并在提出评价报告30日内按规定报煤矿安全监察机构备案。

6. 煤矿建设项目安全预评价报告应当包括以下内容:(1)主要危险、有害因素和危害程度以及对公共安全影响的定性、定量评价;(2)预防和控制的可能性评价;(3)建设项目可能造成职业危害的评价;(4)安全对策措施、安全设施设计原则;(5)预评价结论;(6)其他需要说明的事项。

7. 煤矿建设项目安全验收评价报告应当包括以下内容:(1)安全设施符合法律、法规、标准和规程规定以及设计文件的评价;(2)安全设施在生产或使用中的有效性评价;(3)职业危害防治措施的有效性评价;(4)建设项目的整体安全性评价;(5)存在的安全问题和解决问题的建议;(6)验收评价结论;(7)有关试运转期间的技术资料、现场检测、检验数据和统计分析资料;(8)其他需要说明的事项。

(二)煤矿建设项目安全设施设计审查

1. 安全设施设计应由具有相应资质的设计单位承担,设计单位对安全设施设计负责。煤矿水、火、瓦斯、煤尘、顶板等主要灾害的防治措施所确定的设施、设备、器材等应当符合国家标准和行业标准。安全设施设计应经煤矿安全监察机构审查同意。

2. 安全设施设计审查前,煤矿企业应当向煤矿安全监察机构提出书面申请,并提交下列资料:(1)安全设施设计审查申请报告及申请表;(2)立项和可行性研究报告批准文件;(3)安全预评价报告书;(4)煤矿初步设计安全设施设计及安全专篇;(5)采矿许可证或者划定矿区范围批复文件;(6)井田勘探(精查)地质报告(小型煤矿必须符合《煤炭工业小型矿井设计规范》要求);(7)其他需要说明的材料。

3. 煤矿安全监察机构接到审查申请后,应当对上报资料进行审查。有下列情形之一的,设计审查不合格:(1)安全设施设计未由具备相应资质的设计单位承担的;(2)煤矿水、火、瓦斯、煤尘、顶板等主要灾害防治措施不符合规定的;(3)安全设施设计不符合工程建设强制性标准、煤矿安全规程和行业技术规范的;(4)所确定的设施、设备、器材不符合国家标准和行业标准的;(5)不符合国家矿山安全监察局规定的其他条件的。

4. 煤矿安全监察机构审查煤矿建设项目的安全设施设计,应当自收到审查申请起30日内审查完毕。经审查同意的,应当以文件形式批复;不同意的,应当提出审查意见,并以书面形式答复。

5. 煤矿企业对已批准的煤矿建设项目安全设施设计需作重大变更的,应经原审查机构审查同意。

(三)煤矿建设项目安全设施施工和联合试运转

1. 煤矿建设项目安全设施施工要求包括:(1)煤矿建设项目的安全设施应由具有相应资质的施工单位承担。施工单位应当按照批准的安全设施设计施工,并对安全设施的工程质量负责。(2)施工单位在施工期间,发现煤矿建设项目的安全设施设计不合理或者存在重大事故隐患时,应当立即停止施工,并报告煤矿企业。煤矿企业需对安全设施设计作重大变更的,应当重新审查。(3)煤矿安全监察机构对煤矿建设工程安全设施的施工情况进行监察。(4)煤矿建设项目在竣工完成后,应当在正式投入生产或使用前进行联合试运转。

联合试运转的时间应不少于1个月，但最长不得超过6个月。煤矿建设项目联合试运转，应经有关主管部门批准，并按照规定报煤矿安全监察机构备案。（5）煤矿建设项目联合试运转期间，煤矿企业应当制定可靠的安全措施，做好现场检测、检验，收集有关数据，并编制联合试运转报告。煤矿建设项目联合试运转正常后，应当进行安全验收评价。

2. 联合试运转报告应当包含：各主要系统分项运行报告，主要生产安全设备故障处理记录与分析，提升、排水、通风等主要生产安全设施与装备的检测、检验报告，联合试运转的效果分析，有关安全生产的建议，其他应予以说明的事项。

（四）煤矿建设项目安全设施竣工验收

1. 煤矿建设项目的安全设施和安全条件应当经验收合格。经安全验收评价达到验收条件的，煤矿企业应当组织验收，并报煤矿安全监察机构监督核查，并应当提交下列资料：（1）经批准的安全设施设计、安全专篇及设计修改的有关文件、资料；（2）安全设施工程质量认证书复印件；（3）施工期间安全事故及其他重大工程质量事故的有关资料；（4）安全管理机构、矿长及特种作业人员安全资格的有关资料；（5）联合试运转报告；（6）建井地质报告（大中型项目）；（7）经国家授权单位鉴定的煤层自燃倾向性、煤尘爆炸危险性报告，设计为突出矿井和设计要求进行突出危险性鉴定的高瓦斯矿井已揭露煤层的突出危险性鉴定报告，本年度或上年度矿井瓦斯等级鉴定报告及审批文件；（8）《煤矿安全规程》规定的反映实际情况的图纸；（9）建设单位编写的安全预验收报告书；（10）建设单位对安全验收评价报告所提问题的整改情况说明；（11）其他需上报的资料。

2. 煤矿安全监察机构监督核查。有下列情形之一的，为不合格：（1）安全设施和安全条件不符合设计要求，或未通过工程质量认证的；（2）安全设施和安全条件不能满足正常生产和使用的；（3）未按规定建立安全生产管理机构和配备安全生产管理人员的；（4）矿长和特种作业人员不具备相应资格的；（5）不符合国家矿山安全监察局规定的其他条件的。煤矿安全监察机构应自收到申请之日起30日内监督核查完毕。

二、煤矿安全开采制度

（一）煤矿安全开采制度概述

《煤炭法》第二十二条第一款规定："开采煤炭资源必须符合煤矿开采规程，遵守合理的开采顺序，达到规定的煤炭资源回采率。"煤矿安全开采制度主要有：煤柱保护制度，煤矿特种设备、物品国家标准化、行业标准化制度，煤矿特种设备、物品定期检查、维修制度，煤矿作业场所有毒有害物质和井下空气含氧量检测制度，煤矿安全事故隐患（冒顶、片邦、边坡滑落、地表塌陷、瓦斯爆炸、煤尘爆炸、冲击地压、瓦斯突出、井喷、火灾、水害、爆破器材、爆破作业、粉尘、有毒有害气体、放射性物质等）预防制度，煤矿机械、电气设备使用危害预防制度，排土场、矸石山、尾矿库、矿山闭坑危害预防制度等。

（二）煤矿安全开采的具体要求

1. 煤矿开采必须具备保障安全生产的条件，执行煤矿安全规程和技术规范。

2. 煤矿使用的有特殊安全要求的设备、器材、防护用品和安全检测仪器,必须符合国家安全标准或者行业安全标准。不符合国家安全标准或者行业安全标准的,不得使用。必须对机电设备及其防护装置、安全检测仪器定期检查、维修,保证使用安全。

3. 煤矿必须对作业场所中的有毒有害物质和井下空气含氧量进行检测,保证符合安全要求。必须对下列危害安全的事故隐患采取的预防措施:(1)冒顶、片帮、边坡滑落和地表塌陷;(2)瓦斯爆炸、煤尘爆炸;(3)冲击地压、瓦斯突出、井喷;(4)地面和井下的火灾、水害;(5)爆破器材和爆破作业发生的危害;(6)粉尘、有毒有害气体、放射性物质和其他有害物质引起的危害;(7)其他危害。同时,对使用机械、电气设备、排土场、矸石山、尾矿库和矿山闭坑后可能引起的危害,也应当采取预防措施。

4. 有自然发火可能性的矿井,应当采取下列措施:(1)及时清出采场浮矿和其他可燃物质,回采结束后及时封闭采空区;(2)采取防火灌浆或者其他有效的预防自然发火的措施;(3)定期检查井巷和采区封闭情况,测定可能自然发火地点的温度和风量,定期检测火区内的温度、气压和空气成分。

5. 井下采掘作业遇下列情形之一时,应当探水前进:(1)接近承压含水层或者含水的断层、流沙层、砾石层、溶洞、陷落柱时;(2)接近与地表水体相通的地质破碎带或者接近连通承压层的未封钻孔时;(3)接近积水的老窑、旧巷或者灌过泥浆的采空区时;(4)发现有出水征兆时;(5)掘开隔离矿柱或者岩柱放水时。

6. 爆破作业和爆破材料的制造、储存、运输、试验及销毁,必须严格执行国家有关规定。

7. 对地面、井下产生粉尘的作业,应当采取综合防尘措施,控制粉尘危害。井下风动凿岩,禁止干打眼。

8. 建立、健全对地面陷落区、排土场、矸石山、尾矿库的检查和维护制度;对可能发生的危害,应当采取预防措施。

9. 按照国家有关规定关闭矿井,对关闭后可能引起的危害采取预防措施。

三、煤矿安全生产责任制制度和政府监管

(一)煤矿安全生产责任制概念

《安全生产法》第三条规定了“强化和落实生产经营单位主体责任”的相关内容。煤矿安全生产责任制是指煤矿企业按照岗位、职能、权利和责任相统一的原则,明确各级负责人、职能机构和各岗位人员承担的安全生产责任和义务,要将企业、部门或单位的全部安全生产责任逐项分解,逐级落实到各岗位和人员。煤矿企业要建立健全全过程安全生产管理制度,完善落实安全诚信、安全承诺、专家服务、举报奖励和舆论监督等措施。煤矿企业法定代表人和实际控制人要履行第一责任人责任,确保安全生产。

(二)安全生产主体责任的具体内容

煤矿安全主体责任主要包括:推行安全生产标准化建设;高危企业安全管理人员任免告知;事故隐患排查治理;重大事故隐患越级报告;工伤保险和高危行业企业安全生产责任保险;委托服务后安全生产责任仍由生产经营单位负责;安全生产责任制考核;组织开展全

员安全生产教育和培训;应急预案和应急准备(演习);生产经营单位主要负责人职责;生产经营单位安全生产管理机构、人员的设置、配备标准和工作职责;建设项目安全设施“三同时”;生产经营发包、出租安全管理;生产经营单位提取使用安全费用;生产经营单位主要负责人和安全管理人员任职资格;生产经营单位安全生产教育和培训;设备安全管理;危险作业安全管理;安全风险评估和风险分级管控(防控)。

要建立煤矿企业安全生产责任体系,应健全包含主要负责人到一线岗位员工、覆盖所有管理和操作岗位的安全生产责任制,明确企业所有人员承担的安全生产责任,提高全员守法自觉性,加强企业内部监督考核。落实企业主要负责人责任,安全责任、安全管理、安全投入、安全培训、应急救援“五到位”。在安全生产关键时间节点要在岗在位,盯守现场,确保安全。

(三)政府监管责任

各级地方党委和政府要落实《地方党政领导干部安全生产责任制规定》,健全定期研究解决安全生产重大问题的会议制度,加强源头治理、系统治理、精准治理、综合治理。煤矿安全监察机构和有关部门履行安全监管责任,指导帮助煤矿企业加强安全管理,消除盲区漏洞,查处重特大事故责任者,依法实施行政处罚。

四、煤矿安全风险评估制度和事故隐患排查制度

(一)安全风险评估制度

煤矿企业要防范安全风险,建立隐患排查和事故预防控制体系,从源头上加强治理,消除事故隐患。

安全风险评估,就是企业或技术服务机构的专业资格人员对企业存在的危险因素进行查找,采取降低、消除危险的措施,使风险降低到当前技术条件下可以接受的程度。但风险评估不须经政府批准、备案,而是政府执法检查的向导。风险评估包括安全风险评估和职业健康风险评估。它是企业制定安全卫生政策文件(规章制度、规程、风险管理措施、培训措施)的依据,是政府监督检查的主要对象和执法的主要依据。目前我国没有设立法定的风险评估制度,但近几年出台的《生产安全事故应急预案管理办法》《企业安全生产标准化基本规范》等文件都要求进行风险评估或安全评估,为我国设立风险评估制度提供了基础。

(二)事故隐患排查制度

事故隐患排查制度,就是根据事故隐患的识别、评估、报告、监控和治理标准,按照分级管理的原则明确隐患治理的责任和义务,保证及时发现和消除矿井在通风、瓦斯、煤尘、火灾、顶板、机电、运输、放炮、水害和其他方面存在的隐患。其依据是《安全生产法》、《安全生产事故隐患排查治理暂行规定》(原国家安全监管总局令第16号)[2]和《煤矿重大生产安全事故隐患判定标准》(原国家安全监管总局令第85号,已失效)以及《煤矿生产安全事故

〔2〕 目前应急管理部已起草生产安全事故隐患排查治理规定,对《安全生产事故隐患排查治理暂行规定》进行修订,尚未颁布。

隐患排查治理制度建设指南(试行)》和《煤矿重大事故隐患治理督办制度建设指南(试行)》(安监总厅煤行〔2015〕116号)。

五、煤矿安全生产标准化建设

(一)煤矿安全生产标准化建设概念

煤矿安全生产标准化建设是安全生产长效机制的重要组成部分,是指通过建立煤矿安全生产责任制,制定安全管理制度和操作规程,排查治理隐患和监控重大危险源,建立预防机制,规范生产行为,使各生产环节符合有关安全生产法律法规和标准规范的要求,人、机、物、环处于良好的生产状态,并持续改进规范化建设的工作体系。[3]

2010年,原国家安全监管总局发布了《企业安全生产标准化基本规范》安全生产行业标准,标准编号为AQ/T9006-2010。这标志着我国安全生产标准化建设工作本身也有了严格的标准依据,从而进入一个新的发展阶段。2014年修正的《安全生产法》第四条也要求推进安全生产标准化建设,提高安全生产水平,确保安全生产。

(二)要求和要素

1. 要求。煤矿企业要根据安全生产标准化要求,提高安全意识,规范安全行为,创造安全环境,实现管理标准化、现场标准化、操作标准化,从而最大限度地防止和减少安全生产事故。其核心是制定符合安全系统工程的安全生产标准,并且建立相应的标准运作机制,把安全生产标准内化到企业与人的行为之中,使企业行为与个人行为在无意识的状态下都自然地符合安全生产标准的规定,并在安全生产标准化建设、运行过程中,持续改进风险管控和隐患排查治理工作,提升企业安全管理水平。

2. 要素。安全生产标准化建设中必须要实现的、对标准化建设的目标起关键性作用的因素有五点:(1)安全管理标准化。一方面指安全管理的依据标准化,在安全管理的过程中所依据的准则都来自事先制定好的标准,包括行为准则、技术准则、操作过程准则、设备准则等;另一方面指安全管理系统本身标准化,包括安全管理组织机构及职责标准化、安全管理行为标准化和安全管理程序标准化。(2)安全技术标准化。其是指生活经营活动中各项安全技术的运用应符合安全技术标准,包括国家标准、行业标准和企业标准,并且生产技术研发与更新时同时应考虑是否符合安全技术标准,从而确保整个企业的安全技术处于标准可控的状态。(3)安全装备标准化。安全装备标准化指安全装备的设计、制造、安装、使用、检测、维修与维护以及安全设备的报废都严格依据相关标准进行,安全设备的认证制度对于确保安全装备标准化起重要作用。(4)环境安全标准化。其是指生产经营企业在标准化建设过程中,把环境安全作为重要的管理目标之一,对于任何可能影响环境的生产经营行为,都做到有标准可依,并严格接受相关标准的约束,从而确保生产经营对环境的影响控制在标准许可的范围之中。(5)安全作业标准化。其是指通过对作业开始到终结的科学推敲,在保证安全的前提下,制定出具有紧密衔接性的框图式工作程序,以使在作业的全过程

---

〔3〕《企业安全生产标准化基本规范》(AQ/T9006—2010)。

中,能一个步骤一个步骤地模式化、程序化操作,这样可以防止因随意简化工作步骤而在安全上出漏洞,也可避免因不必要的烦锁而产生的危险性,从而增加作业中的安全可靠度。

(三)考评

通过建立健全企业主要负责人、管理人员、从业人员的安全生产责任制,将安全生产责任从企业法人落实到每个从业人员、操作岗位,强调全员参与的重要意义,进行全员、全过程、全方位地梳理工作,全面细致地查找各种事故隐患和问题以及与考评标准规定不符合的地方,制订切实可行的整改计划,落实各项整改措施,从而将安全生产的主体责任落实到位,促使企业安全生产状况持续好转。

(四)安全生产标准化工作组织实施

标准化建设的组织实施实行"企业负责、协会组织、机构评审、政府公告"的工作原则,即企业具体负责本企业的安全生产标准化建设工作,协会负责组织本行业的安全生产标准化建设工作,专门设立的评审机构负责企业标准化建设评级实体条件的考评工作,政府负责对企业标准化建设考评结果进行形式审查并公告。在这样的工作体制下,各主体各司其职,共同推进我国的安全生产标准化工作。

建立健全安全生产标准化认证工作体系。健全企业标准化评级的申请、受理、考评、审核、认定、公告、发证等相关工作程序和制度。联合有专业技术力量的科研院校、社会团体、服务机构,建立一批标准化考评、咨询服务机构以及若干专业指导组和技术支撑机构,为安全生产标准化建设工作提供激励与服务。同时,也应建立安全生产标准化信息平台和安全生产标准的产学研平台。

(五)政府监管

煤矿安全生产标准化建设工作,从本质上讲,是煤矿的内部责任和自身工作,但还需政府监管与推进,使安全生产标准化工作处于有效的监控状态。对此,一是要建立完善的安全生产标准化建设的检查制度,二是要建立实施安全生产标准化责任考核制度,三是要加强对标准实施情况的评估工作,四是要建立安全生产标准化建设信息披露制度,五是要建立安全生产标准化分级分类监管办法。

六、煤矿安全行政处理与追责

(一)行政强制措施

行政强制措施主要有冻结、扣押、查封、划拨、扣缴等,由法律规定。《安全生产法》第六十五条第一款第四项规定,对有根据认为不符合保障安全生产的国家标准或者行业标准的设施、设备、器材以及违法生产、储存、使用、经营、运输的危险物品予以查封或者扣押,对违法生产、储存、使用、经营危险物品的作业场所予以查封,并依法作出处理决定。《安全生产违法行为行政处罚办法》(2007 年修订)第十五条规定,决定查封或者扣押后,应当在 15 日内作出以下处理决定:(1)能够修理、更换的,责令予以修理、更换;不能修理、更换的,不准使用。(2)依法采取其他行政强制措施或者现场处理措施。(3)依法给予行政处罚。

(4)经核查予以查封或者扣押的设备、设施、器材符合国家标准或者行业标准的,解除查封或者扣押。

(二)行政处罚

实施行政处罚是煤矿执法部门履行行政管理职责的重要方式,针对安全生产的违法行为所采用。为了制裁煤矿安全违法行为,规范煤矿安全监察行政处罚工作,保障煤矿依法进行生产,根据《煤矿安全监察条例》及其他有关法律、行政法规的规定,原国家安全生产监督管理局、原国家煤矿安全监察局于2003年8月15日实施《煤矿安全监察行政处罚办法》,共30条。

煤矿安全监察机构及其煤矿安全监察员对检查中发现的煤矿安全违法行为,可以作出下列现场处理决定:(1)当场予以纠正或者要求限期改正;(2)责令限期达到要求;(3)责令立即停止作业(施工)或者立即停止使用;(4)经现场处理决定后拒不改正,或者依法应当给予行政处罚的煤矿安全违法行为,依法作出行政处罚决定。行政处罚方式分为:罚款、责令停产整顿、依法吊销安全生产采矿许可证、依法予以关闭等。煤矿安全监察机构及其煤矿安全监察员实施行政处罚时,应当符合《安全生产违法行为行政处罚办法》规定的程序并使用统一的煤矿安全监察行政执法文书。

第五节　煤矿生产安全事故赔偿与保险

煤矿从业人员在生产中受到伤害要获得赔偿或补偿,是一项维护自身合法权益的现实问题。在实践中要依法获得赔偿或补偿,有时比较复杂,常引发争议或诉讼。目前法律规定的赔偿或补偿途径有工伤保险、安全生产责任保险以及民事侵权赔偿。三者之间存在一定的协调关系,分别有各自的认定条件、标准和程序,需要准确把握。

一、概述

(一)煤矿事故保险与赔偿的概念

煤矿生产安全事故赔偿方式主要有保险赔偿和民事侵权赔偿,其中保险赔偿又分为社会保险赔偿和商业保险赔偿。社会保险在我国主要是指工伤保险,而商业保险则是以安全生产责任保险为代表的安全责任保险。

工伤保险赔偿,是指劳动者(从业人员)在生产经营活动中或在规定的某些特殊情况下遭受意外伤害或者患职业病,造成死亡、暂时或永久丧失劳动能力时,劳动者及其家属能够从国家、社会获得一定经济补偿的一项社会保险制度。

安全责任保险源于劳工补偿制度,是指以雇主(被保险人)对其雇佣的员工从事保险合同列明的被保险人的业务而发生意外事故所受伤亡、疾病应当承担的赔偿责任为标的的责任保险。责任保险中被保险人虽然是雇主,但其保险标的是雇主对雇员承担的民事赔偿责任,即只有当雇主对其雇员的伤亡承担赔偿责任时才能产生保险金的给付(此种给付不同于工伤保险金的给付）。我国《安全生产法》称雇主为生产经营单位，雇员为从业人员，安全责任保险为安全生产责任保险。

生产安全事故既会造成对企业从业人员的损害，也可能造成对他人的损害。事故损害赔偿是一种特殊的民事侵权责任形式。在民事侵权引起的人身损害赔偿法律关系中，企业是赔偿义务主体，工伤职工本人或其亲属或他人是请求赔偿的权利主体，两者之间是一种侵权之债的关系。

（二）工伤保险赔偿与民事赔偿的关系

《安全生产法》第五十六条规定："因生产安全事故受到损害的从业人员，除依法享有工伤保险外，依照有关民事法律尚有获得赔偿的权利的，有权提出赔偿要求。"工伤保险的概念和范围见于《工伤保险条例》。工伤保险与民事侵权赔偿在法律性质、赔偿原则、构成要件、纠纷解决方式等方面是截然不同的。

1. 构成要件不同。民事侵权赔偿构成要件的主要特征是存在侵犯他人合法权益的违法行为，违法性体现为违反法律直接规定的、针对一般人的义务，并且违法行为与损害事实之间存在因果关系。而工伤保险法律关系的构成并不强调违法行为的存在，只要生产经营单位缴纳工伤保险费，劳动者因工作原因受到事故伤害或者患职业病的，就可产生现实的工伤保险法律关系。

2. 功能不同。包括工伤保险在内的社会保险的基本功能，在于转移、分散风险和风险造成的损失。通过工伤保险，生产经营单位单方向社会保险经办机构缴纳工伤保险费，一旦发生工伤事故，其大部分或全部赔偿责任转由工伤保险基金承担，由社会保险经办机构从工伤保险基金中支付受到事故伤害的劳动者的工伤赔偿费用。这样形成了损害赔偿的社会化，对维护劳动者的权益是非常有利的。但是仅靠工伤保险金通常不足以抵补当事人的实际损失，因此还需要通过民事赔偿给予补充。2002 年《安全生产法》关于事故受害者的人身权、财产权保护的制度设计是双重补偿制度，即"工伤保险 + 民事赔偿"。民事侵权赔偿在特定的当事人之间形成一种债权债务关系。由于债的相对性，受害人只能从加害人一方获得赔偿，当加害人责任能力较弱时，受害人便很难获得补偿。

3. 赔偿原则不同。工伤保险适用无过错责任原则，即劳动者在生产过程中发生伤残、死亡事故或者患职业病后，不论煤矿企业或劳动者是否存在过错，不论责任在哪一方，受到事故伤害的劳动者都可以按照规定的工伤保险待遇标准得到赔偿。民事赔偿适用过错原则。

4. 争议解决方式不同。对于工伤职工与煤矿企业之间就工伤保险方面发生的争议，采取"先裁后审"的办法。根据《劳动法》的有关规定，劳动者与煤矿企业发生有关社会保险方面的争议属于劳动争议，当事人应当先提请劳动争议仲裁委员会仲裁，对仲裁不服的，可以再向人民法院提起诉讼。

对于工伤职工与社会保险经办机构之间发生的争议，由于我国社会保险经办机构属于行政性事业单位，此类争议属于社会保险行政争议。按照劳动保障部 2001 年发布的《社会保险行政争议处理办法》的有关规定，当劳动者与社会保险经办机构就工伤赔偿等事项发生争议时，可以向直接管理该经办机构的劳动保障行政部门申请行政复议，不服行政机关最终行政复议决定的,可以向人民法院提起行政诉讼。

因民事侵权赔偿引起的纠纷,受侵害的一方可以直接向人民法院提起民事诉讼。

(三)工伤保险与安全生产责任险的关系

两者都是采用保险机制将损失承担社会化来解决劳工损害赔偿责任问题,都是劳工损害救济方式,且都是由煤矿企业缴纳保险费。而两者差异相对较大,主要表现在以下四个方面。

1. 性质不同。工伤保险属于社会保险范畴,是从国家和社会获得物质帮助的社会保险,具有强制性、社会性、互济性、保障性和福利性特点。安全生产责任险是商业保险,作为责任险的一种,属于广义的财产保险的范畴,具有补偿性特点。在2021年《安全生产法》第三次修正中,如果强制规定安全生产责任险为某些高危企业必须投保的险种,那么这将成为法定的、强制性的商业保险;而对非高危企业,其仍是可自愿投保的商业保险。如此说来,《安全生产法》关于事故受害者的人身权、财产权保护的制度设计,将由原来的双重补偿制度健全为三重补偿制度,即"工伤保险+安全生产责任险+民事赔偿"。这在我国是独一无二的。

2. 行为主体不同。工伤保险属政府行为,保险人是有国家权威的社会保险机构,政府是它的坚强后盾,即一旦该保险项目入不敷出或出现严重赤字,政府必定想方设法予以弥补,以保障受保人的权益,维持社会安定。安全生产责任险纯系企业行为,保险人是保险公司,讲求"多进少出高盈利",与投保人保持商品交换关系。

3. 实施手段不同。工伤保险依法执行,其保险对象范围、保费缴纳、管理机构、运行方式、工伤认定、除外责任、待遇标准及给付等均由法律加以规定,带有强制性。安全生产责任险属于商业险种,实行买卖自由、等价交换的原则,其多数合同条款亦可由投保人和保险人协商一致加以确定,不具强制性。

4. 保障水平和项目不同。工伤保险主要是向被害职工提供基本水平的保障和必要的保障项目。安全生产责任险则能提供较高水平和较多项目的保障,有利于帮助被害职工尽可能地康复,保证其遭受损害后的生活水平不至于太低,甚至能够为煤矿企业提供因事故而引起的救援费、法律诉讼费等。

二、工伤保险

(一)工伤认定

1. 工伤认定,是指劳动保障行政部门根据国家的法律、法规、规章,确定劳动者受伤或职业病是否属于工伤范围,是否符合工伤的基本构成要件的过程,是对职业伤害造成的人身损害是否构成工伤的具体事实判断。

工伤认定性质上属于行政确认行为,即行政主体依法对行政相对人的法律地位、法律关系及有关法律事实给予确定和认可,并予以宣告的具体行政行为。劳动保障行政部门认定工伤,实际确认两方面的内容:一是对工伤事实的确认,即劳动者所受伤害一旦被认定为工伤,这一受伤事实就属于工伤法律事实;二是对相对人法律地位的确认,即在确认是否属于工伤的同时也确认了相对人是否属于工伤人员,赋予其特定的法律地位。

2. 工伤认定程序:(1)申请。煤矿企业和劳动者均可向劳动保障行政部门提出工伤认定申请,其中用人单位应在事故发生之日或劳动者被诊断、鉴定为职业病之日起30日内提出,劳动者或其直系亲属、工会组织应在1年内申请。申请工伤认定时,应提供劳动者身份证明、医疗诊断证明、煤矿企业工商登记材料及劳动关系证明等材料。(2)受理。劳动保障行政部门审核申请人提供的工伤认定申请材料后决定是否受理。申请人提供的材料不完整的,劳动保障行政部门应当场或在15个工作日内以书面形式一次性告知。(3)调查。劳动保障行政部门受理工伤认定申请后,根据审核需要可以对事故伤害进行调查核实,煤矿企业、劳动者、工会组织、医疗机构以及有关部门应当予以协助。(4)认定。劳动保障行政部门受理当事人工伤认定申请后,经过调查核实,确定职工受伤是否符合工伤构成要件,并于60日内做出工伤认定结论。(5)送达。劳动保障行政部门做出工伤认定结论之日起20个工作日内应将工伤认定书送达双方当事人。(6)复议。收到工伤认定书之日起60日内,煤矿企业或劳动者对认定结果不服的,均可向上级劳动保障行政部门或本级政府申请行政复议。复议机关一般在立案后60日内做出复议决定,情况复杂的,经批准可以延长30日。(7)行政诉讼。收到行政复议决定书之日起15日内,煤矿企业或劳动者对复议决定不服的,均可提起行政诉讼。

(二)劳动能力鉴定

1. 劳动能力鉴定,有广义和狭义之分。广义的劳动能力鉴定,是指任何自然人无论因何种原因导致劳动功能发生障碍,由劳动能力鉴定委员会根据其申请,组织劳动能力鉴定医学专家,根据国家制定的评残标准,确定其劳动能力丧失程度的一种综合评定制度。狭义的劳动能力鉴定,是指工伤保险制度规定的劳动能力鉴定,是指劳动能力鉴定委员会根据国家标准对工伤职工的劳动功能障碍程度和生活自理障碍程度的一种综合评定制度。

2. 劳动能力鉴定主体:根据《工伤保险条例》的有关规定,劳动能力鉴定委员会由劳动保障行政部门、人事行政部门、卫生行政部门、工会组织、用人单位和社会保险经办机构代表组成。劳动能力鉴定委员会设立办事机构,由专人负责委员会的日常工作。我国目前实施的职工劳动能力鉴定标准是2015年1月1日开始实施的《劳动能力鉴定职工工伤与职业病致残等级》(GB/T 16180—2014)。该标准根据器官损伤、功能障碍、医疗依赖及护理依赖四个方面将工伤、职业病致残分为五个门类,十个等级,共572个条目。其中十级最轻,一级最重。劳动能力鉴定是伤残的工伤职工享受不同等级工伤保险待遇的前提。工伤职工经治疗伤情相对稳定,存在残疾,影响劳动能力的,经过劳动能力鉴定后才能享受相应级别的工伤保险待遇。

(三)劳动能力鉴定程序

1. 申请。由符合提出劳动能力鉴定申请条件的工伤职工本人(或其直系亲属)或煤矿企业向设区的市级劳动能力鉴定委员会提出劳动能力鉴定申请,同时提供工伤认定书和职工工伤医疗的有关材料。

2. 审查。设区的市级劳动能力鉴定委员会在收到申请人申报劳动能力鉴定的材料后,首先要进行初审，看有关材料是否齐备、有效，拟被鉴定人的情况是否符合申请鉴定的条件。如果申请人提交的材料欠缺，劳动能力鉴定委员会可要求申请人补充材料后重新提出申请，申请受理期限从再次提交申报材料时起算。

3. 组织鉴定，作出结论。劳动能力鉴定委员会受理劳动能力鉴定申请后，应当从医疗卫生库内随机抽取3名或者5名专家组成专家组进行鉴定。进行劳动能力鉴定的专家必须具有医疗卫生高级专业技术职务任职资格，掌握劳动能力鉴定的相关知识。专家组鉴定后出具的鉴定意见由参与鉴定的专家签署，必要时，可以委托具备相应资格的医疗机构进行有关的诊断。劳动能力鉴定委员会根据专家组的鉴定意见，确定伤残职工的劳动功能障碍程度和生活自理障碍程度，作出劳动能力鉴定结论。鉴定结论应当在受理申请之日起60日内做出，必要时可以延长30日。劳动能力鉴定结论应当及时送达申请鉴定的煤矿企业和个人。对鉴定结论不服的，可以在收到该鉴定结论之日起15日内向省、自治区、直辖市劳动能力鉴定委员会提出再次鉴定申请，做出的鉴定结论为最终结论。

（四）工伤保险待遇支付程序

1. 已参加工伤保险的工伤待遇支付程序。已参加工伤保险的，工伤待遇主要由社保基金支付。具体包括医疗费用、残疾辅助器具费、一次性伤残补助金、生活护理费、1～4级伤残津贴及全部工亡待遇（含一次性工亡补助金、丧葬补助金及供养亲属抚恤金）。煤矿企业也需支付部分工伤待遇。具体包括停工留薪期待遇、为治疗工伤往返医疗机构而支出的食宿费、交通费、5～6级伤残津贴以及一次性工伤医疗补助金、一次性伤残就业补助金。

2. 未参加工伤保险的工伤待遇支付程序。在未参保的情况下，职工遭遇工伤事故，其工伤待遇全部由所在单位支付。在这种情况下，工伤待遇争议不可避免地发生。《工伤保险条例》第五十四条规定："职工与用人单位发生工伤待遇方面的争议，按照处理劳动争议的有关规定办理。"

三、安全生产责任保险

（一）概述

1. 安全生产责任保险。责任保险，是指以被保险人对第三者依法应负的赔偿责任为保险标的的保险。当发生重大意外事故和人员伤亡时，一些企业可能会面临破产，遇难人员和家庭的合法权益有时无法得到保障，责任保险能够妥善解决侵权方和受害方的经济赔偿问题，转嫁企业的民事侵权风险，最大限度地保护受害人的利益，维护社会经济秩序的稳定。责任保险在转嫁行业风险赔偿责任的同时，能够通过保险人的防灾防损、风险培训、风险评估、费率调整等风险管理手段，协助企业在事前、事中、事后实施风险管理和控制，有效降低行业的事故率。

在安全生产领域引入安全责任保险制度，简称安全生产责任保险，就是将保险的风险管理职能纳入安全生产监管体系，有效分散企业事故风险，减少企业负担，减轻政府财政压力，维护业主、从业人员权益，实现风险专业化管理与安全监管监察工作的有机结合，实现政府、企业、保险、从业人员多方共赢。它的特点是强调各方主动参与事故预防，积极发挥保险机构的社会责任和社会管理功能，运用行业的差别费率和企业的浮动费率以及预防费用机制，实现安全与保险的良性互动。

2. 煤矿安全生产责任保险的发展。2006 年 6 月国务院《关于保险业改革发展的若干意见》提出要“大力发展责任保险，健全安全生产保障和突发事件应急保险机制”，肯定了商业责任保险机制参与社会安全生产管理的重要作用，要求在煤炭开采、非煤矿山等行业推行强制安全生产责任保险试点。2006 年 9 月原国家安监总局、原中国保监会《关于大力推进安全生产领域责任保险，健全安全生产保障体系的意见》提出要首先在采掘业和建筑业等行业推行强制责任保险试点，取得经验后逐步在其他高危行业、公众场所等领域推广。在这一过程中，高危行业责任保险适用的保险产品趋于丰富，除了运用传统的雇主责任保险条款外，人保等公司还重新测算费率，开发了专门针对煤炭行业的“煤炭行业安全生产责任保险”。

2009 年 7 月，原国家安监总局《关于在高危行业推进安全生产责任保险的指导意见》提出了推进安全生产责任保险工作的重要意义、指导思想、基本原则、基本要求和重点问题。各地政府纷纷根据《关于在高危行业推进安全生产责任保险的指导意见》的精神，结合本地实际情况制定了相关的规章制度。2014 年修正的《安全生产法》第四十八条第二款规定：“国家鼓励生产经营单位投保安全生产责任保险。”2017 年 12 月 12 日，原国家安监总局、原保监会、财政部发布《安全生产责任保险实施办法》（安监总办〔2017〕140 号）。根据该办法规定，煤矿属于高危行业领域，应当投保安全生产责任保险，而且可以投保职业病相关保险。2021 年修正的《安全生产法》第五十一条规定：“……国家鼓励生产经营单位投保安全生产责任保险；属于国家规定的高危行业、领域的生产经营单位，应当投保安全生产责任保险……”

（二）安全生产责任险的相关规定

1. 基金和费率。保险公司根据有关规定，按相当于保费 10% 的比例建立防灾防损基金，进行专户管理，统筹用于安全生产预防性投入。防灾防损基金是指保险公司为减少投保人安全隐患、降低事故发生频率，从而在所收保险费中按比例提取的，用于防止灾害损失的专项资金。煤矿必须按照规定参加责任保险，并缴纳相应的责任保险保费。在保险费率上实行保险费率与投保企业安全状况挂钩的激励机制，根据投保企业在保险年度赔付额情况，承保公司在次年按照 10% 的比例提高或降低保费标准，以后年度依此类推，直至达到 30% 的费率浮动率。

2. 保险责任。在保险期间内因保险事故而发生的法律费用和搜救费用经保险人事先书面同意，保险人按照保险合同的约定负责赔偿。被保险人的从业人员在中华人民共和国境内因下列情形导致的伤残或死亡，依照法律应由保险人承担的经济赔偿责任，保险人按照保险合同约定负责赔偿：（1）在工作时间和工作场所内，因工作原因受到事故伤害；（2）工作时间前后在工作场所内，从事与工作有关的预备性或者收尾性工作受到事故伤害；（3）被诊断、鉴定为国家规定的、与业务有关的职业性疾病；（4）在工作时间和工作场所内，因履行工作职责受到暴力等意外伤害；（5）因工外出期间，由于工作原因受到伤害或者发生事故下落不明;(6)在上下班途中,受到交通及意外事故伤害;(7)在工作时间和工作岗位,突发疾病死亡或者在48小时之内经抢救无效死亡;(8)在抢险救灾等维护国家利益、公共利益活动中受到伤害;(9)原在军队服役,因战、因公负伤致残,已取得革命伤残军人证,到用人单位后旧伤复发;(10)法律、行政法规规定应当认定为工伤的其他情形。

3. 责任免除。罚款、罚金及惩罚性赔款,精神损害赔偿,被保险人的间接损失,被保险人的工作人员因保险合同列明情形之外原因发生的医疗费用以及保险合同载明的其他免赔额,保险公司不负责赔偿。下列原因造成的损失、费用和责任,保险人不负责赔偿:(1)投保人、被保险人的故意或重大过失行为;(2)战争、敌对行动、军事行为、武装冲突、罢工、暴动、民众骚乱、恐怖活动;(3)核辐射、核爆炸、核污染及其他放射性污染;(4)行政行为或司法行为;(5)被保险人的工作人员之外的人员遭受的伤害;(6)被保险人的工作人员犯罪或者违反法律、法规导致自身伤亡的;(7)被保险人的工作人员醉酒导致伤亡的;(8)被保险人的工作人员自残或者自杀的;(9)在工作时间和工作岗位,被保险人的工作人员因投保时已患有的疾病发作或分娩、流产导致死亡或者在48小时之内经抢救无效死亡。

(三)推行安全生产责任险的措施

1. 加大宣传,让煤矿安全生产责任险深入人心,增强投保积极性和主动性。主要是通过多种形式,广泛宣传安全生产责任保险的意义,使煤矿企业和社会各界了解安全生产责任保险的重要作用,调动煤矿企业投保积极性,自觉地参与安全生产责任保险中来。

2. 出台灵活的保险险种,适应煤矿企业的需要。根据实际情况,对不同层次、不同规模、不同参保人数的煤矿企业确定灵活多样的保险险种,细化投保保费标准,科学合理设置保费费率,满足各类投保需求。

3. 将安全生产责任保险作为煤矿安全生产许可的必备条件。以换发许可证或办理许可证为契机,对没有参加安全生产责任保险的企业,一律不再办理行政许可,一律不得开工建设和生产;已经开工建设和生产的企业要尽快参保,达到许可条件;对拒不参保者,按照安全投入不足的要求依法处理。

4. 齐抓共管,建立部门联动机制。建立煤监、应急(安监)、人力资源(劳动)、经贸、保险机构等部门联动机制,对煤矿安全生产责任保险工作定期联系、研究,及时解决在推行中出现的问题,总结经验,推广先进典型和先进经验,使煤矿安全生产责任保险工作有效实施。保险机构要与煤监机构加强联系和合作,强化交流沟通,定期汇报工作进展,共同把安全生产责任保险工作向纵深推进。

5. 制定优惠政策,调动煤矿企业参保积极性。一是制定优惠的保费政策,对获得各种安全生产荣誉称号的煤矿企业,根据获得称号的级别,适当降低保费比例。二是对连年没有出现安全生产事故的煤矿企业,降低一定的保费比例。三是出台配套的税收优惠政策,参照其他保险(如科技、农业)模式,对参加安全生产责任保险的煤矿企业给予一定的税收优惠,为企业减负,提高投保积极性。

四、事故赔偿索赔及处理

（一）事故赔偿索赔途径

生产安全事故赔偿的索赔，可纳入劳动争议的范围。关于劳动争议的处理方式，《劳动法》第七十七条第一款规定："用人单位与劳动者发生劳动争议，当事人可以依法申请调解、仲裁、提起诉讼，也可以协商解决。"根据上述规定，煤矿从业人员寻求生产安全事故赔偿的途径主要有：协商、调解、仲裁和诉讼。

1. 协商，是指劳动者直接向劳动用工单位请求赔偿，当事人双方本着平等协商、互谅互让的原则，自愿就赔偿问题达成协议。这种方式有利于维护劳动关系的稳定，有利于维护用工单位的工作秩序和生产发展，也有利于劳动者积极性的发挥。但是其只能建立在合法和自愿的基础上，用工单位不得利用组织上的隶属关系强迫劳动者签订违背其意愿的协议。

2. 调解，是指通过用工单位内部的劳动争议调解委员会解决赔偿争议问题。由于劳动争议调解委员会并不是每个企业都必须设立的机构，所以这种方式并不常用。

3. 仲裁，是指专门的劳动争议仲裁机构就有关的事故赔偿问题进行裁决的过程。各县、市、市辖区都设有劳动争议仲裁委员会，负责辖区范围内的劳动争议。基本程序如下：(1)当事人提交书面申请；(2)仲裁委员会办事机构对申请依法进行审查，决定是否受理；(3)决定受理，依法组成仲裁庭，进行仲裁前的调查准备工作；(4)先行调解，调解书自送达之日起具有法律效力；(5)开庭仲裁，调解不成的，仲裁庭应及时进行裁决；(6)结案。

4. 诉讼，当事人如果不服仲裁决议可以依法向人民法院提起诉讼，但要以劳动争议仲裁为前提，即先裁后审。

此外，还有行政处理的方式，是指从业人员依法向劳动行政部门申诉，由劳动行政部门依法责令煤矿企业向受害者承担赔偿责任。这是一条重要的索赔渠道。侵害从业人员安全权利的行为往往也是一种行政违法行为，劳动行政部门有权对违法行为进行监督检查和依法处理。

（二）事故处理与追责

《煤炭法》第六十五条规定："煤矿企业的管理人员对煤矿事故隐患不采取措施予以消除，发生重大伤亡事故的，依照刑法有关规定追究刑事责任。"《煤矿安全监察条例》第四十六条规定："煤矿发生事故，有下列情形之一的，由煤矿安全监察机构给予警告，可以并处3万元以上15万元以下的罚款；情节严重的，由煤矿安全监察机构责令停产整顿；对直接负责的主管人员和其他直接责任人员，依法给予降级直至开除的纪律处分；构成犯罪的，依法追究刑事责任：(一)不按照规定及时、如实报告煤矿事故的；(二)伪造、故意破坏煤矿事故现场的；(三)阻碍、干涉煤矿事故调查工作，拒绝接受调查取证、提供有关情况和资料的。"

《煤矿安全监察条例》第四十八条规定："煤矿安全监察人员滥用职权、玩忽职守、徇私舞弊，应当发现而没有发现煤矿事故隐患或者影响煤矿安全的违法行为，或者发现事故隐患或者影响煤矿安全的违法行为不及时处理或者报告，或者有违反本条例第十九条规定行为之一，构成犯罪的，依法追究刑事责任；尚不构成犯罪的，依法给予行政处分。"

思考练习题

1. 什么是煤矿安全生产法律体系？煤矿安全法有几项基本原则？
2. 什么是事故隐患和安全风险？什么是煤矿安全生产条件？
3.《煤炭法》如何体现“全面建设、整体提高”的煤矿安全生产法基本原则？
4. 简述煤矿安全生产许可制度。
5. 简述煤矿安全生产标准化建设。
6. 结合应急救援工作实际，论违反煤矿安全生产法基本原则之问题。
7. 论国家煤矿安全监察机构、地方应急管理（安监）部门、煤炭管理部门有关煤矿安全监察监管职能的行使与协调。
8. 范某系玻璃厂职工，长期从事汽车玻璃门黏结工作，其间接触多种有机溶剂及刺激化学物质。后范某被诊断患有“职业性亚急性中毒咽喉炎”，并被确认为患有职业病，依法享受工伤保险待遇。但范某认为，仅工伤赔偿并不足以弥补其损失及精神痛苦。故起诉要求判令玻璃厂支付残疾赔偿金、精神损害抚慰金、营养费等。问：本案如何处理？
9. 杨某系宝冶公司职工，在一次作业中由于宝冶公司另一职工违规操作，致使钢管砸伤杨某头部。后经鉴定属工伤致残，享受工伤保险待遇。但杨某认为，其损害是由宝冶公司侵权行为所致，应承担赔偿责任，故起诉要求宝冶公司承担交通费、营养费、被抚养人生活费、精神抚慰金以及因伤造成的收入损失等。问：本案如何处理？
10. 某建筑公司由于安全管理严重疏忽，造成建筑工人二死一伤的生产安全事故。事故发生后，建筑公司蓄意隐瞒不报，致使3名工人的工伤待遇迟迟没有解决。工人及其家属多次找建筑公司解决，均被搪塞推托。问：可以通过哪些索赔途径维护合法权益？

第六章　煤炭供应市场与经营

｜导读｜

党的十八大以来，习近平总书记深刻把握我国能源发展的迫切需求，他在2014年中央财经领导小组第六次会议上强调，推动能源体制革命，打通能源发展快车道，要求坚定不移推进改革，还原能源商品属性，构建有效竞争的市场结构和市场体系，形成主要由市场决定能源价格的机制。本章从煤炭市场与经营的角度出发，通过对煤炭市场、经营主体、运输服务、质量标准和对外贸易的基本概念、发展历程和立法现状整体进行概述，并结合法律法规为大家介绍了煤炭市场的相关法律制度。本章的重点是煤炭市场的概念与特征、煤炭经营主体的分类、煤炭运输的发展、煤炭对外贸易的概念与发展；本章的难点是煤炭相关法律制度制定的依据和制度发展的变化。

煤炭市场是煤炭需求方与煤炭供应方发生交易的场所及交易活动，是煤炭经营主体、市场机制、煤炭运输与质量以及对外贸易等有机统一的集合。煤炭市场不仅局限于国内，在国际市场也占有很大的比重。随着煤炭市场的不断改革，门槛降低，市场竞争愈发激烈，对煤炭市场的经营与运行也提出了更高的要求，需要不断地完善相关法律法规。全面完善煤炭市场体系，应构建政企分开、公平竞争、开放有序、健康有序的市场体系，促进煤炭市场健康有序发展。

第一节　煤 炭 市 场

我国煤炭市场经历了从无到有的过程，中华人民共和国成立之后的30年时间，我国受计划经济体制的影响，煤炭市场是封闭的。改革开放之后煤炭市场逐渐开放，市场机制不断地进行规范和完善。2003年取消煤炭生产许可证和煤炭经营资格证后，煤炭行业竞争化程度提高，煤炭市场监管力度加强，市场准入和退出机制也有了大幅度的改革。随着煤炭行业不断改革，市场化程度不断提高，国内市场以及国际市场都面临着巨大的机遇与挑战。

一、煤炭市场概述

（一）煤炭市场概念

煤炭市场是煤炭需求方与煤炭供应方发生交易的场所及交易活动，煤炭市场法律关系主要包括煤炭买方（煤炭需求方）和卖方（煤炭供应方）之间的关系，同时也包括买方之间的关系和卖方之间的关系。煤炭市场是特殊的商品市场，是能源市场中的其中一种，是煤炭市场上的需求方和供给方相互作用的结果。作为煤炭商品进行交易的场所，煤炭市场包括市场主体（生产者和消费者）、市场客体（各种煤炭资源）及市场行为（定价、交易等）。[1]

煤炭交易市场包括现货市场和期货市场。其中，现货市场包括全国性、区域性和地方煤炭交易市场；期货市场包括国家批准开展动力煤、焦煤等涉煤期货品种交易的期货交易场所。全国性煤炭交易市场主要承担全国范围内的煤炭交易。区域性和地方煤炭交易市场主要承担相应范围内的煤炭交易。各级煤炭交易市场作为市场体系的组成部分，定位不同、功能互补、信息共享、协同发展。煤炭市场提供交易平台供企业自主交易，促进供需平衡；发现合理价格，引导生产消费和优化资源配置；降低交易成本，提高流通效率；规范交易行为，促进诚信经营；开展信息汇集和预测预警。[2]

（二）煤炭市场特点

1. 国际煤炭市场的特点

（1）煤炭市场竞争日趋激烈。在国际煤炭市场上，澳大利亚、美国等国家的煤炭一直以质优价廉雄居前列。近年来，南非、印尼等国煤炭工业迅速发展，大有后来居上之势。澳大利亚是我国煤炭产业进军国际市场的最强有力的竞争者。美国煤炭资源埋藏深度浅，很多煤田适于露天开采，美国能源消耗以石油和天然气为主，煤炭在一次煤炭消耗中仅占23%左右，煤炭出口量较大。南非是一个新兴的产煤国家，其国内煤炭资源丰富，开采深度只有百余米，并且有很大的增产潜力。在过去20年内，南非地下矿井的生产水平已与美国并驾齐驱。煤炭生产效率的提高和与澳大利亚、美国相比较低的人工成本，加上巨大的港口外运转载能力，使南非的煤炭出口量逐年增加，南非已成为我国煤炭企业在国际市场上（特别是欧洲市场）又一强劲的竞争对手。加拿大地广人稀，历来是各种资源的出口大国，政府鼓励出口并吸引外资开发矿产。其煤炭产量增长十分迅速，约一半以上用于出口，主要销往日本，约占日本进口量的1/4。其煤炭开发潜力很大，煤炭质量优良，销售前景也很好。各煤炭出口国普遍有扩大出口量的倾向。从煤炭进口看，各煤炭进口国（地区）普遍重视节能与生态环境保护，努力控制煤炭进口量，加之近年来东亚、东南亚国家（地区）受亚洲金融危机的影响，进口数量锐减，市场竞争日趋激化，价格战日趋激烈。

国际煤炭买方市场的形成，客观上扩大了煤炭进口商选择货源的自由度。目前，国际

---

〔1〕 中国法学会能源法研究会编：《能源法学总论》，法律出版社2019年版，第164页。

〔2〕 国家发展和改革委员会《印发关于深入推进煤炭交易市场体系建设的指导意见的通知》（发改运行〔2014〕967号），2014年5月15日发布。

煤炭交易标准主要包括:热值达到用户标准,可燃硫分在0.8%以下,氯含量在0.03%以下,煤中不含杂物,灰分要求低等多项指标。随着各国对环境保护的重视,对煤炭质量的要求已向内在质量相对稳定,不需要进口国再次加工就可直接使用,并能降低大气污染的方向发展。各煤炭进口国(地区)原则上都希望买到不经过任何加工就可直接被工业利用的不同品种煤,对煤质和品种要求的提高,已成为国际煤炭市场客观走向,它同时也是符合人类生态环境保护和可持续发展的基本要求,如要求煤中无杂物,要求发热量稳定,不能忽高忽低。因此,洗精煤已经主导国际市场。另外从煤种上看,国际市场也呈现动力煤竞争激烈、炼焦煤竞争相对缓和的局面。

(2)煤炭贸易需求相对集中。澳大利亚、美国、南非、中国等9个煤炭出口国是世界煤炭出口贸易的主体,其出口煤量占世界煤炭出口贸易的90%以上。以日本、韩国为主的东南亚地区和以欧盟为主的西欧地区是世界煤炭进口的主体,其合计进口量约占世界煤炭总进口量的75%。煤炭国际贸易主要在发达国家及工业化国家和地区之间进行。这是由煤炭资源分布和经济发展水平决定的。1998年,十大煤炭出口国(澳大利亚、南非、美国、印尼、加拿大、中国、哥伦比亚、波兰、哈萨克斯坦、俄罗斯)中,仅中国和哥伦比亚是发展中国家。在煤炭进口国中仅巴西是发展中国家,这种现状在短期内不可能改变。

(3)煤炭生产商具有稳定性。供货稳定性是国际煤炭市场竞争的一个重要方面。信守合同、保质、保量、准时向国际煤炭用户供货,已成为各煤炭出口商稳定煤炭用户,牢固地占领国际煤炭市场的重要手段。例如,日本煤炭每年进口煤炭1.3亿吨以上,寻求稳定的国际煤炭贸易伙伴,是日本煤炭进口的最大愿望,也是日本煤炭进口政策的基本点。对于像日本这样的资源进口国来说,由于其经济发达、煤炭用量大,是世界各煤炭出口国眼中的“优质客户”。

(4)煤炭价格反弹影响较大。由于世界煤炭市场供给过剩,不仅造成价格偏低,而且价格难以大幅度反弹。世界煤炭市场价格是随着煤炭消费结构,以及各煤炭进口国对煤炭需求总量与煤炭出口国可供出口的数量变化而升降的,一定时期内趋同于市场平均售价。由于近年来世界煤炭市场总体上供大于求,再加上各产煤国的投入与开采成本差异以及对外汇需求程度的不同,有些出口国为了开拓煤炭市场,提高市场占有份额经常出现压价倾销的现象。因此,煤炭价格难以大幅度的反弹。

2. 国内煤炭市场的特点

(1)国内市场需求量大。我国加入WTO后,煤炭的消费占能源总消费的比例一直保持在70%左右,尽管石油进口和天然气开发逐年增多,使煤炭的消费比例有所下降,煤炭仍然是国内最主要的能源资源,煤炭在能源消费中依然占据主体地位。煤炭产品具有用量大、吨位重、长途装运困难等特点,煤炭企业现有生产能力十分强大,具有抵御国外煤炭产品涌入国内市场的物质基础。在全球煤炭市场中,中国市场是最重要的煤炭市场之一。随着煤炭产品质量的不断提高,煤炭在国内市场的占有率将相对稳定,因为我国是煤炭用量最大的国家之一,而传统的煤炭生产与销售要受运输距离的制约,这是国内煤炭市场的最大特点。

(2)煤炭的出口总量有增加趋势。一方面,我国煤炭资源丰富、品种齐全、生产总规模大,在国内已基本突破能源瓶颈约束的条件下,增加出口煤炭的物质潜力巨大。另一方面,由于我国煤炭出口起步较晚,20 世纪 90 年代以来才有初步进展。就我国煤炭在国际市场上占有的份额而言是较少的,但就出口总量而言则增长趋势较为明显。

(3)煤炭交易品种齐全。我国煤炭资源储存量大、煤种丰富。按照世界煤炭贸易种类划分,几乎所有的动力煤品种在我国都有较多的存储;我国煤炭资源构成中,包括气煤、肥煤、焦煤、瘦煤等炼焦用煤所占比重约为全国煤炭资源保有储量的 1/3。从煤种结构看,首先是动力煤市场容量最大,其次是焦煤市场,无烟煤市场则呈稳定状态。

(4)生产与消费地理位置呈逆向分布。从市场生产消费分布看,我国煤炭生产和消费格局呈逆向分布,煤炭生产主要集中在西部与北部,煤炭消费则主要集中在东部经济发达地区。自加入 WTO 以来,东南部经济发达地区,尤其是华东地区由于其经济增长对煤炭需求的迫切性和沿海运输对国外煤炭供应商的便利性,已成为稳定国内煤炭市场的焦点。从煤炭消费的行业分布看,行业化分布明显、客户群集化。其中电、建材、冶金、化工等四大工业行业无疑是煤炭产业最具潜力的市场。

二、煤炭市场发展历程

中华人民共和国成立以来,我国煤炭行业屡次进行调整,煤炭市场从无到有,经历了统购统销、放开搞活、市场框架初建、价格双轨制、宏观调控历史发展阶段,初步形成煤炭市场体系。[3]

(一)煤炭统购统销阶段(1949 ~ 1977 年)

中华人民共和国成立后长达 30 年内,我国实行计划经济体制,生产资料不是商品的观点占主导地位,煤炭作为一级统配物资,由国家统购统销,采取低价政策,定价依据是与其他生产资料的比价,没有与市场联系,不涉及资源价值补偿。十一届三中全会以后,煤炭为商品纳入正常生产和流通的观点逐渐被接受。改革开放以前,煤炭经济体制存在的主要弊病是:计划管理统得过死,实行对统配煤矿直接管到煤矿、坑口的日产计划;产品分配统得过死,煤矿对煤炭没有分配自主权;价格体系不合理,煤炭价格严重背离价值,导致大多数煤矿亏损;流通领域卡得较死,条块分割,市场封闭,煤炭不能上市和自由外销等。

(二)煤炭产销放开阶段(1978 ~ 1992 年)

1978 年十一届三中全会以后,煤炭工业一边恢复和建立正常生产秩序,另一边着手进行改革探索。一是实行“国家、集体、个人一齐上,大中小一起搞”,取消过去不允许群众集资办矿和私人办矿的限制,政策上实行更多的放开和扶持,乡镇煤矿产量逐年增加。二是实行产销统一管理,由计划分配逐步走向以计划分配为主,统一分配与市场调节相结合,生产、运输、分配三个计划一本账,产、运、销直接见面,取消了地方煤矿区域销售限制,除国家

---

〔3〕 王震:《改革开放 40 年煤炭市场发展历程与成就》,载《煤炭经济研究》2018 年第 11 期。

少量调拨外，令其余煤炭进入市场调节。三是实行多层次价格，煤炭计划价、指导价和市场价并存，统配煤矿和重点煤矿按总承包完成国家指令性生产计划，实行统一低价销售给重点下游行业；为了解决煤价偏低、部分企业成本倒挂、经营出现亏损的问题，对超产部分实行指导性价格，递增包干产量加价 50%，再超产的煤炭加价 100%；统配煤炭执行国家规定价格，煤价除上调部分其余随行就市，由买卖双方协议价格。四是实行对外开放，成立中国煤炭进出口公司，由中国煤炭进出口公司统一协调出口价格、地区、客户和划分外销市场等任务，发展出口贸易，煤炭出口量也在不断增加。

（三）煤炭市场建立阶段（1993～2001 年）

1992 年，党的十四大确立了社会主义市场经济体制的改革目标。1993 年，十四届三中全会明确提出，发挥市场机制在资源配置中的基础性作用，必须培育和发展市场体系，建立主要由市场形成价格的机制，同年国务院作出了“三年放开煤价，三年抽回亏损补贴，把煤炭企业推向市场”的重大决策，取消计划外煤炭最高限价和超产、增产加价，并在徐州、枣庄两个矿务局试点放开全部煤炭价格，加快了煤炭市场化进程。

1994 年，煤炭工业部采取了“以市场为导向，以供需平衡为目标组织生产”的方针，取消煤炭生产指令性计划，除电煤实行限价外，其他煤炭价格全部放开，煤炭生产由计划转向市场调节，煤炭价格由计划价格到双轨制价格。煤价放开后出现大幅上扬，乡镇煤矿数量和产量迅速增加，采用各种非法手段争运力、抢市场，迫使国有重点煤矿限产，生产能力难以发挥。相当数量国有重点煤矿不仅没有在放开价格后缓解困境，反而更加困难。国家不得不采取“关井压产”强制性措施，关闭非法和布置不合理的小煤矿，煤炭市场演变为“政策市场”。

2001 年，国家明令关闭一切国有煤矿办的小煤窑，乡镇煤矿一律停产整顿。经过几年整顿关闭，小煤矿数量大幅减少，煤炭产量得到控制，煤炭市场由长期供大于求向供求平衡转化。

（四）煤炭市场完善阶段（2002～2019 年）

2002 年，国家宣布取消电煤政府指导价，受市场环境和条件的限制，采取了发布参考价的做法，但仍然存在重点合同，实际性质仍然是“双轨制”，煤炭难以实现真正意义的企业自主定价，煤炭市场始终没有真正形成。由于我国经济进入新一轮快速增长周期，工业化、城市化进程加快，产业结构重工业化发展，煤炭需求持续升温。

2004 年，国内煤电油气运全面紧张，煤炭价格快速上涨，国家发展和改革委员会决定建立煤电联动机制，对 2005 年电煤进行调控，要求电煤价格以 2004 年 9 月底实际结算的车板价为基础在 8% 幅度范围内波动，以 6 个月为周期、煤价变化幅度超过 5% 调整电价。2006 年，全国煤炭订货会改为煤炭产运需衔接视频电话会议，取消了延续 50 多年由政府主导的煤炭订货会制度，突出了企业市场主体地位，交易方式逐渐走向市场化。

2012 年，国务院办公厅发布《关于深化电煤市场化改革的指导意见》，要求从 2013 年起取消重点合同，取消电煤价格双轨制，减少政府对微观经济活动干预，不再下达年度跨省区煤炭铁路运力配置意向框架,煤炭企业和电力企业自主衔接签订合同,自主协商确定价格。2013 年,炼焦煤和动力煤期货合约分别在大连商品交易所和郑州商品交易所上市交易。2014 年国家发展和改革委员会印发《关于深入推进煤炭交易市场体系建设的指导意见》,引导和规范煤炭交易市场建设,推动形成与我国社会主义市场经济体制相适应的统一开放、竞争有序的煤炭交易市场体系。

2016 年,国务院出台《关于煤炭行业化解过剩产能实现脱困发展的意见》,确定了一系列化解过剩产能措施。2016 年年底价格有所回升,2017 年 10 月中旬达到 2016 年年初的两倍。在此情况下,国家发展和改革委员会推动建立"中长期合同"制度和"基础价 + 浮动价"的定价机制,2016 年年底国家发展和改革委员会、中国煤炭工业协会、中国电力企业联合会、中国钢铁工业协会四部门联合印发《关于平抑煤炭市场价格异常波动的备忘录的通知》,以重点煤电煤钢企业中长期基准合同价为基础,建立平抑煤炭市场价格异常波动机制,将动力煤划分为绿色、蓝色、红色 3 个区间,当价格位于红色区间,便启动平抑煤炭价格异常波动响应机制。随后相关部门又陆续多次下发文件,规定煤炭中长期合同数量,明确供需双方应继续参照上年度"基准价 + 浮动价"的办法协商确定定价机制,对煤炭中长期合同签约比例、履约率低的企业进行约谈。煤炭价格不断上扬,但基准价格未伴随市场形势调整,长期协议价和现货价价差拉大,实际上是对煤炭市场进行干预,促使新模式下的价格双轨制再次形成。

三、立法现状与法律制度

(一)立法现状

我国将推动建立和完善统一开放、层次分明、功能齐全、竞争有序的煤炭市场体系,统筹煤炭产供储销体系建设,加强监测预警和运行调节,保障煤炭安全稳定供应。在推动建立多层次煤炭市场交易体系方面,国家支持和引导各类市场主体参与煤炭交易市场建设,鼓励发展各种有效的交易方式和交易品种,建立和完善由市场决定煤炭价格的机制,鼓励重点产煤地区、煤炭调入地区及煤炭中转港口建立和发布煤炭价格指数,为煤炭市场相关参与方提供参考。同时,国家提倡煤矿企业、运输企业、煤炭用户三方建立中长期合作关系,鼓励签订煤炭中长期合同,引导合理生产、有序运输和均衡消费。

2005 年国务院《关于促进煤炭工业健康发展的若干意见》(国发〔2005〕18 号)规定,加快建立以全国煤炭交易中心为主体,以区域市场为补充,以网络技术为平台,有利于政府宏观调控、市场主体自由交易的现代化煤炭交易体系。严格煤炭经营企业资格审查,取缔无证非法经营活动,清理煤炭运销环节乱收费、乱罚款,依法打击掺杂使假和偷骗税款等不法行为。

2014 年国家发展和改革委员会印发的《关于深入推进煤炭交易市场体系建设的指导意见的通知》(发改运行〔2014〕967 号)规定,市场在资源配置中起决定性作用和更好发挥政府作用,引导和规范煤炭交易市场建设,推动形成与我国社会主义市场经济体制相适应的统一开放、竞争有序的煤炭交易市场体系。此外,还规定了既要发挥市场在资源配置中的决定性作用,同时也要更好地发挥政府的引导、规范和监管作用。[4] 该通知从煤炭供应的角度对煤炭市场的交易行为做了一些整改,加强了煤炭市场建设和监管。

2016年,国家发展和改革委员会在《关于加强市场监管和公共服务保障煤炭中长期合同履行的意见》中对煤炭市场的完善提出了进一步的要求,它要求遵循市场经济规律,尊重企业市场主体地位,充分发挥市场在资源配置中的决定性作用,各地区有关部门要最大限度减少对微观事务的干预,重点强化服务和协调,充分尊重和发挥企业的市场主体地位,不得直接干预企业签订合同,不得干扰合同履行,不得实行地方保护。[5] 合同的签订和履行,不仅有利于上下游企业生产组织,实现平稳有序运行,还有利于稳定市场预期,减少供需波动,同时对于煤炭运输也起到了很好的保护作用。

2020年,国家能源局对疫情防控期间的煤炭供应作出以下通知,要有效发挥煤炭在能源安全中的"压舱石"作用,巩固煤炭行业供给侧结构性改革成效,攻坚克难、主动作为,有力有序释放煤炭优质先进产能,确保疫情防控期间煤炭市场平稳运行。该通知为保障能源稳定供应,助力打赢疫情防控阻击战作出了明确的回应。

(二)煤炭市场准入制度

市场准入,是指准许尚未进入市场的个人、组织及业务依照法定的条件和程序进入市场。对于煤炭产业来说,市场准入制度不仅包括准入门槛的高低,更主要体现在准入环节上。准入环节是指针对煤炭资源生产和经营特性,细分开办煤矿企业、煤炭生产以及煤炭经营等环节进行管理。

按照"放管服"改革精神,[6] 为进一步深化改革,我国废除了《煤炭经营管理办法》[7]《煤炭经营监管办法》[8] 等。《2018年能源工作指导意见》提到,继续取消和下放行政审批事项,探索创新能源投资项目管理方式,推动实施能源投资项目负面清单管理机制,促进投资主体多元化。规范试点示范类项目,开展专项督查。创新能源行业监管,促进能源规划、政策、标准的落实和简政放权承接落实,确保能源项目投资规范有序。加快能源行业信用体系建设,建立守信激励和失信惩戒机制。进一步优化服务,规范行政行为、优化办事程序,推进行政许可标准化,持续开展"减证便民"行动,加快提升"互联网 + 政务服务"。为深化放管服提供了法律依据。困难挑战越大,越要深化改革,破除体制机制障碍,激发内生发展动力。

(三)煤炭市场建设制度

1. 建立多层次煤炭市场交易体系。我国煤炭市场由计划经济转变为市场经济,煤炭市场建设由单纯的计划管理转变为市场引导、依法管理。近年来,我国越来越支持和引导各

---

〔4〕 国家发展和改革委员会《关于深入推进煤炭交易市场体系建设的指导意见的通知》,2014年5月15日发布。

〔5〕 国家发展和改革委员会、国务院国有资产监督管理委员会《印发〈关于加强市场监管和公共服务保障煤炭中长期合同履行的意见〉的通知》,2016年11月30日发布。

〔6〕 "放管服"即简政放权、放管结合、优化服务的简称。"放"即简政放权,降低准入门槛;"管"即创新监管,促进公平竞争;"服"即高效服务,营造便利环境。

〔7〕《煤炭经营管理办法》,1999年6月22日发布,现已废止。

〔8〕《煤炭经营监管办法》,2014年7月30日发布,现已废止。

类市场主体参与煤炭交易市场建设,鼓励发展各种有效的交易方式和交易品种,推动建立多层次煤炭市场交易体系。国家推动建立和完善统一开放、层次分明、功能齐全、竞争有序的煤炭市场体系。

在国务院办公厅《关于深化电煤市场化改革的指导意见》第二条中明确规定:“加强煤炭市场建设。加快健全区域煤炭市场,逐步培育和建立全国煤炭交易市场,形成以全国煤炭交易中心为主体、区域煤炭市场为补充,与我国社会主义市场经济体制相适应的统一开放、竞争有序的煤炭交易市场体系,为实施电煤市场化改革提供比较完善的市场载体。煤炭工业协会在发展和改革委员会指导下做好衔接协调,研究制定交易规则,培育和发展全国煤炭交易市场体系。”[9]《中国的能源状况与政策》第七条规定,加快市场体系建设,中国继续坚持改革开放,充分发挥市场配置资源的基础性作用,鼓励多种经济成分进入能源领域,积极推动能源市场化改革。全面完善煤炭市场体系,构建政企分开、公平竞争、开放有序、健康有序的市场体系,促进能源市场健康有序发展。[10]

2. 科学设置煤炭交易市场建设条件。在规范现有煤炭交易市场的基础上,加快健全若干个区域性煤炭交易市场;结合煤炭主产地、消费地、铁路交通枢纽、主要中转港口,以及国家批准开展涉煤品种期货交易的期货交易场所等条件,逐步培育建成全国性煤炭交易市场,形成层次分明、功能齐全、手段先进、运行规范的煤炭交易市场体系。

(1)全国性煤炭交易市场应符合以下条件:具有固定营业场所和完善的网络交易平台等配套服务设施;煤炭年交易量在二亿吨以上;具有完整规范的交易规则、交易程序、风险防控等管理制度;具有组织全国性煤炭交易活动的结算、担保、信贷等配套金融服务和物流、人才等条件;贴近煤炭主产地、消费地、铁路交通枢纽、主要中转港口,能够与国家批准开展涉煤品种期货交易的期货交易场所进行对接;便于煤炭产运需企业互相协商沟通、政府实施调控和监管。

(2)区域性和地方煤炭交易市场应符合以下条件:具有固定营业场所和完善的网络交易平台等配套服务设施;区域性煤炭交易市场的煤炭年交易量在一千万吨以上;地方煤炭交易市场的煤炭年交易量在二百万吨以上;具有完整规范的交易规则、交易程序、风险防控等管理制度;具有组织区域性或地方煤炭交易活动的结算、担保、信贷等配套金融服务和物流、人才等条件;贴近煤炭主产地、消费地、交通枢纽或中转港口等;具有相应的信息采集、数据分析和信息发布能力。

(四)煤炭市场退出制度

退出市场,主要是取缔非法煤矿,关闭布局不合理、不符合产业政策、不具备安全生产经营条件的企业。国务院办公厅《关于促进煤炭行业平稳运行的意见》第五条写明要着力解决老矿区、老企业历史遗留问题。[11] 原国有重点煤矿承担的社会职能中,已分离转移至

---

〔9〕 国务院办公厅《关于深化电煤市场化改革的指导意见》(国办发〔2012〕57号),2012年12月20日国务院发布。
〔10〕《中国的能源状况与政策》,2007年12月国务院发布。
〔11〕 国务院办公厅《关于促进煤炭行业平稳运行的意见》(国办发〔2013〕104号),2013年11月18日发布。

地方的学校、公安等机构的运转费用,按相关政策规定纳入当地财政预算;尚未分离的职能,地方政府要采取有效措施加快移交。落实相关政策,解决原国有重点企业破产煤矿遗留的离退休人员医疗保障及社会化管理、社会职能移交等问题。建立完善退出机制,对资不抵债且扭亏无望的煤矿,要依法及时关闭破产。支持煤炭企业发展矿区循环经济,加快建设一批煤电一体化项目。研究出台有效措施,推动煤炭企业与用户签订中长期煤炭合同。加强煤炭行业与制造业规划及生产运行的配套衔接,促进煤炭供应侧与需求侧协调均衡发展。地方各级政府及其有关部门要根据煤炭市场变化情况,及时调整完善企业考核机制。树立煤炭市场全国一盘棋的思想,不得出台限制煤炭正常流通的地方保护性措施。

(五)煤炭市场监管制度

市场监管,即坚持依法监管、精准监管、创新监管。创新监管方式,实现"双随机、一公开"监管全覆盖,要借助"互联网+"、大数据等现代科技手段,不断丰富监管方式,持续完善监管标准体系,提高监管的协调性、有效性和准确性,严肃查处市场主体违法违规行为,积极化解能源市场矛盾纠纷。国务院《关于促进煤炭工业健康发展的若干意见》第十四条规定,"规范煤炭市场秩序。深化煤炭流通体制改革,改革电煤价格形成机制,运用经济手段和必要的行政法规,合理调整煤炭企业与发电企业的利益关系。继续推进煤炭订货方式改革,鼓励供需双方自主衔接、签订长期供货合同。加快建立以全国煤炭交易中心为主体,以区域市场为补充,以网络技术为平台,有利于政府宏观调控、市场主体自由交易的现代化煤炭交易体系。严格煤炭经营企业资格审查,取缔无证非法经营活动,清理煤炭运销环节乱收费、乱罚款,依法打击掺杂使假和偷骗税款等不法行为"〔12〕。

(六)煤炭价格形成制度

煤炭价格是煤炭流通的核心问题,煤炭销售价格对于煤炭生产、经营、消费均具有举足轻重的影响,随着煤炭市场不断建设,市场决定煤炭价格的机制也在不断地完善。若要充分发挥市场作用,供需企业双方可在合理确定基础价格的基础上,引入规范科学、双方认可的价格指数作参考,规范确定实际结算价格,基础价格和与市场变动的挂钩机制可按合理的合同周期适时进行调整。有关部门指导和完善指数发布机制,应做到方法科学、数据真实、代表性强,确保指数合理反映市场变动的真实情况。我国鼓励重点产煤地区、煤炭调入地区及煤炭中转港口建立和发布煤炭价格指数,为煤炭市场相关参与方提供参考。只有不断地完善价格形成机制,才能促进价格平稳有序,进而使煤炭市场趋向稳定运营的状态。

(七)煤炭价格监督制度

《煤炭法》第四十二条规定,国务院物价行政主管部门会同国务院煤炭管理部门和有关部门对煤炭的销售价格进行监督管理。根据有关法规的规定,国家对价格工作实行统一领导、分级管理。各级人民政府物价行政主管部门,各级人民政府有关业务主管部门应当依法做好价格的监督管理工作。因此,该条规定由国务院物价行政主管部门会同国务院煤炭

---

〔12〕　国务院《关于促进煤炭工业健康发展的若干意见》(国发〔2005〕18号),2005年6月7日国务院办公厅发布。

管理部门和有关部门对煤炭的销售价格进行监督管理。这表明,煤炭销售价格的监督管理,应当在国务院物价行政主管部门的统一指导下,由国务院物价行政主管部门、国务院煤炭管理部门和有关部门各司其职,互相配合,共同做好这项工作。

有关主管部门的煤炭价格管理职责有以下几点:(1)国务院物价行政主管部门履行的职责:会同国务院煤炭管理部门商定供应重点行业煤炭的指导价格;指导、监督国务院煤炭管理部门的价格工作;检查、处理煤炭销售过程中违反价格法规和政策的行为;协调、处理国务院煤炭管理部门与其他部门之间,省、自治区、直辖市之间,国务院煤炭管理部门与省、自治区、直辖市之间关于煤炭销售价格的争议;开展煤炭销售价格的信息服务工作;国务院赋予的关于煤炭销售价格监督管理的其他职责。(2)国务院煤炭管理部门的价格监督管理职责:负责组织、监督本系统、本行业贯彻执行国家的价格方针、政策和法规;按照价格管理权限,规定煤炭的作价原则、作价办法;指导本系统、本行业煤炭销售价格工作,协调、处理本系统、本行业内的煤炭销售价格争议,协助物价检查机构查处煤炭销售中的价格违法行为;开展煤炭价格信息服务工作。(3)有关部门在煤炭销售价格监督管理中的职责。这里的"有关部门"主要是指工商行政管理、审计、财政、税务、公安、标准、计量以及银行等部门。这些部门应当积极配合物价行政主管部门作好煤炭销售价格的监督检查以及处理煤炭销售过程中的价格违法行为。

第二节 煤炭经营主体

煤炭经营主体是煤炭市场法律关系的参加者,在我国,煤炭经营主体除了国家(政府及其机构)、企业、其他组织和个人外,参与涉外的经营主体还包括国际或者地区内的煤炭经营组织。煤炭作为人民群众不可缺少的生活燃料和国民经济的重要物质基础,保障其及时供应具有重要的意义。因此,煤炭经营企业应当采取有效措施,切实搞活煤炭市场,保障煤炭供应,满足国民经济发展和人民群众生活的需要。本节着重介绍国内四大煤炭经营主体,涉外的具体内容详见本章第五节。

一、煤炭经营主体概述

煤炭经营主体是煤炭市场法律关系的参加者,即在煤炭市场法律关系中享有权利或承担义务的单位和个人。随着煤炭经营主体资格放开,煤炭市场法律关系主体的范围越来越广泛,国家(政府及其机构)、企业、其他组织和个人都可以进入煤炭市场,下面重点介绍这四个主体。[13]

(一)国家(政府及其机构)

国家(政府及其机构)是煤炭市场法律关系的主要参与者,既可以成为纵向煤炭市场法

---

〔13〕 中国法学会能源法研究会主编:《能源法学总论》,法律出版社 2019 年版,第 133 ~ 162 页。

律关系的主体,也可以成为横向煤炭市场法律关系的主体,还可以成为纵横混合煤炭市场法律关系的主体。政府或其机构有时以行政管理者的身份参与煤炭市场法律关系,有时以煤炭消费者的身份参与。特别是中央政府或者有关机构的煤炭管理职责具有宏观性,包括编制国家煤炭发展战略和规划、制定国家煤炭发展政策、组织实施各项煤炭制度、对下级部门履行煤炭职责情况进行监督检查等。政府或其机构主要通过两种途径以行政管理者的身份参与煤炭市场法律关系,首先是缔结或者参加煤炭相关国际条约、实施国际煤炭活动等,参与涉外煤炭市场法律关系;其次是实施管理、监督控制、指导等活动,参与对内的煤炭市场法律关系。

(二)企业

企业是煤炭市场中最重要的主体。作为煤炭市场法律关系主体的企业包括两大类:一是煤炭原材料和产品(商品)的生产类、销售类以及输送配送类企业。二是煤炭消费企业(特别是用煤大户企业)以及煤炭消费产品(商品)(如照明产品、制冷或者取暖产品等)的生产企业。

(三)其他组织

主要包括煤炭行业协会、煤炭中介机构、煤炭科研机构等组织和团体。煤炭行业协会是社会中介组织,是独立于政府与企业之外的社会团体。其社会中介职能表现为,在政府部门与会员单位之间发挥桥梁和纽带作用,协助政府部门进行行业管理,同时帮助煤炭企业改善经营管理,反映和维护煤炭企业的共同愿望和利益要求。煤炭中介机构主要在煤炭审计、节能服务及节能评估等方面发挥作用。

(四)个人

个人即自然人,包括公民、外国人和无国籍人。个人作为煤炭市场的重要主体基本上是以煤炭消费者的身份出现的。由于煤炭消费的刚性以及煤炭供应的自然垄断性,消费者总体上处于弱势地位,需要政府特殊保护,保障其在市场交易中的平等主体地位。同时,随着分布式煤炭的出现及国家相关配套政策对分布式煤炭的支持,个人也开始以煤炭经营主体的身份出现在煤炭市场上。

二、煤炭经营发展历程

长期以来,我国煤炭供需双方习惯了传统的面对面、一对一的贸易模式,没有使用网络的习惯。进入21世纪,互联网的迅速发展刺激着煤炭交易市场的平台升级。电子交易不仅降低了你来我往的额外成本和交易风险,还提高了透明度和交易效率。

我国煤炭交易已由原先“以全国煤炭产运需衔接会为主导,以区域煤炭订货交易会为补充,以供需双方直接见面洽谈为主要形式的传统的、初级的煤炭交易”开始向“以现代网络技术为平台,以电子交易为手段,以战略合作为主、需求调节为辅的现代交易形式”转变。“以现代交易体系为支撑、以精细化物流配送为手段、以战略合作为基础、实现多元化交易”的新型交易模式成为煤炭交易市场体系建设的主要特点和发展方向。我国煤炭交易市场的发展应充分借鉴和利用先进的商品交易理念与网络技术，进行煤炭交易模式的创新，逐步建成一个与我国社会主义市场经济体制相适应的，既符合我国国情又与国际煤炭市场接轨的高效、竞争、开放、和谐、有序的现代煤炭交易市场体系。同时，煤炭市场主体也越来越多元化。

目前，上海煤炭交易所已摒弃了传统的交易形式，通过互联网实行数值交易，产生交易信息链，并根据信息链中的信息，从银行完成资产证券化。上海煤炭交易所是1992年由原中国统配煤矿总公司、原国家物资部和上海市人民政府共同组建的我国目前唯一一家国家级煤炭交易所；东北亚煤炭交易有限公司创建于2010年，是服务于煤炭流通产业的第三方智能供应链服务平台；陕西煤炭交易中心有限公司由陕西煤业化工集团于2010年11月成立，为陕西省区域内唯一的省级煤炭交易平台；国能580·内蒙古煤炭交易中心是基于能源供应链“B2B”业务和互联网思维下“O2O”创新服务模式的“互联网+能源”第三方电子商务平台。我国典型的煤炭交易中心的模式的变化也说明了煤炭主体的发展状况。

三、立法现状与法律制度

（一）立法现状

1986年，我国颁布了《矿产资源法》，这是我国矿产资源立法的一个重要里程碑，1996年通过了《煤炭法》，这是我国煤炭行业发展走上规范化、法制化轨道的一个重要里程碑，该法自实施以来，对完善我国煤炭法律法规体系，合理开发利用和保护煤炭资源，规范生产、经营活动、促进和保障煤炭行业的发展发挥了重要和积极的作用，该法于2009年、2011年、2013年和2016年在煤炭经营方面进行了四次修订，主要修改方面为：取消煤炭生产许可证和经营许可证；推进了煤炭市场化的进程；煤炭生产许可证的功能可以由安全生产许可证解决等。

（二）煤炭资源权属制度

权属制度是能源利用制度的前提，也是特许与许可的前提。能源资源作为国家重要的自然资源，应属国家所有，由国家支配。对外体现国家的能源主权，对内体现能源国家所有权。《煤炭法》第三条规定：“煤炭资源属于国家所有。地表或者地下的煤炭资源的国家所有权，不因其依附的土地的所有权或者使用权的不同而改变。”《矿产资源法》[14]第三条第一款、第二款规定：“矿产资源属于国家所有，由国务院行使国家对矿产资源的所有权。地表或者地下的矿产资源的国家所有权，不因其所依附的土地的所有权或者使用权的不同而改变。国家保障矿产资源的合理开发利用。禁止任何组织或者个人用任何手段侵占或者破坏矿产资源。各级人民政府必须加强矿产资源的保护工作。”

《民法典》亦有相关规定。该法第二百四十七条规定：“矿藏、水流、海域属于国家所有”；第二百四十八条规定：“无居民海岛属于国家所有，国务院代表国家行使无居民海岛所有权”；第二百四十九条规定：“城市的土地，属于国家所有。法律规定属于国家所有的农村

---

〔14〕《矿产资源法》，中华人民共和国主席令第18号，2009年8月27日发布。

和城市郊区的土地,属于国家所有";第二百五十条规定:"森林、山岭、草原、荒地、滩涂等自然资源,属于国家所有,但是法律规定属于集体所有的除外";第二百六十条规定:"集体所有的不动产和动产包括:(一)法律规定属于集体所有的土地和森林、山岭、草原、荒地、滩涂……"[15]

(三)煤炭经营与管理制度

《煤炭法》第四章规定了煤炭的经营与管理,如第九条规定:"国家鼓励和支持在开发利用煤炭资源过程中采用先进的科学技术和管理方法。煤矿企业应当加强和改善经营管理,提高劳动生产率和经济效益";第二十七条规定:"国家建立煤矿企业积累煤矿衰老期转产资金的制度。国家鼓励和扶持煤矿企业发展多种经营";第三十九条规定:"煤炭经营企业从事煤炭经营,应当遵守有关法律、法规的规定,改善服务,保障供应。禁止一切非法经营活动。"该条对煤炭经营企业应当合法经营、禁止非法经营做出了原则性规定。首先是遵守有关法律、法规。市场经济是法制经济,遵守有关法律、法规的规定,是煤炭经营企业从事经营活动的基本要求。其次是改善服务,保障供应。服务社会,方便群众,是社会主义市场经济体制下企业应有的功能。煤炭经营企业应当从思想作风、管理制度以及物质条件等方面入手,切实提高服务水平,改善服务质量。煤炭作为国民经济的重要物质基础和人民群众不可缺少的生活燃料,保障其及时供应具有重要的意义,因此,煤炭经营企业应当采取有效措施,切实搞活煤炭市场,保障煤炭供应,满足国民经济发展和人民群众生活的需要。[16] 最后是禁止非法经营活动。煤炭经营企业必须遵守有关法律、法规的规定,一切非法经营活动都是法律、法规所禁止的,都应当依法承担相应的法律责任。常见的为无证从事煤炭经营活动,构成非法经营罪。

(四)煤炭销售制度

《煤炭法》第四十条规定:"煤炭经营应当减少中间环节和取消不合理的中间环节,提倡有条件的煤矿企业直销。煤炭用户和煤炭销区的煤炭经营企业有权直接从煤矿企业购进煤炭。在煤炭产区可以组成煤炭销售、运输服务机构,为中小煤矿办理经销、运输业务。禁止行政机关违反国家规定擅自设立煤炭供应的中间环节和额外加收费用。"该条规定是关于减少、取消煤炭经营的中间环节的规定。

从事煤炭经营活动的市场主体应当依法经营,公平竞争。为达到上述目的,要求人民政府及煤炭经营管理部门,认真对煤炭市场进行清理整顿,严格按照法律规定的条件审核煤炭经营企业资格,控制煤炭经营企业的数量。对于不具备法定条件的,坚决予以取缔;对于转手倒卖、哄抬煤价的经营单位依法制裁,切实建立正常有序的煤炭市场。此外,提倡有条件的煤矿企业直接向用户销售煤炭。这不仅是在市场经济体制下企业产供销一体化发展趋势的要求,而且也是减少煤炭经营中间环节的有效方法。因此,国家提倡煤炭企业直接销售自己生产的煤炭。

---

〔15〕《民法典》,中华人民共和国主席令第454号,2020年5月28日发布。

〔16〕卞耀武等主编:《〈中华人民共和国煤炭法〉释义》,法律出版社1997年版。

煤炭用户和煤炭销区的煤炭经营企业可以直接从煤矿企业购进煤炭,任何单位和个人不得非法干涉。生产与消费直接挂钩,是市场经济体制的内在要求,也有利于减少中间环节,减少煤炭流通成本,提高经济效益。在煤炭产区,可以组成集煤炭销售、运输为一体的服务机构,为不具备直销条件的中小煤矿企业办理经销运输方面的业务。这样既为中小煤矿架起了通向市场的桥梁,同时也方便了用户,使煤炭流通环节更趋便捷、合理。

(五)煤炭经营监测制度

以生态文明理念引领煤炭工业发展,将生态环境约束转变为煤炭绿色持续发展的推动力,加强引导和监管,推进煤炭安全绿色开发,促进清洁高效利用,加快煤炭由单一燃料向原料和燃料并重转变,推动高碳能源低碳发展,最大限度减轻煤炭开发利用对生态环境的影响,实现与生态环境和谐发展。《大气污染防治法》[17]第二十四条第一款规定:"企业事业单位和其他生产经营者应当按照国家有关规定和监测规范,对其排放的工业废气和本法第七十八条规定名录中所列有毒有害大气污染物进行监测,并保存原始监测记录。其中,重点排污单位应当安装、使用大气污染物排放自动监测设备,与生态环境主管部门的监控设备联网,保证监测设备正常运行并依法公开排放信息。监测的具体办法和重点排污单位的条件由国务院生态环境主管部门规定。"有毒有害大气污染物的界定为国务院生态环境主管部门同国务院卫生行政部门进行,其根据大气污染物对公众健康和生态环境的危害和影响程度,公布有毒有害大气污染物名录,根据该名录实行风险管理。

(六)煤炭经营考核制度

经营考核制度,是指对煤炭经营主体进行计划、生产、运输、协调、进出口等一系列煤炭经营活动进行监督和考察,通过良性竞争机制的构建,最大限度取得经济效益和社会效益。国务院《关于煤炭行业化解过剩产能实现脱困发展的意见》中提出:加快推进国有煤炭企业分离办社会职能,尽快移交"三供一业"(供水、供电、供热和物业管理),解决政策性破产遗留问题。支持煤炭企业按规定缓缴采矿权价款。支持煤炭企业以采矿权抵押贷款,增加周转资金。改进国有煤炭企业业绩考核机制,根据市场变化情况科学合理确定企业经营业绩考核目标。[18]

第三节 煤炭运输服务

煤炭的流通离不开运输,由于我国煤炭资源分布不均、开采水平限制,以及对煤炭的需求各不相同,煤炭运输成为煤炭市场流通的一个重要环节。我国煤炭的运输方式包括铁路、水路、公路和管道运输,或单方式直达运输,或铁路、公路、水路多式联运。随着全国煤炭应急储备体系的建立,我国提高了应急保障能力,发展了现代煤炭物流。随着现代化煤炭

---

〔17〕《大气污染防治法》(2018 年修正),中华人民共和国主席令第 16 号。

〔18〕国务院《关于煤炭行业化解过剩产能实现脱困发展的意见》(国发〔2016〕7 号),2016 年 2 月 1 日发布。

物流网的形成,提高了煤炭物流效率,降低了煤炭物流成本。

一、煤炭运输概述

(一)煤炭运输概念

煤炭运输服务是由铁路、公路、管道及水路等四种运输服务组成的服务网络。煤炭运输,是指煤炭经开采出来后依靠铁路、公路、沿海和内河水运等方式将合格煤炭输送至目的地,包括港口、发电厂及锅炉房等。我国煤炭资源丰富,地理分布很广,从东北到海南岛,从青藏高原到东海之滨,都有煤田分布,但分布极不均衡,故需要长距离运输,由此衍生出煤炭运输服务。

世界上第一条实用运输管道是美国于1957年在西弗吉尼亚州建成的水力输煤管道,经过30年的发展,管道运输已成为工业国家重要的运输技术。水运煤炭是煤炭运输的重要组成部分。随着基础设施不断完善,我国已形成了东部沿海煤炭运输通道和长江、京杭大运河(山东—江苏段)运煤通道。同时,为有效应对水路煤炭运输突发事件,应最大限度地保障水路煤炭运输畅通。

(二)运输方式

煤炭的运输方式包括铁路、水路和公路,或单方式直达运输,或铁路、公路、水路多式联运。金银岛煤炭的货物运输方式多为铁路运输,其他的运输方式也囊括其中,目前已有的煤炭运输方式有公路运输、管道运输和铁路运输。[19]

铁路运输具有运力大、运价低、效率高、速度快、绿色环保等明显的特点。2018年,全国铁路发运煤炭23.8亿吨,同比增长10.3%,占全国煤炭产量的67.1%,比2017年提升近5个百分点,是最主要的煤炭运输方式。铁路运输方式分为标准轨和窄轨两种,窄轨铁路运输一般多用于厂内或距煤矿距离较近的小规模热源厂运输煤炭。标准轨铁路运输是厂外运输的重要方式。它具有运量大、运距远、速度快、不受气候条件限制等特点。我国铁路煤运量占煤运总量的60%以上,煤炭运输量占铁路货运总量的40%左右。

公路煤炭运输作为铁路和水路煤炭运输的重要补充,它具有灵活性大、占地少、对地形条件适应性好、造价低、运输设备型式多样等特点。在主要的煤炭生产基地和煤炭中转港腹地,一直有部分中、短距离的公路直达运输或公路集港运输。大规模的长距离煤炭运输并不是公路运输方式的优势所在,然而近年来,随着经济发展对煤炭需求的大幅度增长,铁路运力不断趋紧,公路煤炭运输发展较快。公路运输主要受煤炭差价的影响,煤炭差价越大,运煤人的获利空间就越大,公路煤炭运输发展就越快。公路主要承担短距离的煤炭运输,特别是乡镇煤矿生产规模小、布点分散,大量煤炭要靠汽车集运到铁路车站。由于铁路运力不足,公路运输作为辅助运输手段,对煤炭的运输也起到重要作用。

水路运输也是煤炭运输的重要组成部分,水路运输具有可直达、运价低、能耗小、运力大等特点,不仅缓解了铁路运输的压力,也承担着煤炭运输的中转、接卸等功能,是我国煤

---

〔19〕 王小洋、李先国:《能源革命背景下我国煤炭运输通道的发展趋势及对策》,载《中国流通经济》2019年第10期。

炭运输的重要组成方式。

二、发展历程

(一)煤炭行业运输概况

我国煤炭资源的地理分布很广,从东北到海南岛,从青藏高原到东海之滨,都有煤田分布,但分布极不均衡。与其他国家相比,我国煤炭资源开采条件为中等偏下水平,开采条件良好的煤田集中于新疆、宁夏部分地区和由山西、陕西、内蒙古西部所组成的“三西”地区,这些地区煤质优良、煤种丰富,而当地消费量小,距离主要客户和港口远,运输设施并不完善。目前我国煤炭产销不平衡问题突出,西煤东运的压力逐步显现,故煤炭行业对运输的依赖性较强。

(二)煤炭消费运输类型

中国东部经济发达地区的煤炭消费,主要依靠铁路、内河和沿海水运长距离调配。由于受煤炭生产与消费格局的影响,中国煤炭的基本流向是“北煤南运”,“西煤东运”和“煤炭出关”。省际煤炭交流中,南北向煤炭流占75%,东西向煤炭流占25%。其中南下煤炭流占50%以上,北上煤炭流占20%左右,东向煤炭流占20%左右,西向煤炭流仅占5%左右。山西是最大的煤炭输出省,其输出量占全国省际煤炭流量的45%。

三、立法现状与法律制度

(一)立法现状

2018年,《大气污染防治法》第七十条规定,运输煤炭、垃圾、渣土、砂石、土方、灰浆等散装、流体物料的车辆应当采取密闭或者其他措施防止物料遗撒造成扬尘污染,并按照规定路线行驶。[20]

2018年,国务院办公厅在《推进运输结构调整三年行动计划(2018-2020年)》中提到,要以深化交通运输供给侧结构性改革为主线,以京津冀及周边地区、长三角地区、汾渭平原等区域(以下称重点区域)为主战场,以推进大宗货物运输“公转铁、公转水”为主攻方向,不断完善综合运输网络,切实提高运输组织水平,减少公路运输量,增加铁路运输量,加快建设现代综合交通运输体系。推进运输结构调整的决策部署,打赢蓝天保卫战、打好污染防治攻坚战,提高综合运输效率、降低物流成本。

2019年,全国人民代表大会在《第十三届全国人民代表大会第二次会议关于2018年国民经济和社会发展计划执行情况与2019年国民经济和社会发展计划的决议》中强调要优化调整货物运输结构,提升煤炭、矿石、焦炭等大宗货物铁路、水路运输比例。[21]

2020年,国家能源局对疫情防控期间的煤炭运输提出了更高的要求,重点强调要优化

---

〔20〕《大气污染防治法》(2018年修正),中华人民共和国主席令第16号,2018年12月26日发布。

〔21〕《第十三届全国人民代表大会第二次会议关于2018年国民经济和社会发展计划执行情况与2019年国民经济和社会发展计划的决议》,2019年3月15日发布。

调运组织，加强产需衔接。要加紧研判煤炭市场需求走势，加强煤炭调出地与调入地的信息沟通，畅通公路运输，积极争取铁路运力支持，做好产运需三方衔接，保障全国电煤库存处于合理水平；优先安排好疫情重点地区以及东北、京津唐等地区的煤炭供应。要严格执行煤炭中长期合同及“基准价＋浮动价”定价机制，严禁在合同约定以外随意涨价，严禁以各种理由不履行中长期合同，严禁限制煤炭外销。

（二）煤炭运输管理制度

为了保证“北煤南运、西煤东调”的煤炭运输需求，我国形成“九纵六横”的煤炭物流通道网络。《煤炭法》第四十一条规定：“从事煤炭运输的车站、港口及其他运输企业不得利用其掌握的运力作为参与煤炭经营、谋取不正当利益的手段。”该条为禁止性规定，对煤炭运输主体做了经营方面的限制。故该条规定要求车站、港口以及其他运输企业必须依法从事煤炭运输，对国家计划调运的煤炭，应当严格按照国家计划组织运输；而对于其他煤炭的运输，应当严格按照合同双方的约定进行。禁止利用掌握的运力作为交换条件，参与煤炭经营或者谋求不正当利益。这对于保障煤炭供应，规范煤炭市场，消除行业不正之风，维护煤炭企业、煤炭经营企业和煤炭用户的合法权益，具有重大的现实意义。[22]《煤炭法》第四十五条规定：“煤矿企业、煤炭经营企业、运输企业和煤炭用户应当依照法律、国务院有关规定或者合同约定供应、运输和接卸煤炭。运输企业应当将承运的不同质量的煤炭分装、分堆。”分装分运、分堆分销，即把不同质量的煤分别运输，确保运输的安全和效率。

运输企业在从事煤炭运输活动中，首先应当严格遵守法律的规定，不得谋取不正当利益，并应当在运输过程中采取措施，保证煤炭的质量和重量。其次应当遵守其他法律及其他有关行政法规的规定，做好煤炭的运输工作。用户应当依照合同约定接卸煤炭。由于煤炭是大宗笨重物资，用户不按时接卸或者无正当理由推脱、拒绝接卸，都会给运输企业以及煤矿企业、煤炭经营企业带来较大的损失。因此，要求煤炭用户按照合同约定接卸煤炭是非常必要的。运输企业将承运的不同质量的煤炭分装、分堆，可以避免不同质量的煤炭相互混杂，同时也是为了防止以次充好。

（三）煤炭运力保障制度

运力，是指从事运输的机械设备和人员调配。煤炭运输需要运力保障，煤炭运输通道、其配套设施建设以及人员调配，除了煤炭运输企业需要推进之外，县级以上地方人民政府也应当进行协调和配合。国家通过保障煤炭中长期合同的铁路运输来完善运力保障。中长期合同是指买卖双方约定期限在一年及以上的单笔数量在20万吨以上的厂矿企业签订的合同。签订中长期合同是煤炭供需双方建立长期、稳定、诚信、高效合作关系的重要基础，对于保障煤炭稳定供应和价格平稳，促进相关行业健康发展和经济平稳运行都具有十分重要的意义。根据供需双方签订的中长期合同，铁路、港航企业要根据运输条件进一步做好运力衔接，根据衔接确认的运力，在日常运输中优先装车、配船，为合同履约创造必要条件。

---

〔22〕 卞耀武等主编：《〈中华人民共和国煤炭法〉释义》，法律出版社1997年版。

合同的签订和履行,有利于上下游企业实现平稳、有序运行;有利于稳定市场预期,减少供需波动;有利于优化运力配置,减少运输资源浪费;有利于降低企业和社会成本,提高整体经济效益。煤炭产运需要企业强化诚信意识和法治观念,积极主动签约,认真履行合同。地方相关部门要进一步提高认识,将保障合同履行作为经济运行调节的一项重要工作,精心安排,及时协调,优化服务,切实抓实抓好。

由于运输方式及生产、消费等环节的不均衡性,协调运输环节对保障运力、促进煤炭运输高效进行尤为重要,国务院《关于促进煤炭工业健康发展的若干意见》[23]第十条规定了促进煤炭与相关产业协调发展的内容。大型煤炭基地建设要与煤炭外运和水资源等条件相衔接,与相关产业和地方经济发展相协调。要加大投资力度,改革铁路和港口投资体制,鼓励企业法人、非公有资本参股建设和管理,抓紧建设和改造山西、陕西、内蒙古西部出煤通道和北方煤炭下水港口,提高煤炭运输能力,从根本上缓解交通运输对煤炭供给的制约。按照政府引导和企业自愿的原则,鼓励煤电一体化发展,加快大型坑口电站建设,缓解煤炭运输压力。鼓励大型煤炭企业与冶金、化工、建材、交通运输企业联营。火力发电、煤焦化工、建材等产业发展布局,要优先安排依托煤炭矿区的项目,促进能源及相关产业布局的优化和煤炭产业与下游产业协调发展。

(四)煤炭储运制度

储运制度,即储备和运行环节的建设。以企业社会责任储备为主体、地方政府储备为补充,产品、产能和矿产地有机结合的煤炭储备体系在我国建立健全并在不断完善。随着现代化煤炭物流网的形成,煤炭供应越来越广泛。我国提出发展现代煤炭物流,建立煤炭应急储备体系。加快建立社会化、专业化、信息化的现代煤炭物流服务体系,有利于提高煤炭物流效率,降低煤炭物流成本。加快建立全国煤炭应急储备体系,有利于提高应急保障能力。发展现代煤炭物流要做到:整顿煤炭流通秩序,取消违规收费。加强物流基础设施建设和衔接,优化煤炭物流节点布局,整合和利用现有物流资源。在煤炭生产、消费集中地和主要中转地,建设具备储存、加工、配送等功能的煤炭物流园区。鼓励煤炭企业之间、煤炭企业与相关企业之间联合组建第三方物流公司,发展大型现代煤炭物流企业,推进煤炭物流规模化、集约化。建立完善、定位明确、功能齐全、信息灵敏的煤炭交易中心。建设煤炭应急储备要做到:按照辐射范围广、应急能力强、运输距离短、储备成本低、环境污染小的要求,在沿海、沿江、沿河港口及华中、西南等地区,加快国家煤炭应急储备建设。加强对地方和企业煤炭储备工作的引导和规范,建立全国煤炭应急储备体系。建立和完善运行机制及管理制度,确保储得进、管得好、用得上。[24]

---

〔23〕 国务院《关于促进煤炭工业健康发展的若干意见》(国发〔2005〕18 号),2005 年 6 月 7 日国务院办公厅发布。

〔24〕 国家发展和改革委员会《关于印发煤炭工业发展"十二五"规划的通知》(发改能源〔2012〕640 号),2012 年 3 月 18 日发布。

第四节　煤炭质量标准

我国煤炭质量标准,参照国家标准化管理委员会发布的国家标准或者国务院煤炭管理部门制定的行业标准执行。这样既有利于实现煤炭质量和数量的有机协调和统一,也有利于满足社会需求。

一、煤炭质量标准概述

(一)煤炭质量标准概念

煤炭质量标准,是指煤炭产品在自身的形成和开采、加工过程中所具有的、能够满足不同用户需求的特征或特性的总和。根据煤炭产品质量特性和用途,一般煤炭质量可用一定的质量指标(或标准)来表示。如按煤的工业分析,可用煤的固定碳、挥发分、灰分和水分等指标来表示;按煤的元素分析,可用煤中碳(C)、氢(H)、氧(O)、氮(N)、硫(S)、磷(P)及微量元素含量的多少来表示;按煤的工艺性质,煤炭质量又可用煤的发热量、煤的粘结性和结焦性、煤的热稳定性、煤灰的熔融性、煤的反应性、煤的燃点以及煤的可选性等指标来表示。煤炭质量的高低,不仅关系用煤单位的使用效果和产品质量,而且也关系煤炭企业的声誉和经济效益,甚至也影响国民经济的发展规模和水平。

(二)煤炭质量社会需求

煤炭质量问题已引起越来越多的用户的高度重视,对煤炭企业提出了严峻的挑战。从煤炭市场情况看,煤质不好,不仅价格较低,而且有些矿区质量较差的煤(煤炭赋存条件所致)销售很难,造成大量的煤炭积压,使企业的生产和职工生活都受到很大影响和冲击。可见,煤炭企业自身要生存和发展,必须根据市场的需求,向用户提供合乎其质量要求的煤炭产品,这不仅是工业生产发展的需要,而且也是社会主义市场经济发展的客观要求。

二、发展历程

我国煤炭质量标准产生于20世纪50年代,经历了产生、起步、国际接轨、高速发展等几个重要的阶段。

(一)第一阶段:煤炭质量标准产生阶段

中华人民共和国成立以前,我国煤炭工业十分落后,产量低,品种少,没有统一的产品规格和试验方法,煤的利用效率很低,大量优质炼焦煤都被用作一般的燃料,导致优质炼焦煤资源浪费严重。中华人民共和国成立以后,我国煤炭工业迅速发展,煤的合理开发和利用逐步受到各方重视,煤的类别、品种、质量、规格的统一和煤质测试方法的标准化工作逐步开展起来,20世纪50年代编制了《煤炭分类方案》以及相应配套的煤的工业分析、硫、发热量等测试方法共十多项操作规程。这些规程为以后我国煤炭标准的制定打下了坚实的基础。20 世纪 60 年代初结合我国煤炭资源特点，进一步开展了统一煤炭品种和煤炭测试方法的标准化工作。1963 年，我国公布了第一项煤炭国家标准《煤炭粒度分级》（GB/T189－1963），该标准对统一我国煤炭品种，规范煤炭销售市场起到了很重要的作用。

（二）第二阶段：煤炭质量标准的起步阶段

到了 20 世纪 70 年代，国家开始以《煤炭分类方案》等操作规程为基础制定了一批国家标准，并且组织大量人力物力对中国各地煤矿进行了广泛的调查研究，终于在 20 世纪 80 年代中期发布了《中国煤炭分类》（GB5751－1986）国家标准，最终结束了我国煤炭分类无统一标准可依的历史。

（三）第三阶段：煤炭质量标准的国际接轨阶段

1979 年中国成为国际标准化组织固体矿物燃料技术委员会（ISO/TC27）的积极成员，原国家标准局确定煤炭科学研究总院北京煤化学研究所为 ISO/TC27 的国际对口单位，对口 ISO/TC27 开展煤炭标准化工作。在改革开放政策的推动下，国家注意到国际标准化组织制定的有关国际标准在技术上比较先进，在国际上较为统一并为多数工业发达国家所采用。原国家技术监督局要求我国标准尽可能与国际接轨，向国际标准靠拢。在这一政策的指引下，我国煤炭标准化工作者开始转向研究国际标准和国外先进标准，吸收国际标准和国外先进标准的优点，又结合我国具体情况进行煤炭标准制修订工作，使我国煤炭标准化工作全面地与国际标准接近或一致，以适应国际技术交流和煤炭对外贸易的需要，我国的煤炭标准化工作水平相应也有了较大提高。

（四）第四阶段：煤炭质量标准的高速发展阶段

随着标准化工作的发展，1987 年原国家技术监督局组织全国煤炭方面的专家成立了全国煤炭标准化技术委员会，编号为 CSBTS/TC42，下设煤炭试验方法、选煤、煤质、煤岩和矿井水质等五个分技术委员会，对口 ISO/TC27 开展煤炭标准化工作。全国煤炭标准化技术委员会负责煤炭基础标准，煤炭产品分类、分级，煤炭分析试验、采样、制样、选煤、煤的岩相分析及煤矿环保等领域的标准化工作。现行有效的煤炭国家标准共计 163 项，其中 110 项的技术归口单位是全国煤炭标准化技术委员会。20 世纪 90 年代后，煤炭行业又相继成立了煤炭工业安全标准化技术委员会，煤炭工业煤矿专用设备标准化技术委员会，有力地促进了煤炭工业安全和专用设备方面的标准化工作。2001 年，国家标准化管理委员会（SAC）成立，国家标准化管理委员会成立后，我国的煤炭标准化工作进入了一个全新的发展阶段，目前的 163 项国家标准中有 53 项是 2001 年到 2003 年制修订的。这些标准基本上能满足煤炭工业对煤炭及煤深加工产品、各种煤炭试验方法、煤岩分析、矿井水质分析、主要工业对煤质的技术要求等方面的需要在煤炭生产建设、加工利用、进出口贸易和质量监督等方面真正起了建立和规范市场秩序、提高产品质量、实现科学管理、促进技术进步的作用，对煤炭资源的合理开发利用、提高各有关行业的经济效益等方面都起了较好的作用。

三、立法现状与法律制度

(一)立法现状

煤炭质量标准,是煤炭资源立法体系的一个重要组成部分。煤炭产品质量应当按照国家标准或者行业标准分等论级。煤炭生产和经营企业应当加强煤炭产品质量管理,严格遵守煤炭产品质量标准,严禁销售灰分、硫分等不满足标准的商品煤。《标准化法》[25]将中国标准分为国家标准、行业标准、地方标准和团体标准、企业标准。国家标准分为强制性标准、推荐性标准,行业标准、地方标准是推荐性标准。这里的国家标准是指由国家标准化主管机构(国家标准化管理委员会)批准发布,对全国经济、技术发展有重大意义,且在全国范围内统一的标准。

煤炭质量的标准主要分为国家标准、行业标准和地方标准。行业标准,是指没有国家标准而又需要在全国煤炭行业范围内统一适用的技术要求;行业标准由国务院煤炭管理部门制定,并报国务院标准化行政主管部门备案;地方标准是指国家的某个地区通过并公开发布的标准,对没有国际标准和行业标准而又需要为满足地方自然条件、风俗习惯等特殊技术要求,可以制定地方标准;团体标准是由团体按照团体确立的标准制定程序自主发布,由社会自愿采用的标准;企业标准是对企业范围内需要协调、统一的技术要求、管理要求和工作要求所制定的标准。

(二)煤炭质量监督制度

煤炭产品质量是指其适合一定的用途,能够满足生产、生活需要所具备的自然属性,这一直备受人们的重视,关系经济的发展和用户的利益。《煤炭法》第二十三条规定:"煤矿企业应当加强煤炭产品质量的监督检查和管理。煤炭产品质量应当按照国家标准或者行业标准分等论级。"法律要求煤矿企业应当加强煤炭产品质量的监督检查和管理,同时考虑煤炭产品不同于一般工业产品,它受到资源条件的限制,难以事先对产品预定等级数量,而只能对已开采出来的煤炭产品按照一定的标准划分等级,故此《煤炭法》明确规定煤炭产品质量应当按照国家标准或者行业标准分等论级。这里所指的分等论级,实际上是要坚持标准,按产品的实际状况分等级,不能虚分虚报,否则应承担相应的法律责任。

(三)煤炭质量标准制度

煤炭质量标准是煤炭法律体系的一个重要组成部分。《煤炭法》第四十三条规定:"煤矿企业和煤炭经营企业供应用户的煤炭质量应当符合国家标准或者行业标准,质级相符,质价相符。用户对煤炭质量有特殊要求的,由供需双方在煤炭购销合同中约定。煤矿企业和煤炭经营企业不得在煤炭中掺杂、掺假,以次充好。"第四十四条规定:"煤矿企业和煤炭经营企业供应用户的煤炭质量不符合国家标准或者行业标准,或者不符合合同约定,或者质级不符、质价不符,给用户造成损失的,应当依法给予赔偿。"所谓质级相符、质价相符,即

---

〔25〕《标准化法》,中华人民共和国主席令第 78 号,2017 年 11 月 4 日发布。

煤炭质量要符合国家标准或者行业标准,要与制定的价格保持一致。所谓"质级相符",是指煤炭的质量应当与其相应的等级要求相符,即质量达到哪一等级的要求就确定为哪一等级;"质价相符",是指质量与价格要相符,优质优价,劣质劣价。所谓"用户对煤炭质量有特殊要求的",是指煤炭用户根据自己的实际情况,对煤炭质量提出高于或者低于国家标准或者行业标准的要求。在这种情况下,煤炭的具体质量标准由供需双方进行协商,在煤炭购销合同中作出约定。这一规定既体现了"当事人意思自治"的原则,也符合方便用户的经营要求。煤矿企业和煤炭经营企业供应用户的煤炭质量应当符合合同约定。"不得在煤炭中掺杂、掺假,以次充好"是指由于经济利益的驱使和法制观念的淡薄,一些煤矿企业和煤炭经营企业在煤炭中掺杂、掺假,以次充好,这种现象不仅损害了消费者的合法权益,对国家能源资源和运输能力也是一种浪费,甚至会给国民经济和人民生活带来极为严重的损失。因此,本法明确禁止煤矿企业和煤炭经营企业在煤炭中掺杂、掺假,以次充好,否则就要依法承担相应的法律责任。

(四)煤炭质量清洁与利用制度

煤炭清洁高效利用是防治大气污染、实现绿色发展的重要内容。始终贯彻落实习近平生态文明思想,鼓励采用绿色开采技术,加强煤炭集中使用管理。从法律制度保障煤炭全产业链绿色发展。国务院办公厅《关于印发能源发展战略行动计划(2014—2020 年)的通知》中提道,制定和实施煤炭清洁高效利用规划,积极推进煤炭分级分质梯级利用,加大煤炭洗选比重,鼓励煤矸石等低热值煤和劣质煤就地清洁转化利用。建立健全煤炭质量管理体系,加强对煤炭开发、加工转化和使用过程的监督管理。加强进口煤炭质量监管。大幅减少煤炭分散直接燃烧,鼓励农村地区使用洁净煤和型煤。[26]

国务院《关于印发大气污染防治行动计划的通知》第十四条、第十五条规定,推进煤炭清洁利用。提高煤炭洗选比例,新建煤矿应同步建设煤炭洗选设施,现有煤矿要加快建设与改造;到 2017 年,原煤入选率达到 70% 以上。禁止进口高灰份、高硫份的劣质煤炭,研究出台煤炭质量管理办法。限制高硫石油焦的进口。扩大城市高污染燃料禁燃区范围,逐步由城市建成区扩展到近郊。结合城中村、城乡接合部、棚户区改造,通过政策补偿和实施峰谷电价、季节性电价、阶梯电价、调峰电价等措施,逐步推行以天然气或电替代煤炭。鼓励北方农村地区建设洁净煤配送中心,推广使用洁净煤和型煤。提高能源使用效率。严格落实节能评估审查制度。新建高耗能项目单位产品(产值)能耗要达到国内先进水平,用能设备达到一级能效标准。京津冀、长三角、珠三角等区域,新建高耗能项目单位产品(产值)能耗要达到国际先进水平。[27]

(五)煤炭质量供给与淘汰制度

在煤炭供给环节中,不仅要加强安全保障、提高绿色清洁水平,更要把控质量,合理增

---

〔26〕 国务院办公厅《关于印发能源发展战略行动计划(2014—2020 年)的通知》(国办发〔2014〕31 号),2014 年 6 月 7 日发布。

〔27〕 国务院《关于印发大气污染防治行动计划的通知》(国发〔2013〕37 号),2013 年 9 月 10 日发布。

加煤炭有效供给，统筹推进煤炭去产能、保供应与稳价格工作，才能真正实现煤炭供需动态平衡。煤矿企业和煤炭经营企业应当依照法律、国务院有关规定或者合同约定供应煤炭。煤炭是国民经济发展和人民群众生活不可缺少的重要能源，保障煤炭的供应具有重要的意义。依法供应煤炭，主要是指煤矿企业和煤炭经营企业应当改善服务，保障供应，保证所供应的煤炭质量符合国家标准或者行业标准，不得在煤炭中掺杂、掺假，以次充好。"国务院有关规定"是指国务院制定的有关规定。"合同约定"是指供需双方的协议，煤矿企业、煤炭经营企业应当严格按照约定的时间、方式和质量标准、价格等，保证煤炭的供应能够满足用户的要求。

《2018 年能源工作指导意见》提到要更加注重提高能源供给体系质量。坚持质量第一、效益优先，深化供给侧结构性改革，大力破除无效供给，优化存量资源配置，扩大优质增量供给。充分发挥质量、能效和环保标准等市场化措施的作用，统筹推进化解过剩产能与发展先进产能，提高有效供给能力，促进供需动态平衡。同时要深化供给侧结构性改革，提高能源供给质量和效率。切实化解过剩产能，继续推进化解煤炭过剩产能，用市场化和法治化办法化解煤炭过剩产能。把处置"僵尸企业"作为重要抓手，加快违法违规、不达标和安全风险大的煤矿退出，继续淘汰落后产能，引导长期亏损、资不抵债等煤矿有序退出，适当提高南方地区煤矿产能退出标准。继续按照减量置换原则有序发展优质产能，倒逼无效低质产能加快退出，提高煤炭先进产能比重，更好发挥北方地区优质先进产能作用。推进煤矿企业兼并重组和煤电、煤运、煤化工上下游产业融合，提高抵御市场风险能力。加强化解煤炭过剩产能和建设先进产能的统筹，实现煤炭供需动态平衡，保持价格稳定。

第五节　煤炭对外贸易

煤炭对外贸易离不开国内市场各个环节的有序进行，中华人民共和国成立以来，我国就已经开始了煤炭的出口，但由于开采水平低，交通运输困难，出口有很大的限制。改革开放以来，我国不断扩大对外贸易，加强对外贸易立法，出口量大大提高。

一、煤炭对外贸易概述

（一）煤炭对外贸易概念

对外贸易亦称"外国贸易"或"进出口贸易"，简称"外贸"，是指一个国家（地区）与另一个国家（地区）之间的商品、劳务和技术的交换活动。这种贸易由进口和出口两个部分组成。对运进商品或劳务的国家（地区）来说，就是进口；对运出商品或劳务的国家（地区）来说，就是出口，故对外贸易也称为进出口贸易。

随着经济发展对煤炭需求的增加及国家产业政策的重大调整，国际煤炭价格相对有比较优势，我国煤炭进口不断增加，自 2012 年以来，煤炭进口经历了一个波折的发展，在 2013 年煤炭进口达到近些年的最高峰，此后连续两年下降，并在 2015 年达到近些年的最低点，继而煤炭进口又渐回升。中国煤炭的产量和消费量在全球占有很大的比重，我国进口煤主要源于印度尼西亚、澳大利亚、蒙古、俄罗斯及加拿大，上述五国共出口中国煤炭占中国全部进口煤炭的90%以上。我国煤炭出口量相比我国的煤炭产量和进口量而言比较少。2000年以前呈逐渐上扬的态势，到2003年达到历史峰值，随后逐年下滑，到2015年进口量达到近年最低。我国煤炭出口流向主要是销往韩国、日本等煤炭资源稀缺的亚洲国家和地区。从2013年开始韩国超越日本，成为中国最主要的煤炭出口国。

（二）煤炭对外贸易特点

从国际煤炭市场来看，世界对于煤炭的生产以及消费等方面都呈现不断增长的趋势，发电时所需要的煤炭数量也在不断地增加。此外，煤炭在运输成本上也有所降低，也就极大地促进了煤炭在国际贸易方面的发展。实际上中国煤炭的发展变化是非常大的，这主要是因为煤炭是一种最基本的能源，需求量还是比较大的。与石油相比，煤炭资源具备可靠性高、稳定性高的特点，这也就更提高了煤炭在我国的经济发展中不可或缺的地位。随着政策的发展与变化，煤炭贸易也会存在一定的波动，这是不可避免的现实。所以，了解贸易的形势一定要放眼整个国际市场，不能仅仅局限于当下的发展形式。更重要的是，能够用一种长远的眼光，进行客观合理的进出口贸易情报分析。此外，也要关注国内市场的发展变化，从而抓住国家的优惠政策，保证煤炭进出口贸易的长远发展。因此，关注国内外的政策变化，及时发现市场的动态，二者最为关键，抓住机遇、随机应变是提高进出口贸易发展的基础。

二、发展历程

（一）第一阶段：改革开放以前（1949～1978年）

中国的煤炭出口始于1949年中华人民共和国成立之初。由于当时国内煤炭的需要量难以满足和交通运输非常紧张，因此煤炭出口量一直进展不大。那时主要是与朝鲜和越南的易货贸易，少部分出口到日本和东南亚国家等。1977年11月，时任中共中央副主席邓小平指示，要出口煤炭换取外汇，引进外国技术，争取时间，赢得时间，这是个大政策。故为了换取短缺的外汇，引进先进的技术装备，煤炭出口才有了较大的发展。但是由于那时国内煤炭仍然处于供不应求的状态，因此在20世纪80年代末以前煤炭出口量始终只占全国煤炭总产量很少一部分。1982年煤炭工业部成立中国煤炭进出口总公司，专门从事煤炭进出口的经营和管理。

（二）第二阶段：20世纪90年代至21世纪初（1990～2005年）

该阶段由于国内煤炭供应已能较好地满足国民经济的发展要求，而且还有过剩现象，因此煤炭出口才被当作解决国内煤炭供过于求矛盾的重要手段得到较大关注。“九五”期间，为扩大煤炭出口，缓解国内煤炭市场过剩压力，中国煤炭工业部先后在中煤能源集团平朔矿区和神华神东矿区建设了大型出口煤基地，并配套建设了运输的铁路、港口设施。改变了以往中国动力煤出口一直是多矿点零散供货导致出口煤质量不稳定，影响煤炭出口经济效益的诸多问题。1999 年下半年,中国为减轻国内煤炭市场疲软的压力,进一步提高煤炭出口比例,决定提高煤炭出口退税率,降低部分铁路运煤的运费、港杂费和商检费,由此调动了煤炭出口企业的出口积极性。同时,由于中国煤炭出口的市场主要在亚太地区,而随着亚洲经济的复苏,国际煤炭市场需求的增加,也进一步促进了中国煤炭的出口。2000 年,中国煤炭出口总量进一步快速增加,在煤炭出口增幅和出口总量上均创历史最高纪录,这是世界经济发展拉动的结果,是国家宏观经济调控的成果,是煤炭工业实施经济结构调整取得的新成效。但这时,中国煤炭工业仍在低位运行,所以国家继续鼓励煤炭出口。2001 年为煤炭"十五"规划的开局之年,全国煤炭出口进一步大幅度上升,并使中国上升为世界第二大煤炭出口国。2002 年是中国加入 WTO 后的第一年,中国煤炭市场在利用国际国内两个资源、两个市场方面取得进展,开始转变鼓励出口的政策,同时受国际煤价影响,煤炭出口没有增长。全国煤炭出口量与 2001 年大致持平。2003 年,中国煤炭的国际贸易仍然保持"东进西出、南进北出"格局,但受世界经济开始复苏的影响,特别是美国经济增势强劲的影响,国际煤炭价格持续上涨,国际煤炭贸易量呈高速增长态势。

(三)第三阶段:"十一五"规划(2006 年至今)

2006 年是进入"十一五"规划的第一年,也是中国煤炭国际贸易政策调整力度最大的一年。2006 年,国家又两次调整煤炭进出口税收政策,这两次调整,一升一降,不但进一步降低了煤炭进口关税,取消了煤炭出口退税,而且对煤炭出口征收出口税,从而控制煤炭产品出口。在国家政策引导下,2006 年中国煤炭出口量下降,进口量大幅度上升。近年来,中国煤炭进出口总量持续增加,目前来看,尽管新冠肺炎疫情短期内对外贸进出口造成一定冲击,但我国外贸发展韧性强,企业的适应力和市场开拓能力也很强,疫情对进出口的影响是暂时的、阶段性的,外贸发展长期向好的趋势没有改变。作为煤炭进出口大国,中国煤炭的改革发展将对世界煤炭工业、世界煤炭市场产生越来越大的影响。

2020 年新冠肺炎疫情暴发后,对全球供应链和价值链都产生了严重的冲击,也对全球秩序重建产生深远影响。我国既是煤炭生产大国,也是煤炭消费大国。受疫情影响,国际贸易大幅缩水,海外市场需求明显减弱,国内外贸型工厂已经出现外贸订单取消或延迟现象,我国外需压力显著增大。煤炭是我国的主体能源,事关我国经济社会健康稳定发展。因此,当前亟待稳住国内煤炭市场供需平衡。受疫情影响,国内煤炭供给端复工复产进度明显好于需求端,供大于求的态势还将持续一段时间。因此要加大对进口煤的管控,来平抑国内煤炭产供销平衡,并且要从严加强报关和检验环节管理。[28]

三、立法现状与法律制度

(一)立法现状

中华人民共和国成立以来,我国也在不断扩大对外开放,如前所述,能源立法的起步较晚,对外贸易的法律法规极少,1950 年颁布的《对外贸易管理暂行条例》,1951 年颁布的《暂

---

〔28〕 杜平:《新冠疫情后我国煤炭产业高质量发展的思考》,载《中国煤炭》2020 年第 5 期。

行海关法》。改革开放以来,我国加强了对外贸易立法,对《对外贸易法》进行了修改和完善,我国实行统一的对外贸易制度原则,并且不断维护对外贸易的秩序。

(二)煤炭进出口许可制度

《煤炭法》第四十六条规定:"煤炭的进出口依照国务院的规定,实行统一管理。具备条件的大型煤矿企业经国务院对外经济贸易主管部门依法许可,有权从事煤炭出口经营。"对煤炭进出口实行统一管理,一是煤炭进出口应当由国务院对外经济贸易主管部门统一管理,国务院煤炭管理部门协同对外经济贸易主管部门做好煤炭进出口的管理工作。二是煤炭进出口应当执行统一的政策。赋予企业以外贸经营权,是促使企业依法自主经营、真正成为市场主体的重要措施。因此,本条规定具备条件的大型煤矿企业经国务院对外经济贸易主管部门依法许可,有权从事煤炭出口经营,其用意正在于此。它对于煤矿企业积极出口创汇,发展外向型经济具有重大的鼓励作用。根据《对外贸易法》[29]的规定,本条规定的大型煤矿企业要获得出口经营权,应当具备下列条件:一是有自己的名称和组织机构;二是有明确的对外贸易经营范围;三是具有其经营的对外贸易业务所必需的场所、资金和专业人员;四是委托他人办理进出口业务达到规定的实绩或者具有必需的进出口货源;五是法律、行政法规规定的其他条件。

(三)煤炭进出口检验制度

国家检验检疫机构对进口煤炭实施口岸检验监管的方式,对出口煤炭实施产地监督管理和口岸检验监管相结合的方式。《进出口煤炭检验管理办法》(2018年修正)[30]第五条规定,"进口煤炭由卸货口岸海关检验";第六条规定,"进口煤炭的收货人或者其代理人应当在进口煤炭卸货之前按照海关总署相关规定向卸货口岸主管海关报检。进口煤炭应当在口岸主管海关的监督下,在具备检验条件的场所卸货";第七条规定,"海关对进口煤炭涉及安全、卫生、环保的项目及相关品质、数量、重量实施检验,并在10个工作日内根据检验结果出具证书。未经检验或者检验不合格的进口煤炭不准销售、使用";第八条规定:"对进口煤炭中发现的质量问题,主管海关应当责成收货人或者其代理人在监管下进行有效处理;发现安全、卫生、环保项目不合格的,按照商检法实施条例有关规定处理,并及时上报海关总署。"

(四)煤炭进出口质量监测制度

进出口质量监测,是指检查和验证煤炭质量是否符合有关规定的活动。近年来,我国愈发支持优质和特殊稀缺煤炭进口,补充国内煤炭市场供应,限制劣质煤炭进口。《进出口煤炭检验管理办法》(2018年修正)第九条规定,"口岸海关按照相关国家技术规范的强制性要求对本口岸进出口煤炭的除杂、质量验收等情况进行监督管理";第十一条规定:"主管海关应当及时将收集到的国内外反映强烈的进出口煤炭安全、卫生、环保质量问题向海关

---

[29] 《对外贸易法》,中华人民共和国主席令第57号,2016年11月7日发布。

[30] 《进出口煤炭检验管理办法》,2018年4月28日海关总署发布。

总署报告。海关总署对进口煤炭涉及安全、卫生、环保问题严重的情况发布预警通报。”国务院办公厅《关于促进煤炭行业平稳运行的意见》[31]规定,按照节能减排和环境保护要求,研究制订商品煤质量国家标准。加强对进口煤炭商品的质量检验,将褐煤纳入法定检验目录。研究完善差别化煤炭进口关税政策,鼓励优质煤炭进口,禁止高灰分、高硫分劣质煤炭的生产、使用和进口。进一步做好煤炭进出口总量、结构、趋势等的监测分析,根据国内外市场变化适时调整煤炭出口相关政策措施。

(五)煤炭贸易鼓励制度

为加快培育我国贸易新动能,增添贸易竞争新优势,我国近年来越来越鼓励贸易进出口,贸易结构方面不断进行优化,贸易效益不断在提升,贸易实力也在进一步增强,逐步建立贸易高质量发展的指标、政策、统计、绩效评价体系。《煤炭工业发展“十二五”规划》中规定:积极开展国际合作,深入实施走出去战略。充分利用国际国内两个市场、两种资源,坚持多元发展、互利共赢,加强国际交流与合作,积极参与境外煤炭资源开发利用,深入开展对外工程承包和技术服务,进一步拓展煤炭国际贸易。加强境外煤炭资源开发利用。支持优势煤炭企业参与境外煤炭资产并购,加大境外煤炭资源勘查开发力度,提高境外权益煤炭产能。鼓励大型煤炭企业投资境外煤炭加工转化项目,延伸产业链。引导符合条件的企业,结合境外煤炭资源开发利用需要,开展有关基础设施建设和投资。开展对外工程承包和技术服务。鼓励大型煤炭企业承揽境外煤矿建设、技术改造以及运营管理,带动先进技术和大型装备出口,促进我国煤炭装备制造业发展。建立境外煤炭装备制造基地、零配件基地和技术服务中心,提高技术服务水平。拓展煤炭国际贸易。坚持市场化原则,巩固和发展与主要煤炭资源国长期稳定的贸易关系,鼓励进口。鼓励沿海、沿边地区拓展煤炭进口渠道,保障进口煤源稳定可靠。除此之外,国务院《关于煤炭行业化解过剩产能实现脱困发展的意见》中提出:调整完善煤炭出口政策,鼓励优势企业扩大对外出口。严格执行《反不正当竞争法》《反垄断法》,严肃查处违法违规竞争行为,维护公平竞争市场秩序。[32]

(六)能源国际合作制度

《2018 年能源工作指导意见》第六条要求拓展能源国际合作,保障国家能源安全。第一款是推进“一带一路”建设。巩固“一带一路”国际合作高峰论坛成果,落实《推动“一带一路”能源合作愿景与行动》,筹建能源合作交流平台,运营好能源国际合作信息服务平台,推进能源项目库建设。支持国内有关地区充分发挥比较优势,参与“一带一路”能源合作。发挥好上海国际能源交易中心、上海和重庆石油天然气交易中心的作用,支持新疆建立国际油气交易中心。第二款是加强能源基础设施互联互通。加强能源资源保障能力建设,深化与相关国家的能源资源合作。加强与周边国家能源基础设施互联互通,完善东北、西北、西南和海上四大油气进口通道,维护跨境油气管线的安全稳定运营,积极落实“全球能源互联网”倡议,促进与周边国家电网互联。第三款是深化技术装备和产能合作。加强能源规划、

〔31〕 国务院办公厅《关于促进煤炭行业平稳运行的意见》(国办发〔2013〕104 号),2013 年 11 月 18 日发布。

〔32〕 国务院《关于煤炭行业化解过剩产能实现脱困发展的意见》(国发〔2016〕7 号),2016 年 2 月 1 日发布。

政策、技术、装备、标准服务等领域合作。推进能源行业“走出去”,深化能源国际产能合作,围绕能源转型、技术创新和重大项目合作,携手开发第三方市场。创建能源行业“走出去”样板工程,培育“中国制造”“中国创造”国际化品牌。第四款是积极参与全球能源治理。加强与国际能源论坛、可再生能源署、国际能源署、能源宪章等国际组织的合作,制定更加开放、包容、普惠、平衡、共赢的规则,完善全球能源治理体系。积极参与现有多边框架下能源合作,包括联合国、二十国集团、APEC、金砖国家、上合组织、澜沧江 - 湄公河合作、大湄公河次区域、中国 - 东盟、东盟与中日韩以及东亚峰会等多边框架,合作构建绿色低碳的全球能源治理格局。推动成立“全球能源变革联盟”。继续开展中国 - 东盟清洁能源能力建设计划和中阿清洁能源培训中心建设,发挥中国 - 中东欧国家能源项目对话与合作中心的作用,启动“16 +1”能源合作联合研究项目。

思考练习题

1. 什么是煤炭市场?什么是市场准入和市场退出?
2. 请分析我国煤炭供应市场的特点。
3. 煤炭运输服务的种类?煤炭运输的变化?有何启示?
4. 煤炭经营主体有哪些?如何监测煤炭经营?
5. 与煤炭质量标准相关的法律制度有哪些?
6. 什么是反垄断?
7. 我国对外贸易中煤炭进口量大于出口量的原因。
8. 如何进行煤炭国际合作?

第七章　煤炭资源的综合利用

|导读|

资源综合利用就是对资源全面、充分、合理的利用，煤炭资源是重要的能源矿产，法律对其综合利用予以规制。中共中央《关于制定国民经济和社会发展第十四个五年规划和二〇三五年远景目标的建议》提出："全面提高资源利用效率。健全自然资源资产产权制度和法律法规，加强自然资源调查评价监测和确权登记，建立生态产品价值实现机制，完善市场化、多元化生态补偿，推进资源总量管理、科学配置、全面节约、循环利用。"本章内容包括综合利用的基本原则，煤炭共伴生资源的综合利用，稀缺煤种的开采保护，煤层气的开发利用以及煤矸石、粉煤灰的综合利用。本章重点问题包括综合利用的概念与内容，煤炭共伴生资源综合开发制度，稀缺煤种的生产管理制度，煤层气与煤炭的矿业权申请与确定。本章难点在于对煤炭综合利用法律规制的掌握。

煤炭综合利用具有节约、保护煤炭资源，增殖煤炭资源功能价值的作用，有利于实现煤炭资源的永续利用和生态平衡目的，有利于促进煤炭工业绿色发展、循环发展。《煤炭法》将综合利用作为煤炭资源开发的方针，并以具体制度设计保证其落实。这些制度主要体现在对煤炭共伴生资源的综合勘查与开采以及开发利用中的废弃物的循环利用和综合利用。法律不仅对煤炭资源的综合利用进行规制，同时也规定税收等优惠措施对其予以激励。

第一节　煤炭资源综合利用概述

我国《煤炭法》第四条规定："国家对煤炭开发实行统一规划、合理布局、综合利用的方针。"煤炭资源的综合利用主要包括在煤炭开采过程中对共伴生矿产的综合开发与合理利用，对生产过程中产生的废渣、废水、废气等进行的循环利用，对煤炭加工利用过程中产生的渣、尘、泥、灰等进行的综合加工利用。煤炭资源的综合利用应当遵循综合开发利用、利用人受益以及技术促进和鼓励扶持等原则。我国主要在矿产资源法、煤炭法、能源法以及环境污染防治法、循环经济促进法等方面，对煤炭资源的综合利用进行规制。

一、基本概念

(一)资源综合利用

资源综合利用,一般是指人们根据资源的物质成分、特性和赋存形式,对资源进行科学合理的综合开发、深度加工、循环使用和再生利用,充分发挥资源的多种物质和能量的功能,使其综合转化成为社会所需要的多种物质资源的生产经营活动。[1] 资源的综合利用可以把物质生产过程和消费过程中排放的各种"废弃物"最大限度地利用起来,做到物尽其用,以便使整个社会生产和消费的排泄物减少到最低限度,从而取得最好的经济效益和环境效益。[2] 资源的综合利用具有节约、保护资源,开拓、扩展资源来源,增殖资源功能价值的意义,综合利用的目的是实现国家资源的永续利用和生态平衡。

在我国,资源综合利用包括三个方面的内容:(1)在资源开采过程中对共生、伴生矿进行综合开发与合理利用;(2)对生产过程中产生的废渣、废水、废气、余热、余压等进行回收和合理利用;(3)对社会生产和消费过程中产生的各种废物进行回收和再利用。[3]

(二)煤炭资源综合利用

煤炭资源属于自然资源,根据资源综合利用的概念和内容,煤炭资源综合利用就是指通过科学的采矿方法和先进的选矿工艺,将共生、伴生的煤炭资源与开采利用的主要煤种同时采出,分别提取加以利用;通过选矿和其他手段,将综合开采的主、副煤炭中的有用组分,尽可能地分离出来,产出多种价值的商品煤炭;对煤炭生产和使用过程中产生的废渣、废水、废气等进行回收和合理利用,科学地利用煤炭资源。这种对煤炭资源的全面、充分和合理的利用过程,称为煤炭资源综合利用。

根据煤炭资源综合利用的概念,煤炭资源综合利用主要体现在开采、加工与利用三个环节。(1)在煤炭资源开采环节,要对煤矿矿区的共生、伴生煤炭资源进行综合勘探与综合开采。(2)在煤炭资源的选冶加工环节,要对开采的煤炭资源中的有用组分,尽可能多地分离出有价值的煤产品;对选冶加工中产生的"三废"进行回收利用。(3)在对煤产品的利用环节,要对产生的渣、尘、泥、灰等进行回收和再生利用。

二、综合利用的基本原则

(一)综合开发原则

综合开发原则,是指在矿产资源开发中要采用合理的开采技术顺序、方法、工艺开采矿产资源,要综合性开采与利用矿产资源,最大限度地回收矿产资源。这一基本原则含有以下内容:

1. 合理开采。所谓合理开采就是在开采矿产资源过程中,要采取合理的开采顺序、开采

---

〔1〕 陈德敏、张孝烈:《资源经济法学》,重庆大学出版社 2005 年版,第 214 页。
〔2〕 黄明健:《环境法制度论》,中国环境科学出版社 2004 年版,第 212 页。
〔3〕 国务院批转国家经贸委等部门《关于进一步开展资源综合利用意见的通知》(国发〔1996〕36 号),1996 年 8 月 31 日发布。

方法和选矿工艺，使矿山企业的开采回采率、采矿贫化率和选矿回收率达到设计要求，充分地采取矿产资源。合理的开采顺序是指在开采矿产资源时，应采用保证回采作业安全、资源充分合理回收和开采效益好的开采顺序。合理的开采方法是指开采矿床的方法要根据矿产资源的赋存条件，采用合理的开采方法，最大限度地开采矿产资源。开采方法一般分为露天开采和地下开采。合理的选矿工艺是指在选矿环节，采用符合技术经济要求，更好地回收矿石中的有用成分的工艺。选矿工艺技术的采用关系到矿产资源的回收利用程度，是矿产资源节约利用的重要环节。[4]

2. 综合开采。综合开采是指对具有工业价值的共生和伴生矿产应当统一规划，综合开采，综合利用，防止浪费；对暂时不能综合开采或者必须同时采出而暂时还不能综合利用的矿产以及含有有用组分的尾矿，应当采取有效的保护措施，防止损失破坏。综合开采与综合利用强调矿产资源开采是一个系统工程，在统一规划的基础上，对不同的矿床或同一矿床的不同有益组分，不同层位的共生、伴生矿产资源进行同时开采；在选冶阶段，对多种有用组分的共生、伴生矿石材料，进行充分回收与利用；对现有技术条件不能综合开采与综合利用的矿产应采取措施，防止破坏。

3. 综合利用项目同时建设。在矿产资源生产建设阶段，应坚持资源综合利用项目与主体工程同时设计、同时施工、同时投产，以确保合理与综合开发利用矿产资源的目标的实现。

（二）鼓励扶持原则

鼓励扶持原则，是指资源综合利用应以激励为主、约束为辅为原则，对资源综合利用给予鼓励与扶持。具体而言包括：

1. 激励为主、约束为辅。所谓“激励为主、约束为辅”，是指国家对矿产资源综合利用行为主要以激励为主，采取各种方式鼓励矿产资源的综合利用；同时应对重要的矿产资源开发利用行为与环节进行约束。我国目前的政策与法律都体现了这一原则，例如，对矿产资源综合利用实行税费减免、设立专项奖励基金以及融资、土地使用优先等激励。对资源开发利用的关键环节规定了必要的约束，例如，将共伴生矿的综合勘查、综合开采列入矿业权人的义务；又如，对矿产资源开发利用中的落后性的工艺、产品、设备进行限制与禁止。

2. 对综合利用给予扶持。国家对资源综合利用项目给予扶持，在资金筹措方面给予银行贷款、外资融资、示范工程奖励等多种形式的筹集资金扶持。

（三）综合利用人受益原则

综合利用人受益原则，是指对实施矿产资源综合利用者实行“谁投资，谁受益”的原则，要适当兼顾国家、企业、个人的利益。这一原则体现为：

1. 在生产建设环节，国家对资源综合利用采取补贴、税收减免以及其他的优惠，以减少资源综合利用建设项目投资人的投资风险，保障其利益。

---

〔4〕　曹树培主编：《地质矿产行政法》，中国政法大学出版社 1993 年版，第 144 页。

2. 在“三废”处理环节，废弃物综合利用者可以对使用废弃物产品或服务的单位收费，除国家限制定价的产品外，通过合同约定取得交易收益。

3. 在二次资源回收利用环节，对回收利用产业给予税收等支持，使其避免市场经营风险，获得低利润但稳定的长期效益。

(四) 技术促进原则

技术促进原则是指在矿产资源综合利用方面，要用法律与政策促进相关科学技术的开发与实践应用。具体体现为：

1. 废弃物排放主体的科研责任。产生和排放废弃物的单位，有责任研究开发废弃物的综合利用技术，国家用法律对研发经费的提取、使用上进行规范；对不利于资源综合利用的淘汰技术的使用进行限制与禁止。

2. 鼓励支持科研单位开展有关技术研发。国家对科研单位研发相关技术予以资金支持，促进相关综合利用技术的推广与高效利用，推动资源综合利用向专业化发展。

三、煤炭资源综合利用的基础理论

(一) 循环经济理论

循环经济本质上是一种生态经济，要求运用生态学规律来指导人类社会的经济发展。循环经济以资源的高效利用和循环再生为核心，以“减量化、再利用、再循环”为原则，以低消耗、低排放、高效率为基本特征，符合可持续发展理念，是对“大量生产、大量消费、大量废弃”的传统经济发展模式的根本变革，能以最小的资源和环境成本，取得最大的经济社会效益。20 世纪 90 年代以来，可持续发展战略成为世界发展的潮流，环境保护、清洁生产、绿色消费和废弃物的再生利用等才整合为一套系统的以资源循环利用、避免废物产生为特征的循环经济战略。

循环经济的理论与实践，发端于 20 世纪 60 年代，兴起于 20 世纪 90 年代。目前，德国、日本、美国、英国、法国等许多发达国家的实践证明发展循环经济极大地促进了经济社会协调发展，世界各国相继将循环经济作为本国经济发展战略。建立起以清洁生产、生态工业、生态农业以及废弃物综合利用为特征的经济发展模式，来促进经济、社会、自然系统的良性循环和可持续发展。资源综合利用有利于引导社会对资源的合理开发与利用，可以达到付出较小的代价换取较高的效益并提高资源利用效率。目前，美国钢产量的 58% 来自废钢铁的回收，法国纸品业的 72% 通过废纸的回收利用完成，日本的水泥工业可利用垃圾灰、下水污泥，生产生态水泥达 80%；德国利用白色污染的废塑料作为高炉的燃料，更创造了变废为宝的范例。

(二) 可持续发展理论

20 世纪 70 年代围绕“环境危机”“石油危机”和罗马俱乐部提出的《增长的极限》，全球曾经爆发了一场关于“停止增长还是继续发展”的讨论。正值可持续发展概念处于环境和发展辨认的中心之时，世界环境与发展委员会经过长期的研究，于 1987 年发表了《我们共同的未来》,在此报告中正式提出了“可持续发展”的定义。可持续发展是指既满足现代人的需求又不损害后代人满足需求的能力,就是指经济、社会、资源和环境保护协调发展,它们是一个密不可分的系统,既要达到发展经济的目的,又要保护好人类赖以生存的大气、淡水、海洋、土地和森林等自然资源和环境,使子孙后代能够永续发展和安居乐业。可持续发展的核心是发展,但要求在严格控制人口、提高人口素质和保护环境、资源永续利用的前提下进行经济和社会的发展。可持续发展把发展和环境当作一个有机的整体,其基本内涵可概述为五个方面:(1)可持续发展不否定经济增长。要达到具有可持续意义的经济增长,必须将经济增长方式从粗放型转变为集约型,减少经济活动所造成的环境压力,研究并解决经济发展过程中的扭曲与误区。(2)可持续发展要求以自然资产为基础,同环境承载力相协调。“可持续性”可以通过适当经济手段、技术措施和政府干预得以实现。要力求降低自然资产的耗竭速率,使之低于资源的再生速率或替代品的开发速率。(3)可持续发展以提高生活质量为目标,同社会进步相适应。“经济发展”的概念远比“经济增长”的含义更广泛。经济发展必须使社会结构与经济结构发生变化,使一系列的社会进步目标得以实现。(4)可持续发展承认并要求体现自然资源的价值。这种价值不仅体现在环境对经济系统的支撑与服务上,也体现在环境对生命支持系统的存在价值上。应当把生产中环境资源的投入与服务计入生产成本与产品价格之中,并逐步修正和完善国民经济合算体系。(5)可持续发展的实施以适宜的政策和法律为条件,强调“综合决策”与“公众参与”。需要提倡根据周密的经济、社会、环境考虑及科学的原则、全面的信息和综合的要求,来制定各方面的政策并予以实施。可持续发展的原则要纳入经济、人口、环境、资源、社会等各项立法及重大决策之中。

(三)产业生态学理论

作为产业生态学最早的倡导者之一,曾任通用汽车公司研究部副总裁的罗伯特·福罗什认为:“传统的产业活动模式——单个的制造过程,即获取原材料、生产产品、排出废弃物的模式——应该转化为一种更综合的模式,即产业生态系统。在这种系统中,能源和物质的消耗是优化的,产生的废物是最少的,一个过程的排放物将作为另一个过程的原材料。”随着时间的推移,人们对产业生态概念的论述和理解已渐趋一致。产业生态学可以概括为一门研究产业子系统与自然生态系统整体之间相互作用关系及其可持续发展的交叉学科。

该学科总体上包含以下科学思想或观点:(1)系统的思想。它是一种关于产业体系所有组分及其生物圈关系的系统性、综合性和完整性的分析视角,利用诸如“物质流分析”“生命周期分析”等系统技术来了解经济系统及其与环境系统之间的关系。(2)全过程的思想。它考虑产品、工艺或服务整个生命周期的环境影响,而不是只考虑局部或某个阶段的影响。(3)长远发展的思想。它关注环境的长期适宜性,着眼于人类与生态系统的长远利益,努力了解人类对基本的生命支持系统和循环的干扰,关注生产、使用和再循环利用技术未来潜在的环境影响,而不仅仅是对短期的局部干扰做出反应。(4)全球化思想。它不仅要考虑人类产业活动对局部、地区的环境影响,也要考虑对人类和地球生命支持系统的重大影响。重点考虑是区域性和全球性的具有持久性和难于处理的问题。(5)知识经济的思想。科技的动力,亦即关键技术的长期发展进化,是产业体系的一个决定性(但不是唯一的)因素,有利于从自然生态系统的循环中获得知识,把现有的产业体系转化为可持续发展的体系。(6)多学科综合的思想。产业生态学涉及多学科的知识,主要的学科领域包括环境科学、系统科学、生态学、工业生产与组织、具体的技术科学、经济学、法学、管理科学以及社会科学等多学科知识。

四、煤炭资源综合利用规制的立法

我国涉及煤炭资源综合利用规制的法律范围较广,从法律效力层级的角度,包括宪法、行政法规、地方性法规、部门行政规章与地方行政规章等;从调整领域来看,既包括煤炭法、矿产资源法,也包括环境保护法、税法等。由于我国目前没有专门调整资源综合利用的专门法律,煤炭资源综合利用规制主要包含在矿产资源、环境污染防治法以及能源与循环经济等法律中,因此,仅就这一部分的规制进行介绍。

(一)矿产资源法

煤炭属于能源矿产,受矿产资源法的调整,矿产资源法律中对矿产资源综合利用的规定适用于煤炭资源的综合利用。《矿产资源法》中对矿产资源的综合利用做了规定,主要包括:确定了对共生或者伴生矿产的综合勘查与综合评价制度、综合开发利用制度。[5]《矿产资源法实施细则》将共伴生矿的综合勘查、综合开采作为义务规定在探矿权人、采矿权人的义务中。[6] 除此之外,矿产资源方面的行政规章和部门规范性文件也有对综合利用的规范。例如,《矿产资源监督管理暂行办法》第十八条规定对尾矿、煤矸石的利用管理;《矿产资源节约与综合利用专项资金管理办法》对综合利用专项资金申报、使用以及监督的规定等。

(二)煤炭法与能源法

《煤炭法》第四条规定了"国家对煤炭开发实行统一规划、合理布局、综合利用的方针";第二十八条规定,"国家提倡和支持煤矿企业和其他企业发展煤电联产、炼焦、煤化工、煤建材等,进行煤炭的深加工和精加工。国家鼓励煤矿企业发展煤炭洗选加工,综合开发利用煤层气、煤矸石、煤泥、石煤和泥炭",这些都是对煤炭综合利用进行规制的法律规范。另外,有关煤炭综合利用方面的行政规章也有规定,如《煤矸石综合利用管理办法》《粉煤灰综合利用管理办法》《煤炭工业粉煤灰综合利用管理办法实施细则》《特殊和稀缺煤类开发利用管理暂行规定》等。

在能源法方面,也涉及煤炭的综合利用,例如,《节约能源法》第三十二条对资源综合利用发电网与定价的规定。

(三)环境污染防治法

环境保护法是防治污染和其他公害的法律,尤其是污染防治方面的法律,例如,大气、

---

〔5〕《矿产资源法》第二十四条、第二十五条、第三十条。
〔6〕《矿产资源法实施细则》第十七条、第三十一条。

固体污染防治方面的法律,涉及煤炭生产的污染防治、“三废”处理与煤炭的综合利用相关。有关涉及煤炭资源综合利用的法律包括:《固体废物污染环境防治法》中工业固体废物综合利用技术、工艺、设备和产品导向目录及评价制度;关于工业固体废物产生、收集、贮存、运输、利用、处置的污染防治制度;尾矿、煤矸石的综合利用等。[7] 除此之外,还有落实这些基本规定的规章以及规范性文件。

(四)循环经济促进法

循环经济促进方面的法律,立法目标之一就是提高资源利用效率,该类法律大部分内容涉及资源综合利用,相关的内容也是煤炭资源综合利用的依据。我国专门针对循环经济的法律是《循环经济促进法》,该法还专门针对煤炭资源综合利用作出了规定,如该法在第四章“再利用和资源化”第三十二条对煤层气以及煤矸石、煤泥等并网发电进行了规定。

(五)其他方面的法律

其他方面的法律主要包括税收方面的法律,如《企业所得税法》《增值税暂行条例》《环境保护税法》等,此类法律主要是涉及煤炭企业就煤炭资源综合利用行为的征税以及税后减免的规定。

第二节　煤炭共生伴生资源

我国含煤岩系中不仅赋存着煤炭资源,还存在与煤炭共生或伴生的其他矿产资源。综合利用煤炭中的共伴生矿物是节约资源、环境保护的需要,也为发展循环经济所必需。煤炭共伴生资源的综合利用主要体现在:勘查阶段的综合勘查与综合评价;开采阶段的统一规划、综合开采、综合利用;选冶阶段的综合加工利用以及对煤炭共伴生矿或开采中的副产品的再利用。为了保证煤炭共伴生资源的综合利用的实施,我国在税收减免、专项资金奖励等方面规定了一系列激励制度。

一、煤炭共伴生资源概述

煤系共伴生矿产资源是指在煤系地层中与煤炭共生或伴生的其他矿产和元素。[8] 也有学者将煤系共生矿产与伴生矿产相区别,认为前者主要是指多种矿产与煤具有成因和时间上的联系,其形成、赋存则与煤具有一定的时间序列,且是能够作为单一矿种进行赋存与开采的资源;煤系的伴生矿产是其他矿产与煤具有成因上的关系,其形成时间与煤的时间几乎是同时的,煤的伴生矿产则表现为开采上的差异性。[9] 煤炭共伴生矿产的开发利用,对拓宽煤炭全产业链,实现煤炭“六型转变”与清洁、高效利用具有重要的引导作用,也为煤

---

[7] 《固体废物污染环境防治法》第三十四条、第三十六条、第四十二条。

[8] 晏达宇:《煤系共伴生矿产资源开发利用技术发展趋势与对策》,载《煤炭企业管理》2004 年第 12 期。

[9] 刘建强、迟乃杰等:《煤系共伴生矿产定义内涵及分类》,载《山东国土资源》2015 年第 9 期。

炭资源综合勘查、综合开发提供了新的方向，为煤炭绿色循环发展开辟了新道路，对煤炭开采及区域经济发展具有重大意义。加强煤炭共伴生矿产分布规律与开发利用研究，实现煤炭安全高效开采技术研究是未来煤炭地质勘查和研究的重要方向。但应该注意的是，煤炭共伴生矿产中的部分元素是对人体和环境有害的，开发中应尽量减少潜在的有害元素对环境和人体健康的影响。我国煤系共伴生矿产资源丰富，种类繁多，有开发利用价值的矿产主要有煤成气、煤层气、油页岩、页岩气、粘土矿、高岭土，还有镓、铀、锗、钒、金等有用元素。根据不同矿产与煤的赋存关系，可以分为以下几类。

（一）共伴生能源矿产

煤炭共伴生能源矿产分为两类，即煤炭、油页岩、铀矿及石煤、碳沥青等固态共伴生能源矿产和煤层气、致密砂岩气、页岩气等气态能源矿产。受原生沉积环境和后生变质成岩作用制约，含煤岩系既是煤系气的烃源岩又是煤系气资源的最主要储集层。在我国，非常规天然气有 30% 以上赋存在煤系中或与煤系相关。

1. 煤系气。煤系气指由整个含煤岩系中的成煤母质、煤和分散有机质在生物化学及物理化学煤化作用过程中演化生成的全部天然气，包括煤层气、煤系页岩气、致密砂岩气等。

2. 煤系铀矿。煤系伴生铀矿分为砂岩型铀矿和煤岩型铀矿两类。砂岩型铀矿主要出现在煤层顶底板砂岩中，其形成与顶底板的沉积物源有关。煤中铀最早由美国人在褐煤中发现。这是因为褐煤富含腐殖酸，可以形成吸附和络合铀元素，所以煤岩型铀矿很少在高阶煤中富集，多数存在于褐煤中。已有研究表明煤中伴生铀形成主要与盆地的富铀地下水有关，以有机态为主。我国的煤岩型铀矿规模较小，主要赋存在我国云南临沧盆地、新疆吐哈盆地、库车和伊犁盆地的侏罗纪及第三纪褐煤中。

3. 煤系油页岩。我国煤系油页岩矿产主要分布于松辽、鄂尔多斯、准噶尔盆地。吉林、辽宁和广东等 3 个省的油页岩资源量占全国的 85% 以上。

4. 天然气水合物。天然气水合物是一种新型的清洁能源矿产资源。煤系天然气水合物首次发现于青藏高原北部祁连山木里煤田，矿层赋存于中侏罗统江仓组油页岩段的细粉砂岩夹层内的孔隙和裂隙中，气体成分以重烃类为主，甲烷达 52% ~68%，主要源于煤层气，属于深部热解气。

（二）共伴生金属矿产

煤炭共伴生金属矿产分为共生和伴生两类。共生矿产主要是铝土矿和铁矿。伴生矿产主要有锂、镓、锗、铝、铁等，其中锂、镓、锗属于稀有金属矿床，在工业和国防领域具有广泛用途，具有潜在经济价值和巨大战略意义。

1. 煤中铝和铝土矿。煤中铝资源分为共生的沉积型铝土矿即华北 G 层铝土矿和高铝煤。沉积型铝土矿分布于含煤岩系的中下部，常与耐火粘土、硫铁矿等共生。沉积型铝土矿以山西、河南、广西、贵州 4 省储量巨大，4 省合计占全国储量的 90% 左右。高铝煤是近年来新发现的铝土矿资源，主要分布在阴山山脉以南、太行山以西的煤区。

2. 煤中锂。锂被人们认为是“21 世纪的能源金属”“金属味精”“新能源金属”，广泛用于原子反应堆、新能源电池等，是现代高新科技的支撑，锂资源具有重大的战略意义。与国家金属矿中锂的最低工业品位[《稀有金属矿产地质勘探规范（DZ/T/0203－2002）》]相比，平朔矿区煤中锂在煤灰中的二次富集浓度可达0.35%，显著超过工业品位。但是，与金属矿产不同，煤中锂一般呈零星点状分布，含矿面积一般不大，区域成矿现象不明显。

3.伴生镓。镓被称为“电子工业的粮食”，是比稀土更稀缺的战略金属。镓在煤中的工业品位要达到30μg/g以上才具有工业价值。我国煤中伴生镓矿产主要分布于内蒙古准格尔煤田、陕西渭北煤田以及山西省的宁武、大同煤田中。煤中镓的含量一般为5～10μg/g，最高达50μg/g以上。

4.伴生锗。锗通常分布于各种硅酸盐矿石、碳酸盐与锡石的共生矿物、铌钽铁矿物和硫化物中。主要在低阶煤薄煤层靠近煤层顶底板部位。近年来，在对云南滇西、内蒙古胜利煤田、伊敏煤田的研究分析中，发现了超大型含锗煤矿，取得重大突破。云南省临沧超大型锗矿赋存于临沧盆地西缘的新近系褐煤中，在褐煤层中均匀分布。内蒙古胜利煤田乌兰图嘎超大型锗矿产，锗资源储量1600吨，占中国锗储量的30%。内蒙古伊敏煤田位于呼伦贝尔市，锗矿产的赋存层位为伊敏煤田大磨拐河组中，分布区域主要为五牧场泉域及伊敏南露天西南部边缘。锗矿赋存于煤层及炭泥岩夹矸中，总资源量预计超过4000吨。

（三）共伴生非金属矿产

1.硫铁矿。煤系硫铁矿常见于高硫煤的直接顶底板和煤层夹矸中。煤系硫铁矿主要以伴生为主，赋存于华北地层石炭纪的太原组和南方的龙潭组中。在我国山东省、贵州省、四川省和山西省储量较大。

2.高岭土。煤中共伴生高岭土一般存在于煤层夹矸中，与铝土矿、菱铁矿共生，常见成矿类型为砂岩型、砾质泥岩型和泥岩型。煤系高岭土约占我国探明高岭土资源储量的一半以上，其中80%以上赋存于华北晚古生代石炭、二叠纪煤系中。在以往的煤炭开采中，高岭土常被当作矸石废弃，20世纪80年代以来，随着高岭土需求的增加和加工技术的改进，我国煤系高岭土开发利用技术不断深化，产出了造纸涂料级、填料级高岭土。目前国内已建成的煤系高岭土生产企业50余家，实际生产能力50多万吨。

3.耐火黏土。我国的耐火黏土基本上都产自于煤系中，分布上与高岭土一致，主要分布于晚古生代石炭、二叠纪地层中，分布较广。

二、综合开发制度

（一）综合勘查与综合评价

《矿产资源法》第二十四条规定，“矿产资源普查在完成主要矿种普查任务的同时，应当对工作区内包括共生或者伴生矿产的成矿地质条件和矿床工业远景作出初步综合评价”；第二十五条规定：“矿床勘探必须对矿区内具有工业价值的共生和伴生矿产进行综合评价，并计算其储量。未作综合评价的勘探报告不予批准……”煤炭资源属于矿产资源，应遵守《矿产资源法》的规定。根据该规定，煤炭资源在勘查阶段应进行综合勘查，具体内容为：（1）在煤炭资源普查阶段，探矿权人对煤炭的共伴生矿产进行综合勘查，对工作区内的共生或者伴生矿产的成矿地质条件和矿床工业远景作出初步综合评价。(2)在煤炭资源勘探阶段,探矿权人应对矿区内具有工业价值的煤炭的共生和伴生矿产进行综合勘探和评价,并计算其储量。包括综合勘探、综合评价以及计算出量。

(二)综合开发利用

《煤炭法》第二十八条规定:“国家提倡和支持煤矿企业和其他企业发展煤电联产、炼焦、煤化工、煤建材等,进行煤炭的深加工和精加工……综合开发利用煤层气、煤矸石、煤泥、石煤和泥炭。”根据这一规定,在对煤炭资源的开发利用中,应对共伴生煤炭资源进行综合性开采与利用,最大限度地回收煤炭及其煤炭共伴生资源。这一制度主要包括综合开采、综合回收利用等方面的内容。

1. 综合开采。《矿产资源法》第三十条规定:“在开采主要矿产的同时,对具有工业价值的共生和伴生矿产应当统一规划,综合开采,综合利用,防止浪费;对暂时不能综合开采或者必须同时采出而暂时还不能综合利用的矿产以及含有有用组分的尾矿,应当采取有效的保护措施,防止损失破坏。”根据这一规定,在开采煤炭资源时,对与煤炭共伴生的矿产要进行综合开采、综合利用。综合开采与综合利用强调的是将煤炭资源开采视为一个系统工程,在统一规划的基础上,对不同的矿床或同一矿床的不同有益组分,不同层位的煤系共生、伴生资源进行同时开采;对现有技术条件不能综合开采与综合利用的共伴生煤矿应采取措施,防止破坏。

2. 综合加工利用。综合加工利用,是指在洗选过程中,对其所含各种有益组分,要在技术经济条件允许的范围内最大限度地予以回收。选(洗)矿是用物理或化学的方式,将矿物原料中的有用成分和当前无法利用的成分或有害物质分开,或将多种用途的有用矿物进行分开的过程。在选矿环节,应采用符合技术经济要求,更好地回收煤矿中的有用成分的方法与工艺。选矿技术的采用关系煤炭资源的回收利用程度,是煤炭资源节约利用的重要环节。

3. 达到要求的综合利用率。我国鼓励煤炭矿山企业合理开发与综合利用煤矸石以及与煤共伴生矿产资源。开采设计或开发利用方案要对煤层气、黄铁矿、镁、铟、高岭土等矿产资源开发利用提出指标要求。其中煤矸石和矿井水综合利用率均应达到75%以上。[10]

(三)共伴生矿的再利用

在共伴生资源的综合开发利用中,一方面我国的法律强调对具有工业价值的共伴生矿的综合勘查与综合评价,另一方面也强调对不具有工业价值的废水、废气、废渣进行综合利用。

在煤炭开发中,煤炭共伴生矿或开采中的副产品,如煤层气、煤矸石、煤泥、石煤和泥炭等,

---

〔10〕 参见国土资源部《关于煤炭资源合理开发利用“三率”指标要求(试行)的公告》《煤炭资源合理开发利用“三率”指标要求(试行)》中的规定。煤矸石综合利用率,是指煤矿年度生产过程中,利用的煤矸石量与产生的煤矸石量的百分比。共伴生矿产资源综合利用率:是指煤矿年度生产过程中,所有共伴生矿产的开发利用量与其开采动用的资源储量的百分比之平均值。

虽然不具有煤炭的供能的资源特点，但却有利用价值，也有人将其称为“二次资源”，对在煤炭开发中产生的这些物质也应进行综合利用。

三、综合开发的激励措施

（一）税收减免

1. 所得税减免。根据我国《企业所得税法》及相关法律的规定，企业以《资源综合利用企业所得税优惠目录》规定的资源作为主要原材料，生产国家非限制和禁止并符合国家和行业相关标准的产品取得的收入，按90%计入企业当年收入总额。属于煤炭资源综合利用可享受所得税减免主要包括：以100%的煤系共生、伴生矿产资源、瓦斯为原料生产的高岭岩、膨润土、电力、热力等；以70%以上的煤矸石、石煤、粉煤灰为原料生产的砖（瓦）、砌块、墙板类产品、石膏类制品以及商品粉煤灰。

2. 增值税减免。增值税的减免主要包括：以矿井水源进行回收，经适当处理后达到一定水质标准，并在一定范围内重复利用的水资源；以煤炭开采过程中伴生的舍弃物油母页岩为原料生产的页岩油；以煤矸石、煤泥、石煤、油母页岩为燃料生产的电力和热力等情况。

3. 其他的税收。例如，对纳税人综合利用的固体废物，符合国家和地方环境保护标准的暂予免征环境保护税；[11]对资源综合利用投资项目，即“三废利用”及伴生矿等资源利用实行固定资产投资方向调节税令税率。又如，对地面抽采煤层气暂不征收资源税等。

（二）综合利用专项资金奖励

目前，我国资源综合利用专项资金奖励包括：奖励资金和循环经济发展示范工程资金两项，其源于中央财政通过分成的矿产资源补偿费及探矿权采矿权使用费和价款收入。奖励资金采取“以奖代补”方式，对节约与综合利用矿产资源取得显著成绩的矿山企业给予奖励，支持矿山企业提高矿产资源开采回采率、选矿回收率和综合利用率；示范工程资金主要用于实施以矿山企业为主体的矿产资源领域循环经济发展示范工程，推进油页岩、煤矸石、难选冶黑色金属、共伴生有色多金属、矿山固体废弃物和多金属尾矿资源等综合开发利用。煤炭企业符合相关条件的，也可申请专项基金奖励。

（三）其他方面的激励措施

我国目前对煤炭共伴生矿的开发利用在其他方面的激励措施。例如，对煤层气的财政补贴、发电上网并轨与价格确定等方面给予激励。

第三节 稀缺煤种开采保护

《煤炭法》第二十一条规定：“对国民经济具有重要价值的特殊煤种或者稀缺煤种，国家

---

〔11〕《环境保护税法》第十二条。

实行保护性开采。”特殊和稀缺煤种由于具有特殊性能和重要经济价值，而且资源储量相对较少，在我国一直实行保护性开发利用制度，实施统一规划、有序开发、总量控制、高效利用的原则。在开发建设方面，实行生产总量控制、中方控股开发以及对开采方法、矿区服务年限与生产能力限制等制度；在生产管理方面，对开采回采率、生产方式与生产工艺、储量核销与报告等有着特殊的要求；在加工利用方面，要对其全部洗选，并限制其作为燃料直接利用。

一、稀缺煤种开采保护概述

（一）稀缺煤种概念

煤炭资源在我国能源结构中占有重要地位，我国是世界上最大的煤炭生产大国。煤炭探明储量占中国全部化石燃料探明储量的94%，而石油和天然气储量仅分别占5.4%和0.6%。因此我国的能源生产和消费结构均以煤炭为主。我国煤炭资源种类齐全，从褐煤到无烟煤各个煤化阶段的煤都有赋存，但各煤种赋存状况表现不同。稀缺品种煤炭资源是指在我国实际煤炭资源保有储量中赋存较少，同时又对我国国民经济运行和发展起着重要作用的煤炭品种。稀缺煤炭资源是指具有十分重要的工业用途，其利用途径具有一定产业规模，需求量大但资源量又相对较少的优质煤炭资源和稀缺煤类。〔12〕 特殊煤炭资源是指煤中某个或某些成分、结构与一般煤有所不同，其含量特高或特低，并具有一些特殊性质的煤炭资源。〔13〕

（二）稀缺煤种类型

参照我国煤炭资源分类标准及煤炭资源各煤种赋存利用实际，特殊煤种与稀缺煤种主要包括肥煤、焦煤、瘦煤和无烟煤等。

1. 肥煤

肥煤是烟煤的一种，对煤化度中等、粘结性极强的烟煤的称谓，是炼焦用煤的一种。肥煤挥发物一般较高，胶质层较厚，粘结性强，加热时产生大量胶质体，单独炼焦时生成的焦炭，熔融性好，耐磨性大，故为炼焦煤。用肥煤炼出的焦炭横裂纹多，气孔率高，焦根部蜂焦多，易碎，炼焦时必须配入气煤、瘦煤等以提高焦炭质量。肥煤的粘结力很强，能与粘结力较弱的煤搭配后炼出优质煤，所以称肥煤为配焦煤之母。肥煤是炼焦配合煤中的重要组分，配入肥煤可使焦炭熔融良好，从而提高焦炭的耐磨强度，并为配加黏结性差的煤或瘦化剂创造条件。因该肥煤品种稀少，只占全国探明煤炭资源的5%，而山西省探明肥煤的储量约占全国的50%，我国产地主要有东北本溪，河北开平、滦县、井陉等。主要分布在山西霍县矿区、三交矿区和古交矿区。

2. 焦煤

焦煤是中等及低挥发分的中等粘结性及强粘结性的一种烟煤。在中国煤炭分类国家

---

〔12〕《稀缺、特殊煤炭资源的划分与利用》（GB/T 26128－2010）。

〔13〕《稀缺、特殊煤炭资源的划分与利用》（GB/T 26128－2010）。

标准中对煤化度结焦性较好的烟煤的称谓,又称主焦煤。焦煤具有中等挥发分和较好的粘结性是典型的炼焦煤在加热时能形成热稳定性很好的胶质体。单独炼焦时能得到块度大、裂纹少、抗碎强度高的焦炭,此外其耐磨性也好。但产生的膨胀压力大使推焦困难必须配入气煤、瘦煤等以改善操作条件和提高焦炭质量。在炼焦配合煤中焦煤可以起到焦炭骨架和缓和收缩应力的作用从而提高焦炭机械强度是优质的炼焦原料。从世界范围来说焦煤的资源比较匮乏,它是必须加以保护的宝贵资源,所以已很少用焦煤单独炼焦。在中国焦煤的典型煤种有河北峰峰二矿、山西古交的西曲、黑龙江鸡西的滴道、安徽淮北的张庄和四川渡口的大宝顶煤、吉林通化的铁厂和内蒙古包头的河滩沟煤。中国东北本溪,河北唐山、井陉,山东新汶等都是著名产地。

3. 瘦煤

瘦煤是烟煤的一类,对煤化度较高的烟煤的称谓。低挥发分的中等粘结性的炼焦用煤。瘦煤挥发物较少,粘结性弱,能单独结焦,属炼焦煤。在炼焦时能产生一定量的胶质体。单种煤炼焦,生成的焦炭,熔融性差,耐磨小,易于破碎,但块度大。常用于配煤炼焦作为瘦化剂,在炼焦配合煤中,瘦煤可以起到骨架和缓和收缩应力,从而增大焦炭块度的作用,是配合煤中的重要组分。以提高焦炭的块度。减少焦炭的裂纹。也用作气化的原料,或用作燃料。中国著名的产地有东北本溪、山西太原、河北峰峰等。

4. 无烟煤

无烟煤,俗称白煤或红煤,是煤化程度最大的煤。无烟煤固定碳含量高,挥发分产率低,密度大,硬度大,燃点高,燃烧时不冒烟。黑色、坚硬、有金属光泽。以脂摩擦不致染污,断口成介壳状,燃烧时火焰短而少烟,不结焦。一般含碳量在90%以上,挥发物在10%以下。无胶质层厚度。热值约8000～8500kcal/kg。有时把挥发物含量特大的称作半无烟煤;特小的称作高无烟煤。无烟煤为煤化程度最深的煤,含碳量最多,灰分不多,水分较少,发热量很高,可达25 000～32 500kJ/kg,挥发分释出温度较高,其焦炭没有黏着性,着火和燃尽均比较困难,燃烧时无烟,火焰呈青蓝色。煤样在规定条件下隔绝空气加热,煤中的有机物质受热分解出一部分分子量较小的液态(此时为蒸汽状态)和气态产物,这些产物称为挥发物。挥发物占煤样质量的分数成为挥发分产率或简称为挥发分。以干燥无灰基为分析基,挥发分低于10%的煤称为无烟煤。挥发分大于6.5%小于10%的无烟煤称为无烟煤三号。中国无烟煤预测储量为4740亿吨,占全国煤炭总资源量的10%,年产2亿吨。山西省占32%,河南省占18%,贵州省占11%。中国有六大无烟煤基地:北京京煤集团,晋城煤业集团,焦作煤业集团,河南永城矿区,神华宁煤集团,阳泉煤业集团。无烟煤块煤主要应用于化肥(氮肥、合成氨、陶瓷、制造锻造等)行业;无烟粉煤主要应用在冶金行业用于高炉喷吹(高炉喷吹用煤主要包括无烟煤、贫煤、瘦煤和气煤)。

根据《煤炭法》第二十一条的规定,国家发展和改革委员会于2012年12月还就此专门制定了《特殊和稀缺煤类开发利用管理暂行规定》,对特殊与稀缺煤炭资源的开采作了较为详细规定。根据该暂行规定,我国对特殊和稀缺煤类开发利用实行保护性开发利用,坚持统一规划、有序开发、总量控制、高效利用的原则。受国家控制的特殊和稀缺煤种具体有哪些，由国家根据国民经济发展需要，公布特殊和稀缺煤类矿区范围。

二、开发建设管理制度

（一）生产总量控制

国家对特殊和稀缺煤类实行生产总量控制，即由国家确定全国特殊和稀缺煤类的年度开采总量，再由各地方根据资源储量、市场供需、利用方向等，安排本地区煤炭企业特殊和稀缺煤类的产量，各煤炭企业按分配的生产指标安排生产的管理制度。这一制度的目的是：保护特殊和稀缺煤炭资源，防止其过度开采；保障该类煤炭资源的可持续供应能力；调节市场供需形势，维护我国在国际市场的利益。生产总量控制制度主要工作是对总量指标的确定、分配与执行管理以及总量指标的确定。

（二）中方控股开发

根据我国法律的规定，特殊和稀缺煤类矿区的资源开发由中方控股。这一制度是由特殊和稀缺煤类资源的稀缺性以及对国民经济建设的重要性所决定。对特殊地区或特殊矿种规定勘查或开发主体的限制，在矿业发达的国家的矿产资源法中都不同程度的有所表现。例如，俄罗斯矿产资源法就规定，对大陆架的矿产资源的开采主体，联邦的资本必须达到50%〔14〕。

（三）矿区服务年限与生产能力要求

根据我国法律规定，特殊和稀缺煤类优先采用露天开采。矿区均衡生产服务年限不得低于矿区规范规定的1.2倍；煤矿的设计服务年限不得低于煤矿设计规范规定的1.2倍。

新建大中型特殊和稀缺煤类煤矿投产后10年内，原则上不得通过改扩建、技术改造（产业升级）、资源整合（兼并重组）和生产能力核定等方式提高生产能力。

（四）矿床压覆审批

在特殊和稀缺煤类采区范围内不得建设公用工程或者其他工程，确需压覆煤炭资源建设的，应当与煤矿企业充分协商，由省级煤炭行业管理部门报国务院煤炭行业管理部门同意后，方可批准建设，并由建设单位依法对压占资源及其他损失予以补偿。

在未设采区的特殊和稀缺煤类矿区范围内，确需建设公用工程或者其他工程的，由省级煤炭行业管理部门报国务院煤炭行业管理部门备案后，方可组织施工建设。

三、生产管理制度

（一）开采回采率要求

我国《煤炭法》第二十二条规定，开采煤炭资源需达到规定的煤炭资源回采率。煤炭资源回采率由国务院煤炭管理部门根据不同的资源和开采条件确定。根据这一规定，《特殊

---

〔14〕 姜哲：《俄罗斯联邦矿产资源法律法规汇编》，地质出版社2010年版，第10页。《俄罗斯联邦矿产资源法》第九条。

和稀缺煤类开发利用管理暂行规定》对特殊和稀缺煤类的回采率作了具体规定。《特殊和稀缺煤类开发利用管理暂行规定》第十二条第一款规定："国家鼓励开展极薄煤层、薄煤层、厚煤层等开采技术研究，鼓励生产企业采用无煤柱、充填等开采技术，提高资源回采率。"特殊和稀缺煤类矿井采区回采率：薄煤层不低于88%，中厚煤层不低于83%，厚煤层不低于78%。

生产企业应当制定管理制度，对采区回采率完成情况进行考核。省级煤炭行业管理部门应当定期对生产企业采区回采率等进行考核，并将考核结果抄报国务院煤炭行业管理部门。

（二）生产方式与工艺要求

特殊和稀缺煤类优先采用露天开采；生产企业不得超能力生产，不得使用落后工艺，不得采厚弃薄、采易弃难。国家鼓励生产企业在安全、合理、经济的前提下，对特殊和稀缺煤类进行复采或者开采边角残煤和极薄煤层等。

（三）奖励

国家对在特殊和稀缺煤类保护和开采工作中作出突出贡献的单位和个人给予奖励。达到本规定要求且考核优秀的生产企业，国家在煤矿项目核准等方面给予优先安排。

（四）开采核销与储量报告

因地质条件、安全条件等原因，造成采区或者工作面资源无法开采回收的，生产企业应当及时制定处理方案，报省级煤炭行业管理部门审查批准后方可核销。省级煤炭行业管理部门应当将审查结果抄报国务院煤炭行业管理部门，并抄送同级国土资源管理部门。

生产企业的煤矿储量年度报告须报送省级煤炭行业管理部门负责审查，省级煤炭行业管理部门将审查结果抄报国务院煤炭行业管理部门，并抄送同级国土资源管理部门。

（五）加工利用限制

国家鼓励开展选煤技术研发，提高精煤产率。特殊和稀缺煤类应当全部洗选。经洗选加工的优质特殊和稀缺煤类应当优先用于冶金、化工、材料等行业。限制特殊和稀缺煤类作为燃料直接利用。

第四节　煤层气的开发利用

煤层气与煤炭相伴，虽然在开采中具有较大的危害性，但其也是良好的新兴能源。按照我国《矿产资源法》的规定，其属于与煤炭伴生的资源，应遵守共伴生资源综合勘探与综合开采的规定。在探矿阶段，探矿权人必须对矿区内煤炭与煤层气进行综合勘查与综合评价；在开采阶段，坚持"先采气、后采煤"的原则，煤炭与煤层气综合开采。另外，国家对煤层气的采收率、回收率、综合利用率等规定最低指标要求，对开发利用中的环境保护、安全防范进行规定,以达到合理开发、保护环境的目的。

一、煤层气的概念与特征

(一)煤层气概念

煤层气,是指赋存在煤层中以甲烷为主要成分、以吸附在煤基质颗粒表面为主、部分游离于煤孔隙中或者溶解于煤层水中的烃类气体。[15]

(二)煤层气特征

1. 煤层气是独立的矿种。煤层气虽然依附于煤层,但是在我国它是受《矿产资源法》调整的独立的矿种,属于能源矿产。

2. 煤层气赋存于煤层,具有伴生性。煤层气虽然属于独立的矿种,但由于其是煤炭形成过程中,在高压以及缺氧状态下产生的气体,因此,与煤炭相伴。

3. 煤层气具有危害性与利好性相结合的特点。(1)煤层气具有较大的危害性。表现在:开采中的巨大危险性。由于煤层气在空气中甲烷含量达到6% ~10%时,遇明火或静电可发生爆炸,易发生煤炭开采事故;另外,煤层气开采时,尤其是浅层开采,会造成煤层气的排放。煤层气,也称甲烷,是一种具有强烈的温室效应的气体[16]。(2)煤层气也是开发前景的良好新兴能源。由于其自然状态下纯度较高,产热较比天然气高,商业价值较大、社会效益显著。

二、煤层气的综合开发利用制度

(一)煤层气与煤炭的综合勘探

煤层气是能源矿产,且是与煤炭相伴的共伴生资源。根据《矿产资源法》以及相关法律的规定,在勘探阶段实行煤层气与煤炭的综合勘查。具体为:(1)在煤炭的探矿权许可阶段,申请人申请煤炭探矿权,应提交煤炭和煤层气综合勘查实施方案。(2)在普查阶段,在完成主要矿种煤炭的普查任务的同时,探矿权人还应当对工作区内煤层气的成矿地质条件和矿床工业远景作出初步综合评价。(3)在勘探阶段,探矿权人必须对矿区内煤炭与煤层气进行综合评价。(4)在勘探结束后,除了特殊情况,经勘查,煤层中吨煤瓦斯含量高于国家规定标准的大、中型煤炭矿产地,在进行小井网抽采煤层气试验的基础上,提交煤炭和煤层气综合勘查报告,并按规定的程序进行储量评审与备案。

(二)煤层气与煤炭的综合开采

在煤层气与煤炭的开采方面,基于煤层气的特点,坚持“先采气、后采煤”的原则。在煤炭远景区实施“先采气、后采煤”,优先进行煤层气地面开发。煤炭规划生产区实施“先抽后采”“采煤采气一体化”,鼓励地面、井下联合抽采煤层气资源,煤层瓦斯含量降低到规定标准以下,方可开采煤炭资源。

---

〔15〕《煤层气地面开采安全规程(试行)》第二百零五条。

〔16〕朱晓明等:《“采气采煤一体化”法律问题研究》,法律出版社2008年版,第14页。

煤层气与煤炭的开采权设置区分两种情况，即煤炭的采矿权申请和煤层气的采矿权申请。

1. 煤炭采矿权的申请与综合开采

（1）原则上不得单独申请煤炭采矿权。勘探结束后，除了特殊情况，探矿权人不可单独申请煤炭采矿权。特殊情况包括：采用露天开采方式采煤的；采用井工开采，煤层中吨煤瓦斯含量低于国家规定标准的；采用井工开采，煤层中吨煤瓦斯含量高于国家规定标准但不具备规模化地面抽采和开发利用条件的。

即使单独申请煤炭采矿权的，凡煤层气资源可综合回收利用的，也应在煤炭资源开发利用方案中予以综合考虑，实现煤炭和煤层气资源的综合开发与合理利用。

（2）"先采气、后采煤"的煤炭采矿权设置原则。对具备规模化地面抽采条件的，煤炭探矿权人在申请采矿权时，应按照"先采气、后采煤"的原则，统一编制煤炭和煤层气开发利用方案，依法向国土资源发证机关申请煤层气采矿权，并申请划定煤炭采矿权矿区范围。

（3）煤层气采矿权的注销与煤炭采矿权的确立。经地面抽采，残留煤层气降至国家规定标准以下的开采范围，原煤炭矿业权人可依据煤炭和煤层气综合开发利用方案及划定的矿区范围提出煤炭采矿权申请，按法定程序领取采矿许可证，并申请注销原煤层气采矿权。

2. 煤层气采矿权的申请与综合开采

（1）"采气优先"的煤层气采矿权设置原则。国土资源部根据国家矿产资源规划，综合考虑煤层气、煤炭资源赋存状况和煤炭矿业权设置方案，在煤层气富集地区，划定并公告特定的煤层气勘查、开采区域。煤层气勘查、开采结束前，不设置煤炭矿业权。

（2）煤层气矿区范围原则上不设置新的矿业权。在煤层气勘查、采矿许可证有效期内，国土资源管理部门不在其区块范围内设置新的矿业权，但对地表开采砂石等情况，当事人与煤层气矿业权人双方签订了安全生产协议的除外。

（3）兼顾后续煤炭开采的编制煤层气开发利用方案，申请煤层气采矿权。

煤层气探矿权人在对勘查区块范围内的煤炭资源进行综合勘查、评价的基础上，对煤层气资源进行小井网抽采试验，提交煤层气和煤炭综合勘查报告，按规定的程序进行储量评审与备案。

具备规模化地面抽采条件的，煤层气探矿权人应按照兼顾后续煤炭开采的原则，选择适当的生产工艺流程，合理编制煤层气开发利用方案，依法向国土资源部申请煤层气采矿权。

（4）煤层气矿业权区块注销。经论证，对不具备规模化地面抽采条件或经地面抽采后煤层气含量降至国家规定标准以下的区块，煤层气矿业权人应及时到国土资源管理机关办理煤层气矿业权区块注销手续，按有关法规规定汇交地质资料，同时递交综合勘查煤炭投入的报告。

（5）煤层气退出区块的煤炭矿业权授予。国土资源管理部门应采用竞争方式依法有偿出让煤层气退出区块的煤炭矿业权。原煤层气矿业权人可参与竞标，在同等条件下优先。竞得煤炭矿业权的申请人，在按规定向国家缴纳煤炭矿业权出让金的同时，还需向原煤层气矿业权人支付其综合勘查煤炭投入的补偿。

(三)煤层气的合理开发

煤层气的合理开发是指对煤层气开发了的效果的评价。所谓“合理”开发主要表现在对煤层气采收率、回收率、综合利用率的最低指标要求。根据自然资源部“关于煤层气、油页岩、银、锆、硅灰石、硅藻土和盐矿等矿产资源合理开发利用‘三率’最低指标要求(试行)的公告”的要求,煤层气的三率要求如下:

1. 采收率[17]。按照煤岩平均渗透率不同,将煤层气气藏分为低渗气藏和特低渗气藏两种类型,其中,低渗气藏采收率不低于37%,特低渗气藏采收率不低于30%。

2. 回收率。煤层气回收率是指经过集输、净化等工艺处理后的煤层气量加煤层气企业自用气量占煤层气工业产气量的百分比。煤层气工业产气量指井口的煤层气产量。煤层气回收率不低于86%。

3. 共伴生矿产综合利用率。国家鼓励煤层气开采企业合理开发与综合利用共伴生资源,共伴生的二氧化碳利用率不低于95%。

(四)煤层气开发利用的环境保护

由于煤层气以吸附状态赋存于煤层中,其产出必须先解析,然后通过扩散和渗流到达井筒而产出[18]。因此,煤层气的开采需消耗水、电等能源;也有废水、废气等废物排出。因此,必须遵守节能以及循环经济促进方面的法律。主要的制度包括:

1. 项目节能评估。煤层气建设项目应依法开展节能评估,推广使用高效节能设备,降低煤层气开发利用过程中的能源消耗。坚持最大化利用原则,加强勘探试采期煤层气的回收利用。

2. 环境影响评价及符合排污标准。煤层气建设项目应依法开展环境影响评价,项目选址应避开自然保护区、饮用水水源地等生态敏感区域。严格执行煤层气排放标准,禁止煤层气直接排放。煤层气生产过程中产生的废气、废水等做到达标排放,妥善处置固体废物,避免对地下水造成污染。

(五)煤层气开发利用的安全防范

煤层气开发利用还应当遵守安全生产方面的法律,坚持“安全第一、预防为主、综合治理”方针。煤层气企业应落实安全生产责任制,建立安全生产管理机构,配备专职安全生产管理人员,建立健全安全管理制度和操作规程,保障安全生产投入。煤层气建设项目安全设施应落实“三同时”制度,即安全设施应与主体工程同时设计、同时施工、同时投入使用。

三、煤层气开发利用的激励措施

(一)税收优惠[19]

目前,我国对煤层气开采企业的税收优惠主要体现在:

---

〔17〕 采收率,是指在某一经济极限内在现代工程技术条件下从油藏原站地质储量中可以来出石油量的百分数。采收率=可采储量/探明储量×100%。其中,可采储量=探明储量×可采率-已采出量。

〔18〕 朱晓明等:《“采气采煤一体化”法律问题研究》,法律出版社2008年版,第18页。

〔19〕 财政部、国家税务总局《关于加快煤层气抽采有关税收政策问题的通知》,财税〔2007〕16号,2007年2月7日公布。

1. 增值税优惠。对煤层气抽采企业的增值税一般纳税人抽采销售煤层气实行增值税先征后退。

2. 对独立核算的煤层气抽采企业利用银行贷款或自筹资金从事技术改造项目国产设备投资,其项目所需国产设备投资的40%可从企业技术改造项目设备购置当年比前一年新增的企业所得税中抵免。对财务核算制度健全、实行查账征税的煤层气抽采企业研究开发新技术、新工艺发生的技术开发费,在按规定实行100%扣除基础上,允许再按当年实际发生额的50%在企业所得税税前加计扣除。

3. 对地面抽采煤层气暂不征收资源税。煤层气开发的主要方式包括井下抽采和地面抽采两种方式,地面抽采方式开采煤层气相对于井下抽采方式开采煤层气而言,不仅产气量大、时间长,而且甲烷含量高、利用率高,可以支撑大规模的商业化利用。因此,目前对地面抽采煤层气暂不征收资源税。

(二)财政资金支持

1. 财政补贴。我国对煤层气开发利用实行中央财政补贴,地方财政可根据当地煤层气开发利用情况给予适当补贴。

2. 财政奖励资金扶持。我国安排中央财政奖励资金重点支持关闭高瓦斯和煤与瓦斯突出小煤矿,推进煤炭产业结构调整和煤矿企业兼并重组。[20]

3. 建设投资支持。支持煤矿瓦斯治理利用,将保护层开采配套工程、井下瓦斯抽采工程纳入煤矿安全改造投资支持范围,将煤层气开发利用示范项目纳入煤炭产业升级改造投资支持范围,将治理利用技术装备研发纳入能源自主创新和能源装备投资支持。

(三)价格政策

1. 市场定价机制。放开煤层气出厂价格,进入城市公共管网的销售价格由供需双方协商定价。

2. 适时提高煤层气发电上网价格。根据煤层气发电造价及运营成本变化情况,按照合理成本加合理利润的原则,适时提高煤层气发电上网标杆电价。

四、煤层气利用途径及选择

(一)作为燃料利用

1. 民用燃料。煤层气作为民用燃料,主要为矿区居民提供燃气,用作居民的炊事、取暖、空调等用途,这是煤层气作为能源最传统、最直接的利用途径,也是最成熟的利用方式,目前主要采用这种方式对煤层气加以利用,但仅限于附近的城市或矿区利用。这种利用方式适宜于就近利用,减少输送管网的投入,但是要通过长距离输送,则投入巨大,据西气东输资料显示,输送管网的造价是1000万元/千米,因此没有现成的输气管道,长距离输送会大大提高投入,同时,若要并入城市天然气燃气系统,需要较高浓度的煤层气,而矿区抽采的

---

〔20〕 国务院办公厅《关于进一步加快煤层气(煤矿瓦斯)抽采利用的意见》(国办发〔2013〕93号),2013年9月14日发布。

煤层气浓度不能保持长时间不稳定，不适于直接进入城市燃气系统。随着西气东输工程的投运，具有地面钻孔抽采煤层气的地区，由于抽采浓度较高，沿线高浓度煤层气可以进入西气东输管网，也可以直接并入城市燃气管网。

2. 工业燃料。(1)煤层气锅炉，煤层气锅炉主要提供热水、蒸汽和供热。与燃煤锅炉相比，煤层气锅炉燃烧产生水和二氧化碳，没有 SO_2 有毒气体、煤灰、烟雾产生，不会造成环境污染，它是最理想的气态燃料，煤层气较容易与空气混合进行充分燃烧，燃烧效率比原燃煤锅炉高20%，没有烟灰和煤渣等烟尘产生，同时可以做到小型化。但煤层气锅炉有一个缺点，就是安全性和输气管道供气要求较高，因为一定规模的燃气锅炉耗气量较大，而燃气安全输送压力不高，输送的燃气有限，一旦锅炉用气，就会影响周边的居民用气，因此需要铺设专用管线，保证供气量，但是专为锅炉铺设单独的管线，其投入产出是不对等的。如果为减少管线铺设，将锅炉建在储气罐附近，产生的热水、蒸汽要输送出去，也需要铺设大量的管线，经济性不强。同时由于煤层气在5% ~16%具有爆炸特性，如果锅炉中的混合燃烧气体在爆炸限内，会产生爆炸，后果不堪设想；如果锅炉中的氧气不足，燃烧不充分，会产生大量 CO 气体。因此锅炉应用存在一定的局限性。(2)煤层气发电，煤层气发电是处理煤层气最好的方法之一，因为煤矿守着自己的能源不能用，需要向电力公司购买电能满足自身的生产需要，从2007年开始，国家为实现节能减排，不再兴建20万千瓦以下的小型火电站，因此煤矿兴建小型火电站发电自用是不允许的，但是对于兴建煤层气电站，国家不但允许而且鼓励，除发电自用外，还可以上网，同时可以领到国家减排补贴，因此对于煤矿来说是相对较好的煤层气利用方式。煤层气发电具有建站时间短、收效快、占地省、规模可大可小、经济效益好等优点，使其在短短的几年时间发展迅速。

3. 汽车燃料。随着石油价格的不断上涨，汽车燃料成本逐年递增，而煤层气价格低廉，且相对稳定，同时没有汽车尾气(包括未燃烧或燃烧不完全的 CH、NOx、CO、CO_2、SO_2、H_2S、铅的化合物)和颗粒污染物的产生，对城市环境不会造成污染，是目前国际公认的高节能、低污染的环保汽车燃料，因此国家鼓励使用煤层气作为汽车燃料，而且每年可节约40% ~50%的费用。同时，煤层气公司也采取跨区域合作，2007年，由山西晨光物流有限公司、中国煤层气有限公司、第四方物流(北京)有限公司联合，正式启动国内首个煤层气汽车运输网建设，运输网将以太原为中心，连接银川、石家庄、北京、呼和浩特、西安、郑州等6个城市，从而进一步推动煤层气燃料汽车的应用。

4. 煤层气液化。煤层气液化的研究是近几年才开始的，主要解决偏远矿区煤层气的运输问题，液化后的煤层气体积是原来的1/625，可以利用普通交通工具运输，减少利用过程的输送等中间环节。由中国联盛投资3.2亿元兴建的山西沁水日产能力达50万立方米一期工程煤层气液化(LNG)厂已于2009年6月18日投产，二期工程 LNG 厂预计于2010年第二季投产，总日产能力将达100万立方米。2009年7月5日，山西港华煤层气有限公司总投资9800万美元的煤层气液化项目一期投产，日产煤层气液化量25万立方米，二期工程日产量可再增加57万立方米。晋城煤业集团投资7.8297亿元，兴建晋城市城区北石店镇煤层气液化工程，日处理能力达90万立方米。煤层气液化的优点：(1)煤层气液化后便于进行经济可靠的运输；(2)煤层气液化后储存效率高、占地少、投资省，并且有利于城市负荷的平衡调节；(3)液化生产过程中释放出的能量可回收利用；(4)液化煤层气过程还可以产生煤矿需要的氮气，可以进行综合利用。

（二）作为化工原料利用

由于煤层气主要成分是CH_4，因此还是很好的基础化工原料，目前，因为煤矿的技术力量主要在采煤上，对于跨专业的化工行业来说，技术力量薄弱，同时由于化工对于煤层气的需求量巨大，对于抽放平稳而且抽放量大的几个矿区可以考虑，否则会因为供气不足，致使化工厂停产，另外由于化工厂新建投入巨大，只有使用年限长、设备折旧费变低才能带来效益，对于煤层气资源相对较少的矿区，一旦煤矿资源枯竭，化工厂将废弃，因此这种利用方式，在国内还只是一种设想，需要石化行业共同参与进来解决煤层气化工的问题，同时需要国家的长远规划，建立适合矿区煤层气供应能力的煤层气化工厂。

1. 生产合成气。目前工业上制合成气主要采用烃类水蒸气转化工艺。该工艺投资大、能耗高，适合于合成氨及制氢。因此，近年来国内外对合成气相关新工艺、新催化剂的研发异常活跃。由于具有过程能效高、缓解催化剂积炭的优点，有望得到应用。三重整工艺制合成气是未来煤层气利用的一个重要方向。由于井下抽放煤层气中含有大量的CH_4，因此可直接以煤层气为原料实现廉价合成气的生产。

2. 生产合成氨。目前生产合成氨的原料主要有天然气、油田伴生气、石脑油、重油和煤，其中以天然气和油田伴生气为原料的合成氨产量占世界合成氨总产量的84%（我国20%）。煤层气富含CH_4，一般很少含硫，完全可以像天然气一样用作生产合成氨所需的氢气，在技术上不会存在问题。

3. 生产甲醇及其新型下游产品。(1)生产甲醇，全球有70%以上的甲醇是以天然气为原料经合成气生产的，其余是以煤为原料生产的。用煤层气为原料生产甲醇从资源利用及经济性方面来看都具有可行性。(2)生产二甲醚。制备二甲醚的原料有煤、煤层气、渣油、石油焦、生物质等。

第五节　其他资源综合利用

煤炭资源综合利用既包括对煤炭共伴生资源的综合勘探开发利用，也包括对煤矿生产过程中产生的废弃物的利用，还包括以煤炭为原料、燃料的工业企业排放的废渣、废液、废气的综合回收利用。煤矸石是煤矿采掘、洗选等生产过程中排出的废弃物，粉煤灰是煤炭燃烧后形成的灰渣，是煤炭利用中存在的两种主要废弃物。从资源利用的角度，其又是含有许多有益成分的有用物质，对其进行“废物”利用，有利于节约资源、保护环境，发展循环经济。因此，需要用法律对其综合利用进行规制。

一、煤矸石综合利用

（一）煤矸石综合利用概述

煤矸石，是指煤矿在开拓掘进、采煤和煤炭洗选等生产过程中排出的含碳岩石，是煤矿生产过程中的废弃物[21]。煤矸石是聚煤盆地煤层沉积过程的产物，是成煤物质与其他物质相结合而成的可燃产物。我国煤矸石每年的排放量相当于煤炭生产的10%[22]，是煤矿企业的负担，对环境的危害极大。但从资源利用的角度，煤矸石又含有许多有益的物质，是重要化工原料的来源，也可成为建筑材料和填充物。

煤矸石综合利用，是指利用煤矸石进行井下充填、发电、生产建筑材料、回收矿产品、制取化工产品、筑路、土地复垦等[23]。煤矸石综合利用不仅体现了《煤炭法》的煤炭开发利用的"统一规划、合理布局、综合利用"的方针，同时也是对《循环经济促进法》《固体废物污染环境防治法》等有关综合利用规定的落实。我国还专门针对煤矸石综合利用进行立法，主要有《煤矸石综合利用管理办法》以及《热电联产和煤矸石综合利用发电项目建设管理暂行规定》两项规范性文件。《煤矸石综合利用管理办法》确立了煤矸石综合利用应当坚持减少排放和扩大利用相结合的原则，实行就近利用、分类利用、大宗利用、高附加值利用，通过提升技术水平，实现经济效益、社会效益和环境效益的统一，最终达到提高煤矸石利用量和利用率的目的。

煤炭资源开采会产生大量的煤矸石，并且煤矸石始终是煤炭开采生产中主要的废弃物之一。通过对煤矸石的综合利用，可以进一步提升煤炭资源的总体利用率，具体利用体现为：将煤矸石应用于发电、工程建设领域，如转变成发电燃料，或制成建筑材料，再或者是转变为农业肥料，提升煤矸石利用率，并促进发电、建筑、农业等领域的发展；进行矸石的综合处理，转变成碳化硅的合成原料；煤矸石中含有硫铁矿材料，可进行回收利用。

（二）煤矸石综合利用管理制度

1. 规划管理。煤矸石综合利用规划虽然属于专门规划，但煤矸石综合利用不仅涉及职能主管部门，同时也涉及国土资源、环境保护、信息化、财政、安全监管等部门，因此，煤矸石综合利用规划要由职能主管部门（目前是国家发展和改革委员会）会同相关部门制定。主要产煤省份的资源综合利用主管部门，要会同有关部门根据煤炭工业发展规划、矿区总体规划和矿产资源规划等组织编制本行政区域煤矸石综合利用发展规划（或实施方案），并将控制煤矸石利用碳排放纳入当地控制温室气体排放总体工作方案（或低碳发展规划）。

2. 综合利用信息统计与发布制度。综合利用信息统计与发布制度是指对煤矸石产生、贮存、流向、利用、处置等数据信息的统计主体、报备以及公开等规范的总称。根据《煤矸石综合利用管理办法》第六条的规定，设区的市级环境保护部门、资源综合利用主管部门会同

[21] 《煤矸石综合利用管理办法》第二条。

[22] 任瑞辰、徐志强主编：《煤炭资源综合开发与利用》，中国矿业大学出版社2008年版，第347页。

[23] 陈德敏、张孝烈：《资源经济法学》，重庆大学出版社2005年版，第214页。

煤炭行业管理部门负责统计和发布本地区煤矸石产生、贮存、流向、利用、处置等数据信息。省、自治区、直辖市环境保护部门和资源综合利用主管部门应于每年 3 月底前，将本地区上年度统计数据报环境保护部、国家发展和改革委员会。

3. 综合利用和治理方案核准。根据我国法律的规定，煤炭开发项目（包括选煤厂项目）的项目立项，须核准申报。在核准申请报告中资源开发及综合利用分析篇章中须包括煤矸石综合利用和治理方案，明确煤矸石综合利用途径和处置方式。如果在报告中未提供煤矸石综合利用方案，有关主管部门将不予以核准该煤炭开发项目。

另外，煤矸石综合利用方案中涉及煤矸石产生单位自行建设的工程，要遵守煤矿建设“三同时”的要求，与主体工程同时设计、同时施工、同时投产使用；涉及为其他单位提供煤矸石的工程，煤矸石利用单位应当具备符合国家产业政策和环境保护要求的生产与处置能力。

4. 煤矸石堆放与治理。新建（改扩建）煤矿及选煤厂应节约土地、防止环境污染，禁止建设永久性煤矸石堆放场（库）。确需建设临时性堆放场（库）的，其占地规模应当与煤炭生产和洗选加工能力相匹配，原则上占地规模按不超过 3 年储矸量设计，且必须有后续综合利用方案。煤矸石临时性堆放场（库）选址、设计、建设及运行管理应当符合《一般工业固体废物贮存、处置场污染控制标准》《煤炭工程项目建设用地指标》等相关要求。

煤矸石产生单位应对既有的煤矸石堆场（库）的安全和环保负责，应制定治理方案，明确整改期限，采取有效综合利用措施消纳煤矸石、消除矸石山；对确难以综合利用的，须采取安全环保措施，并进行无害化处置，按照矿山生态环境保护与恢复治理技术规范等要求进行煤矸石堆场的生态保护与修复，防治煤矸石自燃对大气及周边环境的污染，鼓励对煤矸石山进行植被绿化。

5. 耕地保护与土地复垦。煤炭生产企业要因地制宜，采用合理的开采方式，煤炭和耕地复合度高的地区应当采用煤矸石井下充填开采技术，其他具备条件的地区也要优先和积极推广应用此项技术，有效控制地面沉陷、损毁耕地，减少煤矸石排放量。

利用煤矸石进行土地复垦时，应严格按照《土地复垦条例》和国土、环境保护等相关部门出台的有关规定执行，遵守相关技术规范、质量控制标准和环保要求。

6. 煤矸石发电特殊要求。煤矸石发电项目应当按照国家有关部门低热值煤发电项目规定进行规划建设，煤矸石使用量不低于入炉燃料的 60%（重量比），且收到基低位发热量不低于 5020 千焦（1200 千卡）/千克，应根据煤矸石资源量合理配备循环流化床锅炉及发电机组，并在煤矸石的使用环节配备准确可靠的计量器具。鼓励能量梯级利用，满足周边用户热（冷）负荷需要。对申报资源综合利用认定的发电项目（机组），其入炉混合燃料收到基低位发热量应不高于 12 550 千焦（3000 千卡）/千克。

煤矸石发电要符合国家环境保护相关规定，达标排放。煤矸石发电企业应严格执行《火电厂大气污染物排放标准》等相关标准规定的限值要求和总量控制要求，应建立环保设施管理制度，并实行专人负责；发电机组烟气系统必须安装烟气自动在线监控装置，并符合《固定污染源烟气排放连续监测技术规范》要求，同时保留好完整的脱硫脱硝除尘系统数据，且保存1年以上；煤矸石发电产生的粉煤灰、脱硫石膏、废烟气脱硝催化剂等固体废弃物应按照有关规定进行综合利用和妥善处置。

7. 煤矸石综合利用产品与项目要符合相关标准。对煤矸石的综合利用，或者利用其有用元素，如利用高硅煤矸石研制的微晶剥离，凝灰质煤矸石制作空心砖作为建筑材料等；或者利用煤矸石的工程，如煤矸石井下充填置换、利用煤矸石的建筑道路等工程，都应当符合国家或行业有关质量、环境、节能和安全标准。

（三）煤矸石综合利用鼓励措施

1. 鼓励范围。国家鼓励煤矸石大宗利用和高附加值利用，包括：煤矸石井下充填；煤矸石循环流化床发电和热电联产；煤矸石生产建筑材料；从煤矸石中回收矿产品；煤矸石土地复垦及矸石山生态环境恢复以及其他大宗、高附加值利用方式。

2. 鼓励措施。国家对煤矸石综合利用予以鼓励，主要措施包括：对煤矸石高附加值利用关键共性技术的创新研究和产业化推广给予科技计划（基金、专项）等支持；对煤矸石利用单位，可根据国家有关规定申请给予并网运行、财税等扶持；对符合燃煤发电机组环保电价及环保设施运行管理的煤矸石综合利用发电（含热电联产）企业，给予环保电价的政策鼓励；对符合国家或行业质量标准的煤矸石及其制品，设计、施工单位应在设计、建筑施工中优先选用。

各级资源综合利用主管部门应会同相关部门，根据本地区实际情况制定相应的引导、扶持、监管措施。

（四）煤矸石利用途径及选择

1. 采掘煤矸石。采掘煤矸石是采煤过程中产生的热值较低，与煤矿伴生的岩矿石，热值较低，作为能源利用水平较低。根据其物质成分，有以下利用途径：(1)煤矸石制砖。煤矸石经破碎、粉磨、搅拌、压制、成型、干燥、焙烧，可制成煤矸石砖。煤矸石砖以煤矸石为主要原料，一般占坯料质量的80%以上，有的全部以煤矸石为原料，有的外掺少量粘土。焙烧时基本上无须再外加燃料。(2)煤矸石作水泥混合材料。煤矸石经自燃或人工煅烧后具有一定活性，可掺入水泥中作活性混合材料，与熟料和石膏按比例配合后直接掺入水泥磨。煤矸石的掺入量取决于水泥的品种和标号，在水泥熟料中掺入15%的煤矸石，可制得425#普通硅酸盐水泥；掺量超过20%时，按国家规定为火山灰硅酸盐水泥。(3)煤矸石作筑路材料。煤矸石具有很好的稳定性、很高的强度和抗风雨侵蚀性能，是很好的筑路材料，用于筑路可大量减少筑路石料的使用量，有效降低筑路成本。(4)回填矿井或填沟造田。采矿废石可作为充填料回填井下采空区，既可节省开采充填料的费用，又可减少地表废石堆的面积，填沟造田是利用难利用荒沟处置固体废弃物，堆填到一定程度后，可将荒沟改造成作物种植基地。这两种利用途径可减少或消除煤矸石对土地的占用及其长期堆放造成的扬尘危害。

2. 洗煤煤矸石。企业洗煤产生的煤矸石和中煤混排，通称为洗煤煤矸石，热值较高是该区洗煤煤矸石的基本特点。(1)作为燃料进行发电。洗煤煤矸石含碳量较高，可直接作为沸腾炉的燃料,因此可利用其建设煤矸石综合利用发电厂,不仅可节约土地占用,还可节约优质能源,改善园区环境。(2)制轻骨料。适宜烧制轻骨料的煤矸石主要是碳质页岩和选矿厂排出的洗煤煤矸石,矸石的含碳量以低于13%为宜。轻质骨料有两种烧制方法:成球法与非成球法。成球法是将煤矸石破碎、粉磨后制成球状颗粒焙烧,经冷却、筛分出厂。非成球法是把煤矸石破碎到一定粒度直接焙烧,烧结好的轻骨料经喷水冷却、破碎、筛分出厂。(3)生产水玻璃。煤矸石经盐酸处理后,可提高其中的二氧化硅活性,在较低压或常压下即可与液体烧碱反应生成水玻璃。水玻璃可广泛应用于纸制品、建筑等行业,也可以进一步经压蒸、碳酸化、中和等过程,加工生产出橡胶补强剂白炭黑。(4)作原燃料生产水泥。煤矸石和粘土的化学成分相近,并能释放一定的热量,用其代替粘土和部分燃料生产普通水泥,可提高水泥熟料的质量。用煤矸石作原燃料生产水泥的工艺过程与生产普通水泥基本相同。只要将原燃料按一定比例配合,磨细成生料,烧至部分熔融,即可得到以硅酸钙为主要成分的熟料,再加入适量石膏和混合材料,研磨即成水泥。(5)生产空心砌块。煤矸石空心砌块是以自燃或人工煅烧的煤矸石为骨料,以生石灰和石膏作胶结剂,经转动成型、蒸汽养护而制成的墙体材料。

二、粉煤灰的综合利用

(一)粉煤灰概念

粉煤灰是煤炭燃烧有机物后形成的灰渣,主要成分为硅、铝、铁氧化物以及一定量的钙、镁、硫的氧化物。[24] 我国立法中的粉煤灰的概念为“燃煤电厂以及煤矸石、煤泥资源综合利用电厂(以下称产灰单位)锅炉烟气经除尘器收集后获得的细小飞灰和炉底渣”[25]。

粉煤灰可以制备建筑材料,例如,其可代替黏土做水泥原料;粉煤灰可以用于道路工程,例如,在陆用混凝土中加入粉煤灰和专用减水剂,配置成粉煤灰水泥混凝土;粉煤灰在农业上可用于改良土壤、育秧和生产各种粉煤灰复合肥。粉煤灰的综合利用价值较高。粉煤灰的综合利用就是从粉煤灰中进行物质提取,以粉煤灰为原料生产建材、化工、复合材料等产品,或将粉煤灰直接用于建筑工程、筑路、回填和农业等。

我国除了有《煤炭法》以及《矿产资源法》等方面的法律涉及粉煤灰利用外,2013年1月,国家发展和改革委员会、科学技术部、财政部、工业和信息化部、交通运输部等部门颁布了《粉煤灰综合利用管理办法》,对粉煤灰综合利用进行了全面的规定。该办法明确了粉煤灰综合利用应遵循“谁产生、谁治理,谁利用、谁受益”的原则,以及“减少粉煤灰堆存,不断扩大粉煤灰综合利用规模,提高技术水平和产品附加值”的综合利用目标。

(二)综合利用管理制度

1. 申报登记制度。根据我国《固体废物污染环境防治法》的规定,工业固体废物的单位必须按照规定,向所在地县级以上地方人民政府环境保护行政主管部门提供工业固体废物

---

〔24〕 任瑞辰、徐志强主编:《煤炭资源综合开发与利用》,中国矿业大学出版社2008年版,第653页。

〔25〕《粉煤灰综合利用管理办法》第三条。

的种类、产生量、流向、贮存、处置等有关资料。粉煤灰属于工业固体废物，因此，必须按照该法申报登记粉煤灰产生、贮存、流向、利用和处置等情况，同时报同级资源综合利用主管部门备案。当粉煤灰登记信息有重大改变的，还应当及时申报。

2. 粉煤灰综合利用方案。新建和扩建燃煤电厂，项目可行性研究报告和项目申请报告中须提出粉煤灰综合利用方案，明确粉煤灰综合利用途径和处置方式。综合利用方案中涉及粉煤灰存储、装运的设施和装备以及产灰单位自行建设粉煤灰综合利用工程的要与主体工程同时设计、同时施工、同时建成。综合利用方案中涉及为其他单位提供粉煤灰的，用灰单位应符合国家产业政策且具备相应的处理能力。

3. 粉煤灰的堆场建设及使用要求。新建电厂在建设选址时，应综合考虑周边粉煤灰利用能力，以及节约土地、防止环境污染，避免建设永久性粉煤灰堆场（库）。如果确需建设永久性粉煤灰堆场（库）的，原则上占地规模按不超过 3 年储灰量设计，且粉煤灰堆场（库）选址、设计、建设及运行管理应当符合国家有关固体废物贮存、处置场污染控制标准的相关要求。

产灰单位对于已经建成的湿排灰堆场（库），应制订粉煤灰综合利用专项方案和污染防治专项方案，并报所在地市级资源综合利用主管部门和环境保护部门备案。按照该办法的规定，新建电厂应以便于利用为原则，不得湿排粉煤灰。堆场（库）中的粉煤灰应按环境保护部门有关规定严格管理，以防治产生环境污染。

4. 粉煤灰处理要求。产灰单位灰渣处理工艺系统应按照干湿分排、粗细分排、灰渣分排的原则进行分类收集，并配备相应储灰设施。应有完善的粉煤灰储、装、运系统，包括加工分选、磨细和灰场综合治理等设施。在堆场（库）提取粉煤灰，产灰单位应与用灰单位签订取灰安全及环保协议，产灰单位应对用灰单位从指定地点装运未经加工的粉煤灰［包括从湿排灰堆场（库）取灰点、电厂储装运设施中取原灰］提供装载方便，并维护灰场和生产现场的安全。

5. 粉煤灰的运输要求。粉煤灰运输须使用专用封闭罐车，并严格遵守环境保护等有关部门规定和要求，避免二次污染。

6. 粉煤灰的产品质量要求。粉煤灰建材产品和利用粉煤灰或制品建造的道路、港口、桥涵、大坝及其他建筑工程，必须符合国家或行业的有关质量标准，质量技术监督部门和工程质量管理部门应依法监督管理。

（三）鼓励性措施

根据《粉煤灰综合利用管理办法》的规定，我国对粉煤灰的综合利用予以鼓励。主要体现在对粉煤灰进行高附加值和大掺量利用予以鼓励，包括：发展高铝粉煤灰提取氧化铝及相关产品；发展技术成熟的大掺量粉煤灰新型墙体材料；利用粉煤灰作为水泥混合材并在生料中替代粘土进行配料；利用粉煤灰作商品混凝土掺合料等。

对粉煤灰的综合利用的单位可根据国家有关规定，申请享受资源综合利用相关优惠政策，如税收减免、示范工程专项基金等。我国粉煤灰主要用于生产水泥、混凝土及其他建材产品，在建筑工程、筑路、改良土壤、回填、生产生物复合肥，还用于提取相关物质，实现高值化利用等,涉及建材、建筑、冶金、化工、农业等多个领域。

（四）利用途径及选择

热电厂在借助煤炭进行发电时,会在燃烧煤炭的过程中产生大量的粉煤灰,我国每年产生的粉煤灰的量是非常巨大的,这些粉煤灰通常是作为废弃物直接丢弃,循环再利用的程度和比例都非常低。实际上对粉煤灰进行综合利用的途径是很多的。

1. 生产水泥。水泥的原料主要为石灰石、粘土、石膏、铁粉以及其他校正原料。由于粉煤灰的化学成分和粘土相似,可代替粘土生产水泥。可部分替代粘土或直接作为水泥生产的辅料。在生产工艺上可采用直接加入或"两次掺入法"(在水泥生产料配置时加入一部分粉煤灰,另一部分粉煤灰经活化处理,在水泥粉磨时加入)。可生产普通硅酸盐水泥、矿渣硅酸盐水泥、粉煤灰硅酸盐水泥和火山灰硅酸盐水泥等产品。生产普通硅酸盐水泥、矿渣硅酸盐水泥时,粉煤灰掺入量不高于15%,生产粉煤灰水泥的粉煤灰掺入量为20% ~40%不等。

2. 制砖、生产砌块及混凝土。(1)生产烧结砖。用粉煤灰生产烧结砖的主要工艺和设备与普通粘土砖基本相同,粉煤灰的用量从30% ~70%不等。例如,吉林某厂利用吉林热电厂的湿排粉煤灰经自然脱水至含水率在30%左右,按粉煤灰55%粘土40%和5%的炉渣等工业废渣进行配比,年产粉煤灰烧结砖2.4亿块,年节约标煤9600吨,具有较好的社会效益和经济效益。(2)生产蒸汽养护砖。利用含碳量低而活性高的粉煤灰可生产蒸汽养护砖。其工艺为将粉煤灰和生石灰、石膏等骨料经坯料制备、压制成型、常压或高压蒸汽养护后烧制而成。在其原料构成中,粉煤灰可占65%左右。(3)生产免烧免蒸砖。江西贵溪电厂为了使粉煤灰变害为宝,经过研制开发出了免烧免蒸、低温养护的新型粉煤灰砖。其原料构成为粉煤灰70%,炉底渣15%,生石灰15%,产品可达到75#粉煤灰砖标号。以年产1000万块砖计,可用粉煤灰量20000吨,具有较好的环境效益和经济效益。(4)生产硅酸盐砌块。低于15%的粉煤灰、炉渣、石灰和石膏和胶结料为原料,经加水搅拌、振动成型、蒸汽养护,即可制成粉煤灰硅酸盐砌。与粘土砖相比,硅酸盐砌块具有保温性能好、自重轻的特点,能满足一般建筑物承重墙的耐火极限要求,适用于工业及民用建筑。(5)生产加气混凝土。粉煤灰生产加气混凝土是以粉煤灰为基本原料,配以适量的水泥、石膏及铝粉等添加剂以制成一种轻质的混凝土,主要用于屋面保温、内外墙体和阳台隔断等,其粉煤灰用量可占70%左右。

3. 生产泡沫玻璃。泡沫玻璃是一种新型建筑材料,是以粉煤灰为主要原料(可占70%左右)烧制而成,其密度为$0.5t/m^3 \sim 0.8t/m^3$。具有抗压、隔热、隔音、防水、能浮出水面等性能,是现代高层建筑的优质材料,用泡沫玻璃制成的墙体砖,密度仅为普通粘土砖的5% ~10%,而强度却高出8 ~15倍;也可作大型雕塑材料,制成大块,任意切割装配;可用作保温、隔热、隔音材料,物美价廉,经济效益和社会效益较高。

4. 粉煤灰生产陶粒。以粉煤灰为主要原料,加入一定量的胶结料和水,经成球、烧结而成的轻骨料烧结粉煤灰陶粒。由于其有密度小、耐热度高、抗掺性好、耐冲击力强等优点,是一种性能良好的人造轻骨料,可替代天然渣石配制150# ~300#的混凝土,广泛地用于工业与民用建筑、制作各种混凝土构件，还可用于桥梁、窑炉和烟囱的砌筑，其粉煤灰用量可达80%。天津市某厂利用天津一电厂的湿排粉煤灰为原料，年生产粉煤灰陶粒达 $9\times10^4m^3$。南京长江大桥公路桥道板，使用粉煤灰陶粒配制 250# ~ 300# 的陶粒混凝土大大降低了大桥的自重。

5. 分选玻璃微珠。粉煤灰中含有的空心玻璃微珠，其粒度为 0.3μm ~ 200μm。玻璃微珠颗粒细、空心、质轻，具有隔热、隔音、耐高温、耐磨及电绝缘等许多有益功能，已成为一种可用于建筑、塑料、石油、电气及军事等方面的多功能材料。

此外。粉煤灰还可在砂浆中代替部分水泥、石灰或砂，用于大型工程建设，如在三峡工程建设中，用灰比例在10%以上，$1m^3$ 混凝土可用粉煤灰 50kg ~ 100kg，每年可使用优质粉煤灰近 30×10^4t，节约等量水泥。用二灰石(石灰、粉煤灰、石子)代替传统的碎石，可降低公路建设造价，提高施工速度和工程质量高于粘土，近几年筑路用灰的比例已达到30%。用粉煤灰注浆作井下回填和充填矿井塌陷区，可达到防火、较大幅度地减少地表移动以及加强围岩和煤柱的作用。

思考练习题

1. 什么是煤炭资源综合利用？
2. 煤系共伴生资源有哪些？煤系共伴生资源的勘查与开采的要求是什么？
3. 特殊和稀缺煤类的管理制度有哪些？
4. 煤层气的税收优惠有哪些？
5. 煤矸石的综合利用管理制度有哪些？
6. 试分析煤层气与煤炭矿业权申请的处理。

第八章　煤矿矿区与生态环境

| 导读 |

十九届五中全会通过《中共中央关于制定国民经济和社会发展第十四个五年规划和二〇三五年远景目标的建议》，明确“十四五”期间的生态环境建设目标是：“生态文明建设实现新进步，国土空间开发保护格局得到优化，生产生活方式绿色转型成效显著，能源资源配置更加合理、利用效率大幅提高，主要污染物排放总量持续减少，生态环境持续改善，生态安全屏障更加牢固，城乡人居环境明显改善。”本章学习和讨论煤矿矿区保护、煤矿关闭与产业转型以及煤矿矿区环境治理与生态修复的政策法律。无论从煤矿生命周期、煤炭产业链的角度，还是从生态环境保护、可持续发展和生态文明建设的角度，这些都是煤炭政策法律不可或缺的内容。本章重点是理解煤矿矿区基于专门法律规范的正式保护以及基于社会治理的非正式保护之间的关系，政策法律一体化在煤矿关闭与产业转型中的体现。本章难点是如何完善我国煤矿矿区环境治理与生态修复政策法律体系。

中国煤炭工业协会 2020 年 5 月《2019 煤炭行业发展年度报告》显示：截至 2019 年年底，全国共有煤矿约 5300 座，平均产能约 98 万吨/年；年产 120 万吨以上的大型现代化煤矿超过 1200 座，产量约占全国的 80%，其中年产千万吨级煤矿 44 座。煤炭开发布局方面，我国煤矿数量在减少，大型现代化煤矿成为全国煤炭生产的主体；煤炭生产重心加快向资源禀赋好、开采条件好的地区集中；内蒙古、山西、陕西、新疆、贵州、山东、安徽、河南 8 省（区）原煤产量 34.3 亿吨（占全国的 89.1%），其中山西、陕西、内蒙古、新疆四省（区）原煤产量 29.6 亿吨（占全国的 76.9%）。不难发现，我国煤矿矿区规模大，具有重要的经济和社会意义，事关能源安全和生态安全。通过政策法律推动煤矿矿区保护、煤矿关闭与产业转型、煤矿矿区环境治理与生态修复，是我国法治和治理现代化的客观现实需要。

第一节　煤矿矿区保护

煤矿矿区保护可以大致分为基于专门法律规范的正式保护以及基于社会治理的非正式保护。关于正式保护，《煤炭法》第十条规定：“国家维护煤矿矿区的生产秩序、工作秩序，保护煤矿企业设施。”为了落实这一原则性规定，第五章“煤矿矿区保护”共五条就矿区保护作出了禁止性、义务性和权利性的规定,并在第七章“法律责任”中规定了相关制裁措施,涉及生产设施保护、生产和工作秩序维护以及其他单位和个人矿区内活动三个方面。关于非正式保护,是基于现代治理理念的煤矿矿区社会治理。良好的社会治理,有利于减少矿区内的或者针对矿区的违法行为,形成较好的生产和社会环境,降低保护难度、提高保护精准度、减少强制执法和司法工作量,从而实现法治与善治的有机融合。

一、煤矿矿区概述

(一)煤矿矿区的概念

煤矿矿区(coal mining area),又称煤炭矿区,我国有关政策法律对它的概念以及矿区保护、煤矿关闭与产业转型矿区、环境治理与生态修复事宜作出了直接或者间接规定。《矿产资源法》(2009 年修正)[1]第十八条规定:“国家规划矿区的范围、对国民经济具有重要价值的矿区的范围、矿山企业矿区的范围依法划定后,由划定矿区范围的主管机关通知有关县级政府予以公告……”这条规定涉及了三种矿区(范围)概念。它们由行政法规《矿产资源法实施细则》第六条和《矿产资源开采登记管理办法》(2014 年修改)第三十二条予以具体界定。(1)国家规划矿区,“国家根据建设规划和矿产资源规划,为建设大、中型矿山划定的矿产资源分布区域”;(2)对国民经济具有重要价值的矿区,“国家根据国民经济发展需要划定的,尚未列入国家建设规划的,储量大、质量好、具有开发前景的矿产资源保护区域”;(3)矿山企业矿区,“指经登记管理机关依法划定的可供开采矿产资源的范围、井巷工程设施分布范围或者露天剥离范围的立体空间区域”。本章讨论的煤矿矿区通常情况下是指煤炭矿业企业矿区。《煤炭法》(2016 年修正)[2]等使用“煤矿矿区”术语。国家发展和改革委员会 2012 年 7 月《煤矿矿区总体规划管理暂行规定》就煤矿矿区总体规划相关事宜作出了规定。环境标准《规划环境影响评价技术导则煤炭工业矿区总体规划》(HJ 463—2009)和国家推荐标准《煤炭工业矿区总体规划文件编制标准》(GB/T 50651—2011)使用“煤炭工业矿区”这一术语,并且将其定义为“统一规划和开发的煤田或其一部分”。

(二)煤矿矿区功能价值

煤矿矿区承载着多重目的、功能和价值。它体现着煤炭资源的所有权,探矿权人和采矿权人等权利人的开发利用权以及国家的管理权。它是相应煤炭资源开发利用活动展开的具体区域,有着广泛的社会和经济功能,并对矿区生活和生态环境等功能产生影响,涉及生态安全。就煤矿矿区保护、煤矿关闭与产业转型矿区、环境治理与生态修复事宜在政策法律上作出规定,是国际主流做法。

---

〔1〕 如无特别说明或者根据上下文有相反意思,本章中“《矿产资源法》”指《矿产资源法》(2009 年修正)。

〔2〕 如无特别说明或者根据上下文有相反意思,本章中“《煤炭法》”指《煤炭法》(2016 年修正)。

二、煤矿矿区保护类型

（一）水资源保护与水污染防护

水资源保护与水污染防护指标主要由地表水与地下水资源保护率、生产废水治理与利用率、生活废水治理与利用率、污染水体治理与修复率四部分组成。

1. 地表水与地下水资源保护是指根据矿山废水形成的条件和原因，从减源、减量、减时三个方面进行预防或减轻其危害程度，采取截流减源、减少疏干水量、改进工艺减少废水产生量、废水循环利用等工程措施，保护矿区地表水和地下水资源。地表水与地下水资源保护率指标参数的获取主要是通过考察煤矿在地下水与地表水资源保护方面所采取的保护措施达标率。

2. 生产废水治理与利用是指煤炭在开采、筛选、储存、冲洗过程中产生的废水，主要包括采煤废水、选煤废水和洗煤废水，其中以采煤废水为主要污染源，通过相关水处理工艺对其治理并使其达标。

3. 生活废水治理与利用指来自生活区排水、浴室、工业广场及食堂排水等的生活废水，其主要特点是排水较集中，污水水质、水量变化较大。

4. 污染水体治理与修复是指在矿区范围内受煤矿影响的地表水体受到污染后，矿方对其进行治理，治理措施包括河道清淤，修建淤地坝蓄洪、拦泥、削峰，减少入河泥沙，生态降解污染物，河流两岸绿化等措施，治理后水体水质是否达标可以表征污染水体治理与修复率。

（二）大气污染防治

大气污染防治指标主要由生产过程大气扬尘污染防治率、运输过程大气污染防治率以及生活区大气污染防治率三部分组成。

1. 生产过程大气扬尘污染是煤炭在由井口到储煤场以及储煤场处理粉煤时，由于诱导空气的流动，将粉尘从物料中带出，污染局部地带，在储煤场内由于空气流动或人为活动生成的气流，把沉落在设备、地坪及建构筑物上的粉尘再次扬起，称为二次扬尘，对大气造成污染。

2. 运输过程大气污染是煤炭在运输过程中产生的粉尘污染，而煤炭发运站在煤炭装卸及运输过程中可产生大量煤尘污染。

3. 生活区大气污染主要是指矿区锅炉烟气污染，是煤炭燃烧时产生的气体和烟尘的混合物，是污染矿区大气的主要原因之一。

（三）固体废弃物污染防治

固体废弃物污染防治指标主要由排土场污染防治率、尾矿场污染防治率、矸石山污染防治率、其他工业场地污染防治率以及固体废弃物资源化利用率五部分组成。

1. 排土场污染防治，排土场指矿山剥离和掘进排弃物集中排放的场所，包括外排土场和内排土场，又称废石场、排岩场或弃渣场。

2. 尾矿场污染防治，尾矿场是指有筑坝拦截谷口或围地构成的、用于贮存经选矿厂选别后排出尾矿的场所。

3. 矸石山污染防治,煤矸石是采煤过程中和洗煤过程中排放的固体废弃物,是一种在成煤过程中与煤层伴生的一种含碳量较低、比煤坚硬的黑灰色岩石。包括巷道掘进过程中的掘进矸石、采掘过程中从顶板、底板及夹层里采出的矸石以及洗煤过程中挑出的洗矸石。煤矸石具有排量大、分布广、呆滞性大、面广、持续时间长的特点。

4. 其他工业场地污染防治,其他工业场地污染是指工业场地锅炉房炉渣污染以及生活垃圾污染,锅炉炉渣是煤矿在生产、生活上燃烧煤生成的块状废渣。

5. 固体废弃物资源化利用是指通过相关工艺加工对煤矿产生的固体废弃物进行再利用的方式,主要指煤矸石、锅炉炉渣、生活垃圾的再利用,如煤矸石可用作制砖原料,锅炉炉渣可用作建筑材料,生活垃圾可用作燃料。

(四)噪声与振动控制

噪声与振动控制指标主要是指煤矿在采煤过程中由于矿山生产爆破冲击波与爆破振动产生的噪声污染与采选设备及道路运输产生的噪声污染。为减低噪声对四周环境和人类的影响,主要噪声控制方式对噪声源、噪声的传播路径及接收者三者进行隔离或防护,将噪声的能量作阻绝或吸收。

三、煤矿矿区生产设施保护

(一)生产设施保护的法律规定

生产设施是支撑煤矿企业实施开发利用煤炭资源活动的物质基础。煤矿矿区内有大量的采煤、电力、通信、水源、交通等生产设施。一旦这些生产设施遭到了盗窃或者破坏,或者受到了危害而处于受损的风险之中,不仅严重影响生产活动,甚至停工停产,而且还导致(重大)安全风险,乃至引发(重大)安全事故,造成人身和财产损失。为此,《煤炭法》作出了一些禁止性、义务性和权利性规定。一是禁止任何单位或者个人实施危害煤矿矿区的电力、通信、水源、交通及其他生产设施的行为(第四十八条第一款),这也意味着任何单位或者个人有义务不实施危害煤矿矿区生产设施的行为。二是对盗窃或者破坏煤矿矿区设施、器材及其他危及煤矿矿区安全的行为,一切单位和个人都享有检举和控告的权利(第四十九条),这也意味着任何单位和个人有义务不实施这些行为。

为了确保上述禁止性、义务性和权利性规定得到实施,针对违反禁止性和义务性规定的行为,《煤炭法》规定了制裁措施。例如,《煤炭法》第六十三条规定,针对故意损坏煤矿矿区的电力、通讯、水源、交通及其他生产设施的行为,由公安机关依照《治安管理处罚法》的有关规定处罚;构成犯罪的,由司法机关依法追究刑事责任。

(二)生产和工作秩序维护的法律规定

正常而稳定的秩序是煤矿矿区生产和工作得以正常、安全和有效进行的重要条件。为此,《煤炭法》作出了一些禁止性、义务性和权利性规定。一是禁止任何单位和个人扰乱煤矿矿区的生产秩序和工作秩序(第四十八条第二款)。二是在煤矿企业依法取得土地使用权的有效期间内，其他单位或者个人在该土地上种植、养殖、取土或者修建建筑物、构筑物的，有义务取得煤矿企业的同意（第五十条）；而煤矿企业则有权利不予同意。三是其他单位或者个人占用煤矿企业的铁路专用线、专用道路、专用航道、专用码头、电力专用线、专用供水管路的，有义务取得煤矿企业的同意（第五十一条）；而煤矿企业则有权利不予同意。

针对违反上述禁止性和义务性规定的行为，《煤炭法》第六十三条规定，针对下列行为，由公安机关依照《治安管理处罚法》的有关规定处罚，由司法机关依法对其中构成犯罪的行为追究刑事责任：（1）阻碍煤矿建设，致使煤矿建设不能正常进行的。（2）扰乱煤矿矿区秩序，致使生产、工作不能正常进行的。第六十条规定，未经煤矿企业同意，在煤矿企业依法取得土地使用权的有效期间内在该土地上修建建筑物、构筑物的，由当地人民政府动员拆除；拒不拆除的，责令拆除。第六十一条规定，未经煤矿企业同意，占用煤矿企业的铁路专用线、专用道路、专用航道、专用码头、电力专用线、专用供水管路的，由县级以上地方人民政府责令限期改正；逾期不改正的，强制清除，可以并处 5 万元以下的罚款；造成损失的，依法承担赔偿责任。

（三）其他单位和个人矿区内活动的法律规定

煤矿矿区的生产设施有其安全布局和标准，生产和工作区域有其安全条件和要求。如果其他单位和个人可以在煤矿矿区内随意作业、建设工程，难免会危及煤矿安全，危害生产设施，影响矿区生产和工作秩序。因此，有必要限制其他单位和个人在矿区内进行非法活动。《煤炭法》第五十二条作出了一些权利性和义务性规定。一是其他单位或者个人需要在煤矿采区范围内进行可能危及煤矿安全的作业时，有义务征得煤矿企业的同意，在报煤炭管理部门批准并采取安全措施后，方可进行作业；而煤矿企业则有权利不予同意。二是其他单位或者个人需要在煤矿矿区范围内建设公用工程或者其他工程的，有义务事先与煤矿企业协商，在达成协议后，方可施工；而煤矿企业则有权利不进行协商或者不予同意。

为了确保上述义务性和权利性规定得到实施，针对违反禁止性和义务性规定的行为，煤炭法律规定了制裁措施。例如，《煤炭法》第六十二条规定，未经批准或者未采取安全措施，在煤矿采区范围内进行危及煤矿安全作业的，由煤炭管理部门责令停止作业，可以并处 5 万元以下的罚款；造成损失的，依法承担赔偿责任。

四、煤矿矿区的社会治理

（一）煤矿矿区社会治理功能

煤矿矿区具有社会性，其社会秩序稳定与否会直接或者间接地影响煤炭开采等生产活动，事关矿区生活秩序。计划经济时期，煤矿矿区基层社会管理体制以煤矿企业为中心，国家通过煤矿企业单位这一组织形式管理职工、家属等社会人员，从而达到联系群众、整合利益、调节关系、化解矛盾，控制和整合矿区社会成员，实现矿区稳定的目的。伴随国有煤矿企业改革以及民营煤矿企业的发展，矿区内单位隶属关系、人员结构、居住结构等发生变化，新的社会阶层不断出现，利益格局深刻调整，思想观念深刻变化，社会活力显著增强，矿区社会治理结构和社会组织形式发生深刻变动，治理环境发生了深刻变化。煤矿企业虽然仍是矿区经济和社会链条上的核心和关键环节，但已经不是社会管理结构上的中心。矿区社会治理迫切需要一种新的组织形态和管理体制来解决发展过程中出现的各种问题和矛盾，承担起重新整合矿区社会治理的功能。

国家“十三五”规划提出构建全民共建共享的社会治理格局，完善党委领导、政府主导、社会协同、公众参与、法治保障的社会治理体制，实现政府治理和社会调节、居民自治良性互动。习近平总书记在党的十九大报告中强调“加强和创新社会治理，打造共建共治共享的社会治理格局”，并提出了加强社会治理制度建设、预防和化解社会矛盾机制建设、加强社区治理体系建设等具体要求。法治社会论也是习近平总书记法治思想的重要内涵，法治社会相关理论蕴含十分丰富的思想，作为全面推进依法治国的重要内容，法治社会既是维护人民群众合法权益的重要支撑，也是深化法治国家与法治政府建设的主要依托。2019 年 11 月党的十九届四中全会作出《中共中央关于坚持和完善中国特色社会主义制度、推进国家治理体系和治理能力现代化若干重大问题的决定》，第九部分“坚持和完善共建共治共享的社会治理制度，保持社会稳定、维护国家安全”要求完善正确处理新形势下人民内部矛盾的有效机制、完善社会治安防控体系、健全公共安全体制机制、构建基层社会治理新格局。

煤矿矿区社会具有一些特征。例如，社会结构围绕煤炭资源开发活动而形成，具有一定的封闭性，因煤炭资源储量有限等因素面临闭矿后转型。加强煤矿矿区社会治理是煤炭资源开发活动得以正常开展的保障，是煤矿矿区社会和谐发展的必要，是实施煤矿矿区社会平稳转型的需要。

（二）煤矿矿区社会治理主要内容

根据党和国家关于推进国家治理体系和治理能力现代化的政策法律文件，煤矿矿区社会治理需要从以下六个方面着手：(1)以健全煤矿矿区社会治理体制为目标，完善党委领导、政府负责、企业协同、公众参与的自治、法治、德治相结合的矿区社会治理格局。(2)以大综治维稳建设为抓手，推动煤矿矿区共建共治共享格局的社会治安防控体系的形成。(3)以提升煤矿矿区社会成员的认同意识为着力点，培育矿区共同文化。(4)以系统治理、源头治理为方向，建立健全矛盾纠纷排查调处机制和利益协调机制，正确处理新形势下煤矿矿区的人民内部矛盾。(5)以让煤矿矿区群众有更多获得感为目标，提升依法及时就地解决矿区群众问题的工作理念。(6)以坚持党的全面领导为统领，充分发挥各级党组织在推动煤矿矿区共建共治共享格局建设中总揽全局、协调各方的领导核心作用。[3]

五、煤矿矿区生态保护法律制度

（一）矿区生态环境保护专项规划制度

矿区生态环境保护专项规划，是指根据国家或各地区的环境资源状况和社会经济发展的需要，对一定时期和一定范围环境资源的保护活动的目标和行动进行的总体安排。制定和实施环境保护规划的目的在于调控矿产资源开发活动，减少环境污染和生态破坏，从而

---

〔3〕 张祥仁、梁青城：《打造共建共治共享矿区治理格局的思考》，载《管理观察》2019 年第 15 期。

保护矿区环境，是克服矿产资源开发盲目性和随意性的科学决策活动。我国《矿产资源规划管理暂行办法》中规定，为使开发环保并重，提高利用率，必须编制矿区生态环境保护规划，对矿区开发建设的生态环境保护、矿区开发利用的"三废"处理、矿区土地复垦与土地保护利用、矿区环境污染和生态破坏的治理及矿区地质灾害监测与防治进行统筹规划并保障实施。

（二）环境影响评价制度

环境影响评价，是指对规划和建设项目实施后可能造成的环境影响进行分析、预测和评估，提出预防或者减轻不良环境影响的对策和措施，进行跟踪监测的方法与制度。环境影响评价制度是贯彻以预防为主原则，防止新的环境污染和生态环境破坏的一项重要法律制度。对于实施可持续发展战略，预防人为活动对环境造成的不良影响，促进经济、社会和环境协调发展，具有十分重要的意义。对矿产资源开发建设项目进行环境影响评价，体现了预防为主的环境保护战略方针，基本保证了新建项目的合理选址、布局。对建设项目提出了超前的防治污染要求，通过以新带老促进了老污染源的治理，强化了对建设项目的环境管理。我国实施环境影响评价制度的主要形式是环境影响报告书。环境影响报告书是由开发建设单位依法向环境保护主管部门提交的关于开发建设项目环境影响评价的书面文件，其编制的目的是在项目的可行性研究阶段就对环境可能造成的近期和远期影响，拟采取防治措施进行评价。

（三）"三同时"制度

"三同时"是指一切新建、改建、扩建的基本建设项目，技术改造项目和自然开发项目以及对环境资源有损害的建设项目，其中防治污染和其他公害的设施及环保设施，必须和主体工程同时设计，同时施工，同时投产使用的法律制度，是我国独创的一项重要法律制度。是贯彻"预防为主"原则、防止新污染和生态破坏产生的有效措施，是加强建设项目的环境资源管理的有效手段。1998 年国务院发布了《建设项目环境保护管理条例》，对"三同时"的范围、内容、程序、责任和保障措施作了具体规定。《煤炭法》第十一条规定，开发利用煤炭资源，应当遵守有关环境保护的法律法规，防治污染和其他公害，保护生态环境。煤矿建设应当坚持煤炭开发与环境治理同步进行。煤矿建设项目的环境保护设施必须与主体工程同时设计、同时施工、同时验收、同时投入使用。《水土保持法》中规定开办矿山企业必须遵循水土保持方案"三同时"制度，这样对保证建设项目建成后污染物达标排放和减轻周围环境资源破坏，对于保护和改善环境资源具有十分重要的作用。

（四）土地复垦制度

土地复垦，是指对在生产建设过程中，因挖损、塌陷、压占等造成破坏的土地，采取整治措施，使其恢复到可供利用状态的活动。我国在矿区环境保护中十分重视土地复垦，特别是保护耕地。《矿产资源法》《水土保持法》《土地复垦条例》都规定了"谁破坏，谁复垦""谁复垦，谁受益"的土地复垦原则，并要求开发者植树种草，恢复表土层和地表植被，并对不履行或者不按照规定要求履行土地复垦义务的企业和个人，规定了严格的处罚措施。

（五）污染物集中处置及达标排放制度

污染物集中处置制度是我国近年来矿区环境保护领域提出的一项新的管理制度，它既可以降低排污单位处理污染物的成本，促进处理污染物向专业化、市场化、社会化方向发展，提高污染物处理技术，也可以加强政府管理部门对污染源的监控效力。我国在《固体废物污染环境防治法》《水土保持法》《海洋环境保护法》中规定，对固体废弃物实行集中定点处置，矿业权在设立前须明确解决相关的废物填埋方案与处置场所。此外，我国在《水污染防治法》和《海洋环境保护法》中，都对矿山企业污水达标排放进行了明确限制。对超标排放罚款，达标排放征收排污费，严禁有毒废水排放等都有明确的规定。

（六）矿产资源开发损害补偿制度

《矿产资源法》中规定，开采矿产资源，应当节约用地，耕地、草原、林地因采矿受到破坏的，矿山企业应当因地制宜，采取复垦利用、植树种草或者其他利用措施。给他人生产、生活造成损失的应当负责赔偿，并采取必要的补救措施。国务院发布的《土地复垦规定》在对土地复垦的要求中指出，对在生产建设过程中，因挖损、塌陷、压占等造成破坏的土地，采取整治措施，使其恢复到可供利用状态。《水法》规定开采矿藏导致地下水位下降、枯竭或地面塌陷，对他人的生活和生产造成损失的，采矿单位应采取补救措施，赔偿损失。另外其他法律也有相关规定。

第二节 煤矿关闭与产业转型

每一座煤矿都有其生命周期，其终点是终止开采作业后的关闭。煤矿关闭，不仅涉及基于公权利而产生的矿业权的终止，而且还涉及具有社会属性的煤矿矿区在关闭后的存续和发展问题。同其产生一样，矿业权的终止需要依法办理行政管理方面的程序。煤矿矿区社会因煤矿关闭而必然出现产业链的剧变，提前规划并实现矿区产业的平稳转型需要国家的干预；矿业产业转型在我国受资源型城市可持续发展和产业转型政策法律的调整。

一、煤矿关闭及程序

（一）煤矿关闭概述

煤矿关闭，或称煤矿闭坑，简称“闭矿”，是指煤矿企业对一座煤矿或一处煤坑永久性终止煤炭开发利用活动的行为，或者对一处选矿厂区永久性终止为选矿目的利用的行为。导致闭矿的原因很多，可以根据原因主要分为以下两类。(1)正常闭矿。对一座煤矿或一处煤坑的煤炭资源已经开采完毕，或者开采不再具有经济价值，导致该煤矿或者煤坑的关闭；或者煤矿企业在煤矿开采正常进行的情况下决定对一处选矿厂区永久性终止为选矿目的的利用。(2)非正常闭矿。煤矿企业的一座煤矿或一处煤坑的关闭，或者一处选矿厂区的关闭，是由于煤矿企业实施违法行为受到行政处罚而被责令关闭，或者由于国家产业或者生态环境政策的调整、法律的变化，政府责令或者要求关闭。通常情况下，一座煤矿的关闭，包括该座煤矿所有煤坑和选矿厂区的关闭。

《矿产资源法》第二十一条规定：“关闭矿山，必须提出矿山闭坑报告及有关采掘工程、不安全隐患、土地复垦利用、环境保护的资料，并按照国家规定报请审查批准。”

(二)煤矿关闭程序

煤矿或煤坑正常关闭的办理程序，《矿产资源法实施细则》第三十三条作出了比较详细的规定。(1)开采活动结束的前一年，向原批准开办矿山的主管部门提出关闭矿山申请，并提交闭坑地质报告；(2)闭坑地质报告经原批准开办矿山的主管部门审核同意后，报地质矿产主管部门会同矿产储量审批机构批准；(3)闭坑地质报告批准后，采矿权人应当编写关闭矿山报告，报请原批准开办矿山的主管部门会同同级地质矿产主管部门和有关主管部门按照有关行业规定批准。

在关闭矿山报告批准后，根据《矿产资源法实施细则》第三十四条的规定，矿山企业应当完成下列工作：(1)按照国家有关规定将地质、测量、采矿资料整理归档，并汇交闭坑地质报告、关闭矿山报告及其他有关资料；(2)按照批准的关闭矿山报告，完成有关劳动安全、水土保持、土地复垦和环境保护工作，或者缴清土地复垦和环境保护的有关费用。

矿山企业凭关闭矿山报告批准文件和有关部门对完成上述工作提供的证明，报请原颁发采矿许可证的机关办理采矿许可证注销手续。

对于煤矿或煤坑的非正常关闭，我国法律没有作出规定。“十二五”和“十三五”规划期间，我国根据法律以及对煤炭产业和生态环境政策的调整、法律的变化，对煤矿企业和煤炭开采活动进行了范围广泛的执法检查和整顿，依法或者根据政策关闭了大量煤矿或者煤坑。例如，“十二五”规划期间关闭煤矿 7100 座，“十三五”规划期间截至 2019 年年底关闭的煤矿也超过了 1500 座。实践中，在这些非正常关闭中，那些因煤炭产业和生态环境政策调整和法律变化的非正常关闭，在政府财政补贴和奖励资金到位的情况下，绝大多数是参照正常关闭的办理程序进行办理的。但是，其他情况下的非正常关闭，实际上并没得到真正的关闭，特别是矿区闭矿后的环境治理和生态修复工作基本上都没有进行。为了实现煤矿非正常闭矿工作的法治化，确保环境治理和生态修复工作在闭矿后得到落实，国家有必要就煤矿或煤坑的非正常关闭，由行政法规作出规定或者授权自然资源部制定规章。

二、煤炭产业转型

(一)煤矿关闭及转型概述

煤矿关闭，特别是整座煤矿的关闭，必然导致以煤炭开发利用为核心和关键环节的煤矿矿区以及围绕它而形成的城镇(以下简称煤炭经济社会区域)经济和社会链条的断裂。国外的经验和教训表明，一座中型和大型煤矿矿区的大量煤坑或者整座煤矿关闭后，如果相应的煤炭经济社会区域不能适当产业转型，往往会引起社会秩序的不稳定乃至动荡，或者形成不稳定乃至动荡的巨大风险。然而，煤炭经济社会区域的产业转型不是市场机制能够自发或者自觉处理妥当的综合性事项，需要政府力量的有效干预，解决市场在这一事项上的失灵问题。

由于转变发展理念而追求可持续发展、转变能源结构而发展清洁能源、转变文明理念而建设生态文明，我国近年来出台了大量的政策以及制定了一些法律法规规章，整顿煤炭生产秩序和矿区生态环境、淘汰煤炭工业落后产能、加快转型升级，关停并转型升级近9000处煤矿（坑），而且许多大型煤炭经济社会区域短期或者较长期内也面临产业转型问题。产业转型过程中的主要问题包括经济结构失衡、失业和贫困人口较多、接续替代产业发展乏力、生态环境破坏严重、维护社会稳定压力较大等。煤炭经济社会区域产业转型属于资源型城市产业转型，受国家关于资源型城市可持续发展和产业转型政策法律的调整。

这类政策法律文件，中央层面的行政法规性文件主要有国务院2007年12月《关于促进资源型城市可持续发展的若干意见》和2013年11月《关于印发全国资源型城市可持续发展规划（2013—2020年）的通知》等。部门规章性文件主要有国家发展和改革委员会、工业和信息化部、国土资源部和国家开发银行2016年9月《关于支持老工业城市和资源型城市产业转型升级的实施意见》，国家发展和改革委员会2017年1月《关于加强分类引导培育资源型城市转型发展新动能的指导意见》等。在这些文件中，资源型城市是指以本地区矿产、森林等自然资源开采、加工为主导产业的城市（包括地级市、地区等地级行政区和县级市、县等县级行政区）类型。煤炭经济社会区域多数情况下无疑属于文件所调整的资源型城市。

根据这些政策法律文件，煤炭经济社会区域产业转型的基本原则是分类引导，特色发展；优化结构，协同发展；民生为本，和谐发展。目标是资源保障有力、经济活力迸发、人居环境优美、社会和谐进步。发展机制包括煤炭资源开发秩序约束机制，煤炭产品价格形成机制，煤炭资源开发补偿机制，煤炭资源开发利用利益分配共享机制，接续替代产业扶持机制。文件将煤炭经济社会区域划分为成长型、成熟型、衰退型和再生型四种类型，明确各类区域的发展方向和重点任务。下面对资源开发利用、产业体系构建、民生保障和改善、支撑保障能力建设、支持政策和保障措施等方面予以介绍。环境治理和生态保护是煤炭经济社会区域产业转型不可或缺的重要方面，第三节将专门讨论。需要指出的是，这些方面相辅相成、相互作用，构成煤炭经济社会区域产业转型政策法律体系的整体。

（二）资源开发利用

在煤炭经济社会区域，对煤炭资源坚持有序开发、高效利用、科学调控、优化布局，增强煤炭资源保障能力，促进煤炭资源开发利用与区域经济社会协调发展。主要措施包括：

1. 加大煤炭资源勘查力度。提高成熟型和成长型区域煤炭资源保障能力，推进衰退型区域接替资源找矿。

2. 统筹煤炭资源开发与保护。有序提高煤炭资源生产能力，深入挖掘衰退型区域资源潜力，促进新老矿山有序接替。加强重要优势煤炭资源储备与保护，建设煤炭后备基地。

3. 优化煤炭资源开发布局。形成集约高效的煤炭资源开发格局，统筹推进煤炭资源开发与区域协调发展。

4. 促进资源节约与综合利用。提高煤炭资源采选回收水平，充分利用低品位、共伴生矿产资源。强化废弃物综合利用，以煤矸石、尾矿等产生量多、利用潜力大的矿山废弃物为重点，配套建设综合利用项目，做到边产生、边利用。因地制宜发展综合利用产业，消纳遗存废弃物。

5. 发展绿色矿业。转变煤炭产业发展方式，将绿色矿业理念贯穿于煤炭资源开发利用全过程，实现煤炭资源开发的经济、生态和社会效益的协调统一。建设绿色矿山，对生产矿山进一步加强监督，督促矿山企业按照绿色矿山建设标准改进开发利用方式，落实企业责任。

（三）产业体系构建

依托煤炭经济社会区域产业基础，发挥比较优势，发展接续替代产业，增强科技创新能力，推进新型工业化，提升产业竞争力，实现产业多元发展和优化升级。主要措施包括：

1. 优化发展煤炭资源深加工产业。支持煤炭资源优势向经济优势转化，有序推进煤炭产业向下游延伸，发展循环经济。推动煤电化一体化发展，有序发展现代煤化工。统筹考虑资源、环境、市场等条件，支持成长型和成熟型区域打造煤炭深加工产业基地。淘汰落后产能，加快技术改造，提升产品档次和质量。

2. 培育壮大优势替代产业。适应市场需求变化和科技进步趋势，发挥比较优势，做大做强煤矿矿山大型成套装备等传统优势产业，培育发展环保及综合利用装备制造产业。鼓励有条件的区域发展风电、光伏发电、生物质能等新能源产业以及生物产业和节能环保产业。

3. 发展吸纳就业能力强的产业。坚持产业结构转型升级与扩大就业良性互动。发展带动就业能力强、市场前景好的劳动密集型产业，扶持形式多样的小型微型企业，重点解决困难群体就业问题。支持农牧资源丰富区域发展农牧产品深加工。引导劳动力和原材料成本优势明显的区域发展消费品工业。

4. 发展特色服务业。结合煤炭经济社会区域产业基础和发展导向，发展类型丰富、特色鲜明的现代服务业。建设煤炭资源产品区域性物流中心，发展煤炭资源产业托管以及工程和管理咨询服务，鼓励、支持、推进或者扶持发展特色旅游，发展社区商业和家庭服务业，建设棚户区改造回迁居民区服务网点。

5. 合理引导产业集聚发展。加强规划统筹，优化产业布局，引导产业向重点园区和集聚区集中，形成集约化、特色化的产业发展格局。改造和建设特色鲜明的专业化产业园区和集聚区，加强配套基础设施建设，搭建产业集聚发展的重要载体和平台，打造各具特色的产业集群。

（四）民生保障和改善

破除煤炭经济社会区域内部二元结构，扩大就业，提升社会保障水平，完善基本公共服务，改善生产生活环境，促进社会和谐稳定，提升城镇化质量和水平，使发展成果惠及广大群众。主要措施包括：

1. 促进就业和再就业。扶持劳动密集型产业、服务业和小型微型企业。完善和落实鼓励自主创业政策，健全创业服务体系，促进创业带动就业。建立专业化、信息化、产业化的人力资源服务体系，加强职业技能培训体系建设以及职业中介和就业信息服务。开发公益性工作岗位，优先支持困难群体再就业。

2. 加快棚户区改造。推进国有煤矿棚户区改造，落实配套支持政策。做好基础设施以及学校、医院等服务设施的建设，加强新建小区社会化管理和服务工作，支持建设吸纳搬迁居民就业的企业和项目，确保搬迁居民能够安居乐业。开展采煤沉陷区民房搬迁维修改造工程的后评估工作。

3. 加强社会保障和医疗卫生服务。推进各类困难群体参加社会保险，扩大社会保险覆盖面，提高保障水平。解决社会保障领域的历史遗留和失地农民问题。完善城乡最低生活保障和社会救助制度。建设矿区社会保障服务设施，构建社会保障管理服务网络。加大对煤矿工人职业病和常见病的预防和救治力度。

4. 营造安全和谐的生产生活环境。加强安全生产管理，推进企业安全生产标准化建设，严格安全生产准入制度，强化监督检查和隐患排查治理，严厉打击非法违法生产、经营和建设行为。防范治理重大职业危害和环境危害。加大重点区域矿山地质灾害隐患排查力度，建立地质灾害调查评估、监测预警、防治和应急体系，增强应急管理能力。针对突出矛盾和问题，建立健全群众诉求表达和利益协调机制。

（五）支撑保障能力建设

加强基础设施和软环境建设，完善煤炭经济社会区域功能，增强发展动力和活力，营造良好发展氛围，为区域可持续发展提供强有力保障。主要措施包括：

1. 加快基础设施建设。科学规划区域功能定位和产业布局，增强区域辐射带动能力，健全生产、生活、居住和休闲功能区。加强区域公共服务设施建设，完善文化、科教、金融、商贸、休闲娱乐等功能，加强城区与煤矿矿区联系。建设改造区域市政公用设施，建设环保项目。结合煤矿废弃地整理，建设总量适宜、景观优美的绿地和景观系统。有序推进煤炭运输专线和多种方式统筹布局的货运枢纽站场建设，完善交通运输网络。

2. 加强人才队伍建设。统筹推进各类人才队伍建设，提升整体素质和创新能力，满足区域对人才的多元化需求。开展职业教育和在岗培训，加强职业教育和实训基地建设，提高生产一线人员科学素质和劳动技能。推进专业技术人才和管理人才培训与交流。引进和培养创新型人才，加大创新投入，实现以科技进步和管理创新驱动可持续发展。

3. 加快推进改革开放。理顺煤炭资源产权关系，健全产权交易机制，规范矿业权交易市场，促进产权有序流转和公开、公平、公正交易。强化煤矿企业的社会责任，建立和谐共赢的矿地关系。深化或推进国有矿企及其所办大集体改革，鼓励民营资本进入，推动优势企业跨地区、跨所有制兼并重组。支持煤炭经济社会区域融入区域经济一体化进程，促进生产要素合理流动。引导外资更多地投向节能环保、新能源和新材料、现代服务业等领域，鼓励外资参与矿山生态环境恢复。鼓励有实力的企业投资境外煤炭资源开发及深加工项目。

4. 挖掘传承精神文化资源。宣传煤炭产业创业历程和涌现出的模范人物事迹，传承和发扬煤炭产业无私奉献、艰苦奋斗、改革创新的精神，为转型发展注入精神动力。增强开放意识、市场意识和竞争意识，树立科学发展理念。开展群众性精神文明创建活动。保护和利用好反映煤炭经济社会区域发展历程和先进人物事迹的博物馆、纪念馆和教育示范基地。

(六)支持政策和保障措施

完善促进煤炭经济社会区域可持续发展的政策体系,做好规划的贯彻落实,保障规划目标和重点任务的完成。主要措施包括:

1. 规划实施的政策体系。建立健全可持续发展长效机制;特别是落实接续替代产业扶持机制,推动接续替代产业发展。加强分类指导的政策措施,通过针对性政策措施,引导和支持不同煤炭经济社会区域实现特色发展。解决重点难点问题,支持煤炭经济社会区域转型发展。推进立法,明确政府、企业和其他社会组织的权利和义务,协调和规范各利益相关主体之间的关系。

2. 规划实施的保障措施。(1)加强组织领导。国务院有关部门搞好政策衔接,帮助解决规划实施中遇到的重大问题。省级政府负起总责,做好统筹协调,确保各项任务落到实处。各煤炭经济社会区域制定实施方案,明确工作时序和重点,落实责任主体,建立和完善工作机制。(2)完善考核指标。建立煤炭经济社会区域可持续发展统计体系,制定和完善有利于可持续发展的绩效评价考核体系和具体考核办法,把煤炭资源有序开发、接续替代产业发展、安全生产、失业问题解决、棚户区搬迁改造、矿山环境恢复治理等工作情况,作为综合考核评价的重要内容。(3)严格监督检查。国家发展和改革委员会同有关部门做好政策协调,对规划实施情况进行跟踪分析和监督检查,加强对可持续发展情况的动态监测,建立健全规划定期评估制度,不断优化政策措施和实施方案。完善社会监督机制,鼓励企业和公众参与规划的实施和监督。(4)加大宣传力度。采取多种形式、全方位地宣传煤炭经济社会区域可持续发展的重要性,形成人人关心可持续发展、全社会支持转型工作的良好氛围。

第三节 环境治理与生态修复

煤炭开采活动不可避免地会对矿区生态环境造成不利影响。实现煤炭开采活动与生态环境保护之间的平衡,要尽可能减轻不利影响。在煤炭开采期间和闭矿后,对矿区进行环境治理和生态修复是减轻不利影响的必要举措。美国是较早要求进行煤矿矿区土地修复的国家,政策法律相对成熟,一些制度和措施值得借鉴。我国关于矿山矿区环境治理与生态修复的政策法律,适用于煤矿矿区;既涉及公法规范,也涉及私法规范;目前处于整合以及完善之中。

一、环境治理与生态修复概述

矿产资源开发利用活动必然会对矿区生态环境和生活环境造成或多或少、或大或小的不利影响。它不仅破坏地质(岩层)结构或者构造、土壤地貌,破坏和污染水资源,产生固体废物和废气污染,破坏植被和生态系统,影响矿区内和周边工农业生产和居民生活,矿山

(恶性)伤亡事故造成人身和财产损失[4];而且导致生物多样性遭受损害或者威胁,有时产生地质灾害或者地质灾害的严重风险。这些不利生态环境影响是困扰矿产资源可持续开发利用和矿区所在地社会经济发展不可回避的重要问题。采矿期间和闭矿后,对矿区进行环境治理和生态修复是实现矿区可持续发展的重要议题。煤炭资源的开采方式主要有地下开采和露天开采两种方式。同地下开采相比,露天开采具有成本低、对矿工健康和安全的影响小的优点,然而它对环境的不利影响也非常明显:容易引起水土流失、污染水源、破坏植被、影响野生动物和环境美观。煤矿矿区环境治理与生态修复是煤炭能源链的组成部分,诸多法域的煤炭能源政策法律对其予以规范和监管,以求尽可能减少和减轻煤炭采矿期间和闭矿后对生态环境的不利影响。

矿区环境治理和生态修复(以下简称治理修复)是在矿区修复(Mine Reclamation,又称矿区恢复、矿山土地复垦)的基础上发展而来。狭义上是指矿业权人根据法律规定或者取得矿业权时的约定,在采矿期间尽可能减轻对矿区生态环境的不利影响并进行环境治理,闭矿后对矿区内因其矿业作业而受损的生态环境采取措施予以整治和修复,或使其恢复到原来的状态,或使其具有稳定的生态功能并且不再产生新的危害或者严重风险。广义上是指采取人工措施和利用自然力量,在采矿期间尽可能减轻对矿区生态环境的不利影响并进行环境治理,闭矿后对矿区内受损生态环境予以整治和修复,或使其恢复到原来的状态,或使其具有稳定的生态功能并且不再产生新的危害或者严重危害的风险,并由造成矿区生态环境损害或者威胁的公民、法人或者其他组织对受损生态环境权益以及生存权、发展权予以赔偿或者补偿的行为。两者相比,广义上的治理修复主体不限于矿业权人,还包括法律规定的其他主体;生态环境受损的原因不限于矿业权人的矿业作业,还包括自然灾害;治理修复的范围不限于对受损生态环境本身的治理修复,还包括对因生态受损而权益受到损害的人的赔偿或者补偿。煤矿矿区治理修复涉及的核心问题是:必须有人承担开采期间以及闭矿后煤矿矿区的环境治理和生态修复成本。本节下面首先介绍美国煤矿矿区修复的政策法律,然后梳理我国矿区治理修复的政策法律,最后就我国矿区治理修复政策法律的完善进行讨论。

二、煤矿矿区环境治理和生态修复要素

(一)矿区损毁地植被及景观恢复

矿区损毁地植被及景观恢复指标主要由损毁地景观恢复率,露天采矿场植被恢复率,排土场、尾矿场植被恢复率,生物多样性保护率四部分组成。

1. 损毁地景观恢复指矿方对由施工或采矿造成的损毁地景观进行生态恢复治理,主要包括工业广场绿化措施、专用道路绿化措施、废弃迹地生态恢复措施以及矸石场生态恢复措施等。

(1)工业广场绿化就是采用一定的绿化方案对工业广场内的空地进行绿化的措施,相

[4] 冯国宝等:《煤矿废弃地的治理与生态恢复》,中国农业出版社2009年版,第2-7页。

关政策法规规定煤矿工业广场绿化率应在 20% ~30% 。由于煤矿工业广场建设,破坏了原有植被生态系统,容易产生水土流失,为了修复矿区生态环境,提高职工生活质量,开展对工业广场的绿化是刻不容缓的,通过工业广场绿化完善了矿区绿化美化工程建设,达到改变矿区矿容、矿貌的目的,使煤矿变成一个具有优美环境,自然与人文和谐统一的矿区。

(2)煤矿专用道路是指煤矿投资修建供煤矿专用车辆使用的道路,主要包括运煤道路,运矸道路。专用道路绿化是指在煤矿专用道路两侧种植行道树、绿篱的绿化措施。

(3)废弃迹地生态恢复治理包括废弃工业场地生态恢复和村庄搬迁迹地恢复两部分。废弃工业场地生态恢复,废弃工业场地是指曾为煤矿工业生产用地和煤矿工业生产相关的交通、运输、仓储用地,后来废置不用的地段,如废弃的矿山、采石场等,废弃工业场地严重危害生态环境。村庄搬迁迹地恢复,井工开采煤矿煤层开采诱发地表移动变形、引起地面建筑物破坏、造成村庄搬迁,在山西煤炭基地普遍存在。村庄搬迁后形成的迹地,废弃建筑林立、大部分地面被硬化层覆盖,不仅影响景观,而且植物难以生长,需对其进行生态恢复。

(4)矸石场生态恢复治理,煤矸石是煤矿生产过程中排出的固体废弃物,主要采用绞车提升、翻矸机倾倒排放,自然成堆,露天堆放,理化性质异于普通岩石。各煤矿由于所处位置不同、煤层成因不同、地质条件与采煤技术相异等因素,煤矸石的岩石组成差异也较大,成分较复杂,主要由有页岩(炭质页岩、泥质页岩、粉砂质页岩),泥岩类(泥岩、炭质泥岩、粉砂质泥岩),砂质岩(泥质粉砂岩、砂岩),碳酸岩类(泥灰岩、灰岩)及煤粒、硫结核组成。炭质泥岩、炭质页岩风化很快,一般半年内即可风化成碎屑,泥质和钙质的砂岩、粉砂岩也较易风化。煤矸石露天排放,侵占大量土地。煤矿废弃物占据大量土地,破坏环境与景观格局,通过人为的手段进行植被恢复与生态景观重建,可以在一定区域内恢复了土地的生产能力,促进农业生产。

2. 露天采矿场植被恢复是指在对露天采矿场进行场地整治与覆土后进行的植被恢复措施,露天采矿场的场地整治和覆土方法根据场地坡度来确定。非干旱地区露天采矿场边坡应恢复植被,边坡恢复措施及设计要求应符合相关要求。位于交通干线两侧、城镇居民区周边、景区景点等可视范围的采石宕口及裸露岩石,应采取挂网喷播、种植藤本植物等工程与生物措施进行恢复,并使恢复后的宕口与周围景观相协调。露天采矿场植被恢复率参数的获取是通过对露天采矿场生态恢复治理率来表征。

3. 排土场、尾矿场植被恢复,排土场在合理安排岩石排土次序后进行植被恢复。充分利用工程前收集的表土覆盖于排土场表层,覆盖土层厚度根据植被恢复类型和场地用途确定。恢复为农业植被的,覆土厚度应在 0.5 米以上;恢复为林灌木草等生态或景观用地的,根据土源情况进行适当覆土。干旱风沙区排土场不具备植被恢复条件的,应采用砂石等材料覆盖,防止风蚀。排土场植被恢复宜林则林、宜草则草、草灌优先,恢复后的植被覆盖率不应低于当地同类土地植被覆盖率,植被类型要与原有类型相识、与周边自然景观协调。排土场、尾矿场植被恢复率的参数获取是通过对排土场、尾矿场的植被恢复率来表征。

4. 生物多样性保护,“生物多样性”是生物(动物、植物、微生物)与环境形成的生态复合体以及与此相关的各种生态过程的总和,包括遗传多样性、物种多样性、生态系统多样性和景观多样性四个层次。保护方法分四种：(1)就地保护；(2)迁地保护；(3)开展生物多样性保护的科学研究，制定生物多样性保护的法律和政策；(4)开展生物多样性保护方面的宣传和教育。其中最重要的是就地保护，可以免去人力、物力和财力，对人和自然都有好处。生物多样性保护率参数的获取是通过采取的保护措施来表征。

（二）矿区土地复垦与土壤污染防治

矿区土地复垦与土壤污染防治指标主要包括矿区土地复垦率、污染场地治理与恢复率及污染农田治理与恢复率三部分组成。

1. 矿区土地复垦主要是指矿区沉陷裂缝区生态恢复治理，煤矿采空区形成的地面塌陷及地裂缝比较普遍，其空间分布范围与煤矿开采状况密切相关，主要受采空区范围、采煤巷道方位及上覆岩（土）体的工程特性所控制。地面塌陷及地裂缝主要分布在煤矿采空区上部，绝大多数地裂缝为直线型，长度一般在100米～200米。受塌陷裂缝影响严重的村庄的居民房屋及土地不同程度发生裂缝，直接影响当地居民的正常生产与生活。地面塌陷及地裂缝具有与煤炭采空区相对应的规模小、密度大、分布集中的空间展布特点，地面塌陷的规模相对较小，集中分布在煤矿采空区及其外围。

2. 污染场地治理与恢复应切断污染源，防止渗漏和扩散，去除污染物，恢复场地生态功能，保证安全再利用，污染场地应采取设置屏障等措施控制污染土壤、污泥、沉积物、非水相液体和固体废物等污染物进一步迁移。污染场地应因地制宜采用物理、化学、生物、热处理等技术进行场地修复。对于有毒有害污染物和放射性污染物处置，应符合相关国家标准要求。污染场地恢复治理达到相关标准要求并经环保部门组织验收后，可转为农业、林业、牧业、渔业、建设用地。

3. 污染农田治理与恢复的措施与污染场地的治理恢复相同，验收达标后交付农民用作农田使用。

（三）水土流失控制

水土流失控制主要是指矿区宜林地绿化，宜林地指适合于种植林木的土地。凡采伐迹地、火烧迹地、林中空地以及林木生长的一切荒山荒地，统称宜林地。宜林地绿化首先可改善林地环境条件。经整地后，雨雪可直接降落至地面，利于土壤吸收，避免了在降落途中被截留蒸发重返大气层。降水直接、迅速渗入到较深土层中保蓄起来，避免了长时间滞留在地表而被蒸发掉。其次，增加了地表的粗糙度，防止水流汇集形成地表径流，增加下渗量。最后，这种微小的地形能够改变整地部位的太阳辐射量和空气流通等状况，使土壤水分、蒸发量发生相应地变化。同时也能保持水土，减少土壤侵蚀。宜林地绿化，是一种坡面上的简易水土保持工程，它可以形成一定的蓄水容积，把一时渗透不及的降水保蓄起来，均匀地分布在坡面上的整地部分，可以有效地蓄积水分，把截阻的地表径流分散保蓄。

（四）地质环境保护与恢复治理

地质环境保护与恢复治理包括矿山开采过程中和服务期满后矿山地质灾害防治措施（地面塌陷、地裂缝的预防措施，滑坡、崩塌的预防措施，泥石流的预防措施等）；地下含水层保护措施;矿区地形地貌景观(包括人文景观)保护与恢复工程措施等。

三、煤矿矿区生态修复的分类

煤矿开采利用对矿区土地资源环境、水环境、大气环境的污染与破坏,打破了矿区原有的生态环境平衡,导致矿区生物多样性锐减,生物资源遭到极大的破坏,复杂生态系统向简单生态系统转变,这种趋势往往不可逆转。矿区生态系统恢复难度大,进程缓慢,往往需要上百年。因此,修复煤矿矿区生态环境,恢复矿区土地原有生产力、维护生态系统健康对矿区环境保护具有重要的现实意义。

(一)自然修复

自然修复是一种无为而治的理念,依靠自然的力量进行生态修复,无须任何人为因素干预的一种生态修复的过程或方法。为了实现自然修复,最常用的方法是进行封闭,禁止任何干扰进入已经损毁的区域,该方法经济有效、特别适宜于生态脆弱区的生态修复。生态环境的自我修复能力在大自然界是一种普遍存在的现象,过去往往被人们所忽视。随着人们对生态修复的投入产出,成本效益问题的日益重视,自然修复法目前也受到越来越多学者的重视与推崇。煤矿矿区的自修复是采矿驱动力导致地表损伤,在开采过程和结束后,又导致损伤自动修复的现象和过程。国内李全生等在神东矿区进行了野外动态监测,发现了一些采煤沉陷损伤自修复的现象,胡振琪等基于国内外的相关研究和实践,阐述了煤矿区自修复、自然修复和人工修复的概念及相互关系,提出我国煤矿区成本效益型生态修复的战略。对一些沉陷影响不大、具备自然修复能力的矿区,尽量避免人工修复方式;而对于生态系统本就单薄脆弱的环境,应优选自然修复,以避免人工修复方式对环境带来更多的干预和扰动,最大限度地减少修复成本,获取最大的效益,实现成本效益型修复。

(二)人工修复

人工修复即是对煤炭开采造成损伤的生态环境,通过人工的整治措施,实现生态系统和功能的恢复或再生的活动。对于损毁程度高,土地价值高的煤矿矿区,若在煤矿矿山生态环境恢复过程中适当进行人为干扰,则可大大加快生态恢复的过程,缩短整个生态系统功能恢复的周期。

人工修复分为物理稳定化、化学稳定化和生物修复三种。(1)物理稳定化工程包括基底防渗、边坡加固及对停坑进行填埋;物理稳定化一般用于生态重建的前期处理,主要包括排岩场的稳定化、排岩场和尾矿库的熟土覆盖、采矿场的填埋等。(2)化学稳定化是使用一种或多种化学稳定剂于尾矿表面使之反应形成壳膜防止侵蚀;因化学法成本高,易带来新的生态环境问题而很少使用;目前在国内主要采用物理法与生物修复法结合。(3)生物修复指运用植被以及对植被生长有利的动物或微生物来恢复和改善煤矿矿区生态环境的方法,有直接植被和覆土植被两种方式,根据煤矿矿区具体的气候条件、土壤地质条件以及所选物种的适应性来决定采用哪种方式。植被法简便、成本低,但恢复时间周期长,仅适用于生态环境遭煤矿开采活动破坏程度较轻的对象。覆土植被法是一种行之有效的常见生态修复方法,更易被矿山企业采纳,考虑到工程费用及土壤的地带性,尽量在当地解决土源,并需根据植被类型对覆土厚度进行选择性调整。研究表明,一般覆土厚度在5cm～10cm即满足植物的萌发和生长,且最经济和简便的方法是种植豆科植物和其他固氮植物。植被的修复工程中,应根据恢复生态学原理,找出生态修复的限制因子,设计不同的植物群落类型,选择不同生态位的物种,尽量用适宜性强的本地物种,最终建立稳定的植物群落。

经过近50年的煤矿矿山生态修复研究与实践,我国已逐步形成了露天开采煤矿、煤矿塌陷地、煤矸石山三类生态修复技术体系。露天开采煤矿废弃地的生态修复技术的关键是采用采矿—生态修复一体化,对土壤进行改良,重塑地貌、迅速恢复植被,主要包括地貌重塑技术、土壤改良和表土替代技术、植物遴选和种植技术、排土场治理修复和边坡稳定技术等。采煤沉陷地的修复技术主要包括土地平整、疏排、挖深垫浅、充填等修复技术。煤矸石山生态修复技术的关键是立地条件的诊断和整形整地、植物种类与种群的选择与适宜的种植技术、科学的抚育管理以及针对酸性自燃煤矸石的防灭火技术。

四、我国煤矿矿区环境治理和生态修复的政策法律

(一)概述

我国矿区土地复垦工作始于20世纪50年代,起步较晚,而且主要是通过填埋、覆土等简单措施将废弃矿区土地转变为可耕地[5]。有关治理修复政策法律总体上始于20世纪80年代,现行政策法律文件大多数使用“土地复垦”类术语。近年来不仅限于废弃矿区的土地复垦,而且使用“矿山地质环境保护与土地复垦”“矿山地质环境治理恢复”类术语,涵盖了从煤矿开采前到闭矿后整个煤矿生命周期内矿区的环境治理和生态修复工作。这表明我国包括煤矿矿区在内的矿区治理修复工作,正在进入一个基于生态文明理念的新时代。

矿区治理修复工作是一项综合性工作,涉及多种管理和治理措施的采取,既不是单靠任何一个部门法及其法规规范所能解决的,也不是仅靠法律就能解决的。从传统部门法的角度来说,首先,它需要以行政法律规范为基础、以刑事法律规范为保障、以民法法律规范为辅助;其次,它需要以传统的法律规范作为法治的基础,以政策性规范或者措施作为推动。

1986年《矿产资源法》、1989年《环境保护法》、1996年《煤炭法》、2002年《环境影响评价法》、2004年《土地管理法》以及它们后来的修正或者修订中,都对煤矿矿区治理修复工作有所涉及。《矿产资源法》第三十二条规定:“开采矿产资源,必须遵守有关环境保护的法律规定,防止污染环境。开采矿产资源,应当节约用地。耕地、草原、林地因采矿受到破坏的,矿山企业应当因地制宜地采取复垦利用、植树种草或者其他利用措施。开采矿产资源给他人生产、生活造成损失的,应当负责赔偿,并采取必要的补救措施。”《环境保护法》(2014年修订)第三十条第一款规定:“开发利用自然资源,应当合理开发,保护生物多样性,保障生态安全,依法制定有关生态保护和恢复治理方案并予以实施。”《煤炭法》第十一条规定,“开

---

[5] 邹韵:《浅谈矿山土地复垦存在的问题及建议》,载《资源与人居环境》2019年第10期。

发利用煤炭资源,应当遵守有关环境保护的法律、法规,防治污染和其他公害,保护生态环境";第十九条规定:"煤矿建设应当坚持煤炭开发与环境治理同步进行。煤矿建设项目的环境保护设施必须与主体工程同时设计、同时施工、同时验收、同时投入使用。"2020 年 5 月全国人大通过的《民法典》中也有一些涉及环境治理和生态修复直接或者间接的规定。

1988 年 11 月国务院颁布的行政法规《土地复垦规定》是我国第一部专门规定土地复垦的行政法规,适用于包括煤矿矿区在内的矿区土地复垦工作。它将土地复垦界定为"对在生产建设过程中,因挖损、塌陷、压占等造成破坏的土地,采取整治措施,使其恢复到可供利用状态的活动"。《地质灾害防治条例》从地质灾害防治的角度涉及矿区治理修复。国务院于2011 年3 月颁布《土地复垦条例》(废止《土地复垦规定》),将土地复垦界定为"对生产建设活动和自然灾害损毁的土地,采取整治措施,使其达到可供利用状态的活动"。2012 年12 月国土资源部颁布了《土地复垦条例实施办法》,一些省级政府也制定了适用于本行政区域的土地复垦条例实施办法。2009 年《矿山地质环境保护规定》(2019 年修正)则是以矿山地质环境保护与治理恢复方案编制制度为核心,就矿山生命周期内矿区的环境治理和生态修复工作作出了规定。

(二)煤矿矿区治理修复的主要制度

1. 煤矿矿区治理修复法律政策

目前,我国煤矿矿区治理修复政策法律的主要规定是 2011 年《土地复垦条例》以及《土地复垦条例实施办法》和《矿山地质环境保护规定》等部门规章。较新的政策法律文件主要是国土资源部办公厅 2017 年 1 月《关于做好矿山地质环境保护与土地复垦方案编报有关工作的通知》(国土资规〔2016〕21 号)以及财政部、国土资源部和环境保护部 2017 年 11 月《关于取消矿山地质环境治理恢复保证金建立矿山地质环境治理恢复基金的指导意见》(财建〔2017〕638 号)。国土资规〔2016〕21 号文件规定,矿山企业"矿山地质环境保护与治理恢复方案"和"土地复垦方案"合并编报为"矿山地质环境保护与土地复垦方案"。财建〔2017〕638 号文件则将矿山地质环境保护与土地复垦称为"矿山地质环境治理恢复"。

2. 煤矿矿区治理土地复垦条例

2011 年《土地复垦条例》分为总则、生产建设活动损毁土地的复垦、历史遗留损毁土地和自然灾害损毁土地的复垦、土地复垦验收、土地复垦激励措施、法律责任以及附则共七章,就土地复垦工作作出了比较全面的规定。2012 年《土地复垦条例实施办法》基本遵循《土地复垦条例》的结构并增加"土地复垦监督管理"一章,通过细化实体性和程序性规定,落实条例。《土地复垦条例》第十条规定,露天采矿所损毁的土地、地下采矿造成塌陷的土地、堆放采矿剥离物等固体废弃物压占的土地、能源基础设施建设和其他生产建设活动临时占用所损毁的土地,应当由土地复垦义务人负责复垦。

(1)治理修复管理部门和义务人

自然资源部负责全国煤矿矿区治理修复的监督管理工作,县级以上地方政府自然资源主管部门负责本行政区域内煤矿矿区治理修复的监督管理工作,县级以上政府其他有关部门依照条例的规定和各自的职责做好煤矿矿区治理修复有关工作。

煤矿矿区治理修复义务人的确定分为三种情形。其一,根据“谁损毁,谁治理修复”的原则,煤矿矿区内由于煤炭生产建设活动损毁的生态环境,其煤矿矿区治理修复义务人是造成损毁时的煤矿采矿权人或其权利义务继受人。其二,由于历史原因无法确定造成损毁时的煤矿采矿权人的,所涉受损生态环境为历史遗留问题的,县级以上政府是煤矿矿区治理修复义务人。其三,煤矿矿区内由于自然灾害损毁的生态环境,为自然灾害损毁生态环境,县级以上政府是煤矿矿区治理修复义务人。本节主要围绕第一种情形进行讨论。

(2)煤矿矿区治理修复方案

为了从全过程确保煤矿矿区内生态环境尽可能少受不利影响、让因煤炭生产建设活动而损毁的生态环境得到治理修复,我国实行矿山地质环境保护与治理恢复方案制度。第一,采矿权申请人或者采矿权人编制的煤矿矿区总体规划应当包括矿山地质环境保护与治理恢复方案内容。第二,采矿权申请人或者采矿权人在办理建设用地申请或者采矿权申请手续时,应当随有关报批材料报送矿山地质环境保护与治理恢复方案。第三,具有相应审批权的自然资源主管部门组织审查。程序是:委托具有一定技术力量的事业单位或行业组织承担具体评审工作,将评审结果向社会公告,组织核实公示期内提出的异议并提出处理意见。第四,未编制方案或者方案不符合矿山地质环境保护与治理恢复方案编制要求的,有批准权的政府不得批准建设用地,有批准权的自然资源主管部门不得颁发采矿许可证。第五,采矿权人应当按照矿山地质环境保护与治理恢复方案开展治理修复工作,对生态环境损毁情况进行动态监测和评价;生产建设周期长、需要分阶段实施治理修复的,应当边开采边治理修复。第六,按照矿山地质环境保护与治理恢复方案的要求完成治理修复任务后,采矿权人向有管辖权的自然资源管理部门申请验收,并由后者组织验收;经验收合格的,向矿山地质环境保护与治理恢复方案义务人出具验收合格确认书;经验收不合格的,向治理修复义务人出具书面整改意见,列明需要整改的事项,由治理修复义务人在整改完成后重新申请验收。第七,惩戒方面,对不治理修复或者治理修复不符合要求的矿业权人,收缴治理修复费;对未按规定履行地质环境治理与治理修复义务的矿业权人,列入矿业权人异常名录或严重违法名单,责令整改;整改不到位的,不得批准其申请新的采矿许可证或者申请采矿许可证延续、变更、注销,不得批准其申请新的建设用地。

(3)矿山地质环境治理恢复基金

煤矿企业根据规定,自行建立矿山地质环境治理恢复基金,专款专用并接受监督。第一,煤矿企业按照满足实际需求的原则,根据其矿山地质环境保护与治理恢复方案,将矿山地质环境恢复治理费用按照企业会计准则相关规定预计弃置费用,计入相关资产的入账成本,在预计开采年限内按照产量比例等方法摊销,并计入生产成本。第二,矿山企业需在其银行账户中设立基金账户,单独反映基金的提取情况。基金由企业自主使用,根据其矿山地质环境保护与治理恢复方案确定的经费预算、工程实施计划、进度安排等,专项用于因矿产资源勘查开采活动造成的矿区地面塌陷、地裂缝、崩塌、滑坡、地形地貌景观破坏,地下含水层破坏、地表植被损毁预防和修复治理以及矿山地质环境监测等方面(不含土地复垦)。第三,矿山企业的基金提取、使用及矿山地质环境保护与治理恢复方案的执行情况须列入矿业权人勘查开采信息公示系统。

（三）《民法典》关于或涉及煤矿矿区治理修复的主要规定

随着我国自然资源开发利用权利改革走向以行政特许和合同相结合的方式授予自然资源开发利用权利，而自然资源开发利用权利具有用益物权的属性，从与行政法规范衔接以及调整平等主体之间民事关系的角度，《民法典》中亦有关于煤矿矿区治理修复的直接和间接规定。

《民法典》第三百二十九条规定，探矿权和采矿权属于用益物权。作为民事主体的煤矿企业，根据第九条的规定，在从事煤炭资源开发利用活动中，应当"有利于节约资源、保护生态环境"；作为拥有煤炭资源探矿权和采矿权的用益物权人，根据第三百二十六条的规定，在行使矿业权开发利用煤炭资源时，"应当遵守法律有关保护和合理开发利用资源、保护生态环境的规定"；作为煤炭资源开发利用权利合同的一方当事人，根据第五百零九条的规定，在履行合同的过程中，"应当避免浪费资源、污染环境和破坏生态"。

煤矿企业在开发利用煤炭资源不可避免地会污染环境或者破坏生态，既有符合国家规定的，也可能有违反国家规定的。煤矿企业因污染环境或者破坏生态造成他人损害的，应当承担侵权责任的情况可以分为对他人和国家承担的侵权责任两类。

对他人承担的侵权责任。煤矿企业无论是否符合国家规定，《民法典》第一千二百二十九条规定，都应当承担侵权责任。如果违反法律规定故意污染环境或者破坏生态造成严重后果的，第一千二百三十二条的规定，被侵权人有权请求相应的惩罚性赔偿。如果污染环境或者破坏生态是由于第三人的过错造成的，第一千二百三十三条规定，被侵权人向煤矿企业请求赔偿的，煤矿企业在赔偿后，有权向第三人追偿。

对国家承担的侵权责任。《民法典》第一千二百三十四条规定，煤矿企业违反国家规定造成生态环境损害但是受损生态环境能够修复的，国家规定的机关或者法律规定的组织有权请求煤矿企业在合理期限内承担修复责任；煤矿企业在合理期限内未进行修复的，国家规定的机关或者法律规定的组织可以自行或者委托他人进行修复，所需费用由煤矿企业负担。第一千二百三十五条规定，煤矿企业违反国家规定造成生态环境损害的，国家规定的机关或者法律规定的组织有权请求煤矿企业赔偿下列损失和费用：(1)生态环境受到损害至修复完成期间服务功能丧失导致的损失；(2)生态环境功能永久性损害造成的损失；(3)生态环境损害调查、鉴定评估等费用；(4)清除污染、修复生态环境费用；(5)防止损害的发生和扩大所支出的合理费用。

五、我国煤矿矿区相关管理制度与环境治理和生态修复

煤矿矿区涉及开采、加工、储运、燃烧使用等各个环节，环境问题和安全问题日益突出，开采环节污染土地资源、水资源和大气资源；加工环节主要在于原煤的筛分、洗选、动力配煤和土法炼焦，排放出大量的煤泥水、洗矸、煤尘和有害气体；储运环节主要在于煤炭的储、装、运过程中产生的煤尘飞扬会对矿区环境造成污染；煤炭燃烧环节的污染不言而喻，我国大部分煤炭是通过直接燃烧进行使用的，高耗低效燃烧会向空中排放大量 SO_2、CO_2 和烟

尘,造成大气污染十分严重。我国与环境治理和生态修复相关的煤矿矿区管理制度主要是开采管理、沉(塌)陷区管理、沉(塌)陷区安置补偿等方面的制度。

(一)开采管理制度

煤矿大致分为井工矿和露天矿。露天矿煤层的地表覆盖层较浅,挖开地表层即可进行采煤,危险系数较低;井工矿煤层埋藏很深,必须掘进到地层中进行采煤,地下作业,危险系数高。煤炭开采导致土地资源破坏及生态环境恶化。如导论所述:由于露天开采剥离排土,井工开采导致地表沉(塌)陷、裂缝,破坏土地资源和植物资源,影响土地耕作和植被生长,改变地貌并引发景观生态的变化。对露天矿与井工矿开采实施科学管理,是与环境治理和生态修复相关的煤矿矿区管理不可缺少的一个方面。它要求根据煤炭资源的赋存条件,最大限度地利用现有采矿条件,使煤炭资源最大化开采,优化煤炭开采环境。

(二)沉(塌)陷区管理制度

开采沉(塌)陷造成中国东部平原矿区土地大面积积水受淹或盐渍化,使西部矿区水土流失和土地荒漠化加剧。采煤塌陷还会引起山地、丘陵发生山体滑落或泥石流,并危及地面建筑物、水体及交通线路安全。据调查,中国因采矿直接破坏的森林面积累计达 106 万公顷,破坏草地面积约为 26 万公顷,全国累计占用土地约 586 万公顷,破坏土地约 157 万公顷,且每年仍以 4 万公顷的速度递增,而矿区土地复垦率仅为 10%。另据测算,中国每采万吨煤,平均塌陷土地 0.2 公顷。对沉(塌)陷区实施综合管理,是与环境治理和生态修复相关的煤矿矿区管理制度的重要方面。它一方面要求推进采煤沉(塌)陷区综合治理,探索利用采煤沉(塌)陷区、废弃煤矿工业场地及周边地区,发展风电、光伏、现代农业、林业等产业;另一方面要求构建政府主导、政策扶持、社会参与、开发式治理、市场化运作的治理新模式,加大历史遗留矿山地质环境问题治理力度。

(三)沉(塌)陷区安置补偿制度

据调查和测算,在中国村庄稠密的平原矿区,每采出 1000 万吨煤需迁移约 2000 人。实施沉(塌)陷区安置补偿,是与环境治理和生态修复相关的煤矿矿区管理制度的重要方面。在进行采煤沉(塌)陷区安置补偿时,要妥善处理居民安置问题,切实保护人民群众的切身利益,要站在实践科学发展观的高度,坚持以人为本,以对人民群众生命财产安全高度负责的态度,充分认识做好采煤沉(塌)陷区居民搬迁安置补偿工作的重要性和紧迫性。要严格建立"六公开一监督"制度,即公开住宅面积、补偿标准、补偿金额、选定房型及单价、新房总价款、新房款与补偿金价差,并推选村民代表全程监督资金使用、工程招投标等工作。各级监察机关要加大对采煤沉(塌)陷区村庄搬迁、安置、补偿工作的监督检查力度,严肃查处违纪违法行为,对玩忽职守、弄虚作假、贪污受贿、挤占挪用建设资金的单位和个人,要严肃追究有关责任人的责任;构成犯罪的,及时移送司法机关依法处理。

六、我国煤矿矿区治理修复政策法律的完善

关于我国煤矿矿区治理修复政策法律的完善,相关文献在 20 世纪 80 年代中期就开始

对美国的做法进行介绍。2011 年《土地复垦条例》和 2012 年《土地复垦条例实施办法》的内容不仅是对我国实践经验的总结,更是借鉴了国外特别是美国的一些有效做法。然而,我国煤矿矿区治理修复工作目前仍然存在政府部门职能交叉、标准不一、法制不全、信息失真、监管失控等体制、机制和制度方面的严重问题〔6〕。矿区治理修复工作既需要事后的针对性治理修复,更需要提前的规划性预防,涉及财政、自然资源和生态环境等多个部门,是一项综合性的工作。特别是在习近平生态文明思想形成和进行落实的改革过程中,矿区治理修复工作还处于不断探索之中,政府及其有关部门出台了许多涉及矿区治理修复工作的政策法律文件;很多文件之间由于政出多门,不统一、不协调乃至存在一定程度的重叠、矛盾。这从不同术语的使用、需要编制不同的方案、存在不同的资金渠道等方面都明显地表现出来。因此,对我国包括煤矿矿区在内的矿区治理修复政策法律进行整合,使其形成外在形式上和内在实质上体系化的政策法律体系,是一项急迫的工作。

国家启动《矿产资源法》修改工作后,社会各界不断提出将矿区治理修复法律规定提高到全国人大或其常委会制定法律位阶的诉求和建议。自然资源部在 2020 年 2 月提请国务院审议的《矿产资源法(修订草案)》(送审稿)中,将“矿区环境治理和生态修复”表述为“矿区生态修复”。送审稿明确矿区生态修复及其监督管理活动是该法的适用范围(第二条第一款),规定自然资源部会同有关部门负责全国矿产矿区生态修复的管理和监督工作、县级以上地方政府自然资源主管部门会同有关部门负责本行政区域内矿产矿区生态修复的管理和监督工作(第八条)。送审稿设立了第四章专章共四条就矿区生态修复事项作出了原则性规定。首先,将在矿产资源勘查和开采活动中采取必要措施以尽量减少对原生地理地貌、动植物、地面径流和地下水等生态系统的影响,规定为矿业权人的法定义务(第三十三条)。其次,规定建立矿区生态修复制度(第三十四条至第三十六条)。主要内容是:(1)矿业权人应当履行生态修复义务,按照矿业权出让合同和矿产资源勘查方案、开采方案开展矿区生态修复工作,边生产、边修复;而且这一义务不因矿业权的灭失而免除。(2)县级以上政府负责历史遗留废弃矿山的生态修复工作。(3)采矿权人应当依据国家有关规定,按照销售收入的一定比例提取矿区生态修复资金,专项用于矿区生态修复,并计入企业成本。(4)采矿权人应当在矿山闭坑前或者闭坑后的合理期限内完成矿区生态修复工作,并按照自然资源部规定的标准和程序进行验收。

总体上,送审稿关于矿区生态修复的规定,是在对我国现行矿区环境治理和生态修复政策文件梳理以及实践工作总结的基础上,进行的一次有益探索。可以相信,修订后的《矿产资源法》将会就矿区生态修复工作总体上作出原则性的规定,配套的法规和规章将会作出比较具体的具有可操作性的规定,有关标准将需要修改。煤矿矿区的生态修复工作有其自己的特点,如何提炼出适合于所有矿区生态修复共性的法律、法规、规章规定,制定专门与《民法典》规定一致的、适用于煤矿矿区生态修复的规定,是一个需要继续探讨的课题。

---

〔6〕 焦英博:《破解煤炭矿区生态治理困境:美国的经验》,载《中国行政管理》2018 年第 9 期。

思考练习题

1. 什么是矿区环境治理和生态修复？论我国煤矿矿区治理修复政策法律的完善。

2. 什么是河流保护规则？

3. 简述我国煤矿矿区保护的法律规定。

4. 简述我国关于煤矿或煤坑正常关闭办理程序的法律规定。

5 简述美国煤矿矿区修复政策法律的主要制度。

6. 案例分析：

2015 年 9 月和 12 月，锦江煤业公司分别取得煤矿二矿干沟井和二矿八号井安全生产许可证。次年 11 月取得了采矿许可证。2014 年 5 月国家安全监管总局等十二部门联合下发《关于加快落后小煤矿关闭退出工作的通知》，要求以辽宁省等省市为重点地区，逐步淘汰 9 万吨/年及以下煤矿。2016 年 2 月 1 日国务院下发《关于煤炭行业化解过剩产能实现脱困发展的意见》，辽宁地区省市县三级政府亦相继出台了煤炭行业化解过剩产能的实施方案。

由于锦江煤业公司的三处矿井（二矿干沟井、二矿八号井、前山井）的年生产能力在 9 万吨以下，桓仁县政府根据上述方案于 2017 年 5 月 17 日作出《关闭锦江煤业公司二矿干沟井等 3 家煤矿的决定》，并予以现场送达。2017 年 6 月 6 日在桓仁县报上公告了该关闭煤矿的决定。2017 年 7 月 4 日辽宁矿山安全监察局注销了锦江煤业公司的安全生产许可证，同时在网上予以公示。2017 年 7 月 6 日，桓仁县安监局拨付锦江煤业公司关闭煤矿补助资金 360 万元。2017 年 10 月 18 日桓仁县政府将锦江煤业公司的三处矿井全部填埋、封井并支付了关井费用 15 万元。

锦江煤业公司对此不服提起行政诉讼，请求：(1) 依法确认桓仁县政府强制关闭矿井并强行填埋、封死矿井的行为违法；(2) 依法审查《辽宁省人民政府关于做好煤炭行业淘汰落后产能工作的通知》（辽政密电〔2017〕2 号）规范性文件的合法性；(3) 判令桓仁县政府赔偿锦江煤业公司因矿井被强行关闭、封井所造成的各项经济损失。

问题：锦江煤业公司的三项诉讼请求是否成立？请说明理由。

第九章　煤炭监督管理

| 导读 |

煤炭监管制度是煤炭法的重要制度,也是实现煤炭立法目标的重要保障。党的十八大后,面对能源供需格局新变化、国际能源发展新趋势,习近平总书记从保障国家能源安全的全局高度,提出“四个革命、一个合作”能源安全新战略,2014 年中央财经领导小组第六次会议上强调:“转变政府对能源的监管方式,建立健全能源法治体系。”煤炭监督检查是煤炭监管的重要内容,除了遵循《煤炭法》的基本原则外,还应遵循行政法的一般原则。在政府监管之外,煤炭行业自律和社会监督,在维护煤炭工业的持续健康发展方面发挥着重要作用。本章重点是理解和掌握煤炭管理体制、煤炭行业的经济性规制、煤炭的监督检查等。本章难点是能源革命背景下,推进煤炭管理体制改革的思路,理顺《煤炭法》关于“煤炭管理部门”和“有关部门”的职责界限和相互关系。

煤炭行业管理是国家建立的煤炭基本法律制度,直接影响煤炭产业政策的制定和实施,影响煤炭行业的经济运行,也影响煤炭企业的生产经营状况。中华人民共和国成立以来,我国煤炭行业进行过多次改革,主要是围绕管理机构改革进行的,以宏观改革推动企业的微观改革。了解煤炭行业管理的变化过程,对于认清国家对煤炭工业的宏观管理大有裨益。

第一节　我国现行煤炭监管体制

国家煤炭监督管理职能的执行,一般通过《煤炭法》等相关法律确定的煤炭监督管理机构来承担。煤炭监管体制实质上是行政职权在煤炭监督管理机构之间的分配格局。煤炭监督管理权力分配既涉及同级政府各有关煤炭管理机构之间的横向分配,也涉及上下级政府煤炭监督管理机构之间的纵向分配。经过多次机构改革和职能调整,我国煤炭监督管理体制不断演进,既包括煤炭议事协调机构,也包括行业性的煤炭管理部门,以及承担煤炭资源监管、安全监管、环境监管等专项监管职能的相关部门。因体制不顺、职能交叉不清所带来的监管盲区等问题,一直是《煤炭法》无法回避和所要解决的现实问题。

一、煤炭管理体制概述

体制是管理机构和管理规范的结合体或统一体。不同的管理机构和不同的管理规范相结合就形成了不同的体制,它是机关、机构设置,隶属关系和权力划分等方面的具体体系和组织制度的总称。在我国煤炭立法中,政府监管被表述为“监督管理”。《煤炭法》第十二条规定:“国务院煤炭管理部门依法负责全国煤炭行业的监督管理。国务院有关部门在各自的职责范围内负责煤炭行业的监督管理。县级以上地方人民政府煤炭管理部门和有关部门依法负责本行政区域内煤炭行业的监督管理。”尽管不同学者对“监管”一词的理解有差异,但监管主体一般限于行政机关,属于行政管理的下位概念,后者除了微观经济领域的监管职能之外,还包括宏观的政策规划职能。[1] 煤炭监管体制,是一国法律法规所规定的有关煤炭行业监督管理的机构设置、职权划分及其相互关系等内容的体系和组织制度的总称。

煤炭监管体制是煤炭工业持续健康发展的保障体系,其目的是通过建立一种较为完善的监管机制,实现外部监督管理下的内部有效自我约束,从而有效地防范煤炭生产开发等相关活动,避免资源浪费,进而保障能源安全和经济运行。煤炭监管体制是各国历史和资源国情的产物,与各国的政治、法律、社会经济制度等有着密切的联系,因此,只有建立健全适应本国国情的煤炭监管体系,才能提高煤炭监管效率,确保科学、合理、有序开发资源,维护整个煤炭工业的持续健康发展。我国煤炭监管体制经历多次调整变革,依照现行煤炭相关法律法规和“三定”方案规定,我国构建了中央统一领导、政府分级负责、部门分工管理、行业自我约束相结合的煤炭监管体系。

二、国务院煤炭监管体制

(一)国务院煤炭议事协调机构

为加强能源战略决策和统筹协调,根据第十一届全国人大第一次会议审议批准的国务院机构改革方案和《国务院关于议事协调机构设置的通知》精神,国务院于 2010 年 1 月成立了高层次的议事协调机构——国家能源委员会,主要负责研究拟订包括煤炭在内的国家能源发展战略,审议能源安全和能源发展中的重大问题,统筹协调国内能源开发和能源国际合作的重大事项。国家能源委员会主任由国务院总理担任,副主任由一名副总理担任,成员包括:国家发展和改革委员会、科技部、工业和信息化部、财政部、自然资源部、生态环境部、交通运输部、水利部、商务部、应急部、国资委等 21 个部委负责同志,国家能源委员会办公室主任由国家发展和改革委员会主任兼任,副主任由国家能源局局长兼任,办公室具体工作由能源局承担。

(二)国务院煤炭管理部门

根据第十二届全国人大第一次会议批准的《国务院机构改革和职能转变方案》和《国务院关于部委管理的国家局设置的通知》,国务院在国家发展和改革委员会下设国家能源局

---

〔1〕 中国法学会能源法研究会编:《能源法学总论》,法律出版社 2019 年版,第 67 页。

(副部级),主要负责拟订并组织实施包括煤炭在内的能源发展战略、规划和政策,推进能源体制改革,拟订有关改革方案,协调能源发展和改革中的重大问题。国家能源局设综合司、法制和体制改革司、发展规划司等12个内设机构,行政编制240名。其中煤炭司主要负责拟订煤炭开发、煤层气、煤炭加工转化为清洁能源产品的发展规划、计划和政策并组织实施,承担煤炭体制改革有关工作,协调有关方面开展煤层气开发、淘汰煤炭落后产能、煤矿瓦斯治理和利用工作。

(三)国务院有关部门

1.煤炭资源监管部门

根据党的十九届三中全会审议通过的《深化党和国家机构改革方案》和第十三届全国人大第一次会议批准的《国务院机构改革方案》,新组建的自然资源部门负责煤炭资源勘查、开采的监督管理,组织编制实施煤炭资源规划,合理布局探矿权和采矿权。开展煤炭资源储量管理及压覆矿产资源审批,会同有关部门承担保护性开采的特定煤种的调控及相关管理工作。监督指导煤炭资源合理利用和保护,查处无证非法开采、超层越界开采等乱采滥挖煤炭资源违法行为,维护良好的煤炭资源开发秩序。根据职责分工,对资源接近枯竭、不符合矿产资源规划等矿井关闭工作及关闭是否到位情况进行监督和指导,会同相关部门组织指导并监督检查全国废弃矿井的治理工作。

2.煤矿安全监察机构

一直以来,我国煤矿安全实行的是国家监察、地方监管、企业负责的工作体制。由设在应急管理部的国家矿山安全监察局代表国家对煤矿安全实施监察,并负有检查指导地方政府监管煤矿安全工作的职能。根据党的十九届三中全会审议通过的《深化党和国家机构改革方案》和第十三届全国人大第一次会议批准的《国务院机构改革方案》,国家负责拟订煤矿安全生产法规、政策和相关标准,检查指导地方政府煤矿安全监督管理工作。承担煤矿安全生产准入监督管理责任,负责煤炭重大建设项目安全核准工作,组织煤矿建设工程安全设施的设计审查和竣工验收。对煤矿企业安全生产实施重点监察、专项监察和定期监察,对煤矿违法违规行为依法做出现场处理或实施行政处罚。指导煤矿企业安全生产标准化、相关科技发展和煤矿整顿关闭工作,对重大煤炭建设项目提出意见,会同有关部门审核煤矿安全技术改造和瓦斯综合治理与利用项目。组织指导和协调煤矿事故应急救援工作。国家矿山安全监察局实行垂直管理,设在地方的矿山安全监察局27个、煤矿安全监察分局76个,行政编制2770名。

3.煤炭环境保护监管部门

《环境保护法》《水污染防治法》《大气污染防治法》等相关法律规定,国务院环境保护主管部门对全国环境保护工作实施统一监督管理。根据党的十九届三中全会审议通过的《深化党和国家机构改革方案》和第十三届全国人大第一次会议批准的《国务院机构改革方案》,由新组建的生态环境部承担对生态环境有影响的煤炭资源开发利用活动和生态破坏恢复工作的监管职责,组织制定煤炭采选业清洁生产标准,组织制定煤炭工业污染物排放总量控制、排污许可证制度并监督实施,开展煤炭行业排污费征收专项稽查。加强煤炭矿区总体规划环境影响评价，规范煤矿建设项目环评审批，严格准入条件。按照职责分工，负责对破坏生态环境、污染严重的矿井关闭及关闭是否到位情况进行监督和指导。牵头协调重特大环境污染事故和生态破坏事件的调查处理。

4. 煤矿职业卫生监管部门

根据党的十九届三中全会审议通过的《深化党和国家机构改革方案》和第十三届全国人大第一次会议批准的《国务院机构改革方案》，将原国家安全生产监管总局承担的职业卫生监管职责，划入新组建的国家卫生健康委，由其具体负责煤矿作业场所职业卫生监督检查责任，具体包括：拟定职业卫生相关标准，对职业健康风险进行评估，建立煤矿职业病危害项目申报制度并监督实施，承担煤矿建设项目职业病防护设施“三同时”监督管理工作，监督检查煤矿作业场所职业卫生情况，包括职业病危害因素定期监测、矿工职业健康监护、职业健康培训等，以及组织查处煤矿职业危害事故和违法违规行为。

5. 煤炭工业行业和信息化监管部门

根据国务院办公厅《关于印发工业和信息化部主要职责内设机构和人员编制规定的通知》以及机构改革职能调整相关规定，工业和信息化部负责拟订并组织实施工业、信息化的发展规划，推进产业结构战略性调整和优化升级，推进信息化和工业化融合。制订并组织实施工业的行业规划、计划和产业政策，提出优化产业布局、结构的政策建议，指导行业质量管理工作。拟订并组织实施工业的能源节约和资源综合利用、清洁生产促进政策，参与拟订能源节约和资源综合利用、清洁生产促进规划，组织协调相关重大示范工程和新产品、新技术、新设备、新材料的推广应用。与煤炭发展相关的产业规划和政策、煤炭资源综合利用、煤矿信息化、智能化等工作，具体由工业和信息化部所属产业政策司、节能与综合利用司、信息技术发展司等相关机构负责。

6. 煤矿劳动用工监管部门

人力资源社会保障部负责拟订工伤保险政策、规划和标准，指导和监督落实煤矿企业参加工伤保险有关政策措施，加大工伤预防的投入。督促煤矿企业依法签订劳动合同和参加工伤保险，规范煤矿企业用工行为和劳动管理。依据职业病诊断结果，做好职业病人的社会保障工作。会同有关部门制定煤炭工业领域专业技术人才、技能人才规划以及职业资格相关政策。按照职责分工制定女职工、未成年工特殊劳动保护政策。

7. 煤炭国有资产管理部门

根据《国务院关于机构设置的通知》（国发〔2018〕6 号）的规定，按照职责分工，国务院国有资产监督管理委员会承担监督中央管理的煤炭企业国有资产保值增值的责任，负责检查督促中央煤炭企业贯彻落实煤炭工业政策及有关法律法规、标准等，对中央煤炭企业内部管理、安全生产、风险投资等工作进行监督和考核，加强统筹规划，改善经营管理，保障矿工健康与安全。指导推进国有煤炭企业改革和重组，建立现代企业制度。推进化解煤炭过剩产能、处置“僵尸企业”和开展特困煤矿企业专项治理工作。

8. 煤炭科技管理部门

科技部承担煤矿重大科技攻关和科技进步的组织工作，加大对煤矿重大灾害治理、瓦斯抽放、煤炭绿色开发和清洁高效利用等重大科研项目的统筹和科技投入，加快推动煤矿安全绿色开采、煤矿区循环经济、煤层气开发及煤炭清洁高效利用、煤矸石和粉煤灰综合利用、矿山机械再制造等技术研发、示范及应用的支持，加快科研成果的转化应用。支持开展二氧化碳捕集、利用与封存技术研究和示范。

此外，依据职责分工，国务院其他有关部门也负责某些方面的煤炭监督管理工作。如交通运输部负责拟定对煤炭等大宗货物运输政策并监督实施；教育部负责制定有效的政策措施，鼓励发展地矿类高等教育和职业教育，加快培养地矿类专业人才；水利部负责煤矿建设项目水资源论证工作的组织实施和监督管理；公安机关负责对煤矿储存和使用民用爆炸物品的监督管理；市场监督管理部门负责煤矿企业工商营业执照的管理，对无照经营或证照过期的煤矿，以及不符合强制性国家标准、行业标准和国家有关规定的煤矿设备、材料进行依法查处。此外，煤矿建设项目勘察、设计、施工、监理以及工程建设有关的设备、材料招标等由住房和城乡建设部门负责。

三、地方人民政府煤炭监管体制

随着历次机构改革和职能调整，我国煤炭监管全国“一盘棋”的模式被打破。目前地方政府煤炭管理体制各异，缺乏统一性，职能交叉、多头管理严重。从总体上看，我国地方政府发展形成了行政机关主导、事业单位支撑、临时机构协调的煤炭监管体制。

（一）行政机关主导

行政机关主导，是中华人民共和国成立以来我国对煤炭工业采取的主要监管模式。目前，我国煤炭行政管理职能严重分散，各地管理机构名称五花八门，管理难度较大。以产煤大省山西省为例，针对山西省煤炭管理部门机构重叠、职能交叉等问题，山西省省委、省政府办公厅曾专门下发《关于调整煤炭工业管理体制的通知》（晋办发〔2007〕11 号），一度理顺了煤炭监管体制。随着机构改革的推进，山西煤炭管理体制亦不断调整，其管理机构设置也变动频繁。2019 年 5 月，中央全面深化改革委员会第八次会议审议通过《关于在山西开展能源革命综合改革试点的意见》，作为国内煤炭主产区和能源基地的山西省，正式成为全国首个能源革命综合改革试点。在 2018 年的机构改革中，山西省组建了省能源局，作为省政府直属机构，能源局下设煤炭开发处和煤炭生产技术处，承担起煤炭行业管理的重任。山西省能源局的挂牌意味着山西省煤炭工业厅的历史终结。目前，山西省煤炭监管部门主要有山西省能源局、山西省应急管理厅（山西省地方煤矿安全监督管理局）、山西矿山安全监察局和山西省自然资源厅。此外，山西省发展和改革委员会、生态环境厅、工业和信息化厅、国资委、市场监管局等部门也分别承担了煤炭行业管理的部分职能。

（二）事业单位辅助管理

事业单位是我国煤炭工业发展中提供公益服务的主要载体。由于历史原因，我国事业单位改革不彻底，承接了很多政府赋予的行政管理职能。如成立于 1954 年的山西省煤炭地质局，是山西省政府直属正厅级事业单位，主要从事公益性、基础性、战略性煤炭地质勘查工作及其延伸产业勘查、规划、科研、施工，为区域和地方经济的发展服务。其他一些产煤省也有类似机构，如山东矿山安全监察局救援指挥中心为山东矿山安全监察局直属事业单位，山东省煤矿工程质量检验中心，业务归口省能源局；原江西省煤炭行业管理办公室，为该省人民政府直属副厅级参照《公务员法》管理的事业单位，业务归口省工业和信息化委员会。

（三）临时机构议事协调

我国煤炭工业发展至今，各地一直存在大量的跨地区、跨部门、跨层级的涉煤议事协调机构，这些机构多为解决特定"事"而设立，是典型的任务型组织，并多冠以"指挥部""领导小组""办公室"等名称。如河北省钢铁煤炭火电行业化解过剩产能工作领导小组、云南省煤矿整治工作领导小组、四川省煤矿企业兼并重组工作领导小组、山东省人民政府压煤村庄搬迁办公室等，内蒙古自治区煤炭企业兼并重组工作领导小组，曾一度承担煤矿企业关停、转让、并购等行政审批职能。

第二节　我国煤炭工业管理的历史沿革

总体上看，我国煤炭行业管理大致经历了四个阶段：集中统一管理阶段、分层双重管理阶段、行业宏观管理阶段、多头分散管理阶段。

一、集中统一管理阶段（中华人民共和国成立后至1988年）

煤炭工业是受计划经济影响最深的行业之一。中华人民共和国成立以来，煤炭工业实行的是高度集中和统一的计划管理。中华人民共和国成立初期，我国煤炭产量仅有3400余万吨。为解决能源短缺问题，国家在燃料工业部下设煤炭总局管理煤炭工业，直接管理华北地区的国营煤矿企业和华东地区的部分国营煤矿企业。东北人民政府下设煤矿管理局，管理东北地区的国营煤矿企业。华东、中南、西南、西北军政委员会工业部下设煤矿管理局，管理所属地区的国营煤矿企业。各省（市、自治区）及其以下各级人民政府的工业部门，管理各级地方煤矿企业。

由于多种经济成分并存，煤矿工业按经济性质及管理体制划分为国营煤矿、地方国营煤矿和公私合营煤矿。为适应经济发展的需要，1955年8月，国家设立煤炭工业部，各省区建立煤炭工业管理局，中央和地方的行政管理职权重新划分，煤矿按生产规模被划分为重点煤矿和地方国营煤矿，分别进行管理，当时全国煤炭产量9000万吨。"大跃进"期间，大部分煤矿企业被下放给地方管理，只保留了山西省等三个重点产煤省。20世纪60年代调整时期，下放的企业又改为以煤炭部为主、地方为辅的双重领导体制。1970年1月，国家撤销了煤炭工业部，将煤炭、石油、化工三个部合并成燃料化学工业部，原煤炭部部属企业全部下放到各省级燃料化学工业局。

1975年1月，国家决定撤销燃料化学工业部，重新成立煤炭工业部，并将以前下放给地方管理的煤炭企事业单位陆续收归煤炭工业部领导。一直到1988年,煤炭工业管理体制稳定了13年。党的十一届三中全会以后,我国煤炭工业管理体制在调整中完善,在改革中发展。从1985年开始,实行煤炭部、管理局和矿务局三级管理模式,对国有重点煤矿(原统配煤矿)实行长达11年的投入产出总承包,开启了中国煤炭工业最具影响的改革。为适用总承包需要,国家决定将外调煤量大、对国民经济有较大影响的大同、开滦、平顶山等29个骨干矿务局和部分省级煤炭工业局(公司)、基本建设局、煤田地质公司、煤矿设备制造厂及煤田设计、科研、教育等单位划归煤炭部直管。

与计划经济相适应,这一时期我国煤炭工业实行高度集中和统一的计划管理,特别是国有重点煤矿,其人财物、产销供等各个方面,由国家统揽统管。对其所属的二级单位,对下面的矿厂处,同样也管得很死。在管理体制和组织形式上,矿务局集生产经营职能和国有资产的监督管理于一身,既领导指挥生产经营活动,同时又对局属这部分国有资产进行监督和管理,形成事实上的生产经营、监督管理一体化。各级煤炭主管部门又直接或间接参与煤炭企业的管理活动,政企不分,使得企业缺乏追求经济效益的积极性。[2]

二、分层双重管理阶段(1988年至1998年)

1988年6月,国家撤销煤炭工业部,成立了能源部。能源部通过新成立的煤炭系统三大公司——中国统配煤矿总公司、东北内蒙古煤炭工业联合公司、中国地方煤矿联合经营开发公司对煤炭行业进行归口管理。

在20世纪90年代初,受国际经济形势影响,国内经济也出现了自然的周期性波动,基于对经济会继续走低的判断,当时认为中国的能源生产已经基本满足经济增长的需要,国家没有必要再保留综合性的能源管理部门。1993年3月,第八届全国人民代表大会第一次会议通过国务院机构改革方案,决定撤销能源部和中国统配煤矿总公司,重新组建煤炭工业部。中国地方煤矿公司对地方煤矿行业管理的职能收归煤炭工业部行使,其相应行业管理人员一并转入煤炭工业部。1994年3月,煤炭工业部决定撤销东北内蒙古煤炭工业联合公司,分别成立辽宁、吉林、黑龙江、内蒙古煤炭工业管理局,同该省(自治区)的煤炭工业厅(局)"一套机构、两块牌子",实行以煤炭工业部为主的双重领导,统一管理各自辖区的煤炭企事业单位。此后,一些有统配煤矿的省(自治区)陆续成立了类似的双重领导的省级煤炭工业管理机构,没有统配煤矿的组建起了以省政府领导为主的煤炭工业厅。1994年2月,原煤炭工业部发布了《煤炭工业经济体制改革若干问题暂行规定》,明确煤炭工业经济体制实行分层决策。对事关全行业的重大改革举措,由煤炭部统一决策;对国家法律、法规、政策规定的属于企业自主权范围的改革,由煤矿企业自主决策、自主实施。[3]

为加强对所属煤炭企事业单位的管理,煤炭部在山西、河南、山东等16个主产煤省区设立了派出机构,这些机构在2000年煤炭工业管理体制改革中,分别改组为国家煤矿安全监

---

〔2〕 张宝明:《中国煤炭工业改革与发展》,煤炭工业出版社2002年版,第238页。

〔3〕 中国煤炭工业协会编:《中国煤炭工业改革开放40年大事记(1978－2018)》,煤炭工业出版社2018年版,第75－76页。

察局直属的省级煤矿安监局。随着社会主义市场经济体制的确立，1994 年 7 月，国家取消了全国统一的煤炭计划价格，煤炭价格大部分放开，国有煤矿企业开始走向市场。煤矿企业内部改革加快，推行了煤炭生产、多种经营和后勤服务的三条线管理，分别核算，模拟市场运转，转换经营机制，增强了企业参与市场竞争的能力。

三、行业宏观管理阶段（1998 年至 2008 年）

1998 年 3 月，第九届全国人民代表大会第一次会议决定将煤炭工业部改组为国家煤炭工业局，从此拉开了煤炭工业管理体制改革的序幕。按照国务院批准的国家煤炭工业局的"三定"方案，国家煤炭工业局定编 95 人，内设"五司两办"，即办公室（外事司）、规划发展司、行业管理司（地方乡镇煤矿整顿办公室）、企事业改革司（企业下放办公室）和人事司。与原煤炭工业部相比，新组建的国家煤炭工业局减少和转移的政府职能多达 70 项。与此同时，按照国务院确定的"带职分流，定向培训，加强企业，优化结构"的原则，对原煤炭部的其他人员进行分流。

从 1997 年下半年开始，煤炭市场供大于求，价格下滑，煤炭工业经历了 4 年左右的困难时期。国家煤炭工业局成立后，面对当时煤炭总量过剩、国有煤矿企业经济效益大幅度下滑的状况，确立了"下放、关井、减人、扭亏、安全"的工作思路，坚持以结构调整和总量控制为主线，集中力量抓好淘汰落后产能的整顿关闭工作。为推动实现煤矿企业三年改革脱困的目标，国家把深化企业改革作为扭亏脱困的根本动力，提出分类指导，改组壮大一批，关闭破产一批，放开搞活一批。在国民经济发展和国家宏观调控作用下，2001 年我国煤炭市场开始企稳，煤炭价格逐步回升，煤炭经济运行形势向好的方向发展。

2000 年 3 月，国家煤炭工业局被撤销，有关行政职能并入国家经贸委。2000 年 12 月，国务院办公厅《关于印发国家安全生产监督管理局（国家煤矿安全监察局）职能配置内设机构和人员编制规定的通知》（已失效），次年 2 月正式组建国家安全生产监督管理局，与国家煤矿安全监察局"一个机构、两块牌子"，综合管理全国安全生产工作，履行国家安全生产监督和煤矿安全监察职能，煤矿安全国家监察、地方监管、企业负责的格局进一步形成。

2003 年 3 月，国家经贸委被撤销，在国家发展和改革委员会下设国家能源局，负责制定我国煤炭工业中长期发展政策。同时，原属于国家经贸委管理的国家安全生产监督管理局改为国务院直属机构。2005 年 5 月，国务院成立国家能源领导小组，负责研究国家能源发展战略和规划、能源开发与节约、能源安全与应急、能源对外合作等重大政策。在国家发展和改革委员会单设国家能源领导小组办公室（副部级），作为国家能源领导小组的办事机构，代表国家对煤炭等能源实行统一协调管理。为遏制煤矿事故高发的趋势，进一步加强煤矿安全监察工作，同年 2 月，国务院将国家安全生产监督管理局调整为国家安全生产监督管理总局（正部级），单设国家煤矿安全监察局（副部级），作为国家安全生产监督管理总局管理的国家局，充分体现了党中央、国务院对煤矿安全生产工作的高度重视。

四、多头分散管理阶段（2008 年至今）

为探索实行职能有机统一的大部门体制，加强能源管理机构建设，在 2008 年机构改革中，国家能源局挂牌成立，由国家发展和改革委员会管理，将能源行业管理有关职责及机构，与国家能源领导小组办公室的职责、国防科学技术工业委员会的核电管理职责进行整合，划入该局。具体职责包括：拟订能源发展战略、规划和政策，提出相关体制改革建议；实施对石油、天然气、煤炭、电力等能源的管理；管理国家石油储备；提出发展新能源和能源行业节能的政策措施；开展能源国际合作。国家能源局共设综合、政策法规、发展规划、能源节约和科技装备、电力、煤炭、石油天然气、新能源和可再生能源、国际合作司九个司，编制112人。[4] 以此次机构改革为开端，我国煤炭行业管理职能进一步分解和弱化，形成了煤炭行业多头管理的体制，失去了统一规划、统一开发、统一管理的职能。

随着国家能源管理改革调整到位，各地机构改革与职能调整加速进行，许多省级煤炭行业管理机构逐步被兼并或撤销，各产煤省煤炭管理职能归口单位五花八门。以河南省为例，在本轮政府机构改革中，河南省撤销了省煤炭工业局，将煤炭工业行业管理职责划归省工业和信息化厅，将煤炭规划和建设职责划归能源规划建设局，煤炭资源划归国土资源厅，煤矿安全职责划归省安全生产监管局。由于各个部门职责交叉、责权不明，遇到问题，相互推诿、扯皮现象时有发生。贵州、云南、湖南、安徽、江苏等其他一些产煤省区煤炭管理机构调整，都存在涉煤管理机构众多、体制不顺，专职行业管理职能被分解和弱化问题。[5]

从2002年到2012年，随着我国能源需求大幅度增长，煤炭产量、消费量以年均2亿多吨的速度快速增长。为保障能源供应，这一时期，国家把建设大型煤炭基地、建设大型现代化煤矿、培育大型煤炭企业集团作为发展的核心任务，提高煤炭供应保障能力，满足经济社会发展对能源的需求。为统筹推进能源发展和改革，加强能源监督管理，2013年3月，第十二届全国人民代表大会第一次会议通过新一轮国务院机构改革和职能转变方案，决定将国家能源局、国家电力监管委员会的职责整合，重新组建国家能源局，由国家发展和改革委员会管理。根据“三定”方案，重组后的国家能源局下设煤炭司，负责拟订煤炭开发、煤层气、煤炭加工转化为清洁能源产品的发展规划、计划和政策并组织实施，承担煤炭体制改革有关工作，协调有关方面开展煤层气开发、淘汰煤炭落后产能、煤矿瓦斯治理和利用工作。至此，我国煤炭勘探、生产、运输、销售等环节被发展改革、自然资源、商务、国资、交通、生态环境、应急管理等诸多部门一一分解，煤炭行业管理职责严重分散，利益错综复杂，形成“九龙治水”的局面。煤炭监管体制机制亟待破旧立新，解决制约煤炭行业发展的深层次矛盾问题。

第三节　煤炭行业的政府规制

规制（Regulation）是政府为了纠正市场失灵采取的措施。通常意义上的规制，“是指依据一定的规则对构成特定社会的个人和构成特定经济的经济主体的活动进行限制的行

---

〔4〕《国务院批准国家能源局“三定”方案》，载《中国经贸导刊》2008年15期。
〔5〕《煤炭工业：管理体制困局亟需破解》，载《中国煤炭工业》2010年第9期。

为"。[6] 一般认为,政府规制分为经济性规制与社会性规制两大类。经济性规制主要是政府为了监管自然垄断或存在信息偏差的产业的需要,对其市场准入、价格等所进行的各种监管,就煤炭行业而言,对煤炭投资准入、价格、服务等环节的规制,是经济性规制的重心。社会性规制是"以保障劳动者和消费者的安全、健康、卫生、环境保护、防止灾害为目的,对物品和服务的质量和伴随着提供它们而产生的各种活动制定一定标准,并禁止、限制特定行为的规制"。[7] 煤矿安全生产、劳动者职业健康保护、矿区治理与环境保护、应对气候变化等属于社会性规制的范畴。鉴于煤炭社会性规制在其他章节已有专门介绍,本部分侧重介绍煤炭经济性规制。

众所周知,能源作为国民经济基础产业,关系到国计民生和社会安全稳定。中国富煤、贫油、少气的资源现况,决定了我国的能源发展,必须要以煤炭为基础。由于煤炭的特殊地位,加之行业体量庞大,我国在相当长一段时间内,政府对煤炭监管侧重于投资、价格、生产规模等经济性规制,并客观造成了重生产轻安全环保、重利用轻节约等现象,这一切都与我国经济结构和煤炭工业发展现状密切相关。近年来,随着环境、安全、资源保护等煤炭外部性问题凸显,加之经济结构转型与能源革命的深入推进,国家加强了煤炭的社会性规制,努力提高煤炭资源利用效率,确保能源供应安全,保护生态环境等。在能源领域,我国煤炭市场化改革推进较早,市场竞争机制和产品价格形成机制基本建立。即便如此,在社会性规制加强的同时,国家并未完全放开对煤炭的经济性规制,投资准入的门槛仍然较高,政府对煤炭价格的调控措施依然存在,社会性规制与经济性规制相互补充、手段并用的趋势愈发明显。

一、煤炭投资准入

(一)煤炭建设项目核准

为保护和合理开发利用煤炭资源,规范煤炭资源勘查开发秩序,强化国家规划宏观调控,促进煤炭行业健康发展和市场供需平衡,我国对煤炭建设项目(包括新建、改扩建、技术改造等类型)实施严格的核准管理。按照国务院《关于发布政府核准的投资项目目录(2016年本)的通知》规定,"国家规划矿区内新增年生产能力120万吨及以上煤炭开发项目由国务院行业管理部门核准,其中新增年生产能力500万吨及以上的项目由国务院投资主管部门核准并报国务院备案;国家规划矿区内的其余煤炭开发项目和一般煤炭开发项目由省级政府核准。国家规定禁止建设或列入淘汰退出范围的项目,不得核准。""年产超过20亿立方米的煤制天然气项目、年产超过100万吨的煤制油项目,由国务院投资主管部门核准"。同时明确提出:"对于煤矿项目,要严格执行《国务院关于煤炭行业化解过剩产能实现脱困发展的意见》(国发〔2016〕7号)要求,从2016年起3年内原则上停止审批新建煤矿项目、新增产能的技术改造项目和产能核增项目;确需新建煤矿的,一律实行减量置换。"

---

〔6〕[日]植草益:《微观规制经济学》,朱绍文等译,中国发展出版社1992年版,第1页。
〔7〕[日]植草益:《微观规制经济学》,朱绍文等译,中国发展出版社1992年版,第22页。

根据《企业投资项目核准和备案管理权法》、国家发展和改革委员会、国土资源部、建设部、国家安全生产监督管理总局、国家煤矿安全监察局《关于加强煤炭建设项目管理的通知》、国家发展和改革委员会、国家能源局、国家安全监管总局、国家煤矿安监局《关于进一步加强煤矿建设项目安全管理的通知》等有关规定，所有煤炭建设项目必须履行核准程序。煤炭建设项目按工作程序和要求，大致可分为决策立项、项目核准、开工备案、工程建设、竣工验收五个阶段。

（二）煤矿生产能力登记和公告

为强化煤矿生产能力管理、规范煤矿企业生产行为、促进煤炭行业平稳运行，自2013年以来，国家建立了煤矿生产能力登记和公告制度，由各产煤省（区、市）煤炭行业管理部门按照属地管理原则，对辖区内所有煤矿生产能力进行统一建档登记。登记内容包括煤矿生产能力及隶属企业名称、所在地区、开拓方式、井口坐标、采煤工艺、瓦斯等级、水文地质条件、自然发火类型、煤尘爆炸危险性指数等相关信息。煤矿生产能力相关信息通过政府网站或相关媒体向社会公布，严格依据登记生产能力组织生产。对检查中发现的超过登记生产能力组织生产的煤矿，按照有关法律法规规定进行处理。根据国家能源局公告的信息，截至2018年12月底，全国安全生产许可证等证照齐全的生产煤矿3373处，产能35.3亿吨/年；已核准（审批）、开工建设煤矿1010处（含生产煤矿同步改建、改造项目64处）、产能10.3亿吨/年，其中已建成、进入联合试运转的煤矿203处，产能3.7亿吨/年。[8]

为优化煤炭产业格局，2016年以来，我国持续推进重点领域化解过剩产能工作，累计退出煤炭落后产能8.1亿吨，淘汰关停落后煤电机组2000万千瓦以上。经过近五年的去产能洗礼，我国煤炭产业集中度进一步提升。一方面，煤炭行业去产能加大了大型煤炭企业的兼并重组，在行业形成了强强联合、强者恒强的竞争格局。同时，随着环保、安全生产、能耗控制等市场化措施的逐渐趋严，小型煤矿企业的生存空间被大幅度挤压，在竞争中处于劣势地位。另一方面，进一步优化存量资源配置，推动在建煤矿加快建设、建成煤矿加快投产，有序释放优质先进产能，不断扩大优质增量供给。

二、煤炭价格调控

（一）价格调控阶段

我国的煤炭价格形成机制大体可以分为三个阶段，即计划经济定价阶段、计划价与市场价并处的价格双轨制阶段和市场定价阶段。中华人民共和国成立初期，我国煤炭实行产销分离制。煤炭生产企业只管生产，政府只负责销售。20世纪80年代后，我国煤炭生产、调运管理统一交由煤炭部管理，开始实施产销统一的计划体制。随着改革开放不断深入，煤炭计划体制有所松动，煤炭交易市场发展较快，相继建立秦皇岛、上海、太原等全国性煤炭交易市场和若干区域性交易市场。在市场化改革大潮冲击下，煤炭价格开始朝着市场化方向发展。1993年，放开全国统配煤矿所生产煤炭中的洗精煤、动力煤的价格，放开华东、

---

〔8〕 国家能源局全国煤矿生产能力公告2019年第2号。

华北、湖南的中央统配煤的出厂价格,放开地方上调中央的统配煤的价格。1994 年,取消统一的煤炭价格,除电力、钢铁、建材等行业用煤实行限价外,其他煤炭价格全部放开。2002 年,国务院决定放开除发电用煤外的所有煤炭价格。2004 年,国务院决定实行煤电价格联动机制。[9] 国务院《关于促进煤炭工业健康发展的若干意见》(国发〔2005〕18 号)明确提出:"深化煤炭流通体制改革,改革电煤价格形成机制,运用经济手段和必要的行政法规,合理调整煤炭企业与发电企业的利益关系。继续推进煤炭订货方式改革,鼓励供需双方自主衔接、签订长期供货合同。加快建立以全国煤炭交易中心为主体,以区域市场为补充,以网络技术为平台,有利于政府宏观调控、市场主体自由交易的现代化煤炭交易体系。"2011 年,国家发展和改革委员会在全国范围内对发电用煤(以下简称电煤)实施临时价格干预措施,适当控制合同电煤价格涨幅,规定 2012 年度合同电煤价格涨幅不得超过上年合同价格的 5%。2013 年起,国家取消了重点电煤合同,取消电煤价格双轨制,确立了按市场机制确定煤炭价格的定价原则后,我国煤炭行业市场化及国际化进程明显加快,特别是进入 2017 年,煤炭行业市场化改革提出了中长期合同制度,在此基础上,形成"基础价 + 浮动价"的定价新机制。[10]

(二)价格调控措施

煤炭中长期合同,是主要产煤企业和发电、炼钢企业,基于过去煤炭价格产生的浮动价和基准价,进而订立的未来一定期限的合同。煤炭中长期合同有利于供需双方安排生产和运营,方便提前安排运力,能有效减少煤炭价格波动和争端,国际煤炭贸易也采用与之类似的长期合同的做法。2019 年 11 月 28 日,国家发展和改革委员会办公厅《关于推进 2020 年煤炭中长期合同签订履行有关工作的通知》,要求中央和各省区市及其他规模以上煤炭、发电企业集团签订的中长期合同数量,应达到自有资源量或采购量的 75% 以上,鼓励引导新投产煤矿签订更高比例的中长期合同。支持签订 2 年及以上量价齐全的中长期合同。鼓励多签有运力保障的三方中长期合同。国家发展和改革委员会会同有关方面加强指导,重点对产运需三方中长期合同进行监管,合同履行情况实行分月统计、按季考核。同时,委托国家公共信用信息中心和第三方征信机构开展中长期合同签订履行信用数据采集,建立动态信用记录,适时公布有关履约信用状况。

此外,每逢迎峰度夏、迎峰度冬等用煤高峰期,我国煤炭市场价格总会迎来不同幅度的上涨行情。上涨行情的背后,市场需求的季节性骤增起了主导作用,有一定的合理性。不过,也存在一些机构试图通过囤积库存、散布涨价消息等手段推动煤炭价格上涨,靠炒作市场实现获利。2016 年以来,在去产能过程中出现煤炭价格过快上涨,就有游资炒作的因素。[11] 为防范煤炭价格异常波动,确保迎峰度夏、迎峰度冬等用煤高峰期间煤炭市场价格基本稳定,国家煤炭行业管理部门、经济运行部门以及价格主管部门通过组织开展煤炭市

---

〔9〕 岳福斌:《深化煤炭流通体制改革》,载《促进煤炭工业健康发展——〈国务院关于促进煤炭工业健康发展的若干意见〉学习体会》,煤炭工业出版社 2005 年版,第 157 – 160 页。

〔10〕 冯雨、冯华敏:《我国煤炭价格指数发展历程及其展望》,载《中国煤炭》2019 年第 5 期。

〔11〕 林火灿:《煤炭市场价格监管执法应常态化》,载《经济日报》2017 年 10 月 28 日,第 8 版。

场价格巡查，并派出检查组对重点地区和重点企业进行直接检查等方式，严厉打击煤炭行业哄抬价格和价格垄断行为，切实维护煤炭市场价格秩序。[12]

三、煤炭资源税改革

（一）发展历程

我国现行的煤炭资源税费制度是在1994年税费改革后逐渐形成的。但随着经济的快速发展，现行征收的资源税、矿产资源补偿费、探矿权和采矿权使用费等，存在功能重叠、计税标准不合理、调节机制不灵活等问题，不能真实反映煤炭作为矿产资源本身的价值，难以引导煤炭资源的合理开采和利用。煤炭资源税改革前，一些地方煤炭企业需缴纳的税费多达十余种，税费秩序不合理，企业负担严重。[13] 名目繁多、数量庞大的税费的产生，虽有其特定的历史原因，各种收费也曾发挥过积极的作用。然而，这些税费没有经过统一科学的设计，缺少全盘考虑，往往不规范、不透明。为了维持缴纳各项杂费后的利润水平，一些资源利用率考核不严的煤矿企业完全可能在资源开采中"吃肥丢瘦"，造成资源浪费严重。这种现象在一定程度上与煤炭资源税保护资源职能弱化有关。煤炭资源税不仅税额偏低，而且缺乏对不同回采率的激励与约束，在实际中，使技术改造投入少、回采率低、资源浪费大的煤矿获取了更多的利益，对资源的保护和节约起着逆向调节作用，也促使一些企业受暴利诱惑，乱挖乱采、采富弃贫等现象更加严重，造成煤炭资源的极大浪费。[14] 国家发展和改革委员会下发通知，规定除依法设立的基金外，省级以下地方人民政府自行设立的涉煤基金和收费项目，必须在2011年年底前取消。2013年，财政部会同国家发展和改革委员会对重点产煤省份煤炭行业收费情况进行了集中清理整顿，对各种乱收费、乱集资、乱摊派进行了取缔。

从2014年开始，国家启动了煤炭资源税改革，积极推动将煤炭资源税由从量计征改为从价计征。随后，财政部、国家税务总局于2014年10月9日下发的《关于实施煤炭资源税改革的通知》确定：煤炭资源税实行从价定率计征。煤炭应税产品包括原煤和以未税原煤加工的洗选煤。应纳税额的计算公式为：应纳税额 = 应税煤炭销售额 × 适用税率。应税煤炭销售额依照《资源税暂行条例实施细则》的有关规定确定，煤炭资源税税率幅度为2% ~ 10%，具体适用税率由省级财税部门根据本地区清理收费基金、企业承受能力、煤炭资源条件等因素提出建议，报省级人民政府拟定。该通知同时规定了税收优惠的措施，对衰竭期煤矿开采的煤炭，资源税减征30%；对充填开采置换出来的煤炭，资源税减征50%。[15]

（二）现行问题与措施

清费立税、从价计征改革，使煤炭资源税的收入功能得到加强、煤炭企业的整体负担也

---

〔12〕 国家发展和改革委员会办公厅《关于做好迎峰度冬期间煤炭市场价格监管的通知》（发改办价监〔2017〕1737号）。

〔13〕 罗丽、代海军：《我国〈煤炭法〉修改研究》，载《清华法学》2017年第3期。

〔14〕 宋德晋主编：《税收政策与山西煤炭工业可持续发展》，中国市场出版社2005年版，第220页。

〔15〕 财政部、国家税务总局《关于实施煤炭资源税改革的通知》（财税〔2014〕72号，已失效）。

有所减轻，但也暴露出一些问题，以山西为例，原来收取的基金中专门用于生态环境综合整治的资金不复存在，治理生态环境专款专用的功能无法体现，且一定程度淡化了促进企业转型发展的功能。此外，以销售价格为计税依据计征资源税无法体现煤炭的开采难易，而开采条件很大程度上决定成本。下一步，国家需要在财政支出方向、比例方面作出相应的规定；同时，地方政府应运用好有限的资源税税权，通过对部分要素实施动态调整，达到为煤炭企业创造公平的税收环境这一目的。[16]

四、煤炭资产化管理

20世纪90年代，我国煤炭价格放开后，煤炭企业逐步走向市场，但由于市场规则不完善，使得煤炭行业各类煤矿之间、不同地区煤矿之间的不平等竞争问题曾一度比较突出。主要是煤炭资源资产化的管理体系尚未建立起来，煤炭资源还不是真正意义上的资产，现行的资源税起不到调节级差的目的，煤炭资源补偿费也难以使煤炭生产企业节约资源，造成占有资源程度不同、地理位置不同的企业之间不平等竞争，造成部分小煤矿“吃肥丢瘦”、浪费资源换取低成本与国有大矿进行不平等竞争。[17] 20世纪90年代，煤炭部曾提出煤炭资源实行资产化管理设想，一度开展包括资产账户的建立和管理、产权界定和资产评估、建立煤炭资源产权交易市场等方面试点工作，1997年修改后的《矿产资源法》实施，使我国矿产资源有偿使用制度向市场经济方向迈进了一大步。近年来，煤炭资源资产化管理有了新的进展，矿业权市场开放。但由于煤炭资源资产管理体制改革进展相对缓慢，所有者权益不落实，以使用权代替所有权，造成主体不明确、责任不清晰，权益不维护，补偿机制不到位，所有者权益和生态权益得不到有效维护等诸多问题，亟待完善我国煤炭资源有偿使用制度，构建符合时代特征和矿业规律的煤炭资源权益金制度，保障所有者权益。同时进一步考虑煤炭资源开发的环境代价及外部性，建立充分反映资源占用、环境成本、稀缺性和耗竭性的煤炭资源有偿使用、生态补偿和收益分配体系。[18]

第四节 煤炭监督检查

煤炭监督检查是煤炭监督管理机构依法履行职权的重要内容和方式，也是实现《煤炭法》立法目的最重要、最直接的手段。作为行政机关履职的行为方式，煤炭监督检查既要遵循行政法关于依法行政、人权保障、正当程序等普遍原则，还应当遵循《煤炭法》确立的相关原则和具体要求。煤炭监督检查是广义的煤炭行政执法的重要内容，与行政处罚、行政强制、行政许可等共同构成煤炭监督管理机构的法定职权。

---

〔16〕 彭月兰：《关于煤炭资源税改革的思考——以山西为例》，载《税务研究》2018年第6期。

〔17〕 张宝明：《中国煤炭工业改革与发展》，煤炭工业出版社2002年版，第151页。

〔18〕 范振林：《矿产资源资产管理体制改革的对策建议》，载《矿产保护与利用》2017年第5期。

一、煤炭监督检查的依据及要求

《煤炭法》第五十三条规定，“煤炭管理部门和有关部门依法对煤矿企业和煤炭经营企业执行煤炭法律、法规的情况进行监督检查”；第五十四条规定：“煤炭管理部门和有关部门的监督检查人员应当熟悉煤炭法律、法规，掌握有关煤炭专业技术，公正廉洁，秉公执法。”具体而言，煤炭监督检查，应当符合下列基本要求：(1)监督检查人员必须具备执法资格，持有煤炭管理部门和有关部门颁发的执法资格证；(2)监督检查人员必须严格按照法定权限，在法定职责范围内实施行政行为；(3)监督检查人员开展调查取证应当合法、及时、客观、全面，据以作出执法决定的事实清楚，证据确实充分；(4)定性及适用法律、法规、规章准确，严格适用自由裁量标准；(5)适用行政处罚、强制措施的法律手续完备，程序合法；(6)正确选择和使用执法文书，规范执法文书制作；(7)对涉及被检查单位的技术秘密和商业秘密，应当为其保密；(8)涉及煤炭监督检查人员本人或者其有关亲属利害关系的，监督检查人员应当回避。

除此之外，《煤炭法(修订草案)》(征求意见稿)增加了现场监督检察要求和非现场监督检察要求。如第七十条规定，煤炭管理部门和有关部门依法开展监督监察工作，监督监察人员进行监督监察时，有权采取下列措施：(1)要求被检查单位提供有关文件、证照、资料；(2)进入被检查单位现场进行检查；(3)责令被检查单位停止违法行为，履行法定义务；(4)依法采取查封、扣押的行政强制措施；(5)法律、行政法规规定的其他措施。煤炭管理部门和有关部门的监督监察人员依法履行监督监察职责，被检查单位应当予以配合，不得拒绝、阻碍。第七十一条规定，煤炭管理部门和有关部门应当建立煤炭监督检察信息系统，通过实施在线监测以及信息报送等手段，实现对煤炭企业的规划建设、安全生产、加工利用等活动的全覆盖、全过程的非现场监督检察。煤炭企业应当主动接受煤炭管理部门和有关部门的非现场监督检察，积极配合做好系统接入、数据信息报送等工作。[19]

严禁接受煤炭企业的任何馈赠、报酬、福利待遇，在煤炭企业报销任何费用，参加煤炭企业安排、组织或者支付费用的宴请、娱乐、旅游、出访等活动；严禁借煤炭监督检查工作为自己、亲友或者他人谋取利益，以及以任何形式从事中介活动，或者收取中介机构提供的钱物等。

二、煤炭监督检查的内容及方式

(一)内容

从不同角度划分，煤炭监督检查的内容亦有所区别。从煤炭全生命周期看，可以分为煤炭投资监督检查、煤炭规划监督检查、煤炭生产监督检查、煤炭建设监督检查、煤炭运销监督检查、煤炭市场监督检查、煤矿关闭监督检查。从履行煤炭监督检查职责的部门看，可以分为煤炭行业监督检查、煤炭资源监督检查、煤炭环境保护监督检查、煤矿安全生产监督

---

〔19〕《煤炭法(修订草案)》(征求意见稿)，国家发展和改革委员会2020年7月29日公布。

检查、煤矿职业卫生监督检查等内容。依据《煤炭法》和其他相关法律规定，不同煤炭监管部门结合实际对监督检查的内容进一步细化。以煤矿安全生产监督检查为例，包括"一通三防"、水害防治、提升运输、安全培训和超能力生产、建设项目等具体内容。针对部分监督职责不明确或者跨领域等事项，煤炭管理部门和有关部门还会开展联合监督检查活动，如国家能源局、国家煤矿安全监察局2013年部署开展的煤矿生产建设秩序检查，就是针对煤炭领域非法违规建设生产的监督检查。

（二）方式

煤炭监督检查一般通过重点检查、专项检查、集中检查等方式开展。近年来，随着"放管服"工作的推进，我国煤炭管理部门积极创新能源监督管理方式，确定以随机抽查方式开展煤炭监督检查，进一步加强了煤炭事中事后监管。根据国务院《关于加强和规范事中事后监管的指导意见》和国务院办公厅《关于推广随机抽查规范事中事后监管的通知》的要求，国家能源局对以下事项开展随机抽查：一是按照《国务院关于投资体制改革的决定》（部分失效）、《政府核准投资项目管理办法》（已失效）的相关规定，履行政府投资主管部门职责，对国家规划矿区内新增年生产能力120万吨及以上煤炭开发项目未依法取得核准文件而擅自开工建设行为事项的检查；二是按照《煤炭法》《生产煤矿回采率管理暂行规定》的相关规定，对生产煤矿的采区回采率是否达到有关规定的要求进行检查；三是按照《煤炭矿区总体规划管理暂行规定》的相关规定，对煤矿建设、生产是否符合经批准的矿区总体规划的检查。

对随机抽查发现违法违规行为的检查对象，充分利用通报、约谈、行政处罚等方式，依法依规加大惩处力度。在条件许可的情况下，对监管对象按其信用等级采取不同的随机抽取比例，充分利用现有信息平台系统功能，由系统确认随机抽查主体、比例、频次、内容。建立以信用为基础的新型监管机制，对遵规守纪的抽查对象予以表扬，并在一定时间内降低抽查比例和频次；对违法违规问题较多的抽查对象，加大抽查力度，及时进行复查，如整改不及时则依法从重处罚。[20]

落实差异化监管监察措施，立足于防范遏制重大事故，紧紧盯住煤与瓦斯突出、水害、火灾、冲击地压等灾害严重、安全风险交织叠加，重大事故隐患整改不到位、事故隐患频发等不安全煤矿，把防控重大安全风险摆在突出位置，对其加大监管监察执法频次和力度，有效管控重大安全风险。负责煤矿安全监管的部门和驻地煤矿安全监察分局要对属地和辖区煤矿开展安全风险分析研判，明确检查的重点地区、重点煤矿和重点内容，完善"一矿一册"档案和"一矿一策"措施，推进精准分类监管监察。要通过对煤矿生产计划安排、主要生产安全系统和重大灾害治理情况的重点检查，深入分析煤矿在安全管理、安全投入、安全防范、安全培训、基础管理、应急救援等方面存在的共性问题、深层次问题，推动煤矿企业严格落实安全责任，切实管控重大安全风险，整治消除重大事故隐患。

---

〔20〕　国家能源局综合司《关于印发〈推广随机抽查规范事中事后监管的实施方案（2020年修订）〉的通知》（国能综通法改〔2020〕17号）。

三、煤炭监督检查的程序

煤炭监督检查应当遵守《煤炭法》以及相关法律法规规定的程序和要求。根据依法行政的工作需要，近年来，各级煤炭管理部门和有关部门相继制定了煤炭监督检查的程序规范，如国家煤矿安全监察局于2016年颁布实施了《煤矿安全监察执法手册》，对煤矿安全监察执法活动进行全面规范。国家能源局也规范了对煤炭企业的监督检查工作，于2020年1月17日印发了《国家能源局行政检查工作规定》（以下简称《规定》），对其行政检查工作进行了闭环管理，从流程上看，主要可以分为八个环节。

（一）确定检查对象

《规定》要求对国家能源局随机抽查事项清单所列事项开展的行政检查，应当遵循随机抽取检查对象、随机选派检查人员的原则，并及时公开检查信息。

（二）制定检查方案

《规定》要求行政检查前，应当提前制定检查方案，报送国家能源局负责人审定。检查方案应当包括检查时间、检查人员、检查对象、检查范围等内容。国务院决定或者批准开展的行政检查，应当按照国务院决定或者批准的检查方案和检查内容进行。

（三）检查前的准备

检查前的准备包括人员准备和资料设备等准备。《规定》要求在行政检查前，一方面，应当根据检查任务和检查对象选定检查人员，组成检查组，并且持有有效工作证件的检查人员不得少于两人。必要时，可以根据行政检查需要，聘请具有相关专业知识的人员协助。另一方面，应当提前准备，包括收集整理相关资料、了解掌握相关政策制度、组织检查人员培训等。根据行政检查需要，可以要求被检查单位提前报送相关资料、开展自查并提交报告等。

（四）发出检查通知

与暗访检查、不打招呼检查等不同，《规定》要求行政检查前，原则上提前三个工作日向被检查单位发出行政检查通知，告知检查时间、检查范围等内容。必要时，可以持检查通知书直接进行行政检查。

（五）开展现场检查

现场检查可以通过询问相关人员、查阅资料、实地察看等方式开展，如检查人员到实地进行察看可以就察看情况形成书面情况记录，并由被检查单位相关人员签字或者加盖被检查单位印章确认。根据行政检查需要，可以通过录音、拍照和摄像等形式，取得视听资料。

（六）形成检查报告

按照《规定》的要求，检查组应当及时对检查中认定的事实、证据资料进行核对分析和研究确认，必要时由被检查单位相关人员签字或者加盖被检查单位印章确认。行政检查结束后,应当形成行政检查报告,主要包括检查工作基本情况、被检查单位基本情况、检查事实、发现的问题和处理建议等内容。行政检查报告经批准后,可以形成行政检查通报并印发被检查单位。

(七)作出处理决定

在行政检查中,发现被检查单位存在违反国家有关能源监管规定的行为的,依据《规定》,应当依法责令其当场改正或者限期改正。对行政检查中发现的违法行为,依法应当给予行政处罚的,按照有关规定给予行政处罚。对于被检查单位违法违规行为不属于国家能源局职责范围的,应当依法移送相关部门处理。

(八)立卷归档

监督检查档案是开展行政检查工作的重要参考,也是应对行政诉讼和复议的重要证据。按照《规定》,行政检查结束后,行政检查人员应当按照有关规定将有关材料立卷归档。归档材料包括,行政执法文书和材料(包括各种文字、图表、声像和电子载体等记录)。

第五节 煤炭行业自律和社会监督

煤炭行业自律是推进煤炭工业健康发展的重要支撑,也是沟通政府监督管理与煤炭企业生产开发活动的重要桥梁。目前,我国煤炭领域规范有序的社会化服务市场尚未形成。坚持政府引导、监督与行业自律相结合,把实施行业自律作为煤炭行业组织的重要职责,加强对煤炭企业以及相关技术服务机构的指导和管理,仍是推进煤炭社会化体系建设的重要任务。此外,公民监督、新闻媒体监督和其他社会组织的监督,起着弥补政府监管力量和手段不足的作用,对于促进煤炭行业健康发展亦大有裨益。

一、煤炭行业自律

煤炭行业管理是宏观调控与微观经济管理的结合,除了政府通过制定产业政策和发展规划、拟定实施法律法规和技术标准等宏观调控外,包括行业协会等在内的中介组织,在政府与煤炭企业之间发挥着桥梁和纽带作用,一方面把国家宏观调控目标、政策取向等传导给煤炭企业;另一方面,把煤炭企业的意见和要求转达给政府,为政府决策提供参考和依据。同时,根据煤炭行业特点制定行规行约,对企业的发展加以扶持和引导。

(一)煤炭行业自律概述

依照我国法律相关规定,行业协会是由同业企业以及其他经济组织自愿组成、实行行业公共服务和行业自律的社团法人。行业协会作为市场经济社会普遍存在的一种社会经济组织形式,是企业(会员)与政府、企业(会员)与社会之间的桥梁和纽带,对经济社会生活及行业发展有着重要的影响作用。行业协会具有民间性、互益性、中介性和非营利性四个典型特征。[21] 行业自律是行业协会自我管理、自我约束、自我服务。

改革开放以来，随着国有经济在国民经济的大多数领域退出，包括民营在内的多种经济成分崛起，行业治理中出现了许多新问题。随着机构改革，“小政府大社会”的国家治理目标的确立，政府在行业治理中越来越显得力不从心。从煤炭领域看，随着我国社会主义市场经济的逐步建立，煤炭企业的管理体制发生了显著的变化：一方面，政府简政放权，转变职能，实行政企分开；另一方面，企业离开主管部门后，还不适应市场经济要求，加上原有体制的干扰，行为很不规范，造成某些管理真空和竞争无序的现象。在这一背景下，需要一种新的组织形式代替政府行使部分行业管理职能。行业协会的市场组织行为，恰恰可以起到这种调节作用，并可促进市场的发育和完善，提高煤炭行业的整体素质。[22] 我国煤炭行业的协会组织建设起步较早。自20世纪80年代以来，为了适应生产建设和煤炭工业发展的需要，全国陆续成立了十几个全国性的专业协会和学会，几乎涵盖了煤炭生产、基本建设、机械制造、科研教育、思想政治工作等各个方面。经过多年的实践发展，我国煤炭行业协会在开展调查研究，为政府宏观决策提供意见和建议，规范煤炭企业行为，协助政府加强管理，反映煤炭企业诉求，帮助企业解决实际困难等方面发挥了重要作用，成为沟通政府与煤炭企业、推动煤炭行业改革发展的重要力量。

行业自律首先要加强组织领导。各级煤矿安全监管监察部门主要负责人为本单位加强和规范煤矿安全事中事后监管监察的第一责任人，统筹推进事中事后监管监察工作。要将加强和规范事中事后监管监察措施落实情况纳入工作目标责任考核，加强督促检查，并及时研究解决工作中的重大问题。其次要加强法治保障。各级煤矿安全监管监察部门要落实行政执法机关移送涉嫌犯罪案件的有关规定，执行好移送启动、保存证据、提出书面报告、负责人审批、制作移送文书、移交材料等移送程序，建立完善本单位行刑衔接工作机制。建立与公安机关、检察机关案情通报机制；在查办案件中，发现符合刑事追诉标准、涉嫌构成犯罪，依法需要追究刑事责任的，应当及时向司法机关移送。遇到重大法律适用问题，要及时向国家煤矿安监局报告。最后要加强执法能力建设。各级煤矿安全监管监察部门要加强对监管监察执法人员的教育培训，着力提升执法人员业务能力和执法素养，努力建设“一专多能”的执法队伍。各省级煤矿安全监管监察部门要争取推动地方政府制定出台相关政策，保障基层执法经费和装备投入，推进执法装备标准化建设，提高现代科技手段在执法办案中的应用水平。

（二）中国煤炭工业协会

聚焦煤炭行业，在全国性行业组织层面，既有综合性的行业协会如中国煤炭工业协会，又有专业性较强或业务领域较为局限的专业协会如中国煤炭运销协会、中国煤矿文化艺术联合会等。在地方性行业组织层面，各产煤省区普遍建立了省级行业协会，部分市县结合

---

〔21〕 张良编著：《行业协会工作实务》，上海交通大学出版社2014年版，第1－2页。

〔22〕 张运章：《煤炭行业协会有关问题探讨》，载《煤炭经济研究》1998年第12期。

实际也建立了市、县级行业协会。[23] 与其他很多行业协会一样,煤炭行业协会脱胎于计划经济体制,协会的职能配置、运作方式和管理手段等,主要依靠行政命令维持运作,缺乏一个能够总揽煤炭行业全局,从总体上履行行业自律职能的机构。为解决当时煤炭行业协会组织比较松散、层次比较低的问题,更好地适应煤炭工业向市场经济转变和加强行业管理的需要,国家决定组建中国煤炭工业协会。

中国煤炭工业协会是在原中国煤炭工业企业管理协会基础上更名产生的。随着我国社会主义市场经济的发展,政府机构改革的实施,煤炭工业的管理体制发生了重大变化。如前文所述,原煤炭工业部在第九届全国人民代表大会第一次会议后实施的机构改革中被撤销,新组建的国家煤炭工业局作为国家经贸委管理的主管煤炭行业的行政机构,不再直接管理企业,一部分属于行业服务的职能,转移到行业性协会组织承担。中国煤炭工业协会由此孕育而生,其性质虽为行业性、非营利性的社会组织,但却承接了许多政府转移的行政职能,是协助政府部门实施行业管理的重要助手。[24] 根据《中国煤炭工业协会章程》的规定,中国煤炭工业协会负责参与组织制修订煤炭工业国家和行业标准、技术规范,指导行业质量管理和企业标准化工作;开展行业市场监测与预警研究,协助政府做好产运需衔接和运行协调,发布煤炭市场指数;根据授权开展行业统计,掌握国内外行业发展动态,收集、分析、发布行业信息,推进行业两化融合;协助政府做好煤矿瓦斯治理协调工作,做好安全高效矿井建设评审工作;协助政府有关部门开展煤炭节能减排的监督、检查和技术指导;组织开展行业教育培训和职业资格认证;依照有关规定,组织煤炭科技成果评奖并推荐国家级科技进步奖。

目前,中国煤炭工业协会下辖煤炭工业技术委员会、煤炭工业文献工作委员会、信息化分会、煤矿支护专业委员会、煤炭地质分会、档案分会、选煤分会、设备管理分会等13个分支机构,并代管中国煤炭运销协会、中国煤炭建设协会、中国煤炭加工利用协会、中国煤炭经济研究会、中国煤炭机械工业协会、中国煤矿文化宣传基金会、中国煤矿文化艺术联合会、中国煤炭职工思想政治工作研究会、中国煤矿体育协会、中国煤炭教育协会、中国煤炭学会等11个专业性协会,基本涵盖了煤炭生产及销售、基本建设、机械制造、地质勘探、科研设计和院校等企事业单位,是全国煤炭行业最大的社团组织。

(三)行业协会参与煤炭行业治理

1. 行业协会参与煤炭行业治理的实践。煤炭行业协会成立至今,依照法律法规和章程规定,积极履行政府授权或委托的部分行业管理职能,加强煤炭行业可持续发展的研究,实事求是反映煤炭企业和会员单位的困难和呼声,在行业统计、技术服务、市场开发、信息咨询等方面发挥了重要作用。

(1)发布煤炭价格指数。煤炭价格指数作为反映煤炭市场供需关系、衡量煤炭价格水平变化的重要经济指标,在表征经济形势、指导市场定价、引导产业健康发展等方面发挥着

---

〔23〕 马长俊:《转型时期煤炭行业协会与政府合作治理研究》,载《煤炭经济研究》2016年第2期。

〔24〕《不辱历史使命——张宝明局长对中国煤炭工业协会寄予厚望》,载《煤炭企业管理》1999年第3期。

重要作用。如上文所述,煤炭行业市场化改革提出了中长期合同制度,在此基础上,形成"基础价+浮动价"的定价新机制,一批有公信力的煤炭价格指数成为浮动价参考指标,标志着煤炭价格指数已经得到了政府和市场的广泛认可。截至2019年,公开编制发布煤炭价格指数的机构已经达到20家,从机构分布类型来看,有行业协会、煤炭交易中心、信息咨询公司以及事业单位等。其中,中国煤炭工业协会、中国煤炭运销协会发布的中国煤炭价格指数CCPI,国家发展和改革委员会价格监测中心牵头发布的中国电煤价格指数CTCI,中国电力企业联合会发布的中国电煤采购价格指数CECI等价格指数,已成为煤炭购销企业、电煤中长期采购合同等定价和浮动的重要依据。[25]

(2)煤炭企业信用等级评价。市场经济是信用经济。社会信用体系是市场经济体制中的重要制度安排。开展企业信用等级评价工作,是加强行业信用体系建设的重要组成部分,是企业适应市场经济发展趋势,不断提高自身综合实力的必然要求。为引导煤炭企业加强信用管理,树立企业信用观念,培育企业的信用体系,由商务部(原全国整规办)和国务院国资委发起,中国煤炭工业协会统一组织实施全国煤炭企业信用等级评价工作,各省(区、市)煤炭行业协会协助。

中国煤炭工业协会组织制定了煤炭生产企业信用评价指标、煤矿工程建设企业信用评价指标、煤炭勘查企业信用评价指标、煤矿机械设备制造企业信用评价指标和煤炭流通企业信用评价指标以及相应的行业企业访谈工作手册,从煤炭企业的基本情况、经营能力、管理能力、财务能力、社会信用、信用记录等六个方面,对煤炭企业的诚信建设和信用管理水平进行综合评价。信用等级评价一般经过企业申报→现场评审→专家评议→社会公示→发布命名→年度复查等工作程序,评价结果统一向社会发布,并颁发证书和标牌。2009年,中国煤炭工业协会发布了首批11家煤炭企业信用等级评价结果,以后每年组织开展评价活动。

(3)安全高效矿井评选。煤炭工业安全高效矿井评选是在原煤炭工业高产高效("双高")矿井评选的基础上演化而来。"双高"矿井,是指符合布局合理、生产集中、机械化程度高、产量高、效益好的矿井。20世纪80年代初,国外先进国家建设"双高"矿井已成为煤炭生产发展的主流。1995年,原煤炭工业部发布了《建设高产高效露天矿暂行管理办法》,提出露天矿都要把实现高产高效作为企业奋斗目标。通过发展机械化,采用新技术、新工艺实现合理用工,使之达到少投入、多产出,具有较高的经济效益。此后,"双高"矿井的提法一直沿用到2007年。2007年,中国煤炭工业协会发布《关于〈煤炭工业安全高效矿井(露天)评审办法〉的通知》,正式将"高产高效矿井"更名为"安全高效矿井",并对原评审办法进行部分调整。从"双高"矿井到安全高效矿井建设,体现了党中央、国务院关于坚守安全红线、促进安全发展的精神,是煤炭企业切实履行保护人民生命财产安全职责的内在要求。

目前,煤炭工业安全高效矿井由中国煤炭工业协会组织评选,共设立特级安全高效矿

---

〔25〕 冯雨、冯华敏:《我国煤炭价格指数发展历程及其展望》,载《中国煤炭》2019年第5期。

井、行业一级安全高效矿井、行业二级安全高效矿井三个级别。安全高效矿井(露天)建设实行动态达标制度,每年评审一次。评审、验收、公示期间,申报矿井如出现一次死亡3人以上的重大事故,则不予命名。根据相关规定,先进产能矿井不承担去产能任务,且不受周边矿井事故影响连带停产整顿,享有优先复工复产等多项权利。

(4)煤炭行业标准化。1998年国务院机构改革后,根据国家标准化工作管理部门的意见和委托,煤炭行业的标准化工作由中国煤炭工业协会负责管理,职责是:贯彻执行国家有关标准化工作的方针政策、法律法规,并依此制定煤炭行业标准化工作的具体意见并组织实施;组织编制煤炭行业标准的规划和年度计划与煤炭行业国家标准的年度计划;组织和管理煤炭行业国家、行业标准的制、修订工作,标准的宣传贯彻工作;受理煤炭行业有关企业产品标准的技术备案。

根据规定,煤炭企业产品标准应在发布后30日内办理备案。一般按隶属关系报行业主管部门和企业所在当地政府标准化主管部门备案,煤炭行业企业标准主管部门为中国煤炭工业协会。中国煤炭工业协会负责标准化工作主管部门收到标准备案材料后,如认为该产品企业标准与国家有关法律、法规和强制性标准没有不一致的地方,即予登记。当发现备案的产品企业标准违反有关法律、法规和强制性标准时,中国煤炭工业协会将会同有关行政主管部门责令申报备案的企业限期改正或停止实施。

(5)煤炭工程建设监理。按照工程建设监理法律法规和有关规定,中国煤炭建设协会组织开展煤炭工程建设监理自律管理工作,负责组织制定煤炭工程建设监理有关办法、技术规程和范本,加强煤炭行业监理企业的煤炭建设监理资质管理,对煤炭行业工程建设项目总监理工程师、监理工程师及其他监理人员的培训和资格管理,发布行业监理指导价标准,并积极协助政府部门和中国建设监理协会开展有关煤炭或矿山行业建设监理及项目管理法规、标准、资质、资格等方面的管理工作,指导、监督、协调煤炭行业的工程建设监理和项目管理工作。同时,强化行业自律特别是惩戒职能,对不合理压价及降低监理服务标准等进行查处和曝光,并在协会的职权范围内,予以制止并作出处分,包括口头或书面警告、行业内部通报公布、行业网站发布、取消年度评先评优资格、取消会员资格、降低或收缴企业或个人煤炭行业执业资质(格)证书等。

2.行业协会参与煤炭行业治理面临的挑战。随着政府职能加快转变,以简政放权为突破口,政府部门的职能边界进一步明晰,把政府不该管的职能剥离,下放给市场和社会,采取政府购买服务形式加强公共服务产品的供给,是深化行政体制改革,创新社会治理的内在要求。在政府行政职能转变过程中,行业协会发挥的作用越来越受到各方关注。

由于历史原因,目前煤炭行业协会行政化色彩仍然较浓,政社分开进程难度大、政策性强、影响面广,涉及方方面面的利益诉求,协会本身的自身保障不足及与政府的业务衔接不规范随之显现。鉴于此,一方面,煤炭行业协会要找准社会组织在治理体系中的定位,加快与行政机关脱钩,减少政府的行政干扰和协会本身的"行政色彩",加强独立决策和运作能力,强化行业自律,使煤炭行业协会真正成为煤炭工业领域提供服务、反映诉求、规范行为的主体;另一方面,政府相关部门需要加强对煤炭行业协会分类指导,及时跟进政策衔接保障,在人事、办公场所、资产处置等方面给予政策支持,增强协会独立运作的能力。[26]

二、煤炭社会监督

(一)煤炭社会监督概述

社会监督主要是指公民个人、社会团体和社会组织依据宪法、法律和法规,运用各种方式对党政机关及其工作人员实施的监督。社会监督有以下几个特点:首先,社会监督不具有强制的约束力,这是社会监督的一个突出特点。社会监督的主体可以行使批评权、建议权、控告权、申诉权等,但没有直接的处置权,无法迫使被监督者强行接受约束。其次,社会监督具有广泛性。全社会每个公民、团体和组织,都可以依法开展社会监督。再次,社会监督具有时效性。社会监督具有政府监管和行业自律所不具备的优势,尤其是涉嫌违法活动经新闻媒体报道后,会迅速引起社会关注,对相关人员形成有力震慑,客观上加快事件处理的节奏。最后,社会监督具有公开的民主性,以舆论监督最为典型。[27]

众所周知,煤炭开发建设在发展经济、创造社会财富的同时,不可避免会消耗大量自然资源,同时还会引发诸多环境、安全及社会问题。我国煤炭工业发展历程曲折,需要处理的矛盾和问题复杂,其中既有历史的老矛盾,如国有煤矿企业社会负担沉重、煤炭资源枯竭城市转型发展、矿区生态治理等,又有前进中遇到的新问题,如能源革命、去产能、绿色发展等。解决上述矛盾和问题,探索符合党的十九届四中全会关于治理体系和治理能力要求的煤炭行业治理新机制,需要协调和发挥政府、社会、市场等多个利益主体作用,构建从信息公开、公众参与、监督举报,再到事后救济等一整套的系统解决机制,其中社会监督在其中发挥了不可或缺的重要作用,起着弥补政府监管力量和手段不足的作用。煤炭社会监督,是指煤炭管理部门和有关行政机关以外的公民、新闻媒体和其他社会团体,对在煤炭生产开发等活动中,煤炭企业及有关人员违反国家煤炭法律法规、破坏煤炭管理秩序、侵犯劳动者合法权益等行为,进行的自下而上的非行政性质的外部监督活动的统称。我国《煤炭法》相关法条虽未直接言明社会监督,但与煤炭密切相关的《安全生产法》《环境保护法》等法律法规,明确规定了社会监督的内容。如根据《安全生产法》第三条第三款的规定,安全生产工作实行管行业必须管安全、管业务必须管安全、管生产经营必须管安全,强化和落实生产经营单位主体责任与政府监管责任,建立生产经营单位负责、职工参与、政府监管、行业自律和社会监督的机制。一些煤炭地方性法规、规章中也有类似的规定,如《山东省实施〈中华人民共和国煤炭法〉办法》第十一条第二款规定:"煤矿建设工程项目应当按照有关招标投标的法律、法规规定实行公开招标,接受社会监督。"

(二)煤炭社会监督的方式及内容

从不同的角度,煤炭社会监督有不同的分类。从监督主体看,煤炭社会监督可以分为公民监督、新闻媒体监督和其他社会组织的监督,监督主体可以采用书信、电子邮件、传真、

---

〔26〕 马长俊:《转型时期煤炭行业协会与政府合作治理研究》,载《煤炭经济研究》2016 年第 2 期。

〔27〕 李树军:《社会监督》,当代世界出版社 1999 年版,第 2 - 10 页。

电话等各种形式，依法向煤炭管理部门和有关部门反映情况，提出煤炭企业或有关人员存在违法违规行为。新闻煤炭监督属于舆论监督，后者从本质上来说是宪法赋予公民的一项基本权利。现代社会行使监督权的途径很多，新闻媒体监督作为一种重要的监督方式，在对政府工作进行监督方面发挥着重要作用，有着其他社会监督无可比拟的优势。如2018年4月14日，陕西黄陵煤化工有限责任公司污染问题被央视《焦点访谈》曝光，陕西省高度重视，迅速成立执法检查组，查实涉事企业存在超标排放大气污染物、二氧化硫小时均值多次超标等七项环境违法问题，责令该企业停产整改。当地党委政府和企业共40名相关人员受到责任追究。其中，21人给予党纪政务处分，5名企业高层被免职。〔28〕其他组织的监督，主要指包括社会公益组织、各种行业协会等在内的各类机构，对煤炭企业和有关人员存在违法违规行为进行的外部监督。工会作为职工自愿结合的群众组织，在反映职工诉求、维护职工权益、化解矛盾纠纷等方面发挥着重要作用，是社会监督的重要力量之一。《煤炭法》第三十五条明确规定："煤矿企业工会发现企业行政方面违章指挥、强令职工冒险作业或者生产过程中发现明显重大事故隐患，可能危及职工生命安全的情况，有权提出解决问题的建议，煤矿企业行政方面必须及时作出处理决定。企业行政方面拒不处理的，工会有权提出批评、检举和控告。"

从监督的方式看，社会监督可以采取举报投诉、信访、批评、建议等各种方式进行。以举报投诉为例，目前我国煤炭管理部门和有关部门建立了举报机制，如国家能源局开通了"12398"能源监管热线，全面受理反映涉及国家能源局及其派出能源监管机构监管职责的电力、核电、煤炭、石油、天然气、新能源与可再生能源等方面事项。生态环境部开通了"12369"环保举报热线，24小时畅通。社会各界及广大群众可以拨打热线，向环保部门举报大气污染、水污染、固废污染、生态破坏等环境问题。国家矿山安全监察局通过"12350"举报投诉电话，接受煤矿企业存在事故隐患、涉嫌存在安全生产非法违法行为及不报、迟报、谎报、瞒报生产安全事故等举报投诉事项。自然资源部门设立了"12336"举报热线，受理举报煤炭企业超层越界开采等各类违法线索，举报者也可以通过网络举报程序登录全国矿业权人勘查开采信息公示系统，输入被举报的矿山名称进行查询，然后进入矿山信息公示页面点击举报按钮进行举报。此外，有关产煤省(自治区)地方政府亦建立了涉煤举报机制。如2020年2月28日，内蒙古自治区纪委、自治区监委组织开展煤炭资源领域违规违法问题的信访举报工作，全面受理反映党组织和党员、干部以及监察对象自2000年以来在煤炭资源领域涉嫌违纪或者职务违法、职务犯罪的问题线索。

《加强和规范煤矿安全事中事后监管监察的实施意见》〔29〕中也明确说明要发挥舆论和社会监督作用。鼓励社会群众以及煤矿企业内部职工及家属举报重大事故隐患和违法行为，建立"吹哨人"、内部举报人等制度，完善举报核查相关制度，加强对举报人的保护，对举

〔28〕《被〈焦点访谈〉曝光的黄陵煤化工污染问题追责40人28户群众搬离》，载陕西新闻网，http://news.cnwest.com/content/2018-06/28/content_15871169.htm。

〔29〕国家煤矿安全监察局《关于印发〈加强和规范煤矿安全事中事后监管监察的实施意见〉的通知》，煤安监监察〔2020〕29号，2020年7月15日发布。

报严重违法违规行为和重大风险隐患属实的有功人员予以重奖和严格保护。发挥舆论监督作用，建立煤矿安全生产违法违规曝光平台，持续曝光典型案件，震慑违法行为。

但总体而言，目前我国社会监督的制度体系还不够健全，受信息不透明、公民监督意识不强、监督渠道不畅等多种因素的影响，煤炭的社会监督开展的层次和水平整体较低，普通公众尤其是一线的矿工缺乏有效的监督途径和保障，面对违法违规行为不愿举报、不敢举报等情形不同程度地存在。新闻媒体监督本身缺乏约束性，其监督效果与事件受关注程度、媒体本身的影响力以及政府对媒体监督的态度密切相关，媒体曝光需要建立与之配套的治理机制。此外，我国社会组织发育迟缓，身份不够超脱典型（如依附于政府下的各类行业协会），导致其无法独立、客观地行使监督权。上述这些问题，还有待进一步研究和解决，以完善我国煤炭社会监督机制。

思考练习题

1. 简述我国煤炭管理发展的四个阶段。
2. 什么是煤炭监管体制？试述我国现行的煤炭监管体制。
3. 什么是煤炭行业的经济性规制？其主要采取哪些方式？
4. 我国煤炭监督检查的内容和方式有哪些？
5. 什么是煤炭行业自律？行业协会如何参与煤炭行业治理？
6. 什么是煤炭社会监督？有哪些方式？

第十章　煤炭法律责任

导读

党的十九届四中全会指出落实行政执法责任制和责任追究制度，完善和落实安全生产责任和管理制度，严明生态环境保护责任制度，全面落实司法责任制等。可见要健全社会公平正义法治保障制度，必须加强法律责任的制度建设和落实。煤炭法律责任指煤炭法律关系主体因违反煤炭相关法律规定的义务或合同约定的义务所应承担的不利法律后果，是规范煤炭开发利用和监督管理、提高煤炭利用效率、保障煤炭安全的关键环节。煤炭法律责任包括行政法律责任、民事法律责任和刑事法律责任。本章的重点问题包括煤炭法律责任的概念及特征、煤炭行政法律责任的承担方式和相关法律规定、煤炭民事法律责任的分类及构成要件、煤炭刑事法律责任的构成要件及相关法律规定等。本章的重点是煤炭法律责任的构成、归责原则及承担方式；煤炭行政法律责任的构成要件及责任形式；煤炭民事法律责任的构成要件及责任承担方式；煤炭刑事法律责任的犯罪构成及责任承担方式。

煤炭法律责任是国家对违法者实施法律制裁的重要手段。煤炭法律责任的具体规定，主要源自《煤炭法》、《安全生产法》、《矿山安全法》、《矿产资源法》、《民法典》和《刑法》等法律及法规、规章。

第一节　煤炭法律责任

煤炭法律责任具有复合性和特殊性，以引起责任的行为性质为标准，对煤炭法律责任可划分为：煤炭行政责任、煤炭民事责任、煤炭刑事责任。煤炭法律责任的构成包括责任主体、违法行为或违约行为、损害结果、因果关系、主观过错等五个方面。煤炭法律责任的归责原则包括责任法定原则、因果联系原则、责任相当原则和责任自负原则。煤炭法律责任的承担方式，是指承担或追究法律责任的具体形式，包括惩罚、补偿、强制等三种。

一、煤炭法律责任概述

（一）煤炭法律责任的概念

法律责任是指由于违法行为、违约行为或者由于法律规定而应承受的某种不利的法律后果。[1] 煤炭法律责任是指煤炭法律关系主体因违反煤炭法律规定的义务或者合同约定的义务所应承担的不利法律后果。[2] (1)煤炭法律关系的主体包括国家、政府或其机构、煤炭企业、其他社会组织及个人。(2)煤炭法律责任产生的原因是行为人违反了煤炭法律、法规的规定或违反了根据煤炭法律规定签订的合同的约定。(3)这种责任是一种运用法律标准对行为给予的否定性评价,是自由意志支配下的行为所引起的合乎逻辑的不利法律后果。(4)这种责任的履行由国家强制力保证。

(二)煤炭法律责任的特征

1. 煤炭法律责任具有复合性。由于煤炭法律关系是由多种不同性质的煤炭法律规范予以规制的,也考虑到在煤炭生产、经营中违法犯罪行为的实际情况,煤炭法律责任包括煤炭行政法律责任、煤炭民事法律责任和煤炭刑事法律责任。如《煤炭法》第五十八条规定,违反本法第二十四条的规定,擅自开采保安煤柱或者采用危及相邻煤矿生产安全的危险方法进行采矿作业的,由劳动行政主管部门会同煤炭管理部门责令停止作业;由煤炭管理部门没收违法所得,并处违法所得一倍以上五倍以下的罚款;构成犯罪的,由司法机关依法追究刑事责任;造成损失的,依法承担赔偿责任。该条款中就涵盖了煤炭行政法律责任、煤炭民事法律责任和煤炭刑事法律责任三种类型,体现了煤炭法律责任的复合性。

2. 煤炭法律责任具有特殊性。承担煤炭法律责任的前提是违反了《煤炭法》上的义务或者是违反了根据煤炭相关法律法规所签订的煤炭合同中的义务,因而需要承担不利后果,承担责任的具体方式必须经过《煤炭法》的规定或列举。如《煤炭法》第六十一条规定,违反本法第五十一条的规定,未经煤矿企业同意,占用煤矿企业的铁路专用线、专用道路、专用航道、专用码头、电力专用线、专用供水管路的,由县级以上地方人民政府责令限期改正;逾期不改正的,强制清除,可以并处五万元以下的罚款;造成损失的,依法承担赔偿责任。另外,违反安全生产和生态环保规定、违法使用土地、征用土地、违反标准和质量规定、擅自采煤或越界越层开采、违反合同约定、违章指挥、违反职业病防治以及煤炭统计规定等行为,适用有关法律、行政法规的规定。

(三)煤炭法律责任的种类

以引起责任的行为性质为标准,对煤炭法律责任可划分为:煤炭行政责任,煤炭民事责任,煤炭刑事责任。

1. 煤炭行政责任。煤炭行政责任,是指因违反煤炭行政法或因煤炭行政法规定而应承担的法律责任。在我国,煤炭行政责任大体可以分为以下三类:(1)一般公民、法人违反煤炭领域一般经济、行政管理法律、法规而应承担的法律责任。如根据《宪法》、《矿产资源法》和《煤炭法》的规定,国家保障煤炭资源的合理开发和利用,对煤炭资源实行有偿开采。开采煤炭资源,必须按照国家有关规定缴纳资源税和资源补偿费。开办煤矿企业,必须依法取得采矿许可证。从事煤炭生产,必须依法取得煤炭生产许可证。从事煤炭经营,必须依法

〔1〕 葛洪义主编:《法理学》(第4版),中国人民大学出版社2015年版,第357页。

〔2〕 中国法学会能源法研究会编:《能源法学总论》,法律出版社2019年版,第311页。

取得资格认证。非法采挖煤炭资源、侵犯煤炭资源的国家所有权的单位或者个人应当承担相应的行政责任。(2)行政机关工作人员因违法失职行为而应承担的法律责任,即行政处分。如各级人民政府及其煤炭管理部门工作人员在对煤炭资源勘查、开采(生产)实行监督管理的过程中因疏忽大意导致违法行为未被追究的应当承担相应的行政处分。(3)行政机关及其工作人员在行政诉讼败诉后而产生的行政责任。如国家禁止任何组织或者个人侵犯煤炭资源的国家所有权。各级人民政府及其煤炭管理部门有权力、有义务依法维护煤炭资源的国家所有权不受侵犯。但是在行使监督管理职权过程中侵犯煤炭企业的合法权益应当承担相应的行政责任。

2. 煤炭民事责任。煤炭民事责任,是指由于违反煤炭相关法律、违约或者由于民法规定所应承担的一种法律责任。煤炭民事责任的特点是:煤炭民事责任主要是财产责任,补偿当事人的损失;在法律允许的条件下,煤炭民事责任可以由当事人协商解决。如前文提到的《煤炭法》第五十八条的规定中“造成损失的,依法承担赔偿责任”指的就是煤炭民事责任,依法承担赔偿责任即依照《民法典》的规定承担赔偿责任。煤炭民事责任可以分为违约责任、一般侵权责任、特殊侵权责任及公平责任。

3. 煤炭刑事责任。煤炭刑事责任,是指行为人因其煤炭生产经营活动或煤炭监督管理工作触犯刑法,所必须承受的、由司法机关代表国家所确定的否定性法律后果。如煤矿企业的管理人员违章指挥、强令职工冒险作业,发生重大伤亡事故的,在煤炭产品中掺杂、掺假,以次充好的,扰乱煤矿矿区秩序,致使生产、工作不能正常进行的,未取得采矿许可证擅自采矿的,煤炭管理部门和有关部门的工作人员玩忽职守、徇私舞弊、滥用职权的触犯刑法,都应当承担相应的刑事责任。与民事责任不同,刑事责任不存在无过错责任的问题;同时,行为人在主观上是故意还是过失,以及故意或过失的形式和程度,对刑事责任的有无、刑事责任的种类与大小,都有重要的意义。这一点,也与民事责任明显不同。[3]

二、煤炭法律责任的构成

法律责任的构成,是指认定法律责任时所必须考虑的条件。由于法律责任会给责任主体带来法定的不利后果,表明了社会对责任主体的道德非难和法律处罚,因此,必须科学、合理地确定法律责任的构成,以保障行为人的行为自由,保护责任主体的利益,实现法律的功能,维持社会的秩序,促进社会发展。

由于违法行为和违约行为是最主要、最基本的产生法律责任的原因和根据,是认定和归结法律责任的前提,因此,违法行为或违约行为的构成要件与法律责任的构成有密切的关系。根据构成违法行为或违约行为的要素,将法律责任的构成概括为责任主体、违法行为或违约行为、损害结果、因果关系、主观过错等五个方面。煤炭法律责任的构成亦是如此。

(一)责任主体

责任主体是指因违反法律、违约或法律规定的事由而承担法律责任的人,包括自然人、

---

〔3〕 张文显主编:《法理学》(第4版),高等教育出版社2011年版,第122-123页。

法人和其他非法人组织。责任主体是法律责任构成的必备条件。煤炭法律责任的责任主体,主要包括四类:一是违反法律规定而进行非法生产经营的煤炭企业,二是违反法律法规规定而实施违章指挥或不采取措施消除事故危险的煤矿企业的管理人员,三是玩忽职守、徇私舞弊、滥用职权的煤炭管理部门和有关部门的工作人员,四是其他扰乱煤炭正常生产经营活动的自然人、法人和其他非法人组织。

（二）违法行为或违约行为

违法行为或违约行为在法律责任构成中居于重要地位,是法律责任的核心构成要素。违法行为或违约行为包括作为和不作为两类。作为,是指人的积极的身体活动。直接做了法律所禁止或合同所不允许的事自然要承担法律责任。煤炭违法行为的作为,主要是指违反相关法律规定擅自从事煤炭生产经营活动或扰乱矿区生产活动,如擅自开采保安煤柱或者采用危及相邻煤矿生产安全的危险方法进行采矿作业的,未经煤矿企业同意在煤矿企业依法取得土地使用权的有效期间内在该土地上修建建筑物、构筑物,擅自占用煤矿企业的铁路专用线、专用道路、专用航道、专用码头、电力专用线、专用供水管路的。不作为,是指人的消极的身体活动,行为人在能够履行自己应尽义务的情况下不履行该义务,如不做法律规定应做的事或不做合同中约定的事,也要承担法律责任。煤炭违法行为的不作为主要是指煤矿企业的管理人员对煤矿事故隐患不采取措施予以消除或煤炭管理部门和有关部门的工作人员玩忽职守、徇私舞弊、滥用职权。区分作为与不作为,对于确定法律责任的范围、大小具有重要意义。

（三）损害结果

损害结果,是指违法行为或违约行为侵犯他人或社会的权利和利益所造成的损失和伤害,包括实际损害、丧失所得利益及预期可得利益。损害结果可以是对人身的损害、财产的损害、精神的损害,也可以是其他方面的损害。煤炭法律责任的损害结果一般指的是人身损害和财产损失,如在认定采用危险方法进行开采作业,构成犯罪的条件是发生重大伤亡事故,造成严重后果。所谓重大伤亡,是指重伤 3 人以上或死亡 1 人以上。所谓严重后果,主要是指经济损失严重。在司法实践中,对造成直接经济损失 5 万元以上的,即认定为造成严重后果。这两方面的后果,只要具备其中一个,即构成重大责任事故罪。

（四）因果关系

因果关系是违法行为或违约行为与损害结果之间的必然联系。因果关系是一种引起与被引起的关系,即一现象的出现是由于先前存在的另一现象而引起的,则这两现象之间就具有因果关系。因果关系是归责的基础和前提,是认定法律责任的基本依据。如《煤炭法》第六十二条规定:“违反本法第五十二条的规定,未经批准或者未采取安全措施,在煤矿采区范围内进行危及煤矿安全作业的,由煤炭管理部门责令停止作业,可以并处五万元以下的罚款;造成损失的,依法承担赔偿责任。”构成赔偿责任的条件是,造成的损失与违法行为之间存在因果关系,即煤矿企业受到的损失是由于进行危险作业造成的;如果不是因为危险作业造成的,即不构成赔偿责任。

（五）主观过错

主观过错，是指行为人实施违法行为或违约行为时的主观心理状态。主观过错作为犯罪的主观要件，是犯罪构成的必要条件之一，对于认定和衡量刑事责任即区分罪与非罪、此罪与彼罪、一罪与数罪、重罪与轻罪具有重要作用。根据主观过错是否为法律责任的判断标准，法定归责原则分为过错责任原则、过错推定原则、无过错责任原则三种。

主观过错包括故意和过失两类。故意是指明知自己的行为会发生危害社会的结果，希望或者放任这种结果发生的心理状态。过失是指应当预见自己的行为可能发生损害他人、危害社会的结果，因为疏忽大意而没有预见，或者已经预见而轻信能够避免，以致发生这种结果的心理状态。如《煤炭法》第六十三条规定，有下列行为之一的，由公安机关依照《治安管理处罚法》的有关规定处罚；构成犯罪的，由司法机关依法追究刑事责任：(1)阻碍煤矿建设，致使煤矿建设不能正常进行的；(2)故意损坏煤矿矿区的电力、通讯、水源、交通及其他生产设施的；(3)扰乱煤矿矿区秩序，致使生产、工作不能正常进行的；(4)拒绝、阻碍监督检查人员依法执行职务的。其中“故意损坏煤矿矿区的电力、通讯、水源、交通及其他生产设施”的“故意”就是一种煤炭法律责任构成要件中的主观过错要件之一。要构成本条中所指的违法行为，其行为人的主观上必须满足故意的条件。

三、煤炭法律责任归责及承担

（一）煤炭法律责任的归责

法律责任的归责，是指国家机关或其他社会组织法律规定依照法定程序判断、认定、归结和执行法律责任的活动。根据我国法律的规定，适用法律认定和归结法律责任一般应遵循责任法定、因果联系、责任相当等原则：

1. 责任法定原则。责任法定原则是法治原则在归责问题上的具体运用，它的基本要求为：作为一种否定性的法律后果，法律责任应当由法律规范预先规定；违法行为或违约行为发生后，应当按照事先规定的性质、范围、程度、期限、方式追究违法者、违约者或相关人的责任。责任法定原则的基本特点为法定性、合理性和明确性，即事先用成文的法律形式明确地规定法律责任，而且这种规定必须合理。

责任法定原则强调“罪刑法定主义”“法无明文规定不为罪”“法无明文规定不处罚”，无法律授权的任何国家机关如社会组织都不能向责任主体认定和归结法律责任。同时责任法定原则强调“法不溯及既往”，国家不能用今天的法律来要求人们昨天的行为，也不能用新法来制裁人们根据旧法并不违法的先前的行为，不能超越法律规定范围而扩大制裁面、加大制裁程度。煤炭法律责任一般由《煤炭法》规定，涉及违反安全生产和生态环保规定、违法使用土地、征用土地、违反标准和质量规定、擅自采煤或越界越层开采、违反合同约定、违章指挥、违反职业病防治以及煤炭统计规定等行为，适用有关法律、行政法规的规定。

2. 因果联系原则。在认定和归结法律责任时，必须首先考虑因果关系，即引起与被引起关系，具体包括：(1)人的行为与损害结果或危害结果之间的因果联系。(2)人的意志、心理、思想等主观因素与外部行为之间的因果联系。这种因果联系表现为存在的客观性、因果的顺序性、作用的单向性、内容的决定性。如《煤炭法》第六十五条规定,煤矿企业的管理人员对煤矿事故隐患不采取措施予以消除,发生重大伤亡事故的,依照《刑法》有关规定追究刑事责任。其中是"煤矿企业的管理人员对煤矿事故隐患不采取措施予以消除"的行为导致"发生重大伤亡事故的"结果,构成因果联系,故应当承担责任。

3. 责任相当原则。责任相当原则是公平观念在归责问题上的具体体现,其基本含义为法律责任的大小、处罚的轻重应与违法行为或违约行为的轻重相适应,做到"罪责均衡""罚当其罪"。责任相当原则的内容具体包括以下几方面:(1)法律责任的性质与违法行为或违约行为的性质相适应。(2)法律责任的种类和轻重与违法行为或违约行为的具体情节相适应。(3)法律责任的轻重与种类与行为人的主观恶性相适应。如《煤炭法》第六十一条规定中针对"未经煤矿企业同意,占用煤矿企业的铁路专用线、专用道路、专用航道、专用码头、电力专用线、专用供水管路的"根据违法行为的轻重规定了不同的责任承担方式:对于仅是占用的,由县级以上地方人民政府责令限期改正;对于逾期不改正的,强制清除,可以并处五万元以下的罚款;对于造成损失的,依法承担赔偿责任。

(二)煤炭法律责任的承担方式

煤炭法律责任的实现方式,是指承担或追究煤炭法律责任的具体形式。根据不同煤炭法律责任分为以下几种方式:

1. 煤炭行政责任的承担方式是行政制裁。行政制裁是指依照行政法律规定对责任主体依其所应承担的行政责任而实施的强制措施,包括行政处罚、行政处分。行政处罚是由特定的行政机关对违反行政法律规定的责任主体所实施的惩罚措施,主要有警告、罚款、没收、吊销证照、行政拘留等措施。行政处分是指对违反法律规定的国家机关工作人员或被授权、委托的执法人员所实施的惩罚措施,主要有警告、记过、记大过、降级、降职、撤职、留用察看、开除等措施。

2. 煤炭民事责任的承担方式是民事制裁。民事制裁是指依照民事法律规定对责任主体依其所应承担的民事责任而实施的强制措施,通常是由于侵权或违约引起的,主要内容包括在国家的强制下支付违约金或赔偿等。

3. 煤炭刑事责任的承担方式是刑事制裁。刑事制裁是指依照刑事法律规定对责任主体依其所应承担的刑事责任而实施的强制措施,通常称刑罚制裁。这是一种最严厉的制裁。我国法律规定的刑罚分为主刑和附加刑两类,包括自由刑、生命刑、资格刑和财产刑。主刑包括管制、拘役、有期徒刑、无期徒刑、死刑。附加刑包括罚金、剥夺政治权利、没收财产等。

第二节 煤炭行政责任

煤炭行政责任,是指违反《煤炭法》等所规定的行政义务或法律禁止的事项而应当承担的法律责任。煤炭行政责任的构成要件包括煤炭行政违法或不当、该责任是由法律规范所确认、责任承担者应有主观上的故意或过失。根据不同分类方式,可将煤炭行政责任分为行政主体的行政责任和行政相对人的行政责任、惩罚性行政责任和补救性行政责任、财产性责任和非财产性责任。不同行政主体承担行政责任的方式不同。煤炭行政责任主要分为开采煤炭资源达不到规定回采率、危险作业、掺杂、掺假，以次充好、扰乱煤炭生产经营和违反《治安管理处罚法》的煤炭行政责任。

一、煤炭行政责任概述

煤炭行政责任指违反《煤炭法》所规定的行政义务或法律禁止的事项而应当承担的法律责任。

煤炭行政责任介于煤炭民事责任与煤炭刑事责任之间，其违法行为的社会危害性要比犯罪行为轻，而比民事违法行为高。煤炭行政责任的责任主体包括行政主体和行政相对人，实践中大多表现为企业法人的法定代表人或者直接的责任人，也包括其他自然人。煤炭行政责任的责任追究方式多样，行为人认为煤炭管理机关的行政行为违法并侵犯其合法权益的，既可以依法申请行政复议，也可以向法院提起行政诉讼。

二、煤炭行政责任的构成要件

(一)煤炭行政违法或不当

行政违法，是指行政法律关系主体违反行政法律规范尚未构成犯罪的行为。煤炭行政违法行为通常是指行为人不履行煤炭法律、法规规定的义务，或者权利行使不当，实施了煤炭法律法规所禁止的行为。行政主体的违法主要表现在不适格的主体、违反法定权限和程序违法。既然行政主体有履行法定职责、依法行使职权的义务，就应承担相应责任。如《煤炭法》第五十七条规定："违反本法第二十二条的规定，开采煤炭资源未达到国务院煤炭管理部门规定的煤炭资源回采率的，由煤炭管理部门责令限期改正；逾期仍达不到规定的回采率的，责令停止生产。"

行政不当，是指行政法律关系主体违背法律目的的行为。行政主体行使行政职权但不得滥用职权，也不得违背法律的精神和立法的意图，相对人权利的行使和义务的承担不得有悖于法律的理性要求。否则，也应承担相应责任。如《煤炭法》第六十二条规定："违反本法第五十二条的规定，未经批准或者未采取安全措施，在煤矿采区范围内进行危及煤矿安全作业的，由煤炭管理部门责令停止作业，可以并处五万元以下的罚款；造成损失的，依法承担赔偿责任。"

(二)由法律规范所确认

煤炭行政责任与行政法上的权利义务一样，无论是行政责任形式，还是行政责任内容，都应当是法定的。

(三)责任承担者应有主观上的故意或过失

行为人主观上的故意或过失是承担煤炭行政责任的主观要件，只注重于行为的客观要件这是一种事实归责；只有主、客观要件的统一，才能完整体现煤炭行政责任和承担者的法律人格。

三、煤炭行政责任的种类

(一)行政主体的行政责任和行政相对人的行政责任

根据责任主体的不同,可将煤炭行政责任分为行政主体的行政责任和行政相对人的行政责任。

行政主体承担行政责任是以其所拥有的行政职权和所负有的行政职责为基础和范围的,在其违反行政职权的法律要求和不依法履行法定职责时,应承担相应的法律责任。如《安全生产法》第一百一十一条规定:“有关地方人民政府、负有安全生产监督管理职责的部门,对生产安全事故隐瞒不报、谎报或者迟报的,对直接负责的主管人员和其他直接责任人员依法给予处分;构成犯罪的,依照刑法有关规定追究刑事责任。”

行政相对人应当履行法定义务,遵守法律的禁止性规定,积极执行行政主体的义务履行决定,否则也应承担相应的法律责任。如《安全生产法》第九十五条规定:“生产经营单位的主要负责人未履行本法规定的安全生产管理职责,导致发生生产安全事故的,由应急管理部门依照下列规定处以罚款:(一)发生一般事故的,处上一年年收入百分之四十的罚款;(二)发生较大事故的,处上一年年收入百分之六十的罚款;(三)发生重大事故的,处上一年年收入百分之八十的罚款;(四)发生特别重大事故的,处上一年年收入百分之一百的罚款。”

(二)惩罚性行政责任和补救性行政责任

根据行政责任的功能与目的不同,可将煤炭行政责任划分为惩罚性行政责任和补救性行政责任。

惩罚性行政责任,是指对违反行政法律规范的行政主体及行政相对人,责令其向国家和社会承担一定的责任。如《安全生产法》第九十八条规定:“生产经营单位有下列行为之一的,责令停止建设或者停产停业整顿,限期改正,并处十万元以上五十万元以下的罚款,对其直接负责的主管人员和其他直接责任人员处二万元以上五万元以下的罚款;逾期未改正的,处五十万元以上一百万元以下的罚款,对其直接负责的主管人员和其他直接责任人员处五万元以上十万元以下的罚款;构成犯罪的,依照刑法有关规定追究刑事责任:(一)未按照规定对矿山、金属冶炼建设项目或者用于生产、储存、装卸危险物品的建设项目进行安全评价的;(二)矿山、金属冶炼建设项目或者用于生产、储存、装卸危险物品的建设项目没有安全设施设计或者安全设施设计未按照规定报经有关部门审查同意的;(三)矿山、金属冶炼建设项目或者用于生产、储存、装卸危险物品的建设项目的施工单位未按照批准的安全设施设计施工的;(四)矿山、金属冶炼建设项目或者用于生产、储存、装卸危险物品的建设项目竣工投入生产或者使用前,安全设施未经验收合格的。”

补救性法律责任,是指对违反行政法律规范的行政主体及行政相对人责令其补救侵害结果的责任方式。如《安全生产法》第一百零二条规定:“生产经营单位未采取措施消除事故隐患的,责令立即消除或者限期消除,处五万元以下的罚款……”

（三）财产性责任和非财产性责任

根据行政责任内容的不同，可将其分为财产性责任和非财产性责任。

财产性责任是责任主体以物的或与物质利益不可分的形式承担的行政责任，如金钱赔偿、责令停业等。如《矿产资源法》第四十二条规定："买卖、出租或者以其他形式转让矿产资源的，没收违法所得，处以罚款。违反本法第六条的规定将探矿权、采矿权倒卖牟利的，吊销勘查许可证、采矿许可证，没收违法所得，处以罚款。"

非财产责任是指责任主体，以不包含直接财产内容的形式所承担的行政责任，如履行职责、赔礼道歉等。如《安全生产法》第九十三条第一款规定："生产经营单位的决策机构、主要负责人或者个人经营的投资人不依照本法规定保证安全生产所必需的资金投入，致使生产经营单位不具备安全生产条件的，责令限期改正，提供必需的资金；逾期未改正的，责令生产经营单位停产停业整顿。"

四、煤炭行政责任的承担方式

（一）行政主体承担行政责任的方式

行政主体的行政责任形式要受到某些限制。由于行政主体是代表国家参与行政法律关系的，因此，适用于自然人和法人的一般的责任形式，不能完全适用于行政主体。行政主体承担行政责任的具体方式有：

1. 通报批评。这是行政主体承担的一种惩戒性违法行政责任，主要是通过名誉上的惩罚，对作出违法或不当行政行为的行政机关及其他行政主体起一种警诫的作用。如《职业病防治法》第八十二条规定："卫生行政部门不按照规定报告职业病和职业病危害事故的，由上一级行政部门责令改正，通报批评，给予警告；虚报、瞒报的，对单位负责人、直接负责的主管人员和其他直接责任人员依法给予降级、撤职或者开除的处分。"

2. 履行职务。这是针对行政主体不履行或拖延履行职务而确立的一种行政责任方式。针对行政主体失职的这种责任形式，既可以由相对方提出申请，也可以由人民法院的判决或上级行政机关的决定予以确立。如《突发事件应对法》第六十三条规定："地方各级人民政府和县级以上各级人民政府有关部门违反本法规定，不履行法定职责的，由其上级行政机关或者监察机关责令改正……"

3. 撤销违法的行政行为。当行政主体所作的行政行为具有如下情形之一时，行政主体应承担撤销违法行为的行政责任：主要证据不足的；适用法律、法规错误的；违反法定程序的；超越职权的；滥用职权的。撤销违法行为包括撤销已完成的行为和正在进行的行为。如《矿产资源法》第四十七条规定："……违法颁发的勘查许可证、采矿许可证，上级人民政府地质矿产主管部门有权予以撤销。"

4. 纠正不当的行政行为。纠正不当是对行政主体裁量权进行控制的行政责任方式。行政机关对滥用自由裁量权的不当行政行为要负行政责任，纠正不当的行政行为的具体方法是变更不当行政行为，通常由上级机关责令改正。如《安全生产法》第九十一条规定："负有安全生产监督管理职责的部门，要求被审查、验收的单位购买其指定的安全设备、器材或者其他产品的,在对安全生产事项的审查、验收中收取费用的,由其上级机关或者监察机关责令改正,责令退还收取的费用……"

(二)公务员承担煤炭行政责任的方式

公务员的行政责任,是指公务员对其违法行为承担的法律后果。公务员的行政责任中引起行政责任的行为是公务员违法行使职权的行为;一般公务员不直接对行政相对方承担行政责任;公务员的违法行政责任主要是惩戒性的。公务员的行政责任的具体方式有:

1. 通报批评。这是公务员所承担的惩戒性违法行政责任,目的是教育有责任的公务员本人,也对其他公务员起到警诫的作用。

2. 赔偿损失。这是兼有惩罚性和补救性的责任承担方式。公务员的赔偿责任具有间接性,是先由行政机关承担赔偿责任,再根据求偿权向有故意或重大过失的公务员追偿已赔偿的款项的部分或全部。

3. 行政处分。这是公务员承担违法行政责任的主要形式,是国家行政机关依照行政隶属关系对违法失职的公务员给予的惩戒措施。如《矿山安全法》第四十八条规定:"矿山安全监督人员和安全管理人员滥用职权、玩忽职守、徇私舞弊,构成犯罪的,依法追究刑事责任;不构成犯罪的,给予行政处分。"《公务员法》第六十二条规定,行政处分共有六种形式,即警告、记过、记大过、降级、撤职和开除。

(三)行政相对方承担煤炭行政责任的方式

1. 承认错误、赔礼道歉。相对人的行政违法行为被确认后,有关行政机关可以责令其向利害关系人承认错误,并表示歉意,向有关机关作出不再重犯的保证。

2. 接受行政处罚。行政处罚是一种惩戒性的行政责任追究形式。对违反矿产资源法规行为的行政处罚包括:(1)警告。(2)责令停止开采,退回本矿区范围内开采。(3)停产整顿。(4)停止借阅地质资料。(5)责令赔偿损失。(6)没收违法所得,没收违法采出的矿产品。(7)罚款。(8)吊销勘察许可证,吊销采矿许可证。(9)《矿产资源法》规定的其他处罚措施。

如《煤炭法》第五十七条规定:"违反本法第二十二条的规定,开采煤炭资源未达到国务院煤炭管理部门规定的煤炭资源回采率的,由煤炭管理部门责令限期改正;逾期仍达不到规定的回采率的,责令停止生产。"

3. 履行法定的义务。相对人因怠于履行法定义务而构成行政违法行为时,行政机关可以责令其依法履行该项义务。如果在法定的期限内仍不履行,则将接受行政强制措施。如《煤炭法》第六十一条规定:"违反本法第五十一条的规定,未经煤矿企业同意,占用煤矿企业的铁路专用线、专用道路、专用航道、专用码头、电力专用线、专用供水管路的,由县级以上地方人民政府责令限期改正;逾期不改正的,强制清除……"

4. 恢复原状、返还原物。相对人的行政违法行为系占有他人财物或公共财物,改变特定对象原有状态的,有关行政机关可责令其返还财物,恢复特定对象的原有状态。

5. 赔偿损失。相对方的行政违法行为给国家、集体或他人的利益造成损害的,应当依法承担赔偿责任。如《矿产资源法》第四十条规定:“超越批准的矿区范围采矿的,责令退回本矿区范围内开采、赔偿损失,没收越界开采的矿产品和违法所得,可以并处罚款;拒不退回本矿区范围内开采,造成矿产资源破坏的,吊销采矿许可证,依照刑法有关规定对直接责任人员追究刑事责任。”

五、煤炭行政责任的主要类型

(一)开采煤炭资源达不到规定回采率的煤炭行政责任

《煤炭法》第五十七条规定:“违反本法第二十二条的规定,开采煤炭资源未达到国务院煤炭管理部门规定的煤炭资源回采率的,由煤炭管理部门责令限期改正;逾期仍达不到规定的回采率的,责令停止生产。”本条是关于对开采煤炭资源达不到规定回采率的行政处罚的规定。第二十二条第一款、第二款规定:“开采煤炭资源必须符合煤矿开采规程,遵守合理的开采顺序,达到规定的煤炭资源回采率。煤炭资源回采率由国务院煤炭管理部门根据不同的资源和开采条件确定。”本条规定的应当给予行政处罚的违法行为是违反第二十二条的规定,开采煤炭资源未达到国务院煤炭管理部门规定的煤炭资源回采率的。

(二)危险作业的煤炭行政责任

1. 采用危险方法进行采矿作业的煤炭行政责任。《煤炭法》第五十八条规定:“违反本法第二十四条的规定,擅自开采保安煤柱或者采用危及相邻煤矿生产安全的危险方法进行采矿作业的,由劳动行政主管部门会同煤炭管理部门责令停止作业;由煤炭管理部门没收违法所得,并处违法所得一倍以上五倍以下的罚款;构成犯罪的,由司法机关依法追究刑事责任;造成损失的,依法承担赔偿责任。”本条是关于对采用危险方法进行采矿作业行政处罚的规定。本条规定的应当给予处罚的违法行为是,采矿作业擅自开采保安煤柱,采用可能危及相邻煤矿生产安全的决水、爆破、贯通巷道等危险方法。

保安煤柱必须保护,不得擅自开采,否则将会造成严重的后果。如果矿区相邻几个矿井井田边界煤柱在开采时遭到破坏,当一个矿井发生水灾时,就会造成相邻几个矿井全部被淹的严重事故。采用危及相邻煤矿生产安全的危险方法进行开采作业的,也可能导致严重的事故。对这些违法行为,必须给予严厉的处罚;构成犯罪的,依法追究刑事责任。

2. 非法进行危险作业的煤炭行政责任。《煤炭法》第六十二条规定:“违反本法第五十二条的规定,未经批准或者未采取安全措施,在煤矿采区范围内进行危及煤矿安全作业的,由煤炭管理部门责令停止作业,可以并处五万元以下的罚款;造成损失的,依法承担赔偿责任。”本条是关于对在煤矿采区非法进行危险作业行政处罚和承担赔偿责任的规定。第五十二条规定:“任何单位或者个人需要在煤矿采区范围内进行可能危及煤矿安全的作业时,应当经煤矿企业同意,报煤炭管理部门批准,并采取安全措施后,方可进行作业。”本条规定的应当给予行政处罚的行为是,违反第五十二条规定,未经批准或者未采取安全措施,在煤矿采区范围内进行危及煤矿安全作业的。

(三)掺杂、掺假,以次充好的煤炭行政责任

《煤炭法》第五十九条规定:“违反本法第四十三条的规定,在煤炭产品中掺杂、掺假,以

次充好的，责令停止销售，没收违法所得，并处违法所得一倍以上五倍以下的罚款；构成犯罪的，由司法机关依法追究刑事责任。”本条是关于对在煤炭产品中掺杂、掺假，以次充好的行政处罚和刑事处罚的规定。本条规定的应当给予行政处罚的违法行为是，违反本法第四十三条的规定，在煤炭产品中掺杂、掺假，以次充好的。

《煤炭法》第五十九条规定的行政处罚的形式有：(1)责令停止销售，即命令煤矿企业或煤炭经营企业不得继续销售掺杂掺假或以次充好的煤炭产品。本条没有规定责令停止生产，是因为掺杂、掺假，以次充好的行为是煤炭开采后发生的。(2)没收违法所得，即没收煤矿企业或煤炭经营企业由于在煤炭中掺杂、掺假或以次充好而多得的利润。(3)并处违法所得一倍以上五倍以下的罚款。在煤炭中掺杂掺假，以次充好的行为，损害用户利益，危害社会经济秩序，应当并处罚款。罚款的幅度，在违法所得一倍以上五倍以下的范围内，根据具体情节确定。(4)可以依法吊销煤炭生产许可证或取消煤炭经营资格。“可以”具有一定的灵活性。情节严重的，吊销煤炭生产许可证或取消煤炭经营资格；情节较轻的，可以不吊销煤炭生产许可证或不取消煤炭经营资格。具体情节由有关法规和规章规定。

(四)扰乱煤炭生产经营的煤炭行政责任

1. 在煤矿企业土地上非法修建建筑物、构筑物的煤炭行政责任

《煤炭法》第六十条规定：“违反本法第五十条的规定，未经煤矿企业同意，在煤矿企业依法取得土地使用权的有效期间内在该土地上修建建筑物、构筑物的，由当地人民政府动员拆除；拒不拆除的，责令拆除。”本条是关于对在煤矿企业土地上非法修建建筑物、构筑物行政处罚的规定。本条规定应当给予行政处罚的违法行为是，违反本法第五十条的规定，未经煤矿企业同意，在煤矿企业依法取得使用权的有效期间内在该土地上修建建筑物、构筑物的。第五十条规定：“未经煤矿企业同意，任何单位或者个人不得在煤矿企业依法取得土地使用权的有效期间内在该土地上种植、养殖、取土或者修建建筑物、构筑物。”本条规定的行政处罚的形式是，责令拆除，即命令违法者拆除非法的建筑物、构筑物。责令拆除的前提是违法者经动员拒不拆除的。本条规定的行政处罚由当地人民政府实施，一般应为县(市)级人民政府。

2. 非法占用煤矿企业专用设施的煤炭行政责任

《煤炭法》第五十一条规定：“未经煤矿企业同意，任何单位或者个人不得占用煤矿企业的铁路专用线、专用道路、专用航道、专用码头、电力专用线、专用供水管路。”本条规定的行政处罚的违法行为是，违反本法第五十一条的规定，占用煤矿企业专用设施的。

《煤炭法》第六十一条规定：“违反本法第五十一条的规定，未经煤矿企业同意，占用煤矿企业的铁路专用线、专用道路、专用航道、专用码头、电力专用线、专用供水管路的，由县级以上地方人民政府责令限期改正；逾期不改正的，强制清除，可以并处五万元以下的罚款；造成损失的，依法承担赔偿责任。”本条是关于对非法占用煤矿企业专用设施行政处罚和承担赔偿责任的规定。本条规定的行政处罚的形式有：(1)责令限期改正，即命令违法者在规定的期限内，改正违法行为，将占用煤矿企业的铁路专用线、专用道路、专用航道、专用码头、电力专用线、专用供水管路退还给煤矿企业。(2)逾期不改正的，强制清除，即在规定的期

限内，继续非法占用煤矿企业的专用设施的，强制清除其在非法占用的专用设施上设置的障碍物。(3)可以并处5万元以下罚款。“可以”有一定的灵活性。情节较重的并处罚款，具体数额根据情况决定，最多不超过5万元；情节较轻不处罚款。本条规定的行政处罚，由违法行为发生地的县级以上地方人民政府实施。

(五)违反治安管理处罚法的煤炭行政责任

《煤炭法》第六十三条规定：“有下列行为之一的，由公安机关依照治安管理处罚法的有关规定处罚；构成犯罪的，由司法机关依法追究刑事责任：(一)阻碍煤矿建设，致使煤矿建设不能正常进行的；(二)故意损坏煤矿矿区的电力、通讯、水源、交通及其他生产设施的；(三)扰乱煤矿矿区秩序，致使生产、工作不能正常进行的；(四)拒绝、阻碍监督检查人员依法执行职务的。”本条是关于违反《煤炭法》应当给予治安管理处罚的规定。

(六)违反煤炭规划的法律责任

未按照煤炭规划进行项目建设的，由煤炭管理部门及相关部门责令限期改正违法行为；逾期仍达不到规划要求的，不得办理项目建设手续；情节严重的，按照国家有关规定对地方和企业进行通报批评，并追究相关人员的法律责任。

(七)违反产能置换的法律责任

未达到产能置换要求的，责令限期改正，逾期仍未改正的，煤炭管理部门不予办理项目核准手续；情节严重的，核减所核增产能，按照国家有关规定对政府有关部门及其工作人员进行通报批评。

(八)矿区修复法律责任

未履行生态保护修复义务的，由县级以上地方人民政府自然资源主管部门责令限期修复，处五十万元以上二百万元以下的罚款；逾期未修复的，由出让矿业权的有关人民政府自然资源主管部门收回矿业权、在一定期限内实施市场和行业禁入措施，并依法确定有修复能力的单位代为修复，所需费用由违法者承担；构成犯罪的，依法追究刑事责任。

(九)采煤沉陷区综合治理的法律责任

未开展采煤沉陷区综合治理的或综合治理不到位的，要求县级以上地方人民政府限期整改；逾期仍不整改的，给予通报批评；情节严重的，对直接负责的主管人员和其他责任人员依法给予处分。

对于不履行采煤沉陷区治理责任的煤炭企业，由县级以上地方人民政府责令其限期治理，处五十万元以上二百万元以下的罚款；逾期仍不治理的，依法责令限期缴纳土地复垦费，并由出让矿业权的有关人民政府自然资源主管部门收回矿业权、在一定期限内实施市场和行业禁入措施；构成犯罪的，依法追究刑事责任。

(十)不按规定参加保险的法律责任

煤炭企业不办理工伤保险的，由社会保险行政部门责令限期改正；逾期不改正的，对煤炭企业处应缴工伤保险费数额一倍以上三倍以下的罚款，对其直接负责的主管人员和其他直接责任人员处五百元以上三千元以下的罚款。

煤炭企业未依法参加安全生产责任保险的，由煤矿安全监管监察部门及有关部门责令改正；对煤炭企业处应缴安全生产责任保险费数额一倍以上三倍以下的罚款，逾期不改正的，对企业主要负责人和其他直接责任人员处一千元以上五千元以下的罚款。

第三节　煤炭民事责任

煤炭民事责任，是指民事主体因违反合同或者不履行煤炭法律法规规定的民事义务所应承担的民事法律后果。根据煤炭民事责任是否由合同关系引起，可以分为煤炭合同责任和煤炭侵权责任。煤炭合同责任，即违反合同的煤炭民事责任，是指合同当事人一方不履行或者不适当履行煤炭合同义务所应承担的继续履行、采取补救措施、赔偿损失、支付违约金等民事法律后果，主要是指煤炭质量不符合合同约定的产品质量责任。煤炭侵权责任，是指因侵权行为产生的民事责任，主要包括因采用危险方法采矿作业、非法占用煤矿专线、煤矿安全事故等造成他人人身财产权利受到侵害所应承担的赔偿责任。

一、煤炭民事责任概述

（一）煤炭民事责任的概念

煤炭民事责任，是指民事主体因违反合同或者不履行煤炭法律法规规定的民事义务所应承担的民事法律后果。煤炭民事义务是煤炭民事责任的前提，无义务就无责任，煤炭民事责任则是不履行民事义务的法律后果。

（二）煤炭民事责任的特征

煤炭民事责任的特征：(1)强制性，在民事主体违反合同或者不履行煤炭法律义务，或者由于过错在煤炭生产、经营等民事活动中侵害国家、集体的财产，侵害他人财产、人身时，法律规定应当承担煤炭民事责任。当民事主体不主动承担煤炭民事责任时，通过国家有关权力机构强制其承担责任。(2)财产性，煤炭民事责任以财产责任为主，非财产责任为辅。(3)补偿性，煤炭民事责任以补足民事主体所受损失为限。

二、煤炭民事责任的分类及其构成要件

（一）煤炭民事责任的分类

根据煤炭民事责任是否由合同关系引起，可以分为煤炭合同责任和煤炭侵权责任。煤炭合同责任，不仅包括煤炭违约责任即违反合同债务所产生的煤炭民事责任，还包括因煤炭合同变更、解除所产生的煤炭民事责任、保证责任和非违约方未尽到防止或者减轻损害的义务所应负的责任。煤炭侵权责任即因违反煤炭法律法规的侵权行为而产生的煤炭民事责任。

（二）煤炭违约责任的构成要件及归责原则

煤炭违约责任，即违反合同的煤炭民事责任，是指合同当事人一方不履行或者不适当履行煤炭合同义务所应承担的继续履行、采取补救措施、赔偿损失、支付违约金等民事法律后果。其构成要件如下：

1. 违约行为。违约行为，是指合同当事人不履行或者不适当履行合同义务的客观事实。违约行为的发生以合同关系存在为前提。违约行为是构成违约责任的首要条件。违约行为的特点在于：（1）违约行为的行为人是合同当事人。（2）违约行为违反了合同义务。（3）与合同义务相对应的是合同债权，对合同义务的违反必然导致对合同债权的侵害。

违约行为的形态，是根据违约行为违反合同义务的性质、特点，对违约行为所作的分类。一般而言，违约行为可以分为不履行和不适当履行两大类。所谓不履行，是指当事人根本没有履行合同义务，包括拒绝履行和根本违约。所谓不适当履行，是指当事人虽有履行合同义务的行为，但履行的内容不符合法律规定或者合同约定。不适当履行包括质的不当（瑕疵履行和加害给付）、量的不当即部分履行、履行方法不当、履行地点不当和履行时间不当（提前履行和迟延履行）等。

就违约行为发生的时间而言，违约行为可以分为预期违约和实际违约。预期违约，是指在合同有效成立履行期限届满之前，当事人一方明确表示或者以自己的行为表明不履行主要债务。实际违约，是指合同履行期限届满后发生的违约。

2. 主观过错。我国《民法典》第五百七十七条没有将过错作为违约责任的构成要件，而是实行严格责任原则，在一定程度上消除了关于违约责任归责原则的争论。这里的主观过错，是指合同当事人通过其违约行为表现出来的在法律和道德上应受非难的故意和过失状态。违约责任中的过错通常是通过推定的方法加以认定，即只要当事人实施了违约行为，就推定其主观上存在过错。债权人就债务人的主观过错不承担举证责任。债务人只有证明其主观上没有过错，如不可抗力和受害人的过错，才可以否定违约责任的构成。

3. 不存在法定或约定的免责事由。从法律上看，非违约方请求违约方承担煤炭合同违约的赔偿损失责任，是需要承担损害事实存在及行为与损害有因果关系的证明责任的，但损害事实本身不成为违约责任的一般构成要件。其原因在于：一方面，一方当事人违反合同规定的义务，并不一定必然会给另一方带来损害。如在煤炭产品买卖合同中，若买方在订立合同后无故提出解除合同，但该煤炭产品之后又被另外的买方以更高的价格买走，那么卖方实际上并未遭受损害。另一方面，一方当事人违约给对方造成了损害，但此种损害可能难以确定，特别是要由对方当事人就其遭受的损害数额、损害与违约行为之间的因果关系举证，可能使非违约方放弃赔偿损失的请求，而选择其他的请求，如继续履行、违约金责任和定金责任等。

煤炭违约责任适用严格责任原则，即追究违约人的违约责任或者满足受害人法律救济要求，既不要求受害人证明违约人有过错，也不要求违约人证明自己没有过错。这里的逻辑是，只要有违约事实就要承担违约责任，违约责任的构成以不履行合同义务或者履行合同义务不符合约定为要件，违约人对此的过错与责任的承担毫无关系。

（三）煤炭侵权责任的构成要件及归责原则

煤炭侵权责任是因侵权行为发生的民事责任。煤炭侵权责任构成要件，是指行为人承担煤炭侵权责任必须具备的条件，包括：(1)侵害行为，是指行为人实施的侵害他人合法权益的作为或者不作为行为。侵害行为不仅包括行为人自己实施的行为以及与行为人存在特定关系的人实施的行为，还包括行为人负有管理等法定义务的动物、物件等致人损害的客观事实。(2)损害事实，是指侵权行为给受害人造成的不利后果。无损害即无责任。损害包括财产损害、人身伤害和精神损害。(3)因果关系，是指侵权人实施的行为和损害后果之间存在因果上的联系。此种因果关系是行为人对损害事实承担煤炭民事责任的必备条件之一。(4)主观过错，是指行为人通过其实施的侵害行为所表现出来的在法律和道德上应受非难的故意和过失状态，包括故意和过失。

侵权责任的归责原则具体分为三种：过错责任原则、过错推定原则和无过错责任原则。

(1)过错责任原则是以过错作为价值判断标准判断行为人对其造成损害应否承担侵权责任的归责原则。一般侵权行为引起的损害赔偿案件，应当由主观上有过错的一方承担赔偿责任。主观上的过错是损害赔偿责任构成的必备要件之一。

(2)过错推定原则是指在法律有特别规定的场合，从损害事实的本身推定加害人有过错，并据此确定造成他人损害的行为人赔偿责任的归责原则。我国《民法典》第一千一百六十五条规定，根据法律规定推定行为人有过错，行为人不能证明自己没有过错的，应当承担责任。过错推定原则适用于部分特殊侵权责任，如除高空抛物以外的物件损害责任。

(3)无过错责任原则是指在法律有特别规定的情况下，以已经发生的损害结果为价值判断标准，与该损害结果有因果关系的行为人，不论其有无过错，都要承担侵权赔偿责任的归责原则。我国《民法典》第一千一百六十六条规定，行为人损害他人民事权益，不论行为人有无过错，法律规定应当承担侵权责任的，依照其规定。这里规定的就是无过错责任原则。无过错责任原则适用于《民法典》侵权责任编第四章规定的产品责任、第七章规定的环境污染和生态破坏责任、第八章规定的高度危险责任、第九章规定的饲养动物损害责任，以及其他法律规定的工伤事故责任。除此之外，除非有法律特别规定，不得适用无过错责任原则。

三、煤炭民事责任的承担方式及免责条件

（一）煤炭民事责任的承担方式

根据《民法典》第一百七十九条的规定煤炭民事责任的承担方式有以下几种：停止侵害；排除妨碍；消除危险；返还财产；恢复原状；修理、重作、更换；继续履行；赔偿损失；支付违约金；消除影响、恢复名誉；赔礼道歉。法律规定惩罚性赔偿的，依照其规定。本条规定的承担民事责任的方式，可以单独适用，也可以合并适用。

（二）煤炭民事责任的免责条件

1. 因不可抗力不能履行民事义务的，不承担煤炭民事责任。法律另有规定的，依照其规

定。不可抗力是指不能预见、不能避免且不能克服的客观情况。

2. 因正当防卫造成损害的,不承担煤炭民事责任。正当防卫超过必要的限度,造成不应有的损害的,正当防卫人应当承担适当的民事责任。

3. 因紧急避险造成损害的,由引起险情发生的人承担煤炭民事责任。危险由自然原因引起的,紧急避险人不承担民事责任,可以给予适当补偿。紧急避险采取措施不当或者超过必要的限度,造成不应有的损害的,紧急避险人应当承担适当的民事责任。

4. 因保护他人民事权益使自己受到损害的,由侵权人承担煤炭民事责任,受益人可以给予适当补偿。没有侵权人、侵权人逃逸或者无力承担民事责任,受害人请求补偿的,受益人应当给予适当补偿。

5. 因自愿实施紧急救助行为造成受助人损害的,救助人不承担煤炭民事责任。

四、煤炭民事责任的相关法律规定

(一)关于煤炭违约责任的相关规定

《煤炭法》第四十四条规定:"煤矿企业和煤炭经营企业供应用户的煤炭质量不符合国家标准或者行业标准,或者不符合合同约定,或者质级不符、质价不符,给用户造成损失的,应当依法给予赔偿。"本条是关于煤矿企业和煤炭经营企业因煤炭质量问题给用户造成损失应当依法赔偿的规定。

商品生产者、销售者承担产品质量责任,是我国法律的一项基本制度。《民法典》第一百八十六条规定:"因当事人一方的违约行为,损害对方人身权益、财产权益的,受损害方有权选择请求其承担违约责任或者侵权责任。"《产品质量法》第二十六条规定,"生产者应当对其生产的产品质量负责";第三十四条规定,"销售者应当采取措施,保持销售产品的质量"。上述法律规定是煤矿企业和煤炭经营企业承担产品质量责任的法律依据。

煤矿企业和煤炭经营企业承担产品质量责任的方式主要是赔偿损失,其法定条件是:(1)煤炭质量不符合国家标准或者行业标准。(2)不符合合同约定。这是指所供应的煤炭质量低于合同约定的质量标准,不能满足用户的需要。(3)质级不符、质价不符。这是指煤炭的实际质量与其所被划定的等级不相称,达不到同等级煤炭的实际质量标准;煤炭的价格与其质量不符,以优质煤的价格出售劣质煤。

当然,必须是上述三种情形给用户造成损失,才应当由煤矿企业和煤炭经营企业承担赔偿责任。如果没有给用户造成损失,则应当依法承担退换煤炭产品等责任,谈不上赔偿损失。

(二)关于煤炭侵权责任的相关规定

《煤炭法》中关于赔偿损失的民事责任的规定主要是第五十八条、第六十一条、第六十二条。如《煤炭法》第五十八条规定,违反本法第二十四条的规定,擅自开采保安煤柱或者采用危及相邻煤矿生产安全的危险方法进行采矿作业的,造成损失的,依法承担赔偿责任;第六十一条规定,违反本法第五十一条的规定,未经煤矿企业同意,占用煤矿企业的铁路专用线、专用道路、专用航道、专用码头、电力专用线、专用供水管路的,造成损失的,依法承担赔偿责任;第六十二条规定,违反本法第五十二条的规定,未经批准或者未采取安全措施,在煤矿采区范围内进行危及煤矿安全作业的,造成损失的,依法承担赔偿责任。构成赔偿责任的条件是,造成的损失与违法行为之间存在因果关系,即煤矿企业受到的损失,是由于擅自开采保安煤柱或者采用危及相邻煤矿生产安全的危险方法进行采矿作业引起的,是占用专用设施引起的,以及未经批准或者未采取安全措施,在煤矿采区范围内进行危及煤矿安全作业引起的。如果煤矿企业的损失,不是由于上述原因引起的,则不构成赔偿责任。依法承担赔偿责任,即依照《民法典》的规定承担赔偿责任。赔偿责任的范围,包括直接损失和间接损失。直接损失是指财产的直接减少;间接损失是指可得利益损失,即因上述违法或违约行为,应当得到的利益没有得到。

《安全生产法》第一百一十六条规定:"生产经营单位发生生产安全事故造成人员伤亡、他人财产损失的,应当依法承担赔偿责任;拒不承担或者其负责人逃匿的,由人民法院依法强制执行。生产安全事故的责任人未依法承担赔偿责任,经人民法院依法采取执行措施后,仍不能对受害人给予足额赔偿的,应当继续履行赔偿义务;受害人发现责任人有其他财产的,可以随时请求人民法院执行。"

《突发事件应对法》第六十七条规定:"单位或者个人违反本法规定,导致突发事件发生或者危害扩大,给他人人身、财产造成损害的,应当依法承担民事责任。"

《矿产资源法》第三十二条规定:"……开采矿产资源给他人生产、生活造成损失的,应当负责赔偿,并采取必要的补救措施。"

《安全生产法》第五十六条第二款规定:"因生产安全事故受到损害的从业人员,除依法享有工伤保险外,依照有关民事法律尚有获得赔偿的权利的,有权提出赔偿要求。"

第四节 煤炭刑事责任

煤炭刑事责任,是指在煤炭生产经营活动中,由于行为人的故意或过失做出违法行为危及公共安全,造成了人身伤亡或重大安全事故等情形,已经构成犯罪的,需要承担的刑法上的法律责任。煤炭刑事责任主体包括一般主体和县级以上政府负有能源监督管理职责的部门及其工作人员和煤炭主管部门。煤炭犯罪主观方面包括故意和过失。煤炭犯罪客体一般包括国家煤炭安全、公共安全、公民的人身和财产权利等。煤炭犯罪客观方面具体表现为某种特定的煤炭犯罪行为。煤炭刑事责任涉及的罪名主要有重大责任事故罪、重大劳动安全事故罪、强令组织他人违章冒险作业罪、危险作业罪、不报谎报安全事故罪、工程重大安全事故罪、生产销售伪劣产品罪、提供虚假证明文件罪、出具证明文件重大失实罪、盗窃罪、故意毁坏财物罪、破坏生产经营罪、妨害公务罪、污染环境罪、非法处置进口的固体废物罪、非法采矿罪、破坏性采矿罪、滥用职权罪、玩忽职守罪等。

一、煤炭刑事责任概述

(一)煤炭刑事责任的概念

煤炭刑事责任,是指在煤炭生产经营活动中,由于行为人的故意或过失做出违法行为危及公共安全,造成了人身伤亡或重大安全事故等情形,已经构成犯罪的,需要承担的刑法规定的法律责任。目前我国煤炭领域的刑事违法行为主要表现在一般主体盗窃煤炭产品、破坏煤炭生产设施并危及公共安全,或特定主体履行职务渎职、失职以致发生重大安全事故等行为。

煤炭刑事责任对于责任主体来说是后果最为严重的一种法律责任,其危害程度比煤炭行政责任和煤炭民事责任更为严重,其刑罚的严厉性在于刑事责任的严重性。

(二)煤炭犯罪行为

根据不同的标准,对煤炭犯罪行为可以进行不同的分类。

根据犯罪行为主体的不同,可以分为煤炭管理机关及其工作人员的煤炭犯罪行为、煤炭企业的煤炭犯罪行为、煤炭用户的煤炭犯罪行为等。煤炭管理机关及其工作人员的犯罪行为,是指煤炭行政主体及其工作人员滥用职权、玩忽职守,导致严重后果的发生。如煤炭领域相关人员的职务犯罪行为。煤炭企业的煤炭犯罪行为,是指煤炭企业在煤炭开发、加工转换、储备、供应与服务等环节实施触犯刑事法律的行为。如煤炭领域的环境污染犯罪行为。煤炭用户的犯罪行为,是指用能主体实施了触犯《刑法》规定而应该承担刑事法律责任的行为。

根据煤炭犯罪的主观方面的差异,可以分为故意的煤炭犯罪和过失的煤炭犯罪。故意的煤炭犯罪,是指行为人明知自己的行为违反《煤炭法》与《刑法》的相关规定,且会引发危害社会的结果,而在希望或放任这种危害结果的发生的心理状态下实施的不法行为。过失的煤炭犯罪,是指行为人应当预见自己的行为可能发生危害后果,因为疏忽大意而没有预见,或者已经预见而轻信能够避免,以致危害后果发生的情况。

根据煤炭犯罪的客观表现,可以分为不作为的煤炭犯罪和作为的煤炭犯罪。不作为的煤炭犯罪行为,是指负有作出煤炭法律法规规定的某种行为的义务,且能够作出此义务的人,不为此义务的行为。这种不作为的煤炭犯罪也是违反刑事法律,有严重社会危害性且将受到刑罚制裁的。作为的煤炭犯罪行为是就相对不作为的煤炭犯罪而言的,一般是指行为人以积极的行动实施了煤炭法律法规和刑事法律所禁止的行为。

根据行为人的错误认识,可以分为法律认识错误的煤炭犯罪行为和事实认识错误的煤炭犯罪行为。法律认识错误的煤炭犯罪行为是指行为人在对自己的行为在法律上是否构成犯罪,构成何种犯罪或者应当受到怎样的处罚有错误认识的前提下实施的犯罪行为。事实认识错误的煤炭犯罪行为,是指行为人所认识所意欲的事实与实际情况、客观事实不一致,但行为已经实施完毕。事实认识错误一般包括对象错误和行为认识错误等。

二、煤炭刑事责任的构成要件

根据我国《刑法》,犯罪一般具有的四个共同的构成要件:犯罪主体、犯罪主观方面、犯罪客体、犯罪客观方面。以《煤炭法》第六十四条为例,煤矿企业的管理人员违章指挥、强令职工冒险作业,发生重大伤亡事故的,依照《刑法》有关规定追究刑事责任。

(一)煤炭犯罪的主体

煤炭犯罪的主体包括自然人主体和单位主体。自然人主体是我国《刑法》中最基本的、具有普遍意义的犯罪主体,是指具备刑事责任能力,实施危害社会的行为,并且依法应负刑事责任的自然人。单位犯罪主体被规定在《刑法分则》当中。我国《刑法》第三十条规定,公司、企业、事业单位、机关、团体实施的危害社会的行为,法律规定为单位犯罪的,应当负刑事责任。除此之外,其他的社会组织不能成为单位犯罪的主体。

煤炭犯罪主体还包含一般主体和特殊主体。一般主体是自然人,犯罪主体的一般要件,即任何自然人犯罪主体必须具备两个条件:达到刑事法定年龄、具有辨认和控制自己行为的能力。特殊主体是自然人犯罪主体的特殊要件,即除了具备一般要件之外还必须具备的特殊身份。煤炭犯罪主体当中涉及特定职务的人和从事特定职业的人,包括县级以上政府负有能源监督管理职责的部门和煤炭管理部门的工作人员。如《刑法》第一百三十四条第一款"重大责任事故罪"的犯罪主体,是指对矿山生产、作业负有组织、指挥或者管理职责的负责人、实际控制人、投资人、管理人等,以及直接从事矿山生产、作业的人员。《刑法》第一百三十四条第二款"强令、组织他人违章冒险作业罪"的犯罪主体,是指对矿山生产、作业负有组织、指挥或者管理职责的负责人、实际控制人、投资人、管理人等。《刑法》第一百三十五条"重大劳动安全事故罪"的"直接负责的主管人员和其他直接责任人员"包括对矿山安全生产设施或者安全生产条件不符合国家规定负有直接责任的矿山生产经营单位负责人、实际控制人、投资人、管理人等,以及对安全生产设施或者安全生产条件负有管理、维护职责的电工、瓦斯检查工等人员。

(二)煤炭犯罪的主观方面

煤炭犯罪的主观方面,是指行为人对自己所实施的危害行为负煤炭刑事责任的主观基础,是犯罪主体对自己的危害行为及其危害后果所持的心理态度。犯罪的主观方面包括故意、过失、犯罪目的和犯罪动机。煤炭犯罪的故意又包括直接故意和间接故意;煤炭犯罪的过失包括过于自信的过失和疏忽大意的过失。其中犯罪故意或者过失是一切煤炭犯罪的构成要件,但是犯罪动机一般不是煤炭犯罪的构成要件,犯罪目的是一些特殊的煤炭犯罪的构成要件。如《煤炭法》第六十五条规定,煤矿企业的管理人员对煤矿事故隐患不采取措施予以消除,发生重大伤亡事故的,依照《刑法》有关规定追究刑事责任。其构成玩忽职守罪的主观方面为过失,即由于过于自信或疏忽大意未对煤矿事故隐患采取措施予以消除而导致发生了重大伤亡事故。

(三)煤炭犯罪的客体

煤炭犯罪客体是我国《刑法》所保护的为煤炭犯罪行为所侵害的社会关系。煤炭犯罪客体是构成煤炭犯罪的必备要件之一。如果某一煤炭生产经营行为并未危害《刑法》所保护的社会关系，就不可能构成煤炭犯罪。煤炭犯罪客体一般包括国家煤炭安全、公共安全、公民的人身和财产权利等。煤炭犯罪的客体不同于煤炭犯罪的对象，煤炭犯罪对象是指《刑法分则》条文规定的煤炭犯罪行为所作用的、客观存在的具体人或者具体物。如《煤炭法》第六十五条中犯罪主体只能是国家工作人员，非国家工作人员不能构成玩忽职守罪。

(四)煤炭犯罪的客观方面

煤炭犯罪的客观方面又称犯罪客观要件，是指《刑法》所规定的构成煤炭犯罪的客观外在表现。犯罪客观方面是将煤炭犯罪客体和犯罪构成的主体要件、主观方面要件联系起来的重要环节，是煤炭犯罪构成中居于核心地位的构成要件。因为煤炭犯罪客观方面是将主观犯罪心理活动外化，将煤炭犯罪意志付诸实施，具体表现为某种特定的煤炭犯罪行为，具有客观性、具体性、多样性和法定性。煤炭犯罪的客观方面包括煤炭犯罪行为、危害结果、危害行为与危害结果之间的因果关系、其他煤炭犯罪客观要件，如煤炭的犯罪时间、地点、方法等。如《煤炭法》第六十五条中客观方面表现为，实施了玩忽职守行为并对公共财产、国家和人民的利益造成重大损失。主要表现为严重官僚主义、擅离职守或者虽在职，但不履行职责，或者乱指挥、马虎草率、不正确履行职责等。

三、煤炭刑事责任的承担方式

煤炭刑事责任的承担方式适用我国《刑法》的规定，主要分为主刑和附加刑两大类，包括生命刑、自由刑、财产刑和资格刑。其中生命刑是指死刑；自由刑包括管制、拘役、有期徒刑和无期徒刑；财产刑包括罚金和没收财产；资格刑包括剥夺政治权利和驱逐出境。为了保证煤炭法律法规与刑事法律的体系性，刑事法律责任的承担方式在煤炭相关法律法规当中只作粗略的抽象性原则规定。如《安全生产法》第九十条规定：“负有安全生产监督管理职责的部门的工作人员，有下列行为之一的，给予降级或者撤职的处分；构成犯罪的，依照刑法有关规定追究刑事责任：(一)对不符合法定安全生产条件的涉及安全生产的事项予以批准或者验收通过的；(二)发现未依法取得批准、验收的单位擅自从事有关活动或者接到举报后不予取缔或者不依法予以处理的；(三)对已经依法取得批准的单位不履行监督管理职责，发现其不再具备安全生产条件而不撤销原批准或者发现安全生产违法行为不予查处的；(四)在监督检查中发现重大事故隐患，不依法及时处理的。负有安全生产监督管理职责的部门的工作人员有前款规定以外的滥用职权、玩忽职守、徇私舞弊行为的，依法给予处分；构成犯罪的，依照刑法有关规定追究刑事责任。”如《循环经济促进法》第五十七条、《突发事件应对法》第六十八条都规定：“违反本法规定，构成犯罪的，依法追究刑事责任。”这是为了与刑事法律规范协调运作，避免法律法规过度重复规定。

四、煤炭刑事责任的相关罪名

按照《刑法分则》当中的分类，煤炭犯罪包含危害公共安全罪、破坏社会主义市场经济秩序罪、侵犯公民人身权利或民主权利罪、侵犯财产罪、妨害社会管理秩序罪和渎职罪这六大类犯罪。

（一）危害公共安全罪

1. 重大责任事故罪。重大责任事故罪，是指在生产、作业中违反有关安全管理的规定，因而发生重大伤亡事故或者造成其他严重后果的行为。

《煤炭法》第六十四条规定，煤矿企业的管理人员违章指挥、强令职工冒险作业，发生重大伤亡事故的，依照《刑法》有关规定追究刑事责任。《刑法》第一百三十四条规定，在生产、作业中违反有关安全管理的规定，因而发生重大伤亡事故或者造成其他严重后果的，处三年以下有期徒刑或者拘役；情节特别恶劣的，处三年以上七年以下有期徒刑。强令他人违章冒险作业，因而发生重大伤亡事故或者造成其他严重后果的，处五年以下有期徒刑或者拘役；情节特别恶劣的，处五年以上有期徒刑。

2. 重大劳动安全事故罪。重大劳动安全事故罪，是指安全设施或者安全生产条件不符合国家规定，因而发生重大伤亡事故或者造成其他严重后果、危害公共安全的行为。《刑法》第一百三十五条规定，安全生产设施或者安全生产条件不符合国家规定，因而发生重大伤亡事故或者造成其他严重后果的，对直接负责的主管人员和其他直接责任人员，处三年以下有期徒刑或者拘役；情节特别恶劣的，处三年以上七年以下有期徒刑。

3. 不报、谎报安全事故罪。《刑法》第一百三十九条之一规定，在安全事故发生后，负有报告职责的人员不报或者谎报事故情况，贻误事故抢救，情节严重的，处三年以下有期徒刑或者拘役；情节特别严重的，处三年以上七年以下有期徒刑。

4. 工程重大安全事故罪。《刑法》第一百三十七条规定，建设单位、设计单位、施工单位、工程监理单位违反国家规定，降低工程质量标准，造成重大安全事故的，对直接责任人员，处五年以下有期徒刑或者拘役，并处罚金；后果特别严重的，处五年以上十年以下有期徒刑，并处罚金。

（二）破坏社会主义市场经济秩序罪

1. 生产、销售伪劣产品罪。《煤炭法》第五十九条规定，违反本法第四十三条的规定，在煤炭产品中掺杂、掺假，以次充好的，责令停止销售，没收违法所得，并处违法所得一倍以上五倍以下的罚款；构成犯罪的，由司法机关依法追究刑事责任。《刑法》第一百四十条规定："生产者、销售者在产品中掺杂、掺假，以假充真，以次充好或者以不合格产品冒充合格产品，销售金额五万元以上不满二十万元的，处二年以下有期徒刑或者拘役，并处或者单处销售金额百分之五十以上二倍以下罚金；销售金额二十万元以上不满五十万元的，处二年以上七年以下有期徒刑，并处销售金额百分之五十以上二倍以下罚金；销售金额五十万元以上不满二百万元的，处七年以上有期徒刑，并处销售金额百分之五十以上二倍以下罚金；销售金额二百万元以上的，处十五年有期徒刑或者无期徒刑，并处销售金额百分之五十以上二倍以下罚金或者没收财产。"

2. 提供虚假证明文件罪、出具证明文件重大失实罪。《安全生产法》第九十二条规定，承担安全评价、认证、检测、检验工作的机构，出具虚假证明的，没收违法所得；违法所得在十万元以上的，并处违法所得二倍以上五倍以下的罚款；没有违法所得或者违法所得不足十万元的，单处或者并处十万元以上二十万元以下的罚款；对其直接负责的主管人员和其他直接责任人员处二万元以上五万元以下的罚款；给他人造成损害的，与生产经营单位承担连带赔偿责任；构成犯罪的，依照刑法有关规定追究刑事责任。《清洁生产促进法》第三十九条第二款规定，违反本法第二十七条第五款规定，承担评估验收工作的部门或者单位及其工作人员向被评估验收企业收取费用的，不如实评估验收或者在评估验收中弄虚作假的，或者利用职务上的便利谋取利益的，对直接负责的主管人员和其他直接责任人员依法给予处分；构成犯罪的，依法追究刑事责任。《刑法》第二百二十九条规定，承担资产评估、验资、验证、会计、审计、法律服务等职责的中介组织的人员故意提供虚假证明文件，情节严重的，处五年以下有期徒刑或者拘役，并处罚金。前款规定的人员，索取他人财物或者非法收受他人财物，犯前款罪的，处五年以上十年以下有期徒刑，并处罚金。第一款规定的人员，严重不负责任，出具的证明文件有重大失实，造成严重后果的，处三年以下有期徒刑或者拘役，并处或者单处罚金。

（三）侵犯财产罪

1. 盗窃罪。《矿产资源法》第四十一条规定，盗窃、抢夺矿山企业和勘查单位的矿产品和其他财物的，破坏采矿、勘查设施的，扰乱矿区和勘查作业区的生产秩序、工作秩序的，分别依照《刑法》有关规定追究刑事责任；情节显著轻微的，依照治安管理处罚法有关规定予以处罚。《刑法》第二百六十四条规定，盗窃公私财物，数额较大的，或者多次盗窃、入户盗窃、携带凶器盗窃、扒窃的，处三年以下有期徒刑、拘役或者管制，并处或者单处罚金；数额巨大或者有其他严重情节的，处三年以上十年以下有期徒刑，并处罚金；数额特别巨大或者有其他特别严重情节的，处十年以上有期徒刑或者无期徒刑，并处罚金或者没收财产。

2. 故意毁坏财物罪。《矿产资源法》第三十九条规定，未取得采矿许可证擅自采矿的，擅自进入国家规划矿区、对国民经济具有重要价值的矿区范围采矿的，擅自开采国家规定实行保护性开采的特定矿种的，责令停止开采、赔偿损失，没收采出的矿产品和违法所得，可以并处罚款；拒不停止开采，造成矿产资源破坏的，依照刑法的规定对直接责任人员追究刑事责任。第四十条规定，超越批准的矿区范围采矿的，责令退回本矿区范围内开采、赔偿损失，没收越界开采的矿产品和违法所得，可以并处罚款；拒不退回本矿区范围内开采，造成矿产资源破坏的，吊销采矿许可证，依照刑法规定对直接责任人员追究刑事责任。《刑法》第二百七十五条规定，故意毁坏公私财物，数额较大或者有其他严重情节的，处三年以下有期徒刑、拘役或者罚金；数额巨大或者有其他特别严重情节的，处三年以上七年以下有期徒刑。

3. 破坏生产经营罪。《煤炭法》第六十三条规定，有下列行为之一的，由公安机关依照《治安管理处罚法》的有关规定处罚；构成犯罪的，由司法机关依法追究刑事责任：(1)阻碍煤矿建设，致使煤矿建设不能正常进行的；(2)故意损坏煤矿矿区的电力、通讯、水源、交通及其他生产设施的；(3)扰乱煤矿矿区秩序，致使生产、工作不能正常进行的。《刑法》第二百七十六条规定，由于泄愤报复或者其他个人目的，毁坏机器设备、残害耕畜或者以其他方法破坏生产经营的，处三年以下有期徒刑、拘役或者管制；情节严重的，处三年以上七年以下有期徒刑。

（四）妨害社会管理秩序罪

1. 妨害公务罪。《煤炭法》第六十三条第（四）项规定，拒绝、阻碍监督检查人员依法执行职务构成犯罪的，由司法机关依法追究刑事责任。《矿产资源法》第四十八条规定以暴力、威胁方法阻碍从事矿产资源勘查、开采监督管理工作的国家工作人员依法执行职务的，依照刑法规定追究刑事责任；拒绝、阻碍从事矿产资源勘查、开采监督管理工作的国家工作人员依法执行职务未使用暴力、威胁方法的，由公安机关依照治安管理处罚法的规定处罚。《刑法》第二百七十七条第一款规定，以暴力、威胁方法阻碍国家机关工作人员依法执行职务的，处三年以下有期徒刑、拘役、管制或者罚金。

2. 污染环境罪。《刑法》第三百三十八条规定，违反国家规定，排放、倾倒或者处置有放射性的废物、含传染病病原体的废物、有毒物质或者其他有害物质，严重污染环境的，处三年以下有期徒刑或者拘役，并处或者单处罚金；情节严重的，处三年以上七年以下有期徒刑，并处罚金。

3. 非法处置进口的固体废物罪。《刑法》第三百三十九条第一款规定，违反国家规定，将境外的固体废物进境倾倒、堆放、处置的，处五年以下有期徒刑或者拘役，并处罚金；造成重大环境污染事故，致使公私财产遭受重大损失或者严重危害人体健康的，处五年以上十年以下有期徒刑，并处罚金；后果特别严重的，处十年以上有期徒刑，并处罚金。

4. 非法采矿罪、破坏性采矿罪。《刑法》第三百四十三条规定，违反《矿产资源法》的规定，未取得采矿许可证擅自采矿，擅自进入国家规划矿区、对国民经济具有重要价值的矿区和他人矿区范围采矿，或者擅自开采国家规定实行保护性开采的特定矿种，情节严重的，处三年以下有期徒刑、拘役或者管制，并处或者单处罚金；情节特别严重的，处三年以上七年以下有期徒刑，并处罚金。违反《矿产资源法》的规定，采取破坏性的开采方法开采矿产资源，造成矿产资源严重破坏的，处五年以下有期徒刑或者拘役，并处罚金。

（五）渎职罪

滥用职权罪、玩忽职守罪。煤炭管理部门和有关部门的工作人员是依法从事煤炭行业监督管理工作的国家工作人员，是代表国家执法的人员。煤炭管理部门和有关部门的工作人员为县级以上人民政府的煤炭管理部门和县级人民政府有关行业部门的工作人员。这些人员肩负国家对煤炭行业的监督管理，维护国家的社会经济秩序的重任，必须忠于职守、秉公执法。如果知法犯法，违法犯罪，造成的影响和危害是十分严重的，不仅会损害企业、事业单位的利益，影响改革开放的顺利进行，还会破坏党风和社会风气，损害党和政府的信誉。因此，对于煤炭管理部门和有关部门的工作人员玩忽职守、徇私舞弊、滥用职权的行为必须依法追究法律责任。

玩忽职守，是指不履行或者不正确履行法律所规定的职责。所谓不履行职责，就是职责上的不作为，不尽职责或者擅离职守；所谓不完全履行职责，就是对本职工作马马虎虎，漫不经心,不负责任。徇私舞弊,是指为了私情,故意违反事实和法律,作出枉法处理或者枉法决定。煤炭管理部门和有关部门的工作人员徇私舞弊是指在煤炭管理过程中,为了自己的私情或者谋取私利,故意违反事实或者法律的规定作出枉法处理或者枉法决定。

滥用职权,是指行使职权违反法律规定或者超越法定的权限行使职权。滥用职权具体表现在两个方面:(1)行使职权违反法律的规定。比如,煤矿投入生产前,煤矿企业应当依照本法规定向煤炭管理部门申请领取煤炭生产许可证,由煤炭管理部门对其实际生产条件和安全条件进行审查,符合法定条件的,发给煤炭生产许可证。如果煤炭管理部门对不符合法定条件的,即发给煤炭生产许可证就是滥用职权。(2)行使职权超越法律的规定。比如,未取得煤炭生产许可证,擅自从事煤炭生产的,由煤炭管理部门责令停止生产,没收违法所得,可以并处违法所得一倍以上五倍以下的罚款;拒不停止生产的,由县级以上地方人民政府强制停产。如果煤炭管理部门对于拒不停止生产的行为进行强制停产的处罚,就属于超越法律规定行使职权的行为。

《煤炭法》第六十六条规定,煤炭管理部门和有关部门的工作人员玩忽职守、徇私舞弊、滥用职权的,依法给予行政处分;构成犯罪的,由司法机关依法追究刑事责任。《矿产资源法》第四十七条规定,负责矿产资源勘查、开采监督管理工作的国家工作人员和其他有关国家工作人员徇私舞弊、滥用职权或者玩忽职守,违反本法规定批准勘查、开采矿产资源和颁发勘查许可证、采矿许可证,或者对违法采矿行为不依法予以制止、处罚,构成犯罪的,依法追究刑事责任;不构成犯罪的,给予行政处分。违法颁发的勘查许可证、采矿许可证,上级人民政府地质矿产主管部门有权予以撤销。《刑法》第三百九十七条规定,国家机关工作人员滥用职权或者玩忽职守,致使公共财产、国家和人民利益遭受重大损失的,处三年以下有期徒刑或者拘役;情节特别严重的,处三年以上七年以下有期徒刑。本法另有规定的,依照规定。国家机关工作人员徇私舞弊,犯前款罪的,处五年以下有期徒刑或者拘役;情节特别严重的,处五年以上十年以下有期徒刑。本法另有规定的,依照规定。

玩忽职守、徇私舞弊、滥用职权犯罪必须具备下述条件:(1)构成本条规定的犯罪主体只限于煤炭管理部门和有关部门的工作人员,玩忽职守、徇私舞弊犯罪,都是一种渎职罪,即职务上的犯罪,主体只能是国家工作人员。(2)本条规定的犯罪侵害的客体,是国家对每个煤炭管理部门和有关部门的工作人员职务的责任要求及国家机关的正常活动。漫不经心、马虎草率,严重不负责任,往往造成国家利益和人民利益的重大损失。为了维护国家和人民利益,对于玩忽职守、徇私舞弊、滥用职权,造成重大事故的,应当依法惩处。(3)行为人在客观方面:表现为不履行或者不正确履行职责,以致公共财产和国家、人民利益遭受重大损失,即职务上要求作为而不作为的行为,以及不忠实履行自己的法定义务;表现为行使职权违反法律规定,或者是超越权限行使职权;表现为为了私情或者私利而弄虚作假。

对于煤炭管理部门和有关部门的工作人员滥用职权、玩忽职守,造成重大事故,构成犯罪的,判处五年以下有期徒刑或者拘役;煤炭管理部门和有关部门的工作人员徇私舞弊,造成重大事故,构成犯罪的,判处五年以下有期徒刑、拘役或者剥夺政治权利;情节特别严重的,判处五年以上有期徒刑。情节特别严重,是指由于徇私舞弊,使被害人的合法权益遭受重大损失或者造成其他严重后果，或者造成十分恶劣的社会影响，或者致使罪行严重的犯罪分子逍遥法外，甚至继续犯罪危害社会等。

思考练习题

1. 什么是煤炭法律责任？
2. 煤炭法律责任的构成要件有哪些？
3. 举例说明煤炭行政责任的类型有哪些？
4. 简述煤炭行政责任的构成要件，并结合《煤炭法》具体条文举例分析。
5. 简述煤炭民事法律责任的构成要件及责任承担方式。
6. 简述煤炭刑事责任的构成要件，并结合具体罪名分析。

第十一章　国外煤炭立法及趋势

｜导读｜

2015年10月20日，习近平总书记在英国议会的讲话中指出，现在中国人民正在全面推进依法治国，既吸收中华法制的优良传统，也借鉴世界各国法治的有益做法，目标就是坚持法律面前人人平等，加快建设中国特色社会主义法治体系，不断推进科学立法、严格执法、公正司法、全民守法进程。国外煤炭法及法律体系不仅是世界煤炭法律体系重要组成部分，也是煤炭法学重要的研究对象，能够为我国煤炭立法体系完善提供借鉴。本章介绍了主要煤炭生产和消费国家的煤炭法律体系和主要立法内容。本章重点是国外煤炭立法体系和立法内容的特点以及立法发展趋势。本章难点是国外煤炭立法模式及其演变。

煤炭法学的研究对象不仅包括国内煤炭法，也包括国外煤炭法。通过国内外煤炭立法以及煤炭法学理论的对比研究，以期能够促进我国煤炭法学理论框架和内涵的拓展和丰富，为我国煤炭立法实践提供理论支持。同时，我国煤炭法的立法和实践也离不开对国外煤炭立法先进经验和先进技术的借鉴，吸收国外煤炭立法科学、先进的立法内容、程序和技术，为我所用，不断提升我国煤炭立法水平和治理能力。本章尝试梳理了国外煤炭立法的主要模式、重点内容和发展趋势，为大家学习国外煤炭法提供一个框架。

第一节　国外煤炭法概述

一部煤炭立法史，也是一国煤炭和煤炭行业的发展史。煤炭和煤炭行业为社会经济发展长期提供了主要的能源供应，为世界经济发展做出了巨大贡献。随着煤炭行业的发展，国外煤炭立法从无到有，并逐渐发展完善，形成由煤炭专门法、矿业法、能源法等法律法规构成的煤炭立法体系。本节主要梳理了国外煤炭立法的主要法律渊源和法律类型，介绍了国外煤炭立法体系的主要构成内容，为下文阐述国外煤炭立法模式和立法特点埋下伏笔，为学习国外煤炭立法描绘了一个简单的图谱。

一、国外煤炭立法概述

煤炭被称为“黑色的金子”“工业的粮食”，是地球上蕴藏量最丰富、分布地域最广的化石燃料。由于煤炭的不可再生和基础性能源地位，世界主要产煤和用煤国家为了有效地保护、开发和利用煤炭资源，并实现环境保护和资源的可持续发展，对煤炭资源和煤炭行业管理的各个方面都制定了相应法律，建立了较为完善的煤炭立法体系，成为能源立法的重要组成部分。纵观各国煤炭立法的历史进程，煤炭立法的起源离不开当时特定国家的特定历史阶段和国际环境，更离不开煤炭工业在该国国民经济中的地位和社会对煤炭工业发展的立场。从1842年英国《煤矿法》开始，国外煤炭专门立法至今已有近180年的历史。随着社会的不断发展，煤炭行业面临环境保护和其他能源供应竞争的压力，煤炭行业发展已经进入转型升级的新时期，煤炭立法体系也在不断转变和提升。经过各国的立法实践，国外煤炭立法工作已经取得新的发展，为其他国家煤炭立法和煤炭法治提供了一种可供参考的经验。

二、国外煤炭法律体系的构成

（一）国外煤炭法的法律形式

1. 宪法。宪法是基本法，是确定矿产资源所有权、矿产属性的基本规范。多数国家的宪法规定了煤炭等矿产资源归国家所有并由国家控制和管理，有些国家的宪法还对煤炭等矿产经营主体的资格进行限制。如巴西1967年《宪法》规定，“联邦对矿床、矿山和其他矿产资源，以及冶金、森林、狩猎和捕鱼等自然资源活动立法”；“根据法律，在国家领土内对石油的勘查和开采由联邦垄断”。

2. 能源法。包括能源基本法、能源政策法、节约能源法、可再生能源法等，涉及能源管理体制、能源政策、能源供给需求和市场管理等。特别是自1973年第三次石油危机爆发以来，许多西方发达国家认识到能源安全的重要性和开发新能源技术的必要性，纷纷制定了“能源法”。如法国1974年《省能法》、英国1976年和2013年《能源法》、美国1978年和2005年《国家能源政策法》和日本1979年《能源使用合理化法律》等。

3. 矿产资源法。主要规定矿产资源权属、矿产管理体系、矿权市场管理、矿权人的权利义务、矿产品加工、监督管理等。以美国、俄罗斯和巴西为代表的矿产资源丰富的国家，其矿产资源法或矿业法是作为规范矿产资源管理的基本法律。有的国家没有专门的煤炭法，将矿业法和煤炭法合并规定，如印度尼西亚《矿产和煤炭矿业法》；也有的国家只有矿产资源法或矿业法，包括了煤炭法的部分功能，再辅之以煤炭相关法律和煤炭具体规章、标准、指南等法律法规，共同构成煤炭立法体系。

4. 煤炭专门立法。主要规定煤炭规划、煤矿经营、安全健康、矿区生态保护、监督管理等。煤炭相关法律主要包括外商投资法、大陆架法、专属经济区法、职业安全健康法、环境保护法、公司法、税法等，主要规定煤炭生产经营涉及相关领域的对应法律关系的调整规范。

5. 有关煤炭的规章、条例和政令等。主要规定煤炭工业政策、煤炭法及煤炭相关法律的实施细则、操作指南、技术标准等。总的来说，煤炭立法体系相对完备的国家，一般以规章条例为主，煤炭政策一般需要经过一定的立法程序才可以成为法律；煤炭立法体系相对普通的国家，政令等临时性政策措施，可以直接成为法律，煤炭立法的稳定性相对欠缺。

（二）国外主要煤炭立法

1. 在行业政策方面，有英国1954年《煤炭工业国有化法》；印度1974年《煤矿保护和开发法》《煤矿国有化法》及其修正案；日本2002年《煤矿业构造调整临时措施法》等。

2. 在规范工业生产方面，有英国《煤炭工业法》《露天采煤法》《煤矿法》《煤炭开采塌陷法》《防止瓦斯突出实施标准》；韩国1986年《煤炭产业法》（1988年修订）；印度《煤矿规程》；挪威《斯瓦尔巴德采矿法规》；美国《联邦煤炭租赁法修正案》等。

3. 在矿山安全方面，有俄罗斯《煤矿安全法》；美国1977年《联邦矿山安全与健康法》《煤矿安全法》；英国1974年《工作场所健康和安全法》；南非《矿山安全和健康法》；澳大利亚新南威尔士州2002年《煤矿健康与安全法》；乌克兰《乌克兰紧急和救护服务工作法（包含煤矿救护）》等。

4. 在矿山环境治理、矿山复垦方面，有英国1956年《大气清洁法》；美国1977年《露天煤矿控制与复垦法》；澳大利亚1961年《矿山沉陷补偿法》；德国《矿产资源法》等。

第二节　国外煤炭法的立法模式

一、法律渊源体系结构立法模式

从纵向角度来看，各国煤炭立法一般分为宪法、法律、法规或规章、法令、政策；从横向角度来看，各国煤炭立法大致分为两种主要立法模式：一种是能源法、矿业综合立法、煤炭专门立法同存的并行式立法模式。另一种是没有煤炭专门立法，煤炭立法规定分散在能源法、矿业综合立法以及其他相关法律、法规、规章、法令等规定中的分散式立法模式。世界主要产煤国家如美国、澳大利亚、加拿大、英国等国家往往是矿业综合立法、能源立法和煤炭专门立法并行。其现行的矿业综合立法是由以前的煤炭立法发展扩大而产生和发展的，而且在矿业综合立法中，相对突出煤炭作为基础能源的作用，进一步发展完善了能源立法。因此，可以说煤炭立法具有矿业立法和能源立法的双重属性，这些国家对煤炭经济关系的调整，其发展趋势是通过专门的煤炭立法进行。[1]

二、立法模式的影响因素

一国煤炭立法模式的形成和发展是与该国的历史文化传统、立法传统、立法体制以及现实状况，特别是煤炭在该国经济社会中的地位都密不可分的。

1. 立法传统的影响。大陆法系国家一般采用成文式、法典化的立法模式，而英美法系国家一般都采用判例式、非法典化的立法模式。在各国煤炭立法的构成中，也能够看出来，英美法系国家的煤炭立法包含了判例法，但美国、英国等英美法系国家的煤炭立法不仅不排

---

〔1〕 张惠峰、张三芝：《浅议煤炭经济关系的法律调整》，载《煤炭经济研究》1997年第11期。

斥成文法，相反，成文式和法典式的煤炭立法在其煤炭法律体系中占有很重要的地位。第一部煤炭成文立法也是在英国首先出现的。英美法系国家的煤炭立法水平普遍较高。如美国的煤炭立法体系较为完备，注重用完善的法律来调整规范煤炭生产和经营的各种关系，并在执法和司法过程中严格执行，煤炭工业管理的法治化、规范化程度很高。

2. 立法体制的影响。联邦制国家，由于联邦政府和州政府都有立法权，因此，联邦和州政府都有煤炭立法权，其中大致分为两种类型，一种是以联邦政府为主的立法体制，另一种是以州政府为主的立法体制。如美国的煤炭立法以联邦政府为主，州政府的煤炭立法是在联邦政府煤炭立法的框架内进行具体化。澳大利亚的煤炭立法则以州（领地）立法为主，特别是以产煤大省如昆士兰州等地方立法最为突出，联邦政府的煤炭立法主要包括制定煤炭产业政策、协调各州立法、保障煤炭流通等方面的内容。其他国家，如印度、印度尼西亚等国家煤炭立法体现中央立法机关和地方立法机关相互博弈、争夺煤炭立法主导权和管理权的特点。

3. 他国及国际立法发展趋势的影响。一国煤炭立法模式受到其他国家立法的影响，大致可以分为两类：一种是被动型，主要是指一些国家受到历史上其他国家立法体系的影响。另一种是主动型，主要是指一些国家主动吸收借鉴其他国家煤炭立法先进经验和做法，完善本国煤炭立法。如在20世纪80年代末90年代初，全球范围内掀起了以“改善矿业投资环境、促进矿业私人投资”为主题的修法浪潮，印度尼西亚的矿业标准工作合同制受到一些发展中国家的推崇，不少发展中国家曾仿效印度尼西亚制定了类似制度。

4. 煤炭工业的地位的影响（决定性的影响）。如印度的煤炭立法，由于煤炭为印度提供了80%以上的能源供应，印度政府一直将煤炭行业视为关键的经济部门，一直采取国家垄断经营的模式，始终重视煤炭立法。印度煤炭的立法、管理和执行，体现以国有煤炭公司为核心的特点。如印度煤炭部的管理职能主要是通过印度国家煤炭公司实现的。

第三节　国外煤炭立法的主要内容

研究国外煤炭法，首先从国外煤炭和煤炭行业开始，只有煤炭和煤炭工业在一国社会经济中发展到一定地位时，才有必要制定煤炭法。基于这种思路，在介绍国外煤炭立法的时候，首先简要介绍该国煤炭工业基本情况和发展趋势，其次介绍提出煤炭立法在该国立法体系中的定位，最后重点介绍该国煤炭立法的模式、结构、特点和内容。着重介绍相关国家煤炭立法的特点和亮点，为下文阐述国外煤炭立法发展趋势提供现实基础。

一、美国煤炭立法的主要内容[2]

美国煤炭立法体系包括联邦、州和地方三个层级。煤炭矿业立法权主要集中在联邦，

〔2〕本部分主要参考《中煤集团美国能源（煤炭）法律环境与制度研究》，中国法学会能源研究会，2012年12月。

从1872年开始已有100多年的历史,先后制定有关煤炭的法律约30部,主要包括1872年《矿业法》、1873年《含煤土地法》、1922年《煤炭协会法》等。另外,《联邦环境政策法》、《原生态环境保护法》和《空气洁净法》等从环保等方面对煤炭开发利用进行了专门规定。美国各州主要通过环保立法、联邦煤炭矿业立法等制定的实施法,参与在本州开发煤炭的监督管理。[3]

从法律渊源看,美国煤炭立法分为法律、法规和规章三个层次。在美国,联邦层面的法律渊源主要包括《联邦宪法》、《美国法典》和《联邦规章汇编》。

(一)美国土地矿产法律制度

美国联邦和各州法律均明确规定矿藏土地租约以及包括探矿许可、采矿许可在内的各类矿业活动资格只能授予美国公民(至少是已经向移民部门表明愿意归化为美国公民的外国自然人)或由美国公民组建的实体和公司,外国自然人、公司均不得被授予矿藏租约和各类矿业活动资格,也不得有购买矿业公司的股份(权)、控股、占有相关资产和其他任何涉及矿业利益的行为。

美国法律确立了复杂的土地财产权法律关系,使矿产土地权利与地面土地权利分离。依据美国联邦法律和大多数州的法律,矿藏租约下的土地称为矿藏不动产(mineral estate),并不包括地表不动产(surface estate)。在法律上,矿藏不动产是一项可以与地表不动产互相割裂的土地利益,除获得绝对矿业权(patented mining claims)的权利人可以同时取得矿藏不动产和地表不动产的所有权之外,其他矿业权人并不必然同时拥有矿藏土地地下和地上的各类财产权。1914年开始,国会通过诸如《1916年畜牧业宅地法》(The Stock Raising Homestead Act of 1916)等法律,要求政府在出售公共土地的时候保留对于地下矿产资源的所有权。[4] 因此,就有可能出现土地产权分离的现象,即一块土地同时存在地上权和地下权(subsurface estate)。按照土地管理局制定的政策,地下拥有的资源究竟是石油天然气,还是煤炭,地上权人所拥有的地位是不一样的:地上权人有权对煤炭(含煤层气)租约提出否决意见,而对石油天然气租约则无权提出否决意见。[5]

土地下矿藏收益只能转让给现有或即将登记的露天所有人,且需要支付行政费用和转让矿藏利益公平的市场价格。内政部部长能够要求申请人交付与行政费用(包括但不限于实施勘探土地附属矿藏资源性质的成本、对矿藏利益公平市场价格的评估成本、准备和签发转让文件的成本)相当的保证金,保证金实行多退少补。

(二)美国煤炭产业经营许可法律制度

按照美国《煤矿租约法》(The Mineral Leasing Act)的规定,在联邦公共土地上实施包括

---

[3] 姜业清:《国外煤炭矿业立法现状及其发展趋势》,载《煤炭企业管理》1996年第6期。

[4] Split Estate:*Private Surface/Public Minerals—What Does it Mean to You*?,http//www. blm. gov/pgdata/etc/medialib/blm/wo/MINERALS__REALTY__AND_RESOURCE_PROTECTION_/bmps. Par. 41235. File. dat/Split%20Estate%20Presentation%202006. pdf.

[5] 内政部土地管理局曾经根据《2005年能源政策法》向国会提交一份有关地权分离的报告,载http//www. blm. gov/pgdata/etc/medialib/blm/wy/programs/planning/rmps/casper/deis/appendices. Par. 69488. File. dat/appendix－a. pdf,2020年6月15日最后访问。

探矿、采矿等在内的矿业活动首先必须被内政部土地管理局授予采矿租约和不同类型的矿业活动资格。根据公共土地附属矿产资源的类型、目的和被许可人的权利范围,美国将矿产资源开发活动许可分为探矿许可(prospecting permit)、采矿租约(mineral lease)、采矿许可(exploring permit)、采矿权(mining claims)和矿业特权(patented mining claims)等几类。矿业活动人必须首先取得探矿权,一旦被证实探明具有价值的矿藏储备时,才有可能被授予采矿租约和采矿权。

1. 煤炭探矿许可制度

煤炭探矿许可是勘探和开发可供租赁的土地以确定是否存在具有价值的煤炭储藏的排他性权利,被许可人不能当然地获得煤炭采矿权,仅有权采掘有限的煤炭资源以证明具有开采的价值。

(1)许可申请人。美国联邦所有的油、气、煤等矿产储备以及蕴藏此类矿产资源的公共土地必须依据《矿产租赁法》规定的形式予以处置,且只能处置给美国公民、美国公民设立的公司(根据美国法设立的公司)以及当地市政府(municipalities),任何其他国家的公民和公司不得购买矿产租赁中的股权、持股、控股及拥有其中的利益,任何外国自然人、团体、公司均不得被授予采矿许可。

(2)许可实施主体。土地管理局管理全国超过2.58亿英亩的公共土地和7亿多英亩的地下矿产资源。联邦土地附属资源的探矿许可由内政部部长作出决定,但是在其作出决定之前应当听取其他部门的意见。

(3)实施程序。首先,提出许可申请。申请人应当向拟申请勘探所在地的土地管理局办公室递交3份申请表格,并缴纳第一年的租金,同时还应按照土地管理局确定的金额缴付一定的处理费用。土地管理局办公室决定是否颁发探矿许可前,申请人还应当提交3份开采计划[6]和保证金。其次,土地管理局审查并决定。土地管理局主要审查申请人的申请是否符合土地利用规划、环境要求以及是否存在在先权利等。如果同意授予许可则颁发探矿许可证,否则,应向申请人作出书面通知,说明拒绝授予许可的理由、需要申请人更正的事项、申诉途径并退还租金。最后,探矿许可证的期限和延期以及覆盖面积。探矿许可证的初始有效期限为2年,自颁发之日起算。一个探矿许可证覆盖的探矿土地面积不得超过2560英亩。

2. 煤炭租约制度

按照《矿业租赁法》(The Mineral Leasing Act of 1920)和《1947年收购土地矿业租赁法》(The Mineral Leasing Act for Acquired Lands of 1947),联邦政府内政部土地管理局负责对联邦政府所拥有的7亿英亩矿业地权(mineral estate)中的大约5.7亿英亩土地的煤炭租赁。这些土地的地上权(surface estate)则是由美国土地管理局(Burean of Land Management,BLM)、美国森林管理局(The United States Forest Service)、私人土地所有人或者其他

---

〔6〕 开采计划是对申请人采取什么方法和手段确定所勘探土地存在有价值的矿藏储备并具有可开采的可能性的说明,主要包括环境影响、开采方法和设备、污染防治措施、钻孔的方式以及露天土地复垦方案等内容。

联邦行政机关所有。土地管理局的职责是要确保这些煤炭资源的开发是按照确保环境安全的方式进行,并符合国家的利益。[7]

(1)租约土地的确定。联邦政府所拥有的公共土地只有在经过土地管理局的多用途规划程序对土地进行评估之后才允许用于租赁,评估工作一般包括以下审查步骤:一是确定具有开发潜力的煤炭(Identification of coal with potential for development);二是确定土地是否适合于煤炭开发;三是对多种土地用途冲突进行考虑。[8] 土地利用规划的要求包括多种用途、持续产出、关键性环境区域的保护、特定不合适标准的适用,以及与其他政府机关的协调。军事保留地(military reservations)、国家公园、国家野生动物保护区(national wildlife refuges)等公共土地上的联邦煤炭资源则禁止用于租赁。在煤炭资源的开发可能会与其他资源的保护和管理,或者公共土地的用途发生冲突的区域,土地管理局可以在租约上规定减缓措施(mitigating measures),或者对用途进行规定,或者对作业进行限制。

(2)承租人资格和限制。联邦煤炭资源的承租人,必须符合以下条件之一:一是合众国公民;二是依照合众国或者任何州的法律组织的公民的团体;三是依照合众国、任何州所组织的公司,包括经营共同承运铁路(common carrier railroad)的公司;四是公共团体,包括市政府。此外,承租人还必须符合若干具体的租赁资格要求,具体包括:一是直接或间接享有权益的,已承租或申请的总英亩数在任何一州不得超过 75 000 英亩、在合众国全境内不得超过 15 000 英亩。二是如果承租人已经持有一份联邦煤炭租约达到 10 年或者更长时间而没有达到商业规模的煤炭产量,则不得根据《矿业租赁法》获取其他任何矿产租赁权。根据《矿业租赁法》的规定,可以出租的矿产资源包括石油、天然气、钠(sodium)、钾(potassium)、磷酸岩(phosphate)、硫黄(sulfur)和岩沥青(gilsonite)。

(3)煤炭租约的形式。《1976 年联邦煤炭租赁修订法》(The Federal Coal Leasing Amendments Act of 1976),要求所有可以用于煤炭租赁的公共土地都必须采取竞争性的方式出租。但存在例外:一是优先承租申请(preference right lease applications),可以采用非竞争性的方式出租给《1976 年联邦煤炭租赁修订法》制定之前的探矿许可证持有人;二是对已有租约的修改,可以采用非竞争性的方式将邻近地块不超过 960 英亩土地增加租赁给原承租人。

(4)竞争性租赁程序。竞争性的煤炭租赁存在两种不同的程序:(1)区域租赁(regional leasing),土地管理局在某一区域内选择区块用于竞争性出售;(2)申请租赁(leasing by application),由公众建议(nominate)特定煤矿区块用于竞争性出售。

区域租赁要求土地管理局根据多种土地利用规划、预期煤炭需求和可能的环境和经济影响,选择可能的煤炭租赁区块。由于最近几年新的煤炭租赁需求都涉及的是在已经批准的联邦煤炭租约上的煤炭作业,所有现在的租赁都是通过"申请租赁"程序完成的。

"申请租赁"程序,首先由土地管理局对就某一煤炭区块提出的租赁申请进行审查,以

---

[7] 有关美国土地管理局的煤炭租赁项目的规定,详见 Title 43: Public Lands, Group 3000 and 3400 of the Code of Federal Regulations (CFR)。

[8] 43 CFR 3420.1 – 4.

确保它符合已有的土地利用规划,并且拥有充分的地质信息可以确定煤炭的"公平市场价值"。经过对申请的审查和对公众意见的考虑,土地管理局可以拒绝、修改或者继续办理该份申请。

(5)申请费用。新的联邦煤炭租赁的申请人需要补偿土地管理局所支出的所有申请办理费用。土地管理局会在任何一项工作开始之前估算总的办理费用。申请人必须在土地管理局开始办理任何相关的工作之前缴纳相关费用。申请人之外的第三方实体,如果想要参与该煤炭租赁的竞争性投标,必须在煤炭资源的竞争性投标之外,提供与土地管理局在租赁出售通告中披露的实际办理费用等额的资金,以便在该第三方实体被确定为中标人后支付该费用以补偿申请人。

(6)租约条款和条件。联邦煤炭租约赋予承租人以勘探、开采、搬运(remove)和加工(dispose)的方式可以在出租土地上找到的部分或者全部煤炭资源。煤炭租约批准的条件是承租人可以从土地管理局、露天采矿复垦执法办公室(the office of surface mining reclamation and enforcement)[9]和相关州政府和地方政府取得有关的批文和许可证。

(7)保证金。土地管理局发放煤炭租约之前,承租人必须提供一份保证金,其金额由土地管理局确定以确保租约的条款和条件得到遵守。这笔保证金必须至少涵盖投标金额(bonus bid)的1/5,以及预付一年的土地租金和一个季度的煤炭权利金。此外,《露天采矿控制和复垦法》(The Surface Mining Control and Reclamation Act of 1977)要求提供充分保证金以涵盖预期的复垦费用。这笔复垦保证金提交给露天采矿复垦执法办公室或者各州的监管办公室。[10]

(8)租约的转让或者出售。土地管理局负责审批租约的全部或者部分转让给其他实体。其他实体则必须符合持有联邦煤炭租约的资格。但是,受让方只有在转让获得土地管理局的批准之后,其租约的权利才能获得承认。原承租人对于租约上规定的所有义务负责,直到该转让已经获得土地管理局的批准。在特定情况下,可以是出于赔偿的目的,或者是在转让符合公共利益的需要而批准煤炭租约的转让。

(9)租约的终止。联邦煤炭租约首次发放的期限为20年,但是如果煤炭资源没有在10年内得到积极开发,该租约可以在10年期满时终止。承租人如果未能支付任何递延投标金额(deferred bonus bid payments),其租约也可以被终止。此外,如果承租人未能遵守《矿产租赁法》等规定,土地管理局可以采取法律措施取消该租约。

(10)逻辑采矿单元制度。为了以有效、经济和有序的方式(in an efficient, economical, and orderly manner)开采可回收煤炭储量,并保护煤炭储量和其他资源,美国建立了逻辑采矿单元(logical mining units)制度。土地管理局允许由一个承租人/经营者对多个联邦采矿

---

[9] 露天采矿复垦执法办公室的职责是与州和印第安部落配合,执行《1977年露天采矿管理和复垦法》,确保以保护公民和环境的方式有效地开采煤矿,通过对废弃矿地积极复垦,降低采矿对环境的影响。

[10] 具体规定参见《露天采矿控制和复垦法》第V部分。

租约进行整合并开发经营。[11] 为了最大限度地回收煤炭储量,可以越过财产权和租约的界限。

土地管理局在批准设立逻辑采矿单元以前,需要经过下列程序:协商程序;听证程序;签订合同。[12]

3. 煤炭采矿许可证制度

美国联邦关于确立煤炭采矿许可制度的制定法主要有:1920 年《矿物租赁法》、1976 年《联邦土地政策和管理法》、1976 年《联邦煤炭租赁法修正案》、1988 年《露天采矿控制与复垦法》以及《国家环境政策法》等,此处主要介绍煤炭采矿许可程序性规定。

(1)申请人资格。煤炭采矿许可的申请人适格性要求与土地租约承租人和探矿许可申请人一样,即只有美国公民或即将归化为美国公民的自然人、由此类自然人组成的团体及依据美国法律成立的公司才有资格提出煤炭采矿许可申请。

(2)批准主体。煤炭采矿许可名义上由内政部土地管理局作出最终决定,但土地管理局在实施过程中,如涉及其他联邦政府部门、州以及露天所有人的,应当征求其意见。

(3)实施程序。一是进行环境影响评价。申请人应当提交环境影响报告,土地管理局应听取其他部门和社会公众对环境影响报告的评论和意见。二是采取竞争性招投标方式。除非法律另有规定,否则应当通过竞争性招投标程序确定被许可人。三是召开公开听证会。土地管理局在对联邦土地附属煤炭资源实施采矿许可行为时,应当举行公开听证会(public meeting),所有利害关系人均有权被邀请。

(4)采矿权租金。美国实行煤炭资源采矿权有偿使用制度,采矿权人应当向联邦政府缴纳采矿权租金。采矿权租金分为调节级差收益的相对资源租(又称红利)和体现煤炭资源耗竭性收益的绝对资源租(又称权利金)两部分。相对资源租的大小是根据煤炭资源价值的不同而确定的,变化的幅度可以很大,采矿权人须在被授予采矿权前一次性缴纳;而绝对资源租金率的变化不大,且在开采投产后逐年缴纳。

(5)采矿权的转让和放弃。采矿权权利人可以将已经登记的采矿权或场所的全部或部分合法权益转让给他人,转让人应当将转让文件在转让后 90 天内向县办公室和土地管理局州办公室进行登记;权利人放弃采矿权或者将采矿权交回联邦政府,应当通知县或镇办公室和土地管理局州办公室。

(6)采矿权的维持费。在全美境内拥有 10 个以下采矿权或场所的权利人可以申请豁免缴纳维持费,其他的权利人应当每年向土地管理局缴纳维持费,如果符合豁免缴付义务的条件,权利人有权提出豁免申请。如果未缴纳维持费或未获得豁免而未缴付,则有可能导致丧失采矿权或场所。

(7)采矿权权利人的义务。采矿权权利人除了要遵守和履行相关法律、条例规定的基

---

〔11〕 具体规定参见 30 U. S. Code & 202a – Consolidation of coal leases into logical, mining unit(合并租约中的逻辑采矿单元)。

〔12〕 具体规定参见 30 U. S. Code & 202a – Consolidation of coal leases into logical, mining unit(合并租约中的逻辑采矿单元)。

于许可而产生的义务外，在实践中有三种义务：一是联邦财产的保护义务，由于采矿权人并不像矿产特权人享有土地的所有权，土地并非其私产，因采矿权人的过错造成对联邦财产造成不必要的损失或损坏，权利人应当承担责任。二是未经联邦官员的事先批准，权利人不得在土地上建造永久、可移动的建筑物、构筑物和储藏设施。三是如果设立有采矿权的土地被撤回，不再被允许成为开采矿藏的土地，既存的采矿权立即失效，但在此之前，如果权利人已经发现了有价值的矿藏储备，则应继续有效。

（三）美国煤矿安全生产法律制度

美国有关煤矿安全的法律主要包括：1891 年第一部联邦矿山安全法律、1952 年《联邦煤矿安全法》、1969 年《联邦煤矿安全与健康法》、1977 年《联邦矿山安全与健康法》、2006 年《矿山改进与新应急反应法》。

1.《联邦矿山安全与健康法》。1891 年美国国会通过了第一部有关矿山安全的法案。1952 年国会赋予矿业局享有煤矿安全检查权力。1968 年 11 月 20 日美国法明顿市康苏尔煤矿发生瓦斯爆炸，死亡 78 人。在这一严重事故导致的舆论压力之下，国会通过了 1969 年《联邦煤矿健康和安全法》[13]，该法是美国现代意义上的第一部全国性矿山安全法律。

2. 矿山安全与健康管理局。1910 年美国国会批准成立了矿业局，主要负责矿产资源开发、矿山安全与健康研究计划和安全管理，1941 年国会赋予矿业局矿山监察权。1973 年成立矿山监察与安全管理局，隶属内政部。1977 年《联邦矿山安全与健康法》颁布后，矿山监察与安全管理局划归劳工部，改组为矿山安全与健康管理局（Mine Safety and Health Administration），由总统任命一名劳工部副部长兼任局长。

3. 矿山安全与健康审查委员会。矿山安全与健康审查委员会（Federal Mine Safety and Health Review Commission）是根据 1977 年《联邦矿山安全与健康法》第一百一十三条（a）款的要求专门成立的。该委员会由 5 名委员组成，由总统直接任命，拥有行政法法官和工作人员共 73 人。该委员会是一个独立裁决机构，不隶属劳工部和矿山安全与健康管理局。美国联邦政府劳工部长通过其部内设的矿山安全与健康管理局，在联邦矿山安全与健康审查委员会的案件审查程序中代表联邦政府的利益。

4. 煤矿检查和事故调查。根据 1977 年《联邦矿山安全与健康法》规定，每年至少对井工煤矿进行 4 次全面安全检查，对露天煤矿至少 2 次全面检查。

矿山安全与健康管理局内设的煤矿安全与健康管理司（Coal Mine Safety and Health）负责煤矿检查和事故调查工作。煤矿安全与健康管理司还负责调查导致人员伤亡的事故，对发现的违法行为进行处罚或者发布命令。此外，它还负责批准煤矿经营者提交的顶板支护（roof control）、通风和培训计划，对煤矿安全与健康援助项目提供指导，并对煤矿工程师（instructors）提供培训和认证。如果煤矿检查员（inspectors）发现违法等状况对矿工安全或者健康存在急迫的威胁时，他们有权发布对相关区域的撤退命令（withdrawal order），停止相

〔13〕 33 USC. Sections 801 et. Seq.

关设备的运行,并撤出矿工,直到这些状况都已经得到纠正。[14]

(四)美国煤炭开发环境保护制度

1. 露天采矿控制和复垦

美国的煤炭开采虽然早在18世纪40年代就开始了,但是露天采煤[也称山顶采矿(mountaintop mining)]到20世纪30年代才开始大规模进行。"二战"之后,对煤炭需求的增长进一步推动露天采煤的发展:1963年,露天方式采掘的煤炭占全美煤炭产量比例为33%,而到了1973年,这一比例已经上升到60%。针对露天采煤所带来的环境破坏,美国国会1977年通过了《露天采矿控制和复垦法》(The Surface Mining Control and Reclamation Act)。该法的主要内容包括:

(1)露天采矿办公室。该法规定在内政部内设立露天采矿办公室,作为该法的实施机关,负责制定规章,资助各州的露天采矿监管和恢复工作。

(2)露天采矿许可。《露天采矿控制和复垦法》要求企业开始露天采矿前必须获得许可。许可证申请书中必须描述采矿前的环境状况和土地利用情况、计划采矿和恢复情况、符合该法规定的绩效标准所采取的措施及土地恢复后的用途。

(3)矿山复垦保证金和复垦基金。矿业公司在开采矿产前必须缴纳足够覆盖矿场恢复成本的保证金。该保证金只有在矿场已经全部获得恢复并且政府(东部州经过5年,西部州经过10年)认定恢复工作已经顺利完成,才能退还给矿业公司。

复垦保证金归入矿山复垦基金,用于资助废弃矿山的复垦。联邦政府成立专门机构管理该项基金,同时各州也有专门的项目组管理各州的复垦项目。基金负责人可在任何时间管理和指导露天采煤和复垦活动,以确保负责人能监督复垦费用的完全偿付。

复垦基金的50%为州留存,用于各州的矿山复垦项目;其余的上缴联邦政府,用于全国范围内的紧急情况项目或没有开展矿山复垦项目的州的复垦。

(4)检查和执法。《露天采矿控制和复垦法》赋予政府监管机构检查采矿作业,并处罚违反《露天采矿控制和复垦法》或者与之相当的各州立法的行为。检查官员可以签发"整改通知"(notices of violation),告知经营者已经违反法律规定并要求限期改正,征收罚款或者命令停止采矿。

(5)实施废弃矿山复垦项目。美国废弃的煤炭矿山主要集中在西弗吉尼亚、宾夕法尼亚和肯塔基等东部州,面积大多是中小规模。在西部州的废弃煤炭矿山则数目较少,但是面积较大。这些废弃矿山常常是位于人口密集地区附近,存在地质塌陷等问题。[15]

(6)合作监管模式。《露天采矿控制和复垦法》采取由各州直接实施监管,联邦负责监督的合作模式。如果州能够证明它已经拥有和《露天采矿控制和复垦法》一样严格的法律,并且已经设立相应的监管机构,联邦政府可以批准各州对采矿活动进行监管的项目。[16]

---

〔14〕 *Coal Mine Safety and Health*, http://www.msha.gov/PROGRAMS/COAL.HTM.

〔15〕《各州废弃矿山数量及其所占面积信息》,载 http://www.abandonedmines.gov/,2020年6月15日最后访问。

〔16〕《SMCRA》具体内容,载 http://www.osmre.gov/topic/SMCRA/SMCRA.shtm,2020年6月15日最后访问。

2. 废弃物和有毒物质管理

(1)废弃物处理。美国国会先后制定了1965年《固体废弃物处置法》(The Solid Waste Disposal Act of 1965)、1976年《资源保护与恢复法》(Resource Conservation and Recovery Act)和1984年《有害和固体废弃物修正法》(The Hazardous and Solid Wastes Amendment Act of 1984)。[17] 1984年《有害和固体废弃物修正法》主要是为了解决城市和产业废弃物数量日益增加的全国性问题,保护公民健康和环境不受废弃物处置的潜在危害,减少废弃物的产出量,确保废弃物按照合理的方式进行处置。联邦环境保护局固体废弃物办公室(Office of Solid Waste)是负责实施该法的机构。

(2)有毒化学品管理。《有毒物质控制法》[Toxic Substances Control Act § 6(e)]要求对健康和环境构成威胁的化学品实施监管。《应急规划与社会知情权法》(Emergency Planning and Community - Right - to - Know Act)则规定了社区居民获得有关有害化学品信息的权利和地方政府制定化学品应急规划,要求设立州/部落应急委员会(SERCs/TERCs),负责协调特定的应急活动,并任命地方应急委员会(LEPCs)。该法涉及煤炭企业的制度主要包括:应急规划和报告制度、应急排放报告制度和有害化学品通报和目录报告制度。

(3)受污染土地治理。《综合环境反应、补偿和责任法》[Comprehensive Environmental Response, Compensation and Liability Act("Superfund"),又称《超级基金法》(Superfund Act)(1980)]。该法要求对受有毒废弃物污染的土地进行清理。该法属于追溯性立法,可以被用于要求当事人对1980年立法之前的有毒废弃物处置负责。

3. 水污染防治

美国1948年颁布了第一部针对水污染的主要立法,即《联邦水污染控制法》(Federal Water Pollution Control Act of 1948)。美国国会对该法进行了两次修订。在1977年修订之后,该法被广泛称为《清洁水法》。

《清洁水法》是调整地表水的物理、化学和生物完整性的立法,主要规定了不同的污染物类型,确立了保护性的标准、项目和许可证要求。该法中可能适用于煤炭开发活动的规定包括:一是国家污染物减排系统。[18] 二是向水体排放物质有关的保护规章。[19] 所有废水排放企业和处理设施都必须获得许可证。这些许可证规定了具体的排放限制、监督报告要求,并且要求这些设施承担保护环境不受有害污染物影响的义务。

4. 大气污染防治

《清洁空气法》(The Clean Air Act)的主要内容包括国家大气质量标准(NAAQS),新排放源审查(NSR)许可要求,防治酸雨和大气臭氧层保护标准,新排放源绩效标准(NSPS),国家有害气体污染物排放标准(NESHAPs)以及由联邦环境保护局发放的操作许可要求(operating permit requirement)。配煤厂(coal preparation plants)和煤炭处理设施(coal handling facilities)需要符合新的排放源绩效标准;煤炭开采过程中采用爆破作业(blasting),也

---

〔17〕 美国联邦政府环境保护局根据RCRA所颁布的规章,收录于40 CFR 239 - 282。

〔18〕 40 CFR 122 - 136 and 401 - 471.

〔19〕 40 CFR 230 - 233 and 323.

需要遵守《清洁空气法》的规定。

5. 其他相关环境立法

(1)《国家环境政策法》。《国家环境政策法》(National Environmental Policy Act of 1970),是美国第一部现代意义上的环境立法。该法确立了全国性的环境政策和目的,设立了总统环境质量委员会(The President's Council on Environmental Quality)。该法要求联邦行政机关对实施或者资助的所有重要活动进行彻底的环境影响评估。目前,美国许多州都已经制定了类似立法。

(2)《噪音控制法》。1972 年通过、1978 年修订的《噪音控制法》(The Noise Control Act,42 USC 4901 – 4918),最初主要通过联邦环境保护局制定的规章实施。[20] 联邦环境保护局的规定明确了运输设备、机动车、低噪声排放产品和建筑设备的噪声控制标准。如今控制噪音的主要职责已经转移到了州和地方政府。

二、澳大利亚煤炭立法的主要内容

澳大利亚是全球第三大已探明煤炭储量国家,第五大煤炭生产国、第一大炼焦煤出口国、第二大动力煤出口国。澳大利亚法律分为三个层级:联邦法律、各州及领地法律和当地政府法规。煤炭法律体系完善,由法律、法规、规章、标准或指南等不同层次的规范组成。作为联邦制国家,澳大利亚煤炭立法实行两级立法体制,联邦立法与州(领地)立法并行,以州(领地)立法为主。新南威尔士州是澳大利亚产煤大州,煤炭产量占澳大利亚的煤炭产量的一半。新南威尔士州在 1798 年就开始开采煤炭,历史上较早的煤炭立法有《1901 年矿山监察法》(Mines Inspection Act 1901)和《1912 年煤炭管理法》(Coal Mine Regulation Act 1912)。

(一)澳大利亚煤炭法律体系

澳大利亚由六个州(新南威尔士州、维多利亚州、西澳州、南澳州、塔斯马尼亚州和昆士兰州)、两个内陆领地(北领地和澳大利亚首都领地)以及许多外围的小领地组成。澳大利亚法律分为三个层级:联邦法律、各州及领地法律和当地政府法规。从法律渊源来看,澳大利亚煤炭法律体系由联邦立法、各州立法和行业标准或指南等构成。联邦政府主要负责煤炭工业政策、煤炭出口许可管理、出口政策、与其他国家及各州间煤炭开发和销售等方面的立法,联邦煤炭立法主要是综合性立法和政策性立法,如 1946 年《联邦煤炭工业法》(已于 2001 年撤销)、1977 年《煤炭研究资助法》、1992 年《煤炭矿业(长假基金)法》《煤炭矿业(长假)工资征收法》等。州主要负责煤矿矿权管理、生产经营、安全管理、劳工保护等方面的立法,主要是煤炭行业专门立法。各州立法通常包括两个层次:一是由各州议会制定的普适性法律;二是由政府根据某些特殊需要制定的法律,这种法律一般由职能部门提出,提交州长批准后颁布实施。澳大利亚煤炭工业主要集中在新南威尔士州和昆士兰州,其煤炭立法较为完备。如新南威尔士州现行的主要煤炭法律包括 1992 年的《矿业法》和 2001 年《煤炭

---

〔20〕 参见 EPA 制定的规章,40 CFR 201 – 211。

工业法》以及在矿山安全、职业安全、矿业环境等方面的配套法律。

此外，澳大利亚行业协会还制定了许多有关煤炭行业的操作标准、指南等规则，虽然这些规则没有法律约束力，但由于其具有很高的实用价值，为广大矿业企业所遵守，因此也成为事实上的煤炭行业规范性管理文件。

（二）煤炭管理体制

澳大利亚对煤炭工业实施三级管理体制，即联邦政府、州政府和地方政府。联邦政府负责煤炭工业的产业政策、内外贸易、出口管制、税收政策、环境保护、专项基础设施建设资金管理等。联邦政府主管煤炭工业的机构是联邦资源、能源与旅游部，煤炭环境准入的管理部门为联邦环境部。各州和地方管理各自司法管辖区内的煤炭开采经营活动，包括土地产权、矿权许可管理、监管煤矿安全、生产、经营、环境、健康，征缴权利金和税费等。各州/地区有各自独立的矿业立法和海上矿产立法。澳大利亚的煤炭生产主要集中在新南威尔士州和昆士兰州，两个州均设置了矿产/矿山能源部，主管辖区内的煤炭生产经营活动。州政府的煤炭管理部门的主要职责包括：负责煤炭开采计划的审查批准，组织建设基础设施，包括规划开采区域、负责办理勘探许可证、开发和开采许可证书、进行数据统计、煤炭信息收集分析评估、为煤矿提供咨询服务、为煤矿建设铁路港口等基础设施等。澳大利亚的各州或领地的煤炭资源管理机构同样负责环境准入审批，但昆士兰州与西澳州是例外，该两州的环境评估审批主要由州环境保护局负责。

（三）煤矿土地使用制度

澳大利亚实行矿产资源所有权与土地所有权相分离的政策。获得勘探或开采许可并不意味着对相应的土地拥有所有权。在开展任何矿产勘探项目之前，勘探许可的持有人应在进入勘探地块之前，通知土地的所有人/占有人有关即将进行的勘探活动细节以及勘探时间，并就勘探活动造成的任何损失以及不便向土地所有人/占有人进行相应的补偿。在申请开采煤炭资源之前，必须取得土地使用权或者取得土地所有人的同意。

（四）矿业权制度

澳大利亚实行矿产资源所有权同地表土地所有权相分离的制度，对土地的所有权并不代表对地下资源的拥有，矿产所有权又分为公有和私有。澳大利亚的矿产资源实行联邦和州/领地分权管理。根据该国宪法规定，煤炭资源属于州政府所有，州政府制定煤炭行业法规，由州政府负责土地的使用、公布勘探、采矿租借权和矿物使用费，为煤矿提供基础设施并确定使用价格，制定颁布矿井规程、劳工法、和安全法规等，环境保护管理，税收（分税制）。煤炭勘探许可证期限一般为 5 年、开发许可证为 5 年、开采许可证期限为 20 ~ 30 年。

澳大利亚陆上固体矿产开发利用有关的法律包括《采矿法》《原住民土地权法》《环境保护法》等。《采矿法》规定了开采矿产资源的三种权限：所有权、勘探权（包括初步勘探和详细勘探）和开采权。每个州/领地也有相应的法律。澳大利亚各州/领地的矿权类型基本相似，主要有普查许可证（Prospecting License 或 Prospecting Permit）、勘探许可证（Exploration License）、保留许可证（Retention License）、采矿租约（Mining Lease）等。（详见表 11 - 1）

表 11－1 澳大利亚各州/领地的矿权类型

州/领地	矿权类型
新南威尔士州(NSW)	勘探许可证(普通)(EL)、低强度勘探许可证(LIEL)、评估租约(AL)、采矿请求权(MC)、采矿租约(ML)
昆士兰州(QLD)	普查许可证(PP)、采矿请求权(MC)、勘探许可证(EP)、矿业开发许可证(MDL)、采矿租约(ML)
南澳州(SA)	矿工权证(MR)、采矿请求权(MC)、勘探许可证(EL)、采矿租约(ML)、保留租约(RL)
塔斯马尼亚州(TAS)	普查许可证(PL)、勘探许可证(EL)、保留许可证(RL)、采矿租约(ML)
维多利亚州(VIC)	勘探许可证(EL)、采矿租约(ML)、矿工权证(MR)
西澳州(WA)	普查许可证(PL)、黄金特别普查许可证(SPLG)、勘探许可证(EL)、保留许可证(RL)、采矿租约(ML)
北领地(NT)	矿工权证(MR)、勘探许可证(EL)、勘探保留许可证(ERL)、采矿租约(ML)、采矿请求权(MC)

(五)煤矿安全监管制度

1. 安全风险评估与管理体系。澳大利亚建立了成熟的职业健康安全风险评估和风险管理制度，是澳大利亚煤矿安全管理的主要手段之一。州政府任命政府监察员与雇主、矿工代表共同组成采矿安全与健康咨询委员会，向政府负责并定期审查法规和风险控制的有效性。州政府帮助煤矿培育安全生产企业文化，逐渐由以规范性法律约束为核心转变为以安全风险评估为核心。澳大利亚煤矿建立了安全管理体系、风险评估和管理机制，煤矿的各项工作都制定了与其相对应的风险评估规程。[21] 安全风险评估是利用系统科学的理论方法辨识危险，对系统的安全性进行定性或定量的预测和分析，寻求最佳的危险源控制与处理对策，达到系统安全的目的。煤矿企业普遍建立潜在风险评估和报告制度，要求矿主、管理人员、员工、承包商等都要积极主动地查找确认各种隐患和风险并实施控制措施，以达到预防安全风险的目的。[22]

2. 煤矿从业资格准入制度。澳大利亚煤矿最高管理层(总经理)必须经过风险评估和矿山立法(安全方面法律的)考试，井工煤矿的矿长须是大学采矿专业毕业且要经过矿业法规考试，机电工程师必须大专毕业，经过风险评估和立法考试，采掘区的工长必须经过3小时的法规考试和面试以及风险评估考试。澳大利亚每2～3年对煤矿进行一次全面管理评审，管理评审可由澳大利亚安全局(非政府安全服务营利机构)完成，也可由政府机构(如新南威尔士州商贸部)指定其他安全服务机构完成；煤矿必须设安全委员会、安全与健康代表

〔21〕 任乃俊：《澳大利亚煤矿安全管理体系研究》，载《中国煤炭》2011年第11期。

〔22〕 彭彦武：《澳大利亚煤矿的安全生产与管理》，载中国机电行业门户网，http://www.jdzj.com/hot/article/2016-5-12/41517-1.htm。

和安全工作组,安全与健康代表由工会选举产生,有权向煤炭最高安全负责人提出存在的风险并要求整改。

3. 煤矿安全监管。澳大利亚各州政府设有安全监察局,负责健康与安全法律法规的实施,监督煤矿的安全与健康工作,监察并审计煤矿,评估煤矿对人员的安全风险是否处于可控的水平,提供建议和帮助。下设矿山安全健康司,负责矿山安全监察职能。该司下设5个处(中心),共有监察员30名,负责监察全州近40个煤矿,分布有中、南、北3个区域6个地区办公室,安全监察员不定期对煤矿进行检查。主要产煤州的煤矿企业还配备了企业安全与健康代表(ISHR)。

4. 煤矿安全培训。澳大利亚联邦政府、州政府和领地政府之间共同签署作为全国性协议的"国家培训框架",以确保对政府的培训投资进行质量保障监控,确保通过培训所生成的技能和获得的证书在全澳洲得到认证。澳大利亚将煤矿安全培训也纳入国家培训框架中。[23]

(六)矿山环境保护与复垦制度

澳大利亚矿业关于环境保护的制度具有专业性要求高、申请程序复杂、注重民众意愿等特点。在澳大利亚,矿产勘探和开采项目受联邦、各州/领地以及地方政府的环境和规划法律法规的两级管制。

1. 联邦政府的监管。为保护澳大利亚的重大国家环境利益(Matters of National Environmental Significance,MNES),澳大利亚联邦政府依据《1999年联邦环境保护和生物多样性保护法案》(以下简称《EPBC法案》)的有关规定,对包括采矿等可能造成重大环境影响的活动进行环境评估和审批。MNES的主要内容包括:濒危物种和生态群落、迁徙物种、列入世界遗产名录的区域、加入《拉姆萨尔国际公约》(Ramsar Convention)的受保护湿地、某些特定的联邦海域、鲸类动物、国家遗产区域、核能的使用(核行动,包括铀矿山)、煤层气开发及大型煤矿开采项目等。鉴于大多数的煤矿开采项目都属于MNES,且可能对濒危物种和生态群落产生影响,因此,在通常情况下,煤矿开采项目需要得到州/领地以及联邦的环境审批。

2. 州(领地)的监管。各州/领地和地区法律可以与作为联邦法律的《EPBC法案》共同运行。同时,联邦政府和各州/领地政府达成双边协议,在某些情况下,联邦政府承认各州/领地政府对于煤矿项目是否属于"受控制行为"所作的评估,但评估报告仍需要上交给联邦环境部长,由其决定是否给予最终许可。各州/领地都有各自的矿业开发环境准入管理机制,不过内容与程序基本相似。环境影响评估在各州进行的方式略有不同。根据项目工程的复杂程度,环境影响评估通常可以分等级。在一般情况下,对环境影响小的项目仅作简单评估,对环境影响大的则制作环境影响报告书。如果项目涉及区域公众利益,且容易管理,则需制作公共环境报告。

---

[23] 李振英:《赴澳大利亚职业安全与健康管理培训总结》,载原创力文档,https//max.book118.com/html/2018/0426/163123218.shtm。

（七）煤矿税费制度

在澳大利亚申请初步煤矿勘探权、保留权及采矿权许可证时都要付费。在取得勘探权、采矿权后，煤矿企业在开始作业前还要土地所有权人赔偿地上建筑物损坏、通行权受限、损坏的环境改善等费用。在西澳州、南澳州和新南威尔士州，还要赔偿土地使用权损失、收入减少以及其他社会危害等费用。煤矿企业要向联邦政府、州政府缴纳矿业税。矿业税率的形式及税率高低根据矿种、矿山所在地及矿产品分组确定。

三、日本煤炭立法的主要内容

日本煤炭资源匮乏，煤炭消费主要依赖进口，是世界第三大煤炭进口国。日本煤炭历史已经有200多年。日本的煤矿法律开始于1869年，先后颁布了《模范矿山制》、《矿山须知》、《日本坑法》、《矿业条例》、《矿业警察规则》、《矿业法》、1949年《矿山安全法》、1950年《矿业法》以及《矿山安全规则》等法律法规。从20世纪50年代关闭国内煤矿开始，特别是始于1963年的9次煤炭工业政策调整期间，日本政府制定了一系列的煤炭政策性立法，主要包括煤炭行业结构调整、促进产煤地区经济转型和环境治理等方面的法规。

（一）煤炭政策性立法〔24〕

1. 支持矿井关闭的法规。自1955年始，日本政府先后制定了《煤炭矿业合理化临时措置法》（1995年后改为《煤炭矿业结构调整临时措施法》）、《煤矿离职者临时措置法》、《产煤地区振兴临时措置法》等法规，对关闭煤矿中的矿主、工人等给予一定补偿，推动矿井关闭的实施。

2. 安置关闭煤矿失业工人的法规。为安置关闭煤矿后的失业人员，日本政府制定了《煤炭矿业结构调整临时措施法》、《煤矿职工队伍稳定雇佣临时措施法》和《煤炭矿业年金基金法》，对离岗的煤矿职工发放退职金和离职金，并通过实施缓助职业转换、提供职业训练和再就业援助等措施，保障离岗人员再就业和生活稳定。《煤炭矿业年金基金法》，是日本煤炭产业特有的保险制度，为工作超过一定年限的煤矿工人发放额外的保险金。

3. 支持产煤地区环境保护和经济发展的政策。为振兴煤矿关闭后产煤地区的经济和支持其做好环境保护，日本出台了《振兴煤炭产区事业辅助金》《振兴煤炭产区的融资制度》《振兴煤炭产区临时辅助金制度》等措施，为产煤地区的新增产业和环境治理提供资金补助和贷款支持。

（二）日本煤矿安全管理

1. 煤矿安全法律。日本有关煤矿安全的法律主要有1949年《矿山安全法》和1950年《矿山安全规则》、煤矿安全作业规程以及《劳动安全卫生法》、《高压瓦斯安全法》等相关法律。《矿山安全法》规定了执法者的权限、矿业权人及矿山工人必须遵守的义务等内容，建

---

〔24〕　王玉怀、刘贵民、李祥仪：《日本煤炭产业变迁及其对我国煤炭工业的启示》，载《经济师》2005年第1期。

立了安全总负责人、安全技术员制度、安全委员会制度和安全规则制度。[25] 根据《矿山安全法》,日本政府又制定了符合各种矿山特性的矿山安全规则,其中就有《煤炭矿山安全规则》,1994 年统一为《矿业安全法》。《煤炭矿山安全规则》详细规定了有关煤矿机械器具的限制、通风机井下瓦斯、煤尘及岩粉法、自燃起火、冒顶、爆破、电气、搬运、井下通路、火灾、井外设施、矿害的防止、开采的限制和承包作业的申报等内容,并根据每次事故发生所反映的实际情况,不时修订完善。

2. 煤矿安全监察机构。根据《矿山安全法》的规定,对矿山安全监督体制的机构设置、人员构成、职权范围等作了明确的规定,建立完善了中央垂直管理的矿山安全监督体制。在经济产业省下设中央原子能安全院,内设矿山安全课和煤炭安全课,对各类矿山安全实施监督。在 9 个矿山较多的地区设立矿山保安监督部(局),由中央原子能安全院垂直管理,并可以根据管理需要,下设矿山保安监督署。各级矿山保安监督机构配备矿山保安监督官。矿山保安监督官享有进入检查权、紧急命令权和司法警察权,并负责对企业年度安全计划和政府安全补贴申请进行审核。

此外,在日本煤矿安全监管体系中,安全生产社会机构发挥了重要作用,与政府部门和煤矿企业共同构成煤矿安全管理防线。如 1964 年的矿业劳动灾害防治协会、1966 年的矿山安全中心、1980 年的产业技术综合开发机构以及 1997 年的煤炭能源中心。[26]

3. 日本煤矿的安全管理体制。《矿业安全法》详细规定了煤矿的安全管理体制,煤矿企业必须建立三个安全管理机构:安全委员会、安全生产管理系统和安全监督机构。安全委员会是由矿业权人任主席、生产技术人员和工人代表参加的安全机构。安全生产管理系统是煤矿矿业权人、安全总负责人、安全技术管理人、副安全技术管理人和安全管理人组成的煤矿企业安全管理系统。安全监督机构由矿业权人代表和工人代表构成,通过向安全委员会提出建议等方式,监督煤矿安全生产。[27]

四、德国煤炭立法的主要内容

德国煤炭资源较为丰富,位居世界第六,但石油、天然气资源相对贫乏,大部分依赖进口。德国也是世界第五大能源消费国。目前,德国已形成了以 2005 年修订的《能源经济法》为核心的,由煤炭、石油、可再生能源、节约能源、核能、生态税收等专门立法为主体内容的能源立法体系。

(一)德国主要煤炭法律

1919 年,德国制定了《煤炭经济法》,这是世界上第一部以"经济法"命名的法律,是德国一部特定历史时期的煤炭产业政策性立法。德国煤炭法律体系较为健全,主要包括《德国联邦矿业法》《劳动保护法》《矿产资源法》《联邦股份制法》《德国煤矿管理条例》等。

---

〔25〕 王原博:《日本煤矿安全监察与管理理念》,载《陕西煤炭》2011 年第 2 期。
〔26〕 许立民:《日本煤矿安全生产工作的经验和启示》,载《中国煤炭》2007 年第 2 期。
〔27〕 徐海云、吴贵仁、王笑恬:《日本煤矿安全监督管理的主要做法及启示》,载《煤炭科技》2014 年第 2 期。

1.《德国联邦矿业法》制定于1980年,后经历数次修改,分12个部分,共178条,主要规定矿产的勘探、开采和矿产品的加工和利用,以及对矿山安全生产和矿工人身、健康和安全等方面内容。

2. 德国《煤矿管理条例》颁布于1970年,包括井下作业和地面作业、地下开采的附加规定、关于地面作业的补充规定和最终规定四章349条,涉及煤矿企业安全监督管理、矿山救护和救援、劳动保护和培训、井下设备和作业、地面设施和运输等内容。

(二)德国煤炭矿区保护制度

德国建立矿区生态重建制度,根据《矿产资源法》的规定,矿区景观生态重建和对矿产的勘探、开发都属于采矿活动范畴。矿区景观生态重建是一个持续的过程,从对矿产的勘探和开采,直到优良而健康的环境在该区域内重新建成为止,使矿区土地被赋予符合可持续发展要求的新用途。

《联邦矿产法》是德国矿区生态重建主要法律之一,该法规定:国家对矿区生态重建的监督权,矿山企业和受影响社区、其他机构和个人的相关权利和义务,以及矿区环境治理等内容。该法明确了生态重建的主体责任制,获得采矿许可证的企业既要对勘探、开发和开采煤炭负责,也要对矿区生态重建负责。从事采矿活动的企业,有义务编制开采规划,并报上级主管部门审批。《联邦自然保护法》要求企业对所造成自然景观的破坏,要通过土地复垦的方式进行恢复和治理,重建接近自然的景观。根据德国相关州的《规划法》,褐煤规划必须符合州规划的基本原则,并将联邦空间规划和州规划的目标作为其基本目标。褐煤规划对景观生态重建作出框架性规定,具体通过企业规划来实施。

(三)德国煤矿安全监管制度

1. 煤矿安全立法体系。从19世纪初期,德国就开始制定安全立法,并逐步形成了较为完备的法律体系。在联邦政府层面,德国的《劳动保护法》对雇主的安全责任进行了明确的规定,雇主有保证员工安全与健康的义务。《联邦矿山法》规定,矿山运营者必须要采取各种必要措施保证矿山安全生产,包括安装所有必要的安全生产设施,引进每一种新出现的重要安全生产技术;必须成立安全卫生委员会,对员工进行培训。在州政府层面,各州政府在联邦法律的基础上,制定极其详细的煤矿安全生产法律及规程。在行业协会层面,德国矿业公会制定矿山安全规章和技术标准、德国煤矿同业工伤事故保险联合会制定有关工伤保险的规章。[28]

2. 煤矿安全监管体系。在行政层面,德国建立了州企业经济能源与交通部、州矿山与能源管理处、区安全监察部和煤矿行业协会四个层级的执法监督机构。州矿山与能源管理部门依据法律严格审核煤矿企业经营计划,并依据该计划对煤矿经营情况进行日常监督检查,督促落实安全生产主体责任。在社会层面,通过煤矿同业工伤事故保险联合会等社会机构,对煤矿安全实施监督。此外,重视和采用先进的煤矿安全技术、救护措施周全到位、安

---

〔28〕 孙庆国、井健:《德国煤矿深部开采的安全监管》,载《劳动保护》2016年第1期。

全意识深入人心及预防为主的管理理念等也对德国煤矿安全起着重要作用。[29]

五、英国煤炭立法的主要内容

作为单一制国家,英国煤炭开发利用和管理的立法权集中于中央。经过近200年的发展,英国建立了非常完备的煤炭法律体系,不仅有综合性立法,也有许多煤炭专门立法,采用的是综合立法和煤炭专门立法并行的立法模式。综合立法主要有《能源法》和《矿产管理法》、1926年《矿业法》(Mining Industry Act 1926)、1954年《采矿与采石场法》(Mines and Quarries Act 1954)等。煤炭专门立法主要有1850年《煤矿监察法》、1887年《煤矿管理法》、1911年《煤矿法》、1938年《煤炭法》(Coal Act 1938)、1946年《煤矿工业国有化法》(Coal Industry Nationalisation Act 1946)、1949年《煤矿工业法》(Coal Industry Act 1949)、1952年《矿工福利法》(Miners'Welfare Act 1952)、1958年《露天采煤法》、1966年《矿山工作设施与支持法》(Mines Working Facilities and Support Act 1966)、1974年《职业安全健康法》、1991年《井工采煤法》和1994年《煤矿工业法》(Coal Industry Act 1994)等。此外,英国还有100多个煤炭专门法规。

(一)英国煤炭工业管理体制

英国的矿业管理涉及多个管理部门,主要包括:英国贸工部(DTI,商业改革与技术部)、英国煤炭管理局、皇家资产、社会和地方政府部。

1. 英国贸工部(Department of Trade and Industry)。英国能源矿产资源的主管部门是英国贸工部,是一个综合性管理部门,能源矿产资源及产业管理只是其职责的一部分。具体包括:能源战略、能源政策、能源市场、能源创新、能源供应安全、核安全与出口管制、对能源国有公司的管理、可持续发展与环境等。贸工部下设能源司局,负责能源战略、能源市场、能源创新、煤炭等矿产资源许可审核等。

2. 英国煤炭管理局。根据1946年煤炭行业国有化法案,1947年英国成立了英国国家煤炭局。1986年英国国家煤炭局改为英国煤炭总公司,开始向私有化转变。1994年10月,根据1994年的《煤炭工业法》(Coal Industry Act 1994),组建新的煤炭管理机构,称为英国煤炭管理局(coal authority),对煤炭工业进行行业管理,是英国煤炭资源的政府主管部门。英国煤炭管理局不直接经营煤矿,仅代表政府对全国煤炭企业行使宏观管理职能,一是负责煤炭资源的合理开发,租赁和使用,向采矿经营者颁发煤炭勘探和开采许可证,监督煤炭生产企业按营业范围经营,并对生产矿山和露天采场实施年度监察。二是处理地面呈现、修复和损害赔偿。三是制定矿井水污染治理计划,矿井水经治理并达标后,允许排入河流。四是发布采矿信息,向生产者提供开采地质数据,保证生产者之间的公平竞争和煤炭工业的健康发展,管理以前的煤炭资产。五是提供24小时的报告服务。[30]

---

〔29〕 顾锦龙:《德国煤矿安全管理的经验》,载《中国应急救援》2009年第1期。

〔30〕 《世界煤炭工业发展报告》课题组:《英国煤炭工业》,载《煤炭科学技术》1999年第5期。

（二）煤矿安全监察体系

1. 国家矿山安全监察机构。根据1974年《职业健康与安全法》，英国成立了"健康与安全委员会"（HSC）和"健康与安全执行局"（HSE）。2008年，上述两个部门合二为一。

健康与安全委员会由3名国家工会联合会代表、3名企业代表、2名地方政府代表和2名科技界代表共10人组成。该委员会由英国政府负责环境、运输和各地区事务的部长联合任命。健康与安全委员会负责为政府提供安全政策建议、信息和技术咨询；制定修改安全法律、法规的实施细则；受政府委托，对重大事故进行调查和分析。

健康与安全执行局是提供职业健康与安全咨询、协助健康与安全委员会实施职业健康安全法律的机构。HSE约有4000名职员，其中包括安全监察员、政策法规咨询人员、技术工艺人员、科学研究和医务等方面的与业人才。HSE的主要职能是审批安全法律、法规，由议会审批颁布；落实健康与安全法令，强制企业实施；对危险行业审批并颁发许可证；对企业重大危险区域进行安全评估；实施事故调查等。

2. 煤矿企业的安全检查和管理。根据《职业健康与安全法》规定，煤矿企业安全生产主要由矿主负责，根据矿井安全状况必须设立相应的安全管理机构，配备安全检查管理人员，切实加强安全管理和检查。煤矿安全管理机构和人员配置要报HSE批准，并由煤矿安全监察员进行监督。煤矿企业必须建立职工代表参与安全管理的制度，职工代表对井下工作场所要认真检查安全状况，做好书面记录，定期归档并将问题及时向经理反映并督促解决，参与事故的调查和处理全过程。采煤工作面与掘进工作面，每面每班设一名中级安全检查员和一名安全检查员。在矿井的采煤、掘进、机械、电气等业务单元，各设1名高级安全检查员负责本业务的安全检查管理工作。英国煤矿每年要进行一次矿井灾害预防演练，邀请HSE的安全监察员现场观察并提出改进意见。

六、印度煤炭立法的主要内容

印度煤炭资源丰富，探明煤炭储量1013亿吨，位居世界第五位。印度也是世界第三大煤炭生产国。印度煤炭立法主要包括：(1)矿产资源立法，主要有1952年《印度矿山法》、1957年《矿山与矿产（开发和管理）法》及其2010年修正案；(2)煤矿安全法律，主要有1955年《矿山规则》、1957年《煤矿规程》、1966年《矿山职业训练规则》、1966年《矿区托儿所规则》、1985年《矿山营救规则》；(3)煤炭产业开发和保护法律，主要有1948年《煤矿发展基金法》、1971年《焦煤煤矿紧急处理法》、2000年《煤矿场管理条例》；(4)煤矿国有化法律，主要有1972年《焦煤矿山国有化法》、1973年《焦煤和非焦煤煤矿国有化修正法案》、1976年《煤矿国有化修正法案》和1986年《煤矿国有化修正法案》。

（一）印度矿产资源权属制度

印度矿产所有权和管理权分离。根据印度《矿山和矿产法》规定，全部矿产归所在邦所有，各邦有权依法授予矿产特许权，颁发探矿和采矿许可证，享有利金和税款收取权。中央政府享有统一的矿业立法权和行政管理权。

任何矿产的开发均需取得矿产特许权,矿产特许权的获得须向邦政府或中央政府提交申请,并缴纳规定的费用,邦政府或中央政府会依据相关规定把矿产特许权授予符合条件的申请者。

(二)印度煤炭管理体系

印度中央政府按照矿种类别进行管理,煤炭部是煤炭工业的管理机构。煤炭部主要负责印度炼焦煤和非焦煤及褐煤矿床的勘探和开发、煤炭开发政策和战略的制定,与煤炭生产、供给、分配和定价有关事项的决策,印度国有煤炭公司和煤矿公积金组织及煤矿福利机构的管理,选煤厂建设与生产,低温碳化厂的建设和从煤中提取合成油的生产,与煤炭相关法律的监督和执行以及对各邦政府煤炭开采的指导。印度大部分的煤炭产品都由国营公司生产。煤炭部下属有三个国有公司:印度煤炭有限公司、辛格雷尼煤矿企业和伊韦利褐煤公司,煤炭部通过对这三个国营公司及下属机构的行政管控来发挥其关键职能。国有公司下设煤炭监督员机构办公室及煤矿准备基金组织。[31] 2014 年,为提高煤炭行业的公平与效率、治理煤炭资源配置中的腐败问题,印度设立独立煤炭协调员制度,主要负责:确定煤炭价格形成机制、确定煤炭等级测试和衡量机制、具体规定煤炭取样的程序、裁定煤矿纠纷、监管煤矿关闭计划。

(三)印度煤炭资源开发制度

根据 1973 年《煤炭(国有化)法》及其 1976 年修正案等规定,印度煤炭资源实行限制性开采原则,即印度政府根据国家经济发展战略需要,对煤炭资源和煤炭产品进行强制性分配,煤炭只能用于电力、钢铁、水泥生产等印度政府规定的用途。随着煤炭行业市场化改革的推进,2012 年印度制定了《煤矿竞争性招标规定》。根据该规定,印度煤炭资源的获取,在原有政府分配方式之外,增加了拍卖和能源项目配套。

(四)煤矿安全管理体系

煤矿等矿业员工的安全、健康和福利由中央政府通过制定、完善、执行安全卫生法律法规来管辖。印度煤炭安全生产法律体系较为完善,主要包括《1952 年矿山法》及其附属法规、《1957 年煤矿规程》、《1957 年矿山发展规制法》、《1966 年矿山职业训练规则》、《1966 年矿山职业安全培训规则》、《1985 年矿山营救规则》等。

煤炭安全管理体系。煤矿安全管理体系由煤矿安全监察机关、国有煤炭公司以及煤矿矿区内职工代表共同组成。在中央政府层面,煤矿安全管理工作主要由直属煤炭部的煤矿安全常务委员会领导 ,是煤矿安全管理的最高管理机关,负责制定煤矿安全政策并检查各煤炭公司的安全状况。矿山安全管理总局与煤矿安全管理工作的机构充分合作,矿山安全管理总局的监察人员配合参与煤矿企业安全管理工作,并与煤矿安全管理机构、煤矿企业组成三方委员会。印度建立了层级分明、垂直管理的矿山安全管理机构。

(1)矿山安全管理总局。根据《矿山法》,印度成立了矿山安全管理总局(Directorate

---

〔31〕 李建武:《印度煤炭管理制度研究》,载《中国矿业》2009 年第 8 期。

General of Mines Safety,DGMS),隶属劳工部,负责监督执行《1952 年矿山法》及其配套法规,是印度矿山生产安全监察的最高权力机关。矿山安全管理总局下设矿山安全监察处、技术支持处和安全管理处三个机构。印度在全国划分 6 大矿区、每个矿区设 3 ~4 个分区安全监察办事处,实施垂直管理。

(2)国家矿山事故调查法庭。国家矿山事故调查法庭是独立机构,直属中央政府领导,与矿山安全管理总局并行,专门负责死亡 10 人以上重大死亡事故的调查,并向矿山安全管理总局提出制定和修改安全法规、安全条例方面建议。

(3)国家矿山独立委员会。依据《1952 年矿山法》,印度中央政府成立独立委员会,独立委员会主要负责:对国有矿山事故进行监察和管理;监督矿山企业的执法情况;对中央政府管辖的矿山事故进行调查并提交报告;对中央政府管辖的违法矿山企业进行起诉。

七、印度尼西亚煤炭立法的主要内容

“印度尼西亚,又称印尼,是全球第一大煤炭出口国和第四大煤炭生产国,煤炭开采已有 100 多年历史。”修改为“印度尼西亚,又称印尼,是重要的煤炭生产国和消费国,也是世界上主要的煤炭出口国之一。印尼煤炭生产基本采取露天开采,主要煤种是褐煤和烟煤,主要分布在加里曼丹岛和苏门答腊岛,且行业集中度高,最大的 3 家煤炭生产商的产量超过印尼全国产量的 46% 。”

(一)煤炭立法体系

印尼现行法律体系由惯例法、荷兰殖民法和国家法组成。根据印尼法律法规的效力等级主要分为:宪法、人民协商会议作出的决议、人民代表大会制定的法律、政府规章、总统令、地方规章。实践中还存在总统指示、部长令等法律形式。

印尼煤炭法律体系主要包括 2009 年《矿产和煤炭矿业法》、政府规章、总统令、能源矿产部的部长令、地方政府有关煤炭的规章,以及与煤炭矿业相关的土地法、森林法、地方自治法、权利金条例、有关有害废弃物的条例等。

1967 年,为改善投资环境、吸引外资促进矿业发展、完善矿业法律体系,印尼制定了《矿业法》,在对矿产开发进行分类管理的基础上,确立了以中央为主,地方为辅的矿业管理体制。把矿产资源分为 A、B、C 三大类。A 类为战略矿产,包括石油、天然气、煤、铀等和放射性矿产、镍、钴、锡。A 类矿产只能由国家经营,外国公司经国会批准后,可以作为承包人,按工作合同的规定参与勘查和开发活动。B 类为重要矿产,包括铁、锰、铝土矿、铜、金、银等 34 种矿产。这些矿产可以由国营公司、本土公司、合资公司和个体投资者进行勘查和开发。A、B 类矿产开发权的授予由中央主管部门负责。C 类主要是非金属矿产,主要由省政府管理。[32]

2009 年颁布实施的《矿产和煤炭矿业法》(Mineral and Coal Mining)以及随后陆续颁布实施的是目前印尼从事煤炭矿产资源勘探开发的主要法律法规。相比较 1967 年《矿业法》

---

〔32〕 宋国明:《印度尼西亚的矿业投资环境》,载《国土资源情报》2002 年第 7 期。

主要变化有:一是重新划分了中央与地方的矿业管理权限,将中央政府的部分管理权限下放给地方;二是建立以许可证为核心的矿权管理制度;三是规定外资股权减持义务;四是明确矿产品国内冶炼加工和服务要求;五是新增附加税和矿区土地复垦保证金;六是对矿产资源重新进行了划分。

(二)矿业管理体制

1. 矿业管理机构。中央政府负责制定国家矿业生产、销售、利用、环保、税收等政策;制定法律条例、国家标准及指南、矿产开发许可证颁发的相关规则;颁发普通矿业许可证(IUP)、特别矿业许可证(IUPK);划定含矿潜力区;监督管理跨省和离海岸12英里以外的矿业活动;合理规划全国的矿产资源开发;监督和指导地方政府的矿业管理工作和地方矿业条例的制定工作等。

省政府制定地方矿业法规;颁发普通矿业许可证、民间矿业许可证(IPR);监督跨县界及离岸4～12海里内的矿产开采经营活动;编制省区矿产煤炭资源平衡表;发展和提高省区矿产煤炭经营的附加值和环境保护;指导和监督采后矿区的土地复垦等。

县/市政府负责制定条例;发放民间矿业许可证;监督县内及离岸4海里内的矿产开采经营活动;土地复垦的监督与指导,向部长及省长提供生产、国内销售及出口的资料等。

2. 矿业权的设置与管理。矿业权分为普通矿业许可证、民间矿业许可证、特别矿业许可证。

(1)普通矿业许可证由各级政府颁发,跨区的许可证经涉及的地方政府行政首长推荐由上一级政府行政首长颁发。普通矿业许可证可以授予法律实体、合作组织、个人,但根据《印尼投资法》的规定,外国主体投资矿业时,矿业许可证只能授予按印尼法律设立的股份有限公司。勘探许可证的权限包括普查、勘探和可行性研究。采矿许可证的权限包括矿山基本建设、矿产开采、加工运输和销售。

(2)民间矿业许可证主要是用于小规模矿产开发,由当地县/市长负责颁发,优先给当地的个人、社会团体、合作社。

(3)特别矿业许可证由部长负责颁发,主要针对特别可开采区。一个特别许可证的权限区内只授予一种金属或煤矿的特别开采权。许可证持有者对矿权区内发现的新矿种享有优先权。

3. 矿业权人的权利和义务。矿业权人享有以下权利:依法使用公共设施及便利、缴纳税费后拥有产出的矿产品、在勘探达到一定条件后才可在印尼股票交易中心转让其所有权或股票等权利。矿业权人承担以下义务:运用良好的采矿技术、规范管理财务、缴纳税费和土地复垦及环保处理保证金、投产5年后向印尼各级政府或国内企业减持矿业企业股权、在印尼国内加工和提炼矿产品、优先使用印尼国内矿业服务、维护环境保护和可持续发展等。

4. 调整矿产资源分类。1967年《矿业法》把矿产分为战略矿产、重要矿产、非战略和非重要矿产(主要是非金属矿产)。2009年《矿产和煤炭矿业法》把矿产分为4类:放射性矿产、金属矿产、非金属矿产和煤。

八、南非煤炭立法的主要内容

南非煤炭资源丰富,是世界主要的煤炭生产国和出口国之一。煤炭在南非采矿行业中占比最大,是南非经济发展的重要组成部分。煤炭矿业立法较为健全,对煤炭的勘探、开采、加工、利用、土地复垦等方面都有规定。煤炭立法主要有1956年《矿山与工程法》、1967年《采矿租赁登记法》、1967年《开采权法》、1985年《煤炭资源法》、1987年《能源法》、1989年《矿业法》、1991年《矿产资源法》和1996年《矿山健康与安全法》等。

(一)煤炭工业管理体制

矿产与能源局(DMEA)是煤炭等矿业主管部门,隶属于矿产与能源部,主要负责制定和落实能源政策和法规;对全国采矿和能源领域的生产活动、安全措施及环境保护等进行指导和管理,维护矿产和能源的有效和持续地开发 。由DMEA负责实施的法律主要包括:《矿山和工厂法》《采矿资格注册法》《开采权法》《矿产技术法》《矿产法》《矿山安全与保健法》等。[33]

DMEA下设矿产开发处、管理服务处和能源处。矿产开发处负责实施《矿产法》及有关复田和环保方面的法律规定,促进矿产资源的最佳利用;管理服务处负责搜集和分析矿产资料,为政府及私营企业提供有关资料和建议,以促进矿产的开发和利用;能源处负责制订能源法规和计划,提供咨询服务,协调政府部门与协会间能源方面的关系。

(二)煤矿环境保护制度

南非制定了一系列的环境保护法律法规,主要包括:《矿山与工厂法》《水法》《露天开采复田法》《环境保护法》《矿产法》《大气污染控制法》《危险物质法》等。南非对矿山环境保护与恢复治理工作都有严格规定,除对矿山开采收取矿山恢复治理金外,还规定每个矿山采掘出来的废渣、废土要安排专场专人管理,并种植防止扬尘的植被。1989年《环境保护法》规定,未经批准不得进行采矿作业,矿山开发者应购买进行采矿活动的土地所有权,并负责恢复地下开采活动造成的地表损坏;环保部门有权通过法律程序介入采矿计划及活动。1991年《矿产法》规定,采矿企业应对因采矿活动造成的地表塌陷采取恢复措施。

(三)煤矿健康安全制度

南非建立了完善的煤矿安全管理体系,煤矿健康安全法律主要有1996年《矿山健康与安全法 》、1999年《采矿安全健康法》。

1. 煤矿健康安全管理机构。南非建立了完善的煤矿安全管理架构。一是成立了隶属于矿产与能源部的矿山安全与健康监察局,是政府行使安全与健康的监督和管理的工作机构。二是由南非矿产与能源部、矿主和矿山雇员代表三方组成的矿山健康和安全理事会。三是设立全国矿山救护中心,为矿山救护队员提供培训服务,并为矿山提供救护服务和咨询。四是由南非职业安全协会,开展矿山安全评估、奖励、服务等事务,帮助企业提高安全管

---

〔33〕 周进生、鲍荣华:《南非矿业现状及与我国合作前景分析》,载《矿业研究与开发》2009年第1期。

理水平。

2. 煤矿安全监察制度。对违反安全规定的企业,矿山安全与健康监察局有权要求改正、罚款或关闭,企业应执行监察员的指令,否则将受到罚款或最高两年的监禁。矿山安全健康监察部门负责矿山安全事故的调查处理,若发现矿山企业存在违法行为,有权向法院提起公诉 ,经法院判决,矿山企业可能要承担相应的民事或刑事责任。[34]

3. 煤矿安全监察监督系统。南非矿山监察员有权对有安全危机的矿山下达停产停业指令,直至整改到位。为了保证监察员公正地行使权力,矿山健康与安全监察局建立了专门的监督系统。

九、俄罗斯煤炭立法的主要内容

俄罗斯是世界煤炭储量最丰富的国家之一,探明储量仅次于美国,世界排名第二,也是世界上主要的煤炭生产国之一。虽然俄罗斯煤炭资源丰富,但由于资金投入不足、基础设施落后、技术水平低下,加上俄罗斯油气资源非常丰富以及近年来环保意识不断增强,俄罗斯煤炭生产规模增长缓慢,煤炭在一次能源供应中占比不到20%。为适应国内经济改革的需要,促进煤炭工业发展,俄罗斯从 1993 年开始进行煤矿私有化改革,解散了国营煤炭公司,组建了多个煤炭私有股份公司,在一定程度上激发了煤炭生产的活力,煤炭产量有所增长。随着天然气价格的不断上涨,俄罗斯希望进一步挖掘煤炭生产潜力,根据俄罗斯 2020 年动力战略以及联邦“动力有效经济的”目标规划,到 2020 年煤炭产量必须达到 4.3 亿吨。为促进煤炭工业持续健康发展,俄罗斯联邦政府出台了《2035 年前俄罗斯能源战略》《2030 年俄罗斯煤炭工业长期发展规划纲要》等文件,积极采取加强远东富煤地区铁路等基础设施建设、调整煤炭出口方向、鼓励企业技术创新和装备升级、推动煤炭集约化开采等措施。[35]

俄罗斯煤炭法律主要有《俄罗斯联邦矿产资源法》《产品分成协议法》《地下资源法》《俄罗斯联邦环境保护法》《煤炭生产监管法》等。

(一)煤炭资源许可开采制度

俄罗斯对煤炭等矿产资源开采采取特设许可制度。根据《矿产资源法》和《地下资源法》等规定,矿产资源开发者必须按照有关规定办理采矿许可证,矿产勘探许可证有效期为 5 年,采矿许可证为 20 年。如果两证合一,有效期可延长到 25 年。许可证到期后,持有许可证者可申请更新许可证。采矿许可证采取拍卖和招标两种途径发放。拍卖通常用于小型矿产资源。在拍卖中,最高报价的投标人为中标人。在招标中,投标人必须满足煤炭生产经营以及支付等其他条件,并提出最佳的开采技术与环境保护方案。标书由俄罗斯矿产资源委员会和地方政府共同指定的专家委员会负责审定。

---

〔34〕 肖兴志、李红娟:《煤矿安全规制的纵向和横向配置:国际比较与启示》,载《财经论丛(浙江财经学院学报)》2006 年第 4 期(总第 124 期)。

〔35〕 郭思文:《俄罗斯煤炭工业的发展战略》,载《煤炭技术》2013 年第 10 期。

（二）煤炭工业管理体制

苏联解体后，俄罗斯煤炭工业的管理体制由苏联煤炭工业部—煤炭生产联合公司的二级管理，改为俄罗斯燃料动力部—俄罗斯煤炭公司—煤炭生产联合公司—企业四级管理。1993年俄罗斯煤矿私有化改革后，煤炭工业管理体制改为俄罗斯燃料和能源部—俄罗斯煤炭公司二级管理。1997年，俄罗斯煤炭公司被撤销。目前，俄罗斯联邦能源部是煤炭工业的主管机构，下设煤炭工业体改司和煤炭工业生产经营调节司，以加强国家对煤炭工业的管控。煤炭工业司在煤炭开采和使用、油页岩以及煤炭工业结构调整方面发挥制定和执行国家政策的职能，负责制定和执行煤炭工业的法律、政策和条例，提出煤炭工业发展和市场开发的建议，促进煤炭工业的安全和生态保护，实施煤炭产业结构调整，开展煤炭工业信息收集和分析。

（三）煤矿工人额外福利制度

根据俄罗斯联邦《关于煤炭产业员工社会福利的国家规定》，俄罗斯煤炭行业的员工（尤其是矿工）应当获得额外的强制性保障和利益，享有以下额外保障和福利：（1）医疗康复和医学治疗以及常规（至少2年一次）预防性医疗体检；（2）向员工、退休员工、残疾工人、享有退休金的员工家属免费提供个人居住需要使用的煤炭；（3）如员工因与工作相关的原因死亡，应向员工家属支付一次性金钱补偿，该补偿的具体数额应在员工和企业的相关劳动合同和集体合同中载明；（4）因煤矿开采或加工企业清算而失业的员工，如在该企业已工作至少5年，企业应向该员工支付一次性金钱补偿（员工工作期间平均年工资的15%）；（5）如因清算而导致员工失业的煤矿开采或加工企业位于俄罗斯联邦北部地区，且该员工已在该地下煤矿工作至少10年并已达退休年龄，则企业应向员工提供新居住地；（6）如在煤炭工业组织工作的员工因企业清算而失业，且其已在该组织工作10年以上，则企业应向该员工支付额外养老金。[36]

十、加拿大煤炭立法的主要内容

加拿大是煤炭生产大国，煤炭储量位居世界第十。煤炭曾经是加拿大的主要能源，20世纪50年代开始，石油、天然气和水电逐渐成为主要的供应能源。为进一步实施清洁能源经济计划，加拿大加速取缔煤炭发电，计划到2030年，实现零煤炭发电的目标。加拿大目前有四个省份仍然使用煤炭发电，分别是阿尔伯塔省、萨斯喀彻温省、新斯科舍省以及新不伦瑞克省。

加拿大作为联邦制国家，采用两级立法体制。煤炭立法权主要由各省行使，但联邦政府在调整煤炭出口、煤炭开发利用中的环境保护以及各省间煤炭的销售、运输平衡等方面享有立法权和管理权，通过制定政策和法律，维护经济的可持续发展，从宏观上控制矿产行业。加拿大联邦政府于20世纪50年代制定了《煤质法》。各省主要负责煤炭开发利用和

---

〔36〕　顾锦：《俄罗斯矿业投资整体法律环境——基于中国煤炭企业投资的视角》，载《河南社会科学》2012年第11期。

保护及环保复垦方面的立法，且立法体系完善，如不列颠哥伦比亚省《1989 年矿山法》、《矿产保有法》、《矿业权法》、《1990 年矿山开发评估法》、《环境评估法》以及专门调整煤炭开发利用的《煤炭法》及其实施条例。

加拿大各省和地区制定开采矿产资源和职业安全与健康的法规。2003 年，新斯科舍省废除了《采煤法》，同年 11 月制定了《矿山法》。《矿山法》包括：明确采矿资格和安全生产职责，以及使用炸药、电力和柴油设备等内容。不列颠哥伦比亚省制定了本省的矿山安全法，其中包括井工煤矿的安全生产规定。

加拿大在环保方面的法规十分严格，煤矿开采必须依照本省立法，并依照“加拿大环境评估法”进行环境评估，确保采矿行为规范进行，例如，避免植被破坏和过度开采；规范道路建设、已开采区复原和开采运营；尽量减少对环境的负面影响。

(一)煤矿开采许可制度

在煤矿法规方面，主要由各省自己制定。一般而言，在加拿大开采煤矿需要办理以下许可：

1. 环境评估证书：经环境评估部门评估和审批，取得环境许可，否则开采将不被允许。

2. 开采与回收许可：由能源与矿藏部门（MEM）审批开采计划，包括地质评估、工程设计、采矿操作规程，以及排污系统管理和回收计划。

3. 废物管理许可：由水、土地和空气保护部门（WLAP）审批固体废物处理计划、空气排放标准装备、粉尘控制以及管理和监测计划。

4. 取水许可：由 WLAP 审批用水计划，取得取水许可证书。

5. 土地所有权许可：向土地所有权人申请并经能源与矿藏部门批准，取得进入煤矿资源土地进行勘探的权利、进行作业的煤矿租约。

6. 其他许可：占用道路和电路许可 、林木砍伐许可、饮用水许可等。

(二)采矿许可制度

在加拿大，矿产资源开发的生产则被视为资产获取，需要经过审查批准并取得采矿权（mining rights）和地面所有权（surface rights）后，方可进行。按照取得矿业权的程序，采矿权可以分为勘探许可（prospector's license）、勘区证（mining claim）和采矿租约（mining lease）。

1. 勘探许可：赋予权利人进入规定区域从事勘查、测量，有效期一般为 5 年。申请要求较低，一般只收取名义费用。

2. 勘区证：赋予权利人进入规定区域，从事打桩、勘探等作业。勘区证有效期为 1 年，可申请延期。权利人被要求进行最低投入，每年向政府提交勘探工作报告。

3. 采矿租约：赋予权利人可以从事采矿并处置矿产品的权利。一般期限为 21 年，可延期 21 年。

加拿大各省的矿业法都规定了矿业权申请程序。申请者一般需先申请取得勘探许可，再申请勘区证。在经批准的矿区范围内从事勘探并满足条件后才能申请采矿租约。

（三）矿区环境保护制度

1993年，加拿大制定《国家环境与经济圆桌会议法》，建立了协调各领域、各地区有关环境保护和可持续发展方面的国家环境与经济圆桌会议制度。[37]

获取采矿租约后的开发工作完全由投资者决定，政府只介入矿山开发后的复垦工作。矿山在开采前要提交复垦报告，由矿业公司与政府达成有关协议并缴纳足够的复垦保证金，保证金的数额由政府与矿权人商定，并可根据情况变化进行调整。采矿许可证到期后，矿区由政府收回，但如果矿山没有完成复垦，政府将不予收回。政府对矿山的监督工作由政府派出的观察员承担，观察员有权命令关闭矿山。

第四节　国外煤炭立法的发展趋势

在当下全球化日益深化、努力构建人类命运共同体的新时代，全球煤炭行业发展已经进入了新的时期。煤炭行业必须进行全方位的能源革命，才能在世界能源供需格局中继续占有一席之地。我国煤炭行业的发展也要与时俱进，紧跟时代发展的步伐。这不仅需要不断进行煤炭管理体制、煤炭创新技术方面的能源革命，也需要不断吸收和借鉴国外先进的煤炭立法经验。通过前文对国外主要煤炭国家煤炭立法的梳理，我们认为国外煤炭立法的发展呈现以下主要趋势。

一、煤炭立法体系日趋完备

从横向角度来看，能源立法、矿业立法、煤炭专门立法和相关立法并存的煤炭立法体系已经成为国外煤炭立法的主流模式，各种相关法律之间相互作用、相互补充，构成一个有机统一的煤炭立法系统，为一国煤炭法治提供全面、科学、高效的立法保障体系。从纵向角度来看，根据由一国之政体决定的立法权分配模式，国外联邦制国家的煤炭立法体系由中央立法和地方立法构成，其中有以美国为代表的中央立法主导的煤炭立法体系和以澳大利亚为代表的地方立法主导的煤炭立法体系。在中央立法主导的煤炭立法体系中，中央立法一般侧重于规定煤炭资源权属、规划、安全监管、环境保护等内容，地方立法一般侧重于规定煤炭的开发、利用、环境治理等内容。在地方立法主导的煤炭立法体系中，中央立法一般侧重于规定煤炭的规划、国际贸易、地方煤炭事务的协调等内容，地方立法一般侧重于规定煤炭的矿权许可、开发、利用、安全监管和环境治理等内容。中央立法重点在基本原则、战略规划、行业政策、对外贸易和地方协调等方面发挥煤炭立法作用，地方立法重点在煤炭资源开发、利用、安全健康、环境治理等方面发挥作用，分工明确、职责清晰、相互平衡，共同构成一国完备的煤炭立法体系。此外，社会立法，特别是行业协会立法也是许多国家煤炭立法体系的重要组成部分，如协会立法主要包括与煤炭生产、安全、技术、健康等有关的规程、标准，是与国

[37]　张晶：《矿区环境保护监管法律制度研究》，载《资源与人居环境》2007年第8期。

家法律相配套的实施细则，是行业公认并普遍遵循的操作指南，是事实上的煤炭立法。

二、煤炭立法理念逐渐趋同

煤炭立法理念简单来说就是煤炭立法的价值追求。随着人类社会的不断发展，煤炭立法理念也在不断丰富和进化，从煤炭作为社会发展的主要能源供应时期的经济利益至上逐渐转变为能源安全、可持续发展、员工安全健康等多元化立法理念。这一方面是因为人类对煤炭等能源需求观念的转变，另一方面也是人类对美好生活向往的价值追求的升级。此外，经济性理念也是国外煤炭立法的重要趋势之一。一方面，国外煤炭立法重视煤炭资源开发和利用的经济性考量，通过公开招标、拍卖等市场化手段与行政审批审查相结合的方式，选择合适的、经济的开采主体、开采计划、开采设备；另一方面，国外煤炭立法重视通过经济的思维和方式，调节煤炭立法调整对象的权利义务关系，适当淡化煤炭立法的行政化色彩。如在引导矿主执行安全卫生、环境保护、技术创新等方面，相关立法除了规定行政监管、违反处罚等义务性条款，更重视通过矿权租金调节、税收减免、贷款贴息等经济手段引导煤炭立法调整对象积极参与、主动执行，确保相关法律能够落地成效。

三、煤炭法治治理体系完善

从以国家机关为主导的行政监管治理体系逐渐转变为由国家行政机关、社会团体、煤炭企业和煤矿工人等多元主体参与的平衡治理体系，呈现民主多元化趋势。随着现代化的不断深化，以英美为代表的发达国家的社会阶层逐渐变化，形成以政府、社会和个人等多元主体构成的“小政府、大社会”的国家治理架构。加上西方国家历来强调个人权利的保护，英美法系国家煤炭法治的治理体系也深受其影响，国外煤炭立法越来越重视社会团体和相关个体的参与，国外煤炭立法体系可以看作一个由一定立法权限机关制定的，调整国家行政机关、社会团体、煤炭企业和相关个人有关煤炭循环全过程的权利义务关系的法律综合体。一些大陆法系国家的煤炭立法也纷纷借鉴社会和个体的参与的方式，逐渐加大对社会团体和煤矿工人等主体的立法规定，国外煤炭法治的多元化治理趋势，成为两大法系国家煤炭立法趋同的表现之一。

四、煤炭立法技术趋于成熟

国外煤炭专门立法的内容已经扩展到煤炭资源的权属和管理、勘探、建设、开采、利用、销售和复垦及监督管理等煤炭循环利用的全过程，国外煤炭立法体系的内容进一步延伸到能源法、矿业法、环境保护法、劳动健康保护法等相邻法律以及煤化工等相邻产业，从相应角度和领域，对煤炭作出了各自的法律规定。近年来，国外煤炭立法特别重视、鼓励和推广以洁净煤利用转化技术、高端智能煤矿装备为代表的新技术创新和使用，以积极应对人类社会对环境保护的价值追求和其他能源供应带来的挤出效应。国外煤炭立法体系较为完备，大多采用煤炭专门立法和相邻立法并存的立法模式，并且逐渐形成煤炭专门立法或者承担煤炭专门立法功能的矿业法等基础性法律较为稳定，其他煤炭相关规章、指南和标准经常更新完善的趋势。

思考练习题

1. 煤炭立法模式有哪些类型?
2. 国外煤炭立法有哪些特点?
3. 与国外煤炭立法相比,我国煤炭立法有哪些特点?
4. 国外煤炭立法对我国煤炭立法有哪些借鉴意义?

参考文献

一、政策法规

1.《中华人民共和国宪法》,全国人民代表大会公告第1号,1982年12月4日发布。

2.《中华人民共和国民法典》,中华人民共和国主席令第45号,2020年5月28日发布。

3.《中华人民共和国煤炭法》,中华人民共和国主席令第57号,2016年11月7日发布。

4.《中华人民共和国矿产资源法》,中华人民共和国主席令第18号,2009年8月27日发布。

5.《中华人民共和国安全生产法》,中华人民共和国主席令第88号,2021年6月10日发布。

6.《中华人民共和国矿山安全法》,中华人民共和国主席令第18号,2009年8月27日发布。

7.《中华人民共和国土地管理法》,中华人民共和国主席令第32号,2019年8月26日发布。

8.《中华人民共和国水土保持法》,中华人民共和国主席令第39号,2010年12月25日发布。

9.《中华人民共和国标准化法》,中华人民共和国主席令第78号,2017年11月4日发布。

10.《中华人民共和国环境影响评价法》,中华人民共和国主席令第24号,2018年12月29日发布。

11.《中华人民共和国大气污染防治法》,中华人民共和国主席令第16号,2018年10月26日发布。

12.《中华人民共和国对外贸易法》,中华人民共和国主席令第57号,2016年11月7日发布。

13.《中华人民共和国能源法(征求意见稿)》,国家能源局,2020年发布。

14.《煤矿安全监察条例》,中华人民共和国国务院令第638号,2013年7月18日发布。

15.《基本农田保护条例》,中华人民共和国国务院令第588号,2011年1月8日发布。

16.《生产安全事故罚款处罚规定(试行)》,中华人民共和国国家安全生产监管总局令第77号,2015年4月2日发布。

17.《关于预防煤矿生产安全事故的特别规定》,中华人民共和国国务院令第638号,2013年7月18日发布。

18.《地方党政领导干部安全生产责任制规定》,中共中央办公厅、国务院办公厅,2018年4月8日发布。

19.《城镇国有土地使用权出让和转让暂行条例》,中华人民共和国国务院令第732号,2020年11月29日发布。

20.《煤矿建设项目安全设施监察规定》,中华人民共和国国家安全监管总局令第 81 号,2015 年 6 月 8 日发布。
21.《能源发展"十三五"规划》,国家发展和改革委员会、国家能源局,2016 年 12 月 26 日发布。
22.《煤炭工业发展"十三五"规划》,国家发展和改革委员会、国家能源局,2016 年 12 月 22 日发布。
23.《煤炭产业政策》,国家发展和改革委员会公告 2007 年第 80 号,2007 年 11 月 23 日发布。
24.《能源发展战略行动计划(2014—2020 年)》,国发办〔2014〕31 号,2014 年 6 月 7 日发布。
25.《关于促进煤炭安全绿色开发和清洁高效利用的意见》,国能煤炭〔2014〕571 号,2014 年 12 月 26 日发布。
26.《煤炭清洁高效利用行动计划(2015—2020 年)》,国能煤炭〔2015〕141 号,2015 年 4 月 27 日发布。
27.《中国的能源状况与政策》,中华人民共和国国务院新闻办公室,2007 年 12 月发布。
28. 国务院办公厅《关于深化电煤市场化改革的指导意见》,国办发〔2012〕57 号,2012 年 12 月 20 日发布。
29. 国务院《关于促进煤炭工业健康发展的若干意见》,国发〔2005〕 18 号,2005 年 6 月 7 日发布。
30. 国务院《关于煤炭行业化解过剩产能实现脱困发展的意见》,国发〔2016〕7 号,2016 年 2 月 1 日发布。
31. 国务院《关于第三批清理规范国务院部门行政审批中介服务事项的决定》,国发〔2017〕8 号,2017 年 1 月 12 日发布。
32. 国务院办公厅《关于促进煤炭行业平稳运行的意见》,国办发〔2013〕104 号,2013 年 11 月 18 日发布。
33. 国务院办公厅《关于进一步加强煤矿安全生产工作的意见》,国办发〔2013〕99 号,2013 年 10 月 2 日发布。
34. 国务院《关于同意深化煤炭资源有偿使用制度改革试点实施方案的批复》,国函〔2006〕102 号,2006 年 9 月 30 日发布。
35. 国务院办公厅《关于进一步加快煤层气(煤矿瓦斯)抽采利用的意见》,国办发〔2013〕93 号,2013 年 9 月 14 日发布。
36. 国务院办公厅《关于加快煤层气(煤矿瓦斯)抽采利用的若干意见》,国办发〔2006〕47 号,2006 年 6 月 15 日发布。
37. 国务院《关于印发大气污染防治行动计划的通知》,国发〔2013〕37 号,2013 年 9 月 10 日发布。
38.《国务院办公厅转发发展改革委关于加快推进煤矿企业兼并重组若干意见的通知》,国办发〔2010〕46 号,2010 年 10 月 16 日发布。
39.《国务院批转国家经贸委等部门关于进一步开展资源综合利用意见的通知》,国发

〔1996〕36 号,1996 年 8 月 31 日发布。

40. 国务院关税税则委员会《关于调整煤炭进口关税的通知》(已失效),税委会〔2014〕27 号,2014 年 10 月 8 日发布。

41.《全国安全生产专项整治三年行动计划》,安委〔2020〕3 号,2020 年 4 月 1 日发布。

42.《特殊和稀缺煤类开发利用管理暂行规定》,国家发展和改革委员会令第 5 号,2013 年 12 月 16 日发布。

43. 国家发展和改革委员会《关于印发煤炭工业发展"十二五"规划的通知》,发改能源〔2012〕640 号,2012 年 3 月 18 日发布。

44. 建设部《关于发布国家标准〈煤炭洗选工程设计规范〉的公告》(已废止),建设部公告 2005 年第 369 号,2005 年 9 月 14 日发布。

45. 国家煤矿安全监察局《关于开展煤矿安全生产综合督查工作的通知》,煤安监监察〔2020〕35 号,2020 年 9 月 2 日发布。

46. 国家煤矿安全监察局《关于进一步深化依法打击和重点整治煤矿安全生产违法违规行为专项行动的通知》,煤安监监察〔2018〕16 号,2018 年 7 月 6 日发布。

47.《煤矿建设项目竣工验收管理办法》(修订版),国能发煤炭〔2019〕1 号,2019 年 1 月 4 日发布。

48.《煤矿安全监察行政处罚办法》,中华人民共和国国家安全生产监督管理局、中华人民共和国国家煤矿安全监察局令第 4 号,2003 年 7 月 2 日发布。

49.《煤矿建设项目安全设施竣工验收监督核查暂行办法》,安监总煤监〔2015〕34 号,2015 年 4 月 10 日发布。

50.《进出口煤炭检验管理办法》,中华人民共和国海关总署令第 238 号,2018 年 4 月 28 日发布。

51.《煤炭生产许可证管理办法》(已废止),中华人民共和国国务院令第 168 号,1994 年 12 月 20 日发布。

52.《煤矿安全规程》,中华人民共和国国家安全生产监督管理总局令第 87 号,2016 年 2 月 25 日发布。

53.《企业安全生产标准化基本规范》(AQ/T9006 - 2010),国家安全生产管理总局公告 2010 年第 9 号,2010 年 4 月 15 日发布。

54.《1989—2000 年全国资源综合利用发展纲要(试行)》,(原)国家计划委员会,1989 年 1 月 10 日发布。

55.《"十一五"资源综合利用指导意见》(已失效),发改环资〔2006〕2913 号,2006 年 12 月 24 日发布。

56. 国家发展和改革委员会《关于印发"十二五"资源综合利用指导意见和大宗固体废物综合利用实施方案的通知》(已失效),发改环资〔2011〕2919 号,2011 年 12 月 10 日发布。

57. 财政部、国家税务总局《关于印发〈资源综合利用产品和劳务增值税优惠目录〉的通知》,财税〔2015〕78 号,2015 年 6 月 12 日发布。

58. 财政部、国家税务总局《关于加快煤层气抽采有关税收政策问题的通知》,财税〔2007〕16号,2007年2月7日发布。
59. 国土资源部《关于加强煤炭和煤层气资源综合勘查开采管理的通知》,国土资发〔2007〕96号,2007年4月17日发布。
60. 财政部、海关总署、国家税务总局《关于印发〈关于煤层气勘探开发项目进口物资免征进口税收的规定〉的通知》,财关税〔2006〕13号,2006年10月25日发布。
61. 自然资源部《关于煤层气、油页岩、银、锆、硅灰石、硅藻土和盐矿等矿产资源合理开发利用"三率"最低指标要求(试行)的公告》,自然资源部公告2018年第60号,2018年12月29日发布。
62. 财政部《关于"十三五"期间煤层气(瓦斯)开发利用补贴标准的通知》,财建〔2016〕31号,2016年2月14日发布。
63. 国家税务总局《关于油气田企业开发煤层气页岩气增值税有关问题的公告》,国家税务总局公告2013年第27号,2013年5月30日发布。
64.《山西省煤炭管理条例》,山西省人民代表大会常务委员会公告第28号,2016年1月20日发布。
65.《江西省实施〈中华人民共和国煤炭法〉办法》,江西省第十三届人民代表大会常务委员会公告第15号,2018年7月27日发布。
66.《陕西省煤炭石油天然气开发生态环境保护条例》,陕西省第十三届人民代表大会常务委员会公告第19号,2019年9月27日发布。
67.《新疆维吾尔自治区煤炭石油天然气开发环境保护条例》,新疆维吾尔自治区第十三届人民代表大会常务委员会公告第11号,2018年9月21日发布。
68.《吉林省矿产资源开发利用保护条例》,吉林省第十二届人民代表大会常务委员会公告第51号,2015年11月20日发布。
69.《陕西省煤炭石油天然气开发环境保护条例》,陕西省人民代表大会常务委员会公告第78号,2007年9月27日发布。
70.《大同市煤矿安全生产监督管理条例》,大同市人大(含常委会),2015年9月28日发布。

二、中文著作

1.《能源百科全书》编辑委员会、中国大百科全书出版社编辑部编:《能源百科全书》,中国大百科全书出版社1997年版。
2. 中国法学会能源法研究会编:《能源法学总论》,法律出版社2019年版。
3. 石少华、蒋永年编著:《煤炭法概要》,法律出版社1993年版。
4. 石少华主编:《安全法学》,中国劳动社会保障出版社2010年版。
5. 叶荣泗、吴钟瑚:《中国能源法律体系研究》,中国电力出版社2006年版。
6. 司法部法学教材编辑部等编审,肖乾刚、肖国兴编著:《能源法》,法律出版社1996年版。
7. 卞耀武、张宝明、曹康泰:《中华人民共和国煤炭法释义》,法律出版社1997年版。

8. 乌荣康等:《关于〈能源法〉与〈煤炭法〉关系的调查研究报告》,载《中国煤炭经济研究(2005~2008)》(上册),煤炭工业出版社 2009 年版。
9. 詹瑜璞:《安全生产法的实践和理论》,知识产权出版社 2011 年版。
10. 詹瑜璞、詹士杰:《中外安全生产法比较研究》,知识产权出版社 2019 年版。
11. 胡德胜:《能源法学》,北京大学出版社 2017 年版。
12. 胡德胜编著:《美国能源政策与法律》,郑州大学出版社 2010 年版。
13. 贺佑国、刘文革主编:《新时代中国煤炭法律体系》,应急管理出版社 2019 年版。
14. 冯国宝等:《煤矿废弃地的治理与生态恢复》,中国农业出版社 2009 年版。
15. 郗伟明:《矿业权法律规制研究》,法律出版社 2012 年版。
16. 郗伟明:《矿业权政策性整合法律问题研究——以山西煤炭企业兼并重组为背景》,经济管理出版社 2015 年版。
17. 张剑虹:《中国能源法律体系研究》,知识产权出版社 2012 年版。
18. 陈敬明:《矿产勘查方法》,哈尔滨工程大学出版社 2010 年版。
19. 胡孝红:《各国能源法新发展》,厦门大学出版社 2012 年版。
20. 赵跃民、刘炯天等:《煤炭资源综合开发与利用》,中国矿业大学出版社 2008 年版。
21. 张佶主编:《矿产资源综合利用》,冶金工业出版社 2013 年版。
22. 朱晓明等:《"采气采煤一体化"法律问题研究》,法律出版社 2008 年版。
23. 蒋承菘主编:《矿产资源管理导论》,地质出版社 2001 年版。
24. 曹树培:《地质矿产行政法》,中国政法大学出版 1993 年版。
25. 张宝明:《中国煤炭工业改革与发展》,煤炭工业出版社 2002 年版。
26. 中国煤炭工业协会编:《中国煤炭工业改革开放 40 年大事记(1978—2018)》,煤炭工业出版社 2018 年版。
27. 王利明主编:《民法学》(第 7 版),中国人民大学出版社 2018 年版。
28. 张文显主编:《法理学》(第 4 版),高等教育出版社 2011 年版。
29. 姜明安主编:《行政法与行政诉讼法》(第 7 版),北京大学出版社 2019 年版。
30. 王作富主编:《刑法》(第 6 版),中国人民大学出版社 2016 年版。
31. 杨紫烜、徐杰主编:《经济法学》(第 7 版),北京大学出版社 2015 年版。
32. 舒国滢主编:《法理学导论 》(第 2 版),北京大学出版社 2012 年版。
33. 葛洪义主编:《法理学》(第 4 版),中国人民大学出版社 2015 年版。
34. 黄素逸、高伟编著:《能源概论》,高等教育出版社 2004 年版。
35. 中国煤炭工业协会和中国煤炭经济研究会组织课题组:《煤炭经济政策研究报告》,2006 年。

三、中文论文

1. 张立宽:《我国煤炭工业面临转型升级关键阶段》,载《企业观察家》2019 年第 10 期。
2. 周宏轩、孙婧、常江、王林秀:《基于政策导向的煤炭企业转型发展策略研究》,载《中国煤炭》2019 年第 6 期。

3. 何增辉、何迎庆:《煤炭政策演变引导下的煤炭工业改革发展研究》,载《煤炭经济研究》2018 年第 11 期。
4. 徐鑫、黄岚、刘国林:《英德煤矿关闭政策及煤炭工业转型经验》,载《中国煤炭》2016 年第 7 期。
5. 王佐发:《美国煤炭业如何化解产能过剩》,载《中国中小企业》2017 年第 9 期。
6. 广发期货黑色金属研究小组:《澳大利亚煤炭行业分析与展望——低灰、低硫、高热量的优点仍然具有不可小觑的竞争力》,载《期货日报》2019 年 12 月 17 日,第 3 版。
7. 陆燕、付丽、张久琴:《澳大利亚〈2011 清洁能源法案〉及其影响》,载《国际经济合作》2011 年第 12 期。
8. 黄秋菊:《俄罗斯煤炭工业发展战略探析——基于〈2030 年前俄罗斯煤炭工业长期发展规划纲要〉的解读》,载《俄罗斯东欧中亚研究》2013 年第 2 期。
9. 罗丽、代海军:《我国〈煤炭法〉修改研究》,载《清华法学》2017 年第 3 期。
10. 吴晓煜:《〈煤炭法〉立法目的和主要法律制度》,载《煤炭经济研究》1996 年第 11 期。
11. 中国法学会能源研究会、中煤集团:《美国能源(煤炭)法律环境与制度研究》,2012 年 12 月。
12. 姜业清:《国外煤炭矿业立法现状及其发展趋势》,载《煤炭企业管理》1996 年第 6 期。
13. 肖兴志、李红娟:《煤矿安全规制的纵向和横向配置:国际比较与启示》,载《财经论丛(浙江财经学院学报)》2006 年第 4 期。
14. 李好管:《"十三五"规划关于中国能源、煤炭工业、煤炭深加工产业发展的政策导向(上)》,载《煤化工》2017 年第 3 期。
15. 孙培轩:《煤炭地质勘查技术解析》,载《科技与企业》2014 年第 5 期。
16. 安和人:《中国煤炭建设行业现状与展望》,载《煤炭工程》2014 年第 10 期。
17. 王颖、郭惟嘉:《煤炭开采对环境的影响及对策》,载《煤炭技术》2007 年第 5 期。
18. 徐亮:《新中国成立 70 年煤炭建设发展综述》,载《中国煤炭》2019 年第 8 期。
19. 郗伟明:《当代社会化语境下矿业权法律属性考辨》,载《法学家》2012 年第 4 期。
20. 孙继平:《煤矿安全生产理念研究》,载《煤炭学报》2011 年第 2 期。
21. 李康乐:《论我国煤矿安全生产责任保险制度的构建》,载《保险职业学院学报》2008 年第 4 期。
22. 王小拾、王立春:《德国企业劳动保护简介》,载《劳动保护科学技术》2000 年第 2 期。
23. 詹瑜璞:《论煤矿生产安全事故技术鉴定、责任认定和赔偿机制:煤矿生产安全事故调查条例的适用解释与立法完善》,载《法律适用》2008 年第 12 期。
24. 王小洋、李先国:《能源革命背景下我国煤炭运输通道的发展趋势及对策》,载《中国流通经济》2019 年第 10 期。
25. 王文雅、李振福:《中国煤炭运输网络空间演化》,载《交通运输工程学报》2019 年第 3 期。
26. 丁海涛:《兰新铁路通道运输格局优化研究》,载《铁道标准设计》2019 年第 10 期。

27. 陆秋琴、靳超:《煤炭运输公路网络可靠性仿真分析》,载《计算机应用》2019 年第 1 期。
28. 陈新立、陶燕:《营改增背景下企业运费的纳税筹划》,载《会计之友》2018 年第 9 期。
29. 郭智渊、周梅华、彭红军:《价格规制下煤电供应紧张的机理及长期契约研究》,载《中国矿业》2018 年第 3 期。
30. 赵谞博、侯贵宾:《港口干散货物流供应链信息协同运作模式分析》,载《水运工程》2018 年第 2 期。
31. 刘佳、李泉林等:《港口主导下煤炭供应链上游供应商的融资决策》,载《技术经济》2018 年第 1 期。
32. 刘波、杨兴全、李砚:《新疆发展煤炭低碳物流面临的问题与提升路径》,载《对外经贸实务》2017 年第 3 期。
33. 陈红梅、杨美美:《秦皇岛港煤炭供应链牛鞭效应形成因素分析》,载《北京交通大学学报(社会科学版)》2017 年第 1 期。
34. 王伟、王成金:《中国沿海港口煤炭运输的空间分异格局及演化》,载《地理学报》2016 年第 10 期。
35. 云小红、张金锁、金浩:《煤炭供应链牛鞭效应量化研究》,载《西安科技大学学报》2016 年第 4 期。
36. 彭红军、周梅华、刘满芝:《两级生产不确定的煤炭供应链均衡供应策略研究》,载《管理工程学报》2016 年第 2 期。
37. 杨洋、祁娇:《我国煤炭供应链库存影响因素分析》,载《煤炭工程》2016 年第 2 期。
38. 吕涛、张美珍、刘晓燕:《基于供应链的煤炭供应保障影响因素分析与实证》,载《统计与决策》2016 年第 1 期。
39. 吴晓煜:《〈煤炭法〉立法目的和主要法律制度》,载《煤炭经济研究》1996 年第 11 期。
40. 晏达宇:《煤系共伴生矿产资源开发利用技术发展趋势与对策》,载《煤炭企业管理》2004 年第 12 期。
41. 刘建强、迟乃杰等:《煤系共伴生矿产定义内涵及分类》,载《山东国土资源》2015 年第 9 期。
42. 刘莉君:《优质稀缺煤种难选煤泥的分选过程强化研究》,东北大学 2011 年博士学位论文。
43. 周洋:《〈煤矸石综合利用管理办法〉新政解读》,载《湖南安全与防灾》2015 年第 2 期。
44. 李琰:《我国矿产资源综合利用法律制度研究》,中国地质大学(北京)2013 年硕士学位论文。
45. 袁亮:《我国煤炭工业高质量发展面临的挑战与对策》,载《中国煤炭》2020 年第 1 期。
46. 冯雨、冯华敏:《我国煤炭价格指数发展历程及其展望》,载《中国煤炭》2019 年第 5 期。
47. 代海军:《从〈煤炭法〉修改看煤炭生产许可制度改革》,载《中国能源》2014 年第 7 期。
48. 马长俊:《转型时期煤炭行业协会与政府合作治理研究》,载《煤炭经济研究》2016 年第 2 期。

49. 何书金、郭焕成、韦朝阳等:《中国煤矿区的土地复垦》,载《地理研究》1996 年第 3 期。
50. 邹韵:《浅谈矿山土地复垦存在的问题及建议》,载《资源与人居环境》2019 年第 10 期。
51. 焦英博:《破解煤炭矿区生态治理困境:美国的经验》,载《中国行政管理》2018 年第 9 期。

四、英文文献

1. Haydo v. Amerikohl Mining, Inc., 830 F. 2d 494 (3rd Cir. 1987).
2. U. S. Government Accountability Office, *Coal Mining Reclamation: Federal and State Agencies Face Challenges in Managing Billions in Financial Assurances*, March 6, 2018.
3. OSM, *Regulating Coal Mines*, https://www. osmre. gov/programs/rcm. shtm (May 26, 2020).
4. Split Estate: *Private Surface/Public Minerals—What Does it Mean to You*?, http//www. blm. gov/pgdata/etc/medialib/blm/wo/MINERALS__REALTY__AND_RESOURCE_PROTECTION_/bmps. Par. 41235. File. dat/Split%20Estate%20Presentation%202006. pdf.